KB083063

논어정의論語正義 【十】
Lun Yu Zheng Yi —The Corrected Meaning of the LUN YU—

—

1판 1쇄 인쇄   2024년 4월 17일
1판 1쇄 발행   2024년 4월 30일

—

저   자 | 유보남劉寶楠
역   자 | 함현찬
발행인 | 이방원
발행처 | 세창출판사

　　　신고번호 제1990-000013호
　　　주소 03736 서울시 서대문구 경기대로 58 경기빌딩 602호
　　　전화 02-723-8660 팩스 02-720-4579
　　　이메일 edit@sechangpub.co.kr 홈페이지 www.sechangpub.co.kr
　　　블로그 blog.naver.com/scpc1992 페이스북 fb.me/Sechangofficial 인스타그램 @sechang_official

—

ISBN 979-11-6684-322-8 94140
　　　979-11-6684-221-4 (세트)

—

이 역주서는 2017년 대한민국 교육부와 한국연구재단의 지원을 받아 수행된 연구임.
(NRF-2017S1A5A7020726)

—

이 책은 한국연구재단의 지원으로 세창출판사가 출판, 유통합니다.
잘못 만들어진 책은 구입하신 서점에서 바꾸어 드립니다.

논어정의論語正義

Lun Yu Zheng Yi —The Corrected Meaning of the LUN YU—

【十】
(권21 · 권22 · 권23 · 권24)

논어정의

論語正義

Lun Yu Zheng Yi —The Corrected Meaning of the LUN YU—

【十】

(권21 · 권22 · 권23 · 권24)

유 보 남劉寶楠 저

함 현 찬 역주

세창출판사

차 례

논어정의
論語正義
【十】

전체 차례

논어정의
論語正義

해 제

1. 『논어정의』 번역의 가치

유학(儒學) 관련 경학 자료에는 동일한 원전 자료에 대해 오랜 기간 동안 수많은 학자들이 남긴 기록이 축적되어 있으며, 그것을 통해 이들의 형상이 어떻게 형성되는가를 살필 수 있다. 중국의 경우 『논어(論語)』 관련 주석서는 총 1,100여 종에 이르는데, 현전하는 가장 오래된 주석은 위(魏)나라 하안(何晏) 등이 쓴 『논어집해(論語集解)』이다. 이 책은 후한(後漢)의 포함(包咸)·주씨(周氏)·마융(馬融)·정현(鄭玄)과 위나라 진군(陳羣)·왕숙(王肅)·주생렬(周生烈) 등 7인의 주석과 『고논어(古論語)』의 공안국(孔安國) 주(注)를 모두 종합하여 집대성한 것이다. 이 『논어집해』는 양(梁)나라의 황간(皇侃)이 쓴 『논어의소(論語義疏)』를 통하여 후세에 전해졌다. 그런데 이 하안의 『논어집해』를 근거로 한 『논어』의 판본은 남북조시대(南北朝時代)에서 시작하여 수(隋)·당(唐)·오대(五代)를 거쳐 북송(北宋)에 이르기까지, 특히 황간의 『논어의소』본에 기대어 세상에 유행하였으나, 그 뒤에는 한동안 유행하지 않았다. 그 이유는 주희(朱熹)의 『논어집주(論語集註)』가 크게 유행함에 따라 자취를 감추게 되었기 때문인 것으로 생각된다. 다만 송(宋) 진종(眞宗) 3년(1000)에 칙명으로 형병(邢昺) 등이 하안의 『논어집해』를 다시 풀이하여 『논어주소(論語注疏)』

를 썼는데, 이것이 『십삼경주소(十三經注疏)』에 끼여 있는 논어의 전통적인 주해서(注解書)이다. 이것은 황간의 『논어의소』에서 집해(集解)를 따로 떼어 지은 것이라고 하는데, 그 내용은 원칙적으로 황간의 『논어의소』를 따랐으나 장구(章句)의 훈고(訓詁)가 더욱 상세하였으므로, 황간의 『논어의소』를 밀어내는 까닭이 되었다. 그런데 이 황간의 『논어의소』는 당대에 일본에 전해졌다가 청대(淸代)에 청나라로 다시 전해짐으로써, 남송 때 없어진 이후 5백 년 뒤에 다시 유행하게 되었다.

한편, 주희의 『논어집주』는 형병의 『논어주소』의 경문을 바탕으로 고인(古人)들의 여러 해설을 참고하여 지은 것인데, 이로부터 논어의 해설은 이 『논어집주』가 단연 권위를 지니게 되었고, 오경(五經)을 중심으로 하던 유학이 사서(四書)를 더 중시하게 되었다. 또한, 『사서집주(四書集註)』가 나온 뒤로 『논어』는 더욱 존중되고 널리 읽혔다. 『사고전서총목(四庫全書總目)』을 통해 보면 『논어집주』를 이어 송대에 나온 『논어』의 주해서가 10여 종이며, 원대(元代)에도 다시 10여 종이 나왔고 명대(明代)에는 30여 종이 넘고 있다. 청대에는 더욱 많아 백여 종이 넘는다고 알려져 있다. 이것은 주희 이후로 유가의 경전이 오경에서 사서 중심으로 옮겨 갔으며, 그중에서도 『논어』가 가장 존중되었음을 뜻하는 것이다. 따라서 주희 이후로는 유가의 경전 중에서도 『논어』가 가장 중시되어 모든 공부하는 사람의 필독서가 되었다. 원대 이후로는 과거(科擧)에 있어서도 필수과목으로 채택되어 『논어』의 권위는 더욱 높아졌다. 특히 청대에는 고증학(考證學)이 발달함에 따라 진전(陳鱣)의 『논어고훈(論語古訓)』, 반유성(潘維城)의 『논어고주집전(論語古注集箋)』, 유보남의 『논어정의(論語正義)』등 많은 연구서가 나왔다.

한국은 고려시대 말에 들어온 성리학을 그대로 계승·발전시켰으므로 『논어』가 더욱 중시되었다. 태조 원년(1392)에 확정된 과거법 이후 계속 과거에서 시험 과목으로 중시되었으며, 성균관에서의 교육 과목에서도 사서삼경은 가장 중요한 교과 과목으로 채택되었다. 역대 임금들도 사서오경에 대해 깊은 관심을 가졌으며, 여러 기록으로 미루어 사서오경은 임금과 태자로부터 모든 지식인에 이르기까지 꼭 읽어야 할 필독서로 자리를 잡고 있었음을 알 수 있다. 이에 따라 예로부터 있어 오던 구결(口訣) 또는 토(吐)를 달아 원문을 읽는 법에서 한 걸음 나아가 경서의 언해(諺解)가 시도되었다. 언해는, 유숭조(柳崇祖)가 칙명을 받아『칠서언해구두(七書諺解口讀)』를 지은 것이 처음이라고 하나[유희춘(柳希春)의『미암일기(眉巖日記)』, 안종화(安種和)의『국조인물지(國祖人物志)』] 전하지 않는다. 이황(李滉)도 선조 3년(1570)『삼경사서석의(三經四書釋義)』를 지었으나, 이보다도 본격적으로 우리나라에서 읽힌 언해본으로는 선조의 칙명으로 이루어진『논어언해(論語諺解)』4권과 이이(李珥)가 지은『논어율곡언해(論語栗谷諺解)』4권이 있다. 이 밖에 작자 미상의『논어정음(論語正音)』4권도 있다. 송시열(宋時烈)의『논맹문의통고(論孟問義通攷)』도 있는데, 이것들을 통해 볼 때, 조선시대의 학자들은 무엇보다도 경문 자체를 올바로 읽고 정확하게 해석하려는 노력을 크게 기울였음을 엿볼 수 있다. 특히 정약용(丁若鏞)의『논어고금주(論語古今注)』등은 경학 연구 면에서 독특한 업적이었다고 할 수 있다.

그런데 한국에서의『논어』관련 경학 자료는 거의가 주희의 집주에 근거한 것이 대부분이다. 이는 고려시대 말의 성리학 도입 이래, 관리 등용에 있어 과거제도를 도입하여 관리를 선출했는데, 경전학 관련 과거는 오직 주희의 집주에 근거해 치러졌기 때문이라고 할 수 있다. 따라서 중국의 경우『논어』관련 주석서가 총 1,100여 종에 이르지만 우리나라의 경우는 조선시대에 성리학이 국교였던 관계로 중국에 비해 양적·질적으로 부족한 실정이며, 번역 및 해석서도 주희의 집주와 관련된 자료가 대부분이다. 뿐만 아니라 지금까지의『논어』관련 고전 자료의 대부분이 현대적으로 가공되지 않고 집성(集成) 형식으로 단순 정리됨으로써 자료적 가치에 비해 학문적 활용도를 담보하지 못하고 있다.

이제 완역된 본『논어정의』는 하안의『논어집해』, 황간의『논어의소』, 주희의『논어집주』와 더불어『논어』주소(注疏)의 사거서(四巨書)로 손꼽히는 유보남의『논어정의』를 번역한 것으로 논어학의 체계적 정립에 기여하고, 한편으로는『논어』가 담고 있는 광범위한 영역과 주제를 총체적으로 조망할 수 있는 기회를 제시할 것이다. 또한 현대적인 문맥에서 접근 가능한 표준적인 번역 작업을 수행하는 동시에 표점과 주해를 더하여 한국 유학에 있어 『논어』에 대한 새로운 이해와 해석의 지평을 넓혀 줄 수 있을 것이다.

2. 원저자 소개

유보남은 중국 청나라 때의 고증학자이다. 자는 초정(楚楨), 호는 염루(念樓)이다. 강소성(江蘇省) 보응(寶應) 출신으로, 문안(文安)·삼하(三河)의 지현(知縣)을 지내기도 하였다. 유보남은 처음에 모씨(毛氏)의 『시경(詩經)』과 정씨(鄭氏)의 『예(禮)』를 연구하였는데, 뒤에 유문기(劉門淇)·매식지(梅植之)·포신언(包愼言)·유흥은(柳興恩)·진립(陳立) 등과 함께 경전을 공부하면서 각각 하나의 경전을 연구하기로 약속하여, 자신은 『논어』를 맡았다.

유보남은 『논어』 관련 주석서 중 황간과 형병의 소(疏)에 오류가 많고, 청담과 현학에 관련되었다고 탄식하였으며, 거친 곳이 있는 것을 병통으로 여겼다. 이에 한나라 이래 여러 학자의 학설을 두루 모으고, 송유(宋儒)의 의리론과 청유(淸儒)의 고증(考證)·훈석(訓釋)을 참고해서 초순(焦循)이 『맹자정의(孟子正義)』를 저술한 체재에 따라 먼저 장편을 만들고 그런 뒤에 모으고 비교와 절충을 진행하였다.

유보남은 『논어정의』를 도광(道光) 8년(1828)에 처음 쓰기 시작하였는데, 함풍(咸豊) 5년(1855)에 장차 완성되려 할 때 병으로 사망하였다. 이에 그의 아들 유공면(劉恭冕)이 저술을 계속하였으며, 동치 4년(1865)에 전서가 완성되었다. 『논어정의』의 완성은 전후 38년이 소요되었으며, 동치 5년에 간행되었다.

그런데 유보남의 『논어』 연구는 가학(家學)에 기초한 것이지만, 그의 『논어정의』는 그가 38세에 뜻을 두고 착수하여 평생을 바친 저작으로, 청대 『논어』 연구의 결정판으로 널리 알려져 있다. 그리하여 유보남의『논어정의』는 흔히 한유(漢儒)의 구주를 망라한 하안의『논어집해』, 위(魏)·양(梁) 제가(諸家)의 관점을 광범하게 수집하고 있는 황간의『논어의소』, 주희의『논어집주』와 더불어『논어』주소의 사거서로 손꼽힌다.

사실 청대의 고증학 중심의『논어』연구는 청나라 중기를 거치면서 유태공(劉台拱)의『논어병지(論語駢枝)』, 초순의『논어하씨집해보소(論語何氏集解補疏)』, 송상봉(宋翔鳳)의『논어정주(論語程注)』에 오게 되면 한위경사(漢魏經師)의『논어』연구와 구주의 분석에 이르게 된다. 이러한 연구 성과와 초순의『논어통석(論語通釋)』의 실사구시(實事求是) 제창은 경서에 대한 신주소(新注疏)가 생겨날 수 있는 토양이 되었는데, 그 위에서 성립된 것이 바로 유보남의『논어정의』였다.

유보남은『논어』를 연구함에 있어 정현의 주석을 높이 받아들였으며,『논어집해』에 대해 "버리고 취함에 어긋남이 많고 의리가 조략하다."라고 하였고,『논어의소』와『논어주소』에 대해서는 "의리를 발명(發明)하지 못하고 뜻이 천박하여 미언대의에 대해서는 알지 못하고 전장훈고와 명물상수도 빠진 것이 많다."라고 하였다. 더욱이 송유의 논어학에 깊은 이해를 가지고 있었던 유보남은 자신의 이해를 시대적인 토양과 결합시킴으로써 한송겸채(漢宋兼采)의 논어학을 완성할 수 있었는데, 이것은『논어정의』가 가지고 있는 최대의 특징이자 장점이다.

유보남의 저서로는『논어정의』이외에도『석곡(釋穀)』,『한석례(漢石例)』,『염루집(念樓集)』등이 있다.

3.『논어정의』소개

『논어』의 주석은 많으나 대표적인 것은 삼국시대 위나라의 하안이 몇 사람의 설을 편집한『논어집해』와 남송의 주희가 새로운 철학 이론으로 해석한『논어집주』

이다. 일반적으로 『논어집해』를 고주(古註), 『논어집주』를 신주(新註)라 한다. 고주를 부연·해석한 것이 송나라 형병의 소인데, 이는 『십삼경주소』에 수록되었다. 위·양 제가의 관점을 광범하게 수집하고 있는 황간의 『논어의소』는 앞에서 언급한 바와 같이 『논어』 주소의 사거서로 손꼽히기는 하지만, 본국에서 일찍 없어지고, 후한 정현의 『논어』 주석은 당나라 말기에 없어졌으나, 20세기 초 둔황[敦煌]에서 발견된 고사본(古寫本)과 1969년 투루판[吐魯蕃]에서 발견된 사본에 의해서 7편 정도가 판명되었다. 그리고 청나라의 유보남이 지은 『논어정의』는 훈고·고증이 가장 자세하다. 따라서 중국에서 『논어』의 제 주석(注釋) 가운데 가장 대표적인 것이 하안의 『논어집해』와 주희의 『논어집주』, 유보남의 『논어정의』인데, 세 가지는 각기 그 시대를 대표하는 저작으로서 각각의 특징을 최고(最古:『논어집해』), 최정(最精:『논어집주』), 최박(最博:『논어정의』)으로 정의할 수 있다.

『논어정의』는 기본적으로 『논어』를 20편으로 분류하되, 「팔일(八佾)」·「향당(鄕黨)」이 예악제도를 많이 말하였으므로 자세하게 주석하여, 「팔일」을 2권(권3, 4)으로 나누고 「향당」을 25절 3권(권11, 12, 13)으로 나누었으며, 권24에는 하안의 「논어서(論語序)」를 수록하였고, 부록으로 「정현논어서일문(鄭玄論語序逸文)」을 붙이고 유공면의 「후서(後序)」를 더하여 모두 24권으로 구성되어 있다.

유보남은 도광 8년(1828)에 처음 『논어정의』를 쓰기 시작하였으나, 만년에 벼슬을 하게 되자 그 정리를 아들 공면에게 맡겼다. 『논어정의』의 편찬이 완성된 것은 함풍 5년 겨울인데, 유보남은 그해 가을에 완성을 보지 못하고 죽고 말았다. 『논어정의』는 권1에서 권17까지는 권의 제목 아래 "보응유보남학(寶應劉寶楠學)"이라고 되어 있고, 권18에서부터 권24까지는 "공면술(恭冕述)"이라고 되어 있어, 앞의 17권은 유보남이 저술한 것이고, 그 뒤로는 아들 유공면이 완성시킨 것임을 알 수 있다. 『논어정의』는 동치 4년(1865)에 전서가 완성되었으니, 책 편찬의 시작부터 전서의 완성까지, 전후 38년이 소요되었으며, 동치 5년에 간행되었다.

『논어정의』의 편찬 종지는 아들 유공면이 "자기의 견해를 주로 하지 않고 또한 한·송의 문호의 견해를 나누고자 하지 않았다. 성인의 도를 발휘하고 전례를 증명하여 실사구시하기를 기약했을 뿐이다."라고 한 것을 보면, 한학과 송학의 장점을 아울러 취하여『논어정의』를 완성한 것이라고 할 수 있다.

『논어정의』는 범례상에 있어서 경문(經文)과 주석의 글은 모두 송 형병의 소본(疏本)을 따랐고, 한과 당의 석경(石經),『논어의소』및『경전석문(經傳釋文)』의 각 본의 이문(異文)을 소 가운데 열거하였다.

『논어정의』의 경문은『십삼경주소』의 형병의 소본을 저본으로 하고, 주문(注文)은 하안의『논어집해』를 사용하고 있다. 그리고 유보남이 경문의 문자 교감(校勘)에서 중시하고 있는 것은 당송 이래의 판본이다. 한·당·송의 석경은 물론이고, 황간의 소, 육덕명의『경전석문』에 실려 있는 명본(名本)을 형병의 소본 문자와 비교하여 자신의 새로운 소 안에 반영하고 있지만, 명·청 시기에 새로 출현한 문자의 차이에 대해서는 생략하고 논하지 않는다. 이 또한『논어정의』의 특징 중 하나이다. 유보남은 황간의 소에 실려 있는 하안의 주석이 비록 상세하기는 하지만 대부분 전적의 근거가 없는 것이라고 보고 대신 형병의 소에 실려 있는 하안의 주석을 사용한다.

청나라 때의 관료이자 학자인 장백행(張伯行, 1652~1725)의『청사열전(淸史列傳)』에서는『논어정의』의 장점을 다음과 같이 요약하고 있다.

"『논어정의』가 경문의 해석에서 뛰어난 것이 있는데, 예를 들면『논어』「학이」의 제12장인 '유자언체지용(有子言體之用)' 장을『중용』의 설이라고 밝힌 것과, '50세에 천명을 알았다.'라는 것을 '하늘이 나에게 덕을 주셨음을 알았다.'라는 의미로 해석한 것, 자유·자하가 효를 물은 것에 대한 해석에서 '사(士)의 효'라고 말한 것, '뗏목을 타고 바다로 떠나겠다.'라고 한 것을 지금의 고려(한국)를 가리킨다고 해석한 것, '시에서 흥기시키며, 예에 서며, 음악에서 완성한다. 백성은 따르게 할 수는 있어도 알게 할 수는 없다.'를 공자의 교육 방법으로 본 점, '문왕이 이미 돌아가셨으니 문(文)이 이 몸에 있지 않겠는가?'를 간책(簡策)을 얻었음을 가리킨다고 한 것, '번지가 무우대에서 놀다가 덕을 높이며, 간특함을 닦으며, 의혹을 분별함에 대해 물은 것'에 대해 노나라가 기우제를 지낼 때, 번지가 기우제의 제사문을 가지고서 물었다는 것을 밝힌 것, '벗 사이에는 간절하고 자상하게 권면하며, 형제간에는 화락하여야 한다.'라는 것에 대해 벗 사이에는 책선(責善)하지만 형제간에는 책선해서는 안 된다고 해석한 것, 백어(伯魚)에게 『주남』·『소남』을 배웠느냐?'라고 물은 것을 백어가 장가를 든 다음에 규문(閨門)의 훈계를 내린 것으로 해석한 것, '사해곤궁(四海困窮)'을 홍수의 재난으로 보아 요임금이 순임금에게 명령하자 순임금이 이를 받들어 다스린 것으로 해석한 것 등이다. 이 모두는 2천여 년 동안이나 드러나지 않았던 옛 성현의 뜻을 비로소 밝힌 것이다. 「팔일」·「향당」 두 편에서 밝힌 예제(禮制)는 상세하고도 정확하다."

이 외에도 『논어정의』의 특징을 정리해 보면, 유보남은 "옛사람들이 책을 인용할 때 원문을 검증하지 않았기 때문에 간혹 착오가 있을 수 있다."라고 보고, 이를 고려하여 한나라 이후 여러 서적이 인용하고 있는 『논어』의 어구에 대해 교감의 근거를 밝히지 않는다.

그리고 『논어정의』를 보면 문자훈고(文字訓詁)나 선진사사(先秦史事), 고대의 전적을 박람(博覽)하면서도 요령이 있다. 광범하게 인용하고 좋은 것을 골라서 따랐으며, 책 속에서 충분히 앞사람의 『논어』 연구 성과를 흡수하였다. 청인(淸人)이 집록한 정현의 남아 있는 주석을 모두 소 안에 수록하고 『논어집해』를 사용하여 한·위의 옛 모습을 간직했다. 경의 해석은 주를 근거로 하고 있으며, 또 경에 의거해 소를 보충하였고, 소에 잘못이 있으면 경의 뜻에 근거해 변론하였다. 또한 『논어정의』에서는 청대의 고증학을 드러내고 문자훈고와 사실의 고정(考訂)에 주의하였으며, 전장(典章), 명물(名物), 인명, 지명, 역사적 사건에 대해 모두 하나하나 주석하고 고증하여 자세하게 갖추었다. 그러나 책 속에 채택된 여러 사람의 학설에 구애되지 않았으므로 중류(衆流)를 절단(截斷)하였으나 대의가 남김없이 모두 개괄되었다. 또

한 내용이 박흡(博洽)하고 고석(考釋)이 자세하게 갖추어져 있으며 정밀하다.

또한 『논어정의』는 가장 최후에 나온 저술답게 이전의 여러 주석서의 장점을 고루 흡수하였다. 한·위의 고주를 보존하였을 뿐 아니라, 이런 고주에 대해 상세하게 소해(疏解)하였고, 그 결과 『논어』의 주석 내용을 풍부하게 했으며, 고거(考據)와 의리를 아울러 중시하였고 간혹 송유의 학설을 채택하기도 하였다. 뿐만 아니라, 『논어정의』는 금문학파에 대한 이해도 있으며 건륭(乾隆)·가경(嘉慶) 고증학 황금시대의 다음 시대 저술로서 제가의 설을 집대성한 것이 이 책의 제일 공적이라고 할 수 있다.

이 외에도 『논어정의』의 또 다른 특징이라고 한다면 일본(日本) 오규 소라이[荻生徂徠]의 『논어징(論語徵)』에서 『논어』 「술이(述而)」의 "子釣而不網" 구절과 "子貢曰, 有美玉於斯" 구절의 2조를 인용한 점이라고 할 수 있겠으며, 당시 시대상을 반영하는 문제들, 즉 동서문화우세론(東西文化優勢論)이나 민본사상(民本思想)에 관한 내용도 함께 담고 있는 점을 그 특징으로 꼽을 수 있다.

4. 『논어정의』 번역의 필요성

한국에 『논어』가 전해진 것이 언제인지는 분명하지 않지만, 일본 『고사기(古事記)』 응신왕 대(應神王代, 270~310)의 기록에 의하면 백제의 조고왕(근초고왕)이 보낸 화이길사[和邇吉師: 왕인(王仁)]가 『논어』 10권과 『천자문(千字文)』 1권을 가지고 왔다고 한 것을 보면 늦어도 3세기 중엽 이전에 전래된 것으로 볼 수 있다. 이렇게 『논어』가 한국에 전해진 이후로 이에 대한 많은 연구가 진행되었다. 통일신라시대인 682년(신문왕 2) 국학이 체계를 갖추었을 때 『논어』를 가르쳤으며, 그 뒤 독서삼품과(讀書三品科)로 인재를 선발할 때도 『논어』는 필수과목이었다. 조선시대에는 오경보다 사서를 중요시하는 주자학이 등장하여 사서의 중심인 『논어』는 벽촌의 학동들까지 배우게 되었다. 이황의 『논어석의(論語釋義)』와 그의 문인 이덕홍(李德弘)의 『사서질의(四書質疑)』가 그 면모를 짐작하게 해 준다. 또한 정약용의 『논어고금주』는 한·당의 훈고와 송·명의 의리에 매이지 않고 문헌 비판적·해석학적 방법론에 따라 『논어』를 해석하였다.

그런데, 국내에 『논어』를 연구하고 이해할 수 있는 원전이 번역되어 있기는 하지만, 그것이 거의 성리학 중심의 원전이라는 것은 주지의 사실이다. 중국의 경우 『논어』 관련 주석서는 총 1,100여 종에 이르는데, 한국의 경우 나름의 특색과 독특한 『논어』 관련 연구 성과가 간혹 눈에 띄기는 한다지만, 조선이 성리학을 토대로 성립한 국가였던 관계로 대부분 성리학이나 정주(程朱) 계열의 학문 풍토를 벗어나지 못하고, 그에 따라 중국에 비해 『논어』와 관련된 다양한 주석서에 대한 연구가 양적·질적으로 매우 부족한 실정이다. 뿐만 아니라 『논어』나 그 밖의 연구·주석 역시 주로 주자 내지는 송유들의 전거에 의존하는 비율이 큼에 따라 한대 이후 『논어』에 대한 다양한 연구·주석서를 접할 기회가 많지 않았으며, 오늘날에는 한글 전용의 분위기에 따라 한글로 번역된 『논어집주』를 제외하면 거의 다른 주석서들에 대해서는 접근할 엄두조차 내지 못하게 되었다.

한대의 훈고학이나, 청대 고증학의 문장은 대단히 어렵다. 그들의 학문적인 깊이와 박식함에서 오는 어려움도 적지 않지만, 논리의 전개가 우리들의 허를 찌르는 부분이 많기 때문이기도 하다. 또 한국의 경학이 주자학 일변도로 걸어오면서 나름대로 형성된 주자학적 문리(文理)의 언어적인 전통이 다양한 『논어』 해석학의 글에 접근하기 힘들게 한다.

그렇지만 어렵다고 그냥 내버려 둘 수가 없는 것이 바로 유보남의 『논어정의』이다. 앞서 소개하였듯이 『논어정의』는 중국에서 『논어』의 제 주석 가운데 가장 대표적인 것으로, 고증학자의 귀납적 추리법이 고도로 발휘된 책이기 때문이다. 더욱이 송유의 논어학에 깊은 이해를 가지고 있었던 유보남은 자신의 이해를 시대적인 토양과 결합시킴으로써 한송겸채의 논어학을 완성할 수 있었는데, 이것은 『논어정의』

가 가지고 있는 최대의 특징이자 장점이라고 할 수 있다. 따라서『논어정의』를 우리 말로 번역하고 주해한다는 것은 논어학에 대한 전체적인 계통을 확인할 수 있고, 또한 성리학적 해석과의 차별성에 대해서도 알아볼 수 있는 홀륭한 학문적 기초를 마련하는 작업이라고 할 수 있다. 아울러『논어』와 공자, 맹자의 사상, 그리고 선진시대의 각종 제도나 사상에 대해서 이만큼 집요하게 관련 자료를 제시하고 있는 책도 많지 않다는 점에서『논어정의』에 대한 번역 작업은 한국의 논어학 관련 연구에 있어 무엇보다 필요하다고 할 수 있다.

5. 선행 연구

유보남의『논어정의』는 논어학 연구에 있어서 해석이 가장 뛰어나면서도 이전에 있던 여러『논어』주석서의 장점을 고루 흡수한 해석서임에도 불구하고, 우리나라에서는 이 책에 대해 천착하거나,『논어정의』만을 단독으로 다룬 전문 선행 연구 성과가 거의 전무한 실정이다. 그나마 유보남의『논어정의』가 언급된 연구 성과물로는 2010년 윤해정의『朱熹의 '論語集注'와 劉寶楠의 '論語正義'에 나타난 '仁'의 해석학적 비교』가 있고, 또 2003년 김영호의「중국 역대 《논어》 주석고」가 있지만, 모두 단편적으로『논어정의』에 대해 언급하고 있을 뿐이며, 그 외에 유교 경전학 관련 연구 논문에 언급되는 내용 역시 이 책이 갖고 있는 특징 내지는 서지적 정보에 대한 언급만 있을 뿐, 이 책에 대한 전반적인 연구는 아직 이렇다 할 만한 성과가 없는 실정이다.

따라서『논어정의』의 경전학적 가치의 입장에서 볼 때, 이 책에 대하여 현대적인 문맥에서 접근 가능한 표준적인 번역 작업을 수행하는 동시에 표점과 주해를 더하여 한국 유학에 있어『논어』에 대한 새로운 이해와 해석의 지평을 넓히기 위한 번역 작업이 무엇보다 시급하다고 여겼다.

역자는 유교철학을 전공하여 박사학위를 받았으며 한문 전문 연수기관인 성균관 한림원에서 사서오경을 중심으로 한문을 공부하였다. 현재 성균관대학교 유학·동양학과 겸임교수로 재직하면서, 학부 및 대학원에서 강의하고 있으며, 성균관 한림원 교수로서 한문을 가르치고 있다.

그동안 역자는 기초 한문 교재를 대상으로 『(교수용 지도서) 사자소학』·『(교수용 지도서) 추구·계몽편』·『(교수용 지도서) 격몽요결』을 집필하기도 하였다. 또한 역자는 한국연구재단의 명저번역지원사업을 통해 오규 소라이의 『논어징』을 공동 번역한 연구 성과가 있으며, 또한 연구재단의 토대연구지원사업을 통해 『성리논변』·『동유학안』(전 6권)·『주자대전』(전 13권)·『주자대전차의집보』(전 4권)를 공동 번역하여 출판한 연구 성과가 있다. 이 외에도 역자는 왕부지의 『독사서대전설』을 공동 번역하여 『왕부지 대학을 논하다』·『왕부지 중용을 논하다』라는 번역서를 출판하였고, 성균관대학교출판부를 통해 『논어』·『맹자』를 공동 번역하기도 하였는데, 이 『논어』는 『교수신문』 선정 최고의 『논어』 번역본으로 선정되기도 하였다.

일러두기

* 이 책은 1958년 중화민국(中華民國) 47년 4월에 중화총서위원회(中華叢書委員會)에서 간행한 유보남(劉寶楠)의 『논어정의(論語正義)』를 저본으로 삼고, 1990년 3월 중화서국(中華書局)에서 출판한 고유수(高流水) 점교본(點校本) 『논어정의(論語正義)』를 대교본으로 삼았다.

* 이 책의 표점은 기본적으로 1990년 3월 중화서국에서 출판한 고유수 점교본 『논어정의』를 따르되, 기본 원칙은 성균관대학교 한국유경편찬센터(http://ygc.skku.edu)의 표점 기준을 따르기로 한다.

* 청(淸) 유보남(劉寶楠)의 『논어정의』 24권을 완역했다. 아울러 부록(附錄)한 「정현논어서일문(鄭玄論語序逸文)」과 유공면(劉恭冕)의 「후서(後敍)」, 그리고 「청사고유보남전부유공면전(淸史稿劉寶楠傳附劉恭冕傳)」도 함께 완역했다.

* 주석은 『논어정의』 원문에서 원전의 내용을 인용한 경우는 출전만 밝히고, 『논어정의』 원문에서 출전만 밝힌 경우는 원전의 원문과 함께 번역을 싣는다.

* 주석의 내용이 같거나 중복될 경우 각주는 되도록 한 번만 제시했다.

* 한글과 한자를 한글(한자)로 병기하였다.

* 서명과 편명이 명확한 경우에는 책은 '『 』'로, 편은 '「 」'로 표시하고, 명확하지 않은 경우에는 모두 '『 』'로 표시했다.

* 각주의 서명과 편명과 장 제목, 인명(人名)과 지명(地名)의 한글과 한자는 권마다 처음으로 제시할 때만 한글(한자)로 병기하였다.

* 인용부호는 " ", ' ', " ", ' '의 순서로 표시했다.

* 이해를 위해 역자가 추가로 삽입한 문장이나 낱말은 '( )'로 표시했다.

* 인명과 지명에 한해서 원문에 밑줄을 표시했다.

* 유보남의 『논어정의』에는 매우 많은 인명이 등장함에 따라 주요 인물의 인명사전을 부록으로 붙였다.

범 례

恭冕述

공면이 서술함

一. 經文「注」文, 從邢「疏」本. 惟「泰伯」篇: "予有亂臣十人", 以子臣母, 有干名義, 因據『唐石經』刪"臣"字, 其他文字異同, 如漢・唐・宋『石經』及皇侃「疏」・陸德明『釋文』所載各本, 咸列於「疏」. 至山井鼎『考文』所引古本, 與皇本多同. 高麗・足利本與古本亦相出入, 語涉增加, 殊爲非類, 既詳見於『考文』及阮氏元『論語校勘記』・馮氏登府『論語異文疏證』, 故此「疏」所引甚少. 古本・高麗・足利本, 有與皇本・『釋文』本・『唐石經』證合者, 始備引之, 否則不引. 至「注」文訛錯處, 多從皇本及後人校改, 其皇本所載「注」文, 視邢本甚繁, 非關典要, 悉從略焉.

하나. 경문 「주」의 문장은 형병(邢昺)의 「소」본을 따른다. 다만 「태백(泰伯)」의 "나에게는 다스리는 신하 열 사람이 있다."라고 한 구절은 자식으로서 어머니를 신하로 삼아 명분과 의리를 구함이 있으니, 『당석경(唐石經)』을 근거로 해서 "신(臣)"

자를 삭제했을 뿐이고, 그 외의 글자의 다르고 같은 것들, 예를 들어 한(漢)과 당(唐)과 송(宋)의 『석경』 및 황간(皇侃)의 「소」와 육덕명(陸德明)의 『경전석문』에 실려 있는 각 판본과 같은 것은 모두 「소」에 나열해 놓았다. 야마노이 가나에[山井鼎: 야마노이 곤론[山井崑崙]]의 『칠경맹자고문(七經孟子考文)』에 인용한 고본(古本)과 같은 경우 황간본과 많은 부분이 같다. 고려본(高麗本)과 아시카가본[足利本]은 고본과는 역시 서로 차이가 있고 말이 증가된 것 같으니, 전혀 같은 종류가 아니고, 이미 자세한 것은 『칠경맹자고문』 및 완원(阮元)의 『논어교감기(論語校勘記)』와 풍등부(馮登府)의 『논어이문소증(論語異文疏證)』에 보이므로, 이 「소」에서 인용한 부분은 매우 적다. 고본과 고려본과 아시카가본에 황간본과 『경전석문』본, 그리고 『당석경』의 증거들과 일치하는 것이 있는 것들은 처음 보이는 것은 구체적으로 갖추어 인용하였고, 그렇지 않은 것은 인용하지 않았다. 「주」의 글 중 잘못되었거나 뒤섞인 것은, 대부분 황간본과 후대 사람들이 교정하고 바로잡은 것을 따랐는데, 황간본에 실려 있는 「주」의 문장은 형병본보다 매우 번거롭기 때문에 불변의 법칙[典要]과 관계된 것이 아닌 것은 생략하기로 한다.

一. 「注」用『集解』者, 所以存魏·晉人著錄之舊, 而鄭君遺「注」, 悉載「疏」內. 至引申經文, 實事求是, 不專一家, 故於「注」義之備者, 則據「注」以釋經; 略者, 則依經以補「疏」; 其有違失未可從者, 則先疏經文, 次及「注」義. 若說義二三, 於義得合, 悉爲錄之, 以正向來注疏家墨守之失.

하나. 「주」에서 『논어집해』를 사용한 것은 위(魏)나라 사람들과 진(晉)나라 사람들이 저술하고 기록한 오래된 것들을 보존하기 위한 것이고, 정군[鄭君: 정현(鄭玄)]이 남긴 「주」는 모두 「소」 안에 기재했다. 경문(經文)을 인용해서 의미가 확대된 경우에는 실질에 힘써 진리를 구한 것이므로 한 학파에만 국한되지 않기 때문에 「주」에서 구체적으로 뜻이 잘 갖추어진 것은 「주」에 의거해서 경문을 해석하였고, 생략된 것은 경문에 의거해서 「소」를 보충하였으며, 어긋나거나 잘못된 부분이 있어 따를 수 없는 것은 먼저 경문을 소통시킨 다음에 「주」의 뜻에 미쳤다. 만약 말의 뜻이 두세 가지라도 의리에 부합할 수 있는 것이라면 모두 기록해서 그동안의 주석가들이 묵수하던 잘못을 바로잡았다.

一. 鄭「注」久佚, 近時惠氏棟‧陳氏鱣‧臧氏鏞‧宋氏翔鳳成有『輯本』, 於『集解』外, 徵引頗多. 雖拾殘補闕, 聯綴之迹, 非其本眞, 而舍是則無可依據. 今悉詳載, 而原引某書某卷及字句小異, 均難備列, 閱者諒諸.

하나. 정현의 「주」가 일실된 지 오래되었으나, 근래에 혜동(惠棟)과 진전(陳鱣)과 장용(臧庸)과 송상봉(宋翔鳳)이 『집본(輯本)』을 완성했으니, 『논어집해(論語集解)』 외에도 증거로 인용할 만한 것들이 자못 많아졌다. 비록 해진 것들을 주워 빠진 부분을 보충해서 잇고 꿰맨 자취가 그 본래 진면목은 아니지만 이마저 버리면 의거할 만한 것이 없게 된다. 그러므로 이제 모두 상세히 실어 놓고 인용한 어떤 책이나 어떤 권 및 자구가 조금 차이 나는 것을 근원해 보았으나, 고루 다 갖추어서 나열하기는 어려웠으니, 이 책을 열어 보는 자들이 이를 혜량(惠諒)해 주기를 바란다.

一. 古人引書, 多有增減, 蓋未檢及原文故也. 翟氏灝『四書考異』, 馮氏登府『論語異文疏證』, 於諸史及漢‧唐‧宋人傳注, 各經說‧文集, 凡引『論語』有不同者, 悉爲列入, 博稽同異, 辨證得失, 旣有專書, 此宜從略.

하나. 옛사람들은 책을 인용함에 더하거나 뺀 것이 많은데, 이는 아마도 점검이 원문에 미치지 못했기 때문인 듯싶다. 적호(翟灝)의 『사서고이(四書考異)』와 풍등부의 『논어이문소증』은 여러 역사서 및 한나라‧당나라‧송나라 사람들이 전한 주석과 각각의 경설(經說)과 문집(文集)에서 『논어』를 인용한 것이 같지 않은 점이 있는 것은 모두 나열해서 삽입하고, 널리 같고 다른 점을 고찰해서 잘잘못을 변별하고 증명해서 이미 전문적으로 다룬 저작이 있으니, 여기서는 마땅히 생략하기로 한다.

一. 漢·唐以來, 引孔子說, 多爲諸賢語·諸賢說. 或爲孔子語者, 皆由以意徵引, 未檢原文, 翟氏『考異』旣詳載之, 故此「疏」不之及.

하나. 한·당 이래로 공자의 학설을 인용한 것은 대부분은 제현들이 한 말이거나 제현들의 학설이다. 혹 공자가 한 말이라고 생각되는 것은 모두 의도적으로 증거를 인용함으로 말미암아 원문을 검토하지 않았는데, 적씨(翟氏)의 『사서고이』에 이미 상세히 실었기 때문에 여기의 「소」에서는 언급하지 않는다.

一. 漢人解義, 存者無幾, 必當詳載, 至皇氏「疏」·陸氏『音義』所載魏·晉人以後各說, 精駁互見, 不敢備引. 唐·宋後著述益多, 尤宜擇取.

하나. 한나라 사람들의 해의(解義)는 보존되어 있는 것이 거의 없으니, 반드시 상세하게 기재하는 것이 마땅하고, 황씨(皇氏)의 「소」와 육씨(陸氏)의 『음의』에 실려 있는 위나라와 진나라 사람들 이후의 각각의 설들은 정밀하고 잡박한 것들이 번갈아 보여서 감히 구체적으로 갖추어서 인용하지 않았다. 당나라와 송나라 이후에는 저술들이 더욱 많아졌으므로 더더욱 가려서 취함이 마땅하다.

一. 諸儒經說, 有一義之中, 是非錯見. 但采其善而不著其名, 則嫌於掠美; 若備引其說而竝加駁難, 又嫌於葛藤. 故今所輯, 舍短從長, 同於節取, 或祇撮大要, 爲某某說.

하나. 여러 유학자의 경전에 대한 설명은 한 가지 뜻 안에서도 옳고 그른 것이 뒤섞여 보인다. 다만 그 잘된 것을 채록하되 그 이름을 밝히지 않으면 좋은 점만 훔친 것에 혐의가 있게 되고, 만약 그 말을 구비해서 인용하되 잡박하고 난해한 것까지 아울러 더해 놓으면 또 갈등을 일으킴에 혐의가 있게 된다. 따라서 이제 수집한 것을 단점은 버리고 장점을 좇아 똑같이 적절하게 취하되, 더러는 단지 큰 요지만을 취해서 아무개 아무개의 말이라고 하였다.

一. 引諸儒說, 皆擧所著書之名. 若習聞其語, 未知所出何書, 則但記其姓名而已. 又先祖考國子監典簿諱履恂著『秋槎雜記』, 先叔祖丹徒縣學訓導諱台拱著『論語駢枝』・『經傳小記』, 先伯父五河縣學訓導諱寶樹著『經義說略』, 「疏」中皆稱爵.

하나. 인용한 여러 유학자의 설은 모두 저서의 이름을 거론했으나, 그 말은 익히 들었지만 어느 책에서 나온 것인지 모르는 것과 같은 것은 단지 그 성명만 기록했을 뿐이다. 또 선조고(先祖考)이신 국자감 전부(國子監典簿) 휘(諱) 이순(履恂)이 저술한 『추사잡기(秋槎雜記)』와 선숙조(先叔祖)이신 단도현(丹徒縣) 현학(縣學)의 훈도(訓導) 휘 태공(台拱)이 저술한 『논어변지(論語駢枝)』와 『경전소기(經傳小記)』, 그리고 선백부(先伯父)이신 오하현(五河縣) 현학의 훈도 휘 보수(寶樹)가 저술한 『경의설략(經義說略)』은 「소」 안에 모두 작위를 칭하였다.

논어정의 권21

論語正義卷二十一

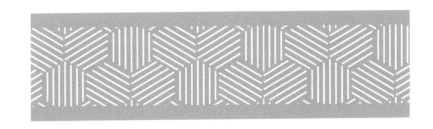

微子第十八(미자 제18)

○●○

集解(집해)

○●○

凡十四章(모두 14장이다)

원문 正義曰: 此篇實止十一章, 疑"四"爲"一"誤.

역문 정의에서 말한다.

　이 편은 실재로는 11장에서 끝나니, 아마도 "4(四)"는 "일(一)"의 오자(誤字)인 듯싶다.

18-1

微子去之, **箕子爲之奴, 比干諫而死**. 【注】馬曰: "微·箕, 二國名, '子', 爵也. 微子, 紂之庶兄; 箕子·比干, 紂之諸父. 微子見紂無道, 早去之, 箕子佯狂爲奴, 比干以諫見殺." 孔子曰: "**殷有三仁焉**." 【注】仁者愛人. 三人行異而同稱仁, 以其俱在憂亂寧民.

────────────

　미자(微子)는 떠나가고, 기자(箕子)는 종이 되고, 비간(比干)은 간하다가 죽었다. 【주】 마융(馬融)이 말했다. "'미(微)'와 '기(箕)'는 두 나라의 이름이고, '자(子)'는 작위이다. 미자(微子)는 주(紂)의 서형(庶兄)이고, 기자(箕子)와 비간(比干)은 주(紂)의 아버지뻘 되는 당내(堂內)의 지친[諸父]이다. 미자는 주의 무도함을 보고서 일찍이 주를 떠나갔고, 기자는 미친 체하여 종이 되었으며, 비간은 간하다가 살해당하였다." 공자가 말했다. "은나라에 세 사람의 인자(仁者)가 있었다."【주】 인자(仁者)는 사람을 사랑한다. 세 사람이 행한 일이 달랐는데도 똑같이 '인(仁)'이라 칭한 것은 그들의 뜻이 모두 임금의 환란을 근심하고 민중을 편안하게 하는 데 있었기 때문이다.

원문 正義曰: 微·箕皆有封國, 還仕王朝爲卿士. 至此諫紂, 俱不聽, 微子乃去其位, 行遯於外, 箕子以佯狂去位, 爲紂奴也. 『史記』「宋微子世家」, "周武王克殷, 微子乃持其祭器造於軍門, 肉袒面縛, 左牽羊, 右把茅, 膝行而前以告. 於是武王乃釋微子, 復其位如故." 復其位者, 復其微子之位也. 及武庚滅, 乃改封國於宋, 爲宋公. 又「宋世家」言, "武王封箕子於朝鮮而不臣." 是二子後皆別封, 此仍言"微"·"箕"者, 從故爵也. 舊時說者謂微子去之, 是去殷如周, 與載籍無一合者, 抑亦妄矣.

역문 정의에서 말한다.

미자와 기자는 모두 봉국(封國)을 가지고 있었는데, 본국으로 돌아와 왕조에서 벼슬하여 경사(卿士)가 되었다. 이때 이르러 주에게 간하였지만 모두 들어주지 않자 미자는 결국 그 자리를 버리고 국외로 도망가 은둔하였고, 기자는 미친 체하며 자리를 버리고 주의 종이 되었다. 『사기』「송미자세가」에 "주 무왕(周武王)이 은(殷)나라를 이기자 미자는 이에 그 제기(祭器)를 들고 군문(軍門)으로 나아가 윗도리 한쪽을 벗어 어깨를 드러내고, 두 손을 등 뒤로 결박해서 얼굴만 보이게 하고는, 사람을 시켜 왼편으로는 양을 끌고 오른편으로는 소꼬리로 장식한 깃발을 쥐게 하고서 무릎으로 기어 앞으로 나아가 아뢰었다. 이에 무왕은 미자를 석방하고 전과 같이 자리를 회복시켰다."라고 했는데, 자리를 회복시켰다는 것은 미자의 지위를 회복시켜 주었다는 것이다. 무경(武庚)¹이 멸망함에 미쳐 송(宋) 땅에 나라를 개봉(改封)해 주고 송공(宋公)으로 삼았다. 또 「송세가」에 "무왕은 기자를 조선(朝鮮)에 봉하였지만 신하로 삼지는 않았다."라고 했으니, 이 두 사람은 뒤에 모두 별도로 봉해진 것인데, 여기서 여전히 "미자"·"기자"라고 말한 것은 옛날의 작위를 따른 것이다. 예전에 말하는 사람들 중에 미자가 떠나간 것은 은나라를 떠나 주나라로 간

1 무경(武庚, ?~?): 은의 마지막 임금인 주왕(紂王)의 아들로 "녹보(祿父)"라고도 한다. 『사기(史記)』「주본기(周本紀)」에는 "녹보(祿父)"라고도 기록되어 있다. 어려서부터 총명하고 학문을 좋아했던 것으로 알려져 있다. 기원전 1046년 무렵 은의 주왕(紂王)이 하남성(河南省)의 목야(牧野)에서 주(周)에 크게 패하고 자결하자, 무경(武庚)은 부하들을 이끌고 투항하였다. 은이 멸망한 뒤 주 무왕(武王)은 은의 유민(遺民)들을 통제하기 위해 무경에게 은을 다스리게 했다. 그리고 그가 반란을 일으키지 못하도록 그 주위에 자신의 세 동생들을 분봉(分封)하였다. 주공(周公) 희단(姬旦)의 형인 관숙(管叔) 희선(姬鮮)을 관(管, 河南 鄭州)의 제후로 봉했으며, 동생들인 채숙(蔡叔) 희도(姬度)는 채(蔡, 지금의 河南 上蔡)의 제후로, 곽숙(霍叔) 희처(姬處)는 곽(霍, 山西 霍州)의 제후로 봉하였다. 이들은 무경(武庚)과 은의 유민들에 대한 감시를 맡았기에 "삼감(三監)"이라고 불렸다. 기원전 1043년 무렵, 무왕(武王)은 주를 건국한 지 3년 만에 병사(病死)하였고, 태자 희송(姬誦)이 뒤를 이어 즉위하였으니 그가 성왕(成王)이다. 그러나 성왕(成王)은 아직 나이가 어렸으므로 무왕(武王)의 동생인 주공 희단(姬旦)이 섭정(攝政)이 되었다(주공이 왕위를 이었다는 학설도 있다). 무왕(武王)의 형제들인 관숙(管叔)과 채숙(蔡叔), 곽숙(霍叔)은 이에 불만을 품고 주공이 왕위를 빼앗을 것이라는 말을 사방이 퍼뜨렸다. 그리고 무경(武庚)과 연합하여 반란을 일으켰는데, 이를 "삼감(三監)의 난(亂)"이라고 한다. 주공은 제후들을 단속하며 반란의 진압에 나섰지만, 동쪽의 회이(淮夷)와 연합한 은의 유민들의 저항이 거세서 반란을 진압하는 데에는 3년이나 걸렸다. 무경(武庚)은 주의 군대에 사로잡힌 뒤 주살(誅殺)되었으며, 주공의 형인 관숙(管叔) 희선(姬鮮)도 처형되었다. 채숙(蔡叔)은 멀리 유배되었으며, 곽숙(霍叔)은 모든 지위에서 물러나는 처벌을 받았다.

것이라고 하는데, 기록과는 하나도 일치하는 것이 없으니, 또한 망령된 말인 듯싶다.

원문 朱氏彬『經傳考證』, "此章止敍比干之諫, 一似微·箕兩賢初無一言之悟主者, 不知非也. 微·箕之諫, 已貫於比干之諫之中, 特文勢蟬聯而下, 使人不覺耳. 「宋世家」曰: '紂旣立, 不明, 淫亂於政, 微子數諫, 紂不聽. 及祖伊以西伯昌之修德, 滅阞, 懼禍至, 以告紂. 紂曰: "我生不有命在天乎? 是何能爲?" 于是微子度紂不可諫, 欲死之, 及去, 未能自決, 乃問于太師·少師.' 于是太師·少師乃勸微子去, 遂行. 又曰: '紂爲淫泆, 箕子諫, 不聽. 人或曰: "可以去矣." 箕子曰: "人臣諫不聽而去, 是彰君之惡而自說於民, 吾不忍爲也." 乃被髮佯狂而爲奴.' 又曰: '王子比干見箕子諫不聽而爲奴, 則曰: "君有過而不以死爭, 則百姓何辜?" 乃直言諫紂.' 由此觀之, 微·箕非不諫也, 特比干被禍尤烈耳."

역문 주빈(朱彬)의 『경전고증』에 "이 장은 단지 비간의 간언만을 서술해서, 한결같이 미자와 기자 두 현자들은 애당초 한마디도 군주를 깨우친 것이 없는 것 같은데, 모르겠지만 그렇지는 않다. 미자와 기자의 간함은 이미 비간의 간언 중에 관통하고 있고 다만 문세가 연달아 내려가서 사람들로 하여금 깨닫지 못하게 한 것일 뿐이다. 「송세가」에 '주왕이 즉위하고 났으나 현명하지도 못한데다가 정치에서도 음란하여 미자가 여러 차례 간언했지만 주왕은 듣지 않았다. 급기야 충신 조이(祖伊)[2]는 서백

---

2 조이(祖伊, ?~?): 은나라 때 사람. 서백(西伯, 周文王)이 병사를 일으켜 기국(饑國)을 공격하여 그 땅을 차지했다. 이에 재앙이 곧 닥칠 것을 알고 주(紂)에게 충간을 올렸지만, 주는 듣지 않고, "우리의 목숨은 하늘에 달려 있는 것이 아닌가?(我生不有命在天乎)"라고 말했다. 그러자 "아아! 폐하의 죄가 하늘에 벌려져 있거늘 천명(天命)을 책할 수 있겠습니까? 은나라가 곧 망하려고 하는 것은 바로 폐하께서 저지른 일 때문이니, 폐하의 나라에 죽음이 없겠습

(西伯) 창(昌)이 덕(德)을 닦고 기(阢)나라를 멸망시키자 그 화가 은나라에 미칠까 겁이 나서 이를 주왕에게 일러바쳤다. 그러자 주왕이 "내가 태어난 것은 명(命)이 하늘에 달려 있는 것이 아니더냐? 그자가 무얼 할 수 있겠느냐?"라고 하였다. 이에 미자는 주왕이 간언할 수 없는 인물이라고 판단하고 죽이려 하였으나, 떠날 마음을 먹음에 미쳐서는 스스로 결단을 내리지 못하고 마침내 태사(太師)와 소사(少師)에게 물었다.'라고 했으니, 이렇게 되자 태사와 소사가 결국은 미자에게 떠날 것을 권하자 마침내 떠난 것이다. 또 '주왕이 제멋대로 쾌락에 빠지자, 기자가 충고했으나 듣지 않았다. 누군가가 "떠나야 할 것 같습니다."라고 하자 기자가 말하길, "신하된 자가 간언했는데도 듣지 않는다고 해서 떠난다면 이는 군주의 잘못을 드러내고 자신은 민중의 비위를 맞추는 것이니, 나로서는 차마 그렇게 못하겠소." 하고는 이에 머리를 풀어헤치고 미친 척하여 종이 되었다.'라고 했고, 또 '왕자 비간은 기자가 간언을 해도 듣지 않고, 기자가 종이 되는 것을 보고는 "군주에게 허물이 있는데도 죽음을 무릅쓰고 따지지 않는다면, 민중들이 무슨 죄가 있다고…?"라고 하고는 마침내 곧은 말로 주에게 충간하였다.'라고 했다. 이를 말미암아 살펴보면 미자와 기자가 간언하지 않았던 것이 아니고, 다만 비간이 화를 당한 것이 더욱 격렬했을 뿐이다."라고 했다.

- 「注」, "微箕"至"見殺".
- 正義曰: 微·箕皆殷時封國, 孔氏『書』「疏」引鄭玄說, 以爲俱在圻內也. 杜預『春秋釋例』, "僖六年, 微, 東平壽張縣西北有微鄉微子冢." 『水經』「濟水」「注」, "濟水又北逕微鄉東. 『春

니까?"라고 꾸짖었다. 『서경(書經)』「서백감려(西伯戡黎)」에 나온다.

秋』「莊公」二十八年『經』書, '冬, 築郿.' 京相璠曰: '『公羊傳』謂之微, 東平壽張縣西北三十里有故微鄉, 魯邑也.' 杜預曰: '有微子冢.'" 西北去朝歌, 尚在圻內.『寰宇記』云: "博州聊城縣有微子城." 博州, 今東昌府治, 聊城爲附郭首邑, 與壽張毗連, 故兩邑皆言有微地, 實則壽張是也. 閻氏若璩『釋地』謂"今潞安府潞城縣東北十五里有微子城", 此據『明一統志』, 不足信也.

○ 「주」의 "미기(微箕)"부터 "견살(見殺)"까지.

○ 정의에서 말한다.

미(微)나라와 기(箕)나라는 모두 은나라 때의 봉국(封國)이니, 공씨(孔氏: 공영달)는『서경』「소」에서 정현(鄭玄)의 말을 인용하여 모두 주왕(紂王)의 기내(圻內)에 있다고 하였다.[3] 두예(杜預)의『춘추석례』에 "희공(僖公) 6년에 미(微)나라는 동평군(東平郡) 수장현(壽張縣) 서북쪽에 미향(微鄉)과 미자(微子)의 무덤이 있다."라고 했다.『수경』「제수」의「주」에, "제수(濟水)는 또 북쪽으로 미향(微鄉)의 동쪽을 지난다.『춘추』「장공」28년 경문(經文)에 '겨울에 미읍(郿邑)에 성을 쌓았다.'라고 했는데, 경상번(京相璠)[4]이 말하길, '『춘추공양전』에서는 그곳을 미읍(微邑)이라고 했는데, 동평군(東平郡) 수장현(壽張縣) 서북쪽 30리에 옛 미향(微鄉)이 있으니, 노(魯)나라의 읍(邑)이다.'라고 했으며, 두예는 말하길, '미자의 무덤이 있다.' 하였다."라고 했는데, 서북쪽으로 가면 조가(朝歌)이니 여전히 기내(圻內)에 있는 것이다.『태평환우기』에 "박주(博州) 요성현(聊城縣)에 미자성(微子城)이 있다."라고 했는데, 박주(博州)는 지금의 동창부(東昌府)의 관할이며 요성현(聊城縣)은 성곽에 부속된 수읍(首邑)으로 수장현(壽張縣)과는 경계가 가까이 연결되어 있기 때문에 두 읍 모두 미(微) 땅을 소유하고 있다고 말하지만 실재로는 수장현(壽張縣) 소유가 맞다. 염약거의『사서석지』에 "지금의 노안부(潞安府) 노성현(潞城縣) 동북쪽 15리에 미자성(微子城)이 있다"라고 했는데, 이는『명일통지』에 근거한 것으로 족히 믿을 것이 못 된다.

---

3 『상서주소(尙書注疏)』권9,「상서(商書)·서백감려(西伯戡黎)」공영달(孔穎達)의「소(疏)」: 정현(鄭玄)은 미(微)나라와 기(箕)나라는 모두 주왕(紂王)의 기내(圻內)에 있다고 했다. 공안국은 비록 기(箕)나라를 말하지 않았지만, 역시 마땅히 기내에 있어야 한다.[鄭玄以爲微與箕, 俱在圻內. 孔雖不言箕, 亦當在圻內也.]

4 경상번(京相璠, ?~?): 미상(未詳).

『左』「僖」三十三年『經』, "晉人敗狄于箕." 「注」, "太原陽邑縣南有箕城." 閻氏『釋地』謂"在今山西遼州楡社縣東南三十里", 而『彙纂』謂"在太谷縣東南三十五里", 是楡社縣西, 亦一邑兩載, 皆在坼內, 但未知孰是. 又『左傳』, "秦入我河縣, 焚我箕・郜." 江氏永『春秋地理考』實謂"今山西隰州蒲縣東北有箕城, 當卽其地." 然去朝歌甚遠, 必非箕子所封邑也.

『춘추좌씨전』「희공」33년의『경』에 "진인(晉人)이 기(箕)에서 적군을 패퇴시켰다."라고 했는데,「주」에 "태원(太原) 양읍현(陽邑縣) 남쪽에 기성(箕城)이 있다." 했고, 염씨의 『사서석지』에 "지금의 산서성(山西城) 요주(遼州) 유사현(楡社縣) 동남쪽 30리에 있다" 했으며, 『휘찬』에 "태곡현(太谷縣) 동남쪽 35리에 있다"[5]고 했는데, 이곳은 유사현(楡社縣)의 서쪽으로 역시 하나의 읍이 두 관할지에 걸쳐 있어서 모두 기내(坼內)에 있기는 하지만, 어느 것이 옳은지는 알 수 없다. 또 『춘추좌씨전』에 "진(秦: 진환공秦桓公을 가리킴)이 우리 하현(河縣)을 쳐들어오고, 우리의 기읍(箕邑)과 고읍(郜邑)을 불살랐다."라고 했는데, 강영의 『춘추지리고』에 실로 "지금의 산서성(山西城) 습주(隰州) 포현(蒲縣) 동북쪽에 기성(箕城)이 있으니, 바로 그 지역임이 마땅하다."라고 했다. 그러나 조가(朝歌)와의 가리가 너무 머니, 필시 기자가 봉해진 읍이 아닐 것이다.

比干未有封國, 孟子稱"王子比干", 疑比干卽其名或字也. 『路史』謂"唐之比陽有比水, 卽比干國." 其說不知何本. 考比陽於『漢』「地志」, 屬南陽郡, 非在坼內, 『路史』誤也. 『白虎通』「爵篇」, "子者, 孳也, 孳孳無已也. 殷爵三等, 謂公・侯・伯也." 此得有"子"者, 鄭君「王制」「注」, "異畿內, 謂之子." 是也. 微子名啓, 箕子名無考.

비간은 봉국을 소유하지 않았고, 맹자(孟子)는 "왕자 비간(王子比干)"이라고 일컬었으니[6] 아마도 비간(比干)은 바로 그의 이름이었거나 혹은 자였을 듯싶다. 『노사』에 "당(唐)의 비양(比陽)에 비수(比水)가 있으니, 바로 비간국(比干國)이다."[7]라고 했는데, 이 말은 무엇을

---

5 『흠정춘추전설휘찬(欽定春秋傳說彙纂)』권16.

6 『맹자(孟子)』「공손추상(公孫丑上)」: 미자(微子)와 미중(微仲)과 왕자비간(王子比干)과 기자(箕子)와 교격(膠鬲)이 모두 현인(賢人)이었는데, 이들이 서로 주왕을 보좌하였으므로 오랜 뒤에야 천하를 잃었던 것이다.[有微子・微仲・王子比干・箕子・膠鬲皆賢人也, 相與輔相之. 故久而後失之也.]

근거로 한 것인지 모르겠다. 『전한서』「지리지」에서 비양(比陽)을 조사해 보면 남양군(南陽郡)에 속하지 기내(圻內)에 있는 것이 아니니, 『노사』가 틀렸다. 『백호통의』「작」에 "자작(子爵)의 자(子)는 부지런하다[孳]는 뜻이니, 부지런히 노력해 마지않음이다. 은나라 때의 작위는 세 등급이었으니, 공작[公]·후작[侯]·백작[伯]을 이른다."라고 했으니, 여기에서처럼 "자(子)" 자의 의미를 이해하고 있는 것으로는 정군(鄭君)의 『예기』「왕제」의 「주」에 "기내(畿內)를 달리하는 것을 자작[子]이라 한다."라고 한 것이 이것이다. 미자의 이름은 계(啓)이고, 기자(箕子)의 이름은 알 길이 없다.

『莊子』「大宗師」, "若狐不偕·務光·伯夷·叔齊·箕子·胥餘·紀他·申徒狄." 司馬彪「注」以胥餘爲箕子名, 『尸子』亦云: "箕子胥餘, 漆身爲厲, 被髮佯狂." 胥餘竝承箕子之下, 則彪說亦可信也.

『장자』「대종사」에 "호불해(狐不偕), 무광(務光), 백이(伯夷), 숙제(叔齊), 기자(箕子), 서여(胥餘), 기타(紀他), 신도적(申徒狄)과 같은 사람"이라고 했는데, 사마표(司馬彪)의 「주」에 서여(胥餘)를 기자(箕子)의 이름이라 하였고, 『시자』에도 "기자 서여(箕子胥餘)는 몸에 옻칠을 해서 창병(瘡病)이 나게 하고, 머리를 풀어헤치고 미친 척하였다."라고 했으니, 서여(胥餘)가 기자(箕子) 아래 나란히 이어져 있으니, 사마표의 말도 믿을 만하다.

『左』「哀」九年「傳」, "陽虎曰: '微子啓, 帝乙之元子也.'" 『呂氏春秋』「仲冬紀」, "紂之母生微子啓與仲衍, 其時猶尙爲妾, 已而爲妻而生紂." 『史記』「殷本紀」, "帝乙長子曰微子啓, 啓母賤, 不得嗣. 少子辛, 辛母正后, 辛爲嗣. 帝乙崩, 子辛立, 是爲帝辛, 天下謂之紂." 「宋世家」, "微子開者, 殷帝乙之首子, 而紂之庶兄也." "庶兄"者, 謂微子生時其母未爲后, 則微子是帝乙庶子, 卽是紂之庶兄, 此馬「注」意亦然也.

『춘추좌씨전』「애공」 9년의 「전」에 "양호(陽虎)가 말했다. '미자 계(微子啓)는 제을(帝乙)의 원자(元子)이다.'"라고 했고, 『여씨춘추』「중동기」에 "주(紂)의 모친이 미자 계(微子啓)와 중연(仲衍)을 낳았는데, 당시에는 그의 신분이 아직 첩(妾)이었다가 얼마 뒤에 처(妻)가 되어

---

7   『노사(路史)』 권27, 「국명기4(國名紀四)·상씨후(商氏後)」.

주(紂)를 낳았다."라고 했고, 『사기』 「은본기」에 "제을(帝乙)의 큰아들을 미자 계(微子啓)라고 하는데, 계(啓)의 어머니가 미천했기 때문에 후계자가 되지 못했다. 작은아들 신(辛)의 어머니가 정비였기 때문에 신이 후계자가 되었다. 제을이 세상을 뜨자 아들 신이 즉위했는데 이가 제신(帝辛)이고, 천하에서 그를 주(紂)라고 불렀다."라고 했으며, 「송세가」에는 "미자 개(微子開)는 은나라 제을(帝乙)의 큰아들이자, 주왕(紂王)의 서형(庶兄)이다."라고 했는데, "서형(庶兄)"이란, 미자(微子)가 태어났을 당시에는 그의 어머니가 아직 후비(后妃)가 되지 못했으므로 미자는 제을의 서자이고 바로 주의 배다른 형[庶兄]이라는 말이니, 여기의 마융 「주」의도 역시 그러하다.

『孟子』 「告子篇」, "以紂爲兄之子, 且以爲君, 而有微子啓・王子比干." 又以微・比皆紂諸父, 說比干者無異辭, 而微子爲諸父則止『孟子』一言. 翟氏灝『考異』引陸象山說, 從『孟子』, 則以箕子稱微子, 曰王子, 與比干稱謂同, 或其行輩亦同. 姚氏鼐『經說』, "「牧誓」言'播棄王父母弟不迪', 苟有庶兄, 播棄不迪, 其罪不甚於王父母弟乎? 而武王乃不言之乎? 吾是以知惟孟子之言信也." 「宋世家」又云: "箕子者, 紂親戚也." 不言爲何行輩. 服虔・杜預以爲紂庶兄, 而王肅以紂諸父, 與馬此「注」同. 高誘注『淮南』「主術」爲紂庶兄, 而注『呂氏春秋』「必己」・「離謂」・「過理」等篇, 皆爲紂諸父. 傳聞各異, 未知孰是.

『맹자』 「고자상」에 "주(紂)를 형의 아들로 삼고 또 임금으로 삼고서도 미자 계(微子啓)와 왕자(王子) 비간(比干) 같은 사람이 있었다."라고 했고, 또 미자와 비간이 모두 주(紂)의 아버지뻘 되는 당내(堂內)의 지친[諸父]인데도 비간에 대해서 말하는 자들은 달리 말하는 자들이 없지만, 미자를 제부(諸父)라고 한 것은 단지 『맹자』의 한마디 말뿐이다. 적호의 『사서고이』에는 육상산(陸象山)[8]의 말을 인용하면서 『맹자』의 말을 따랐는데, 기자를 미자와 맞춰서

---

8 육상산(陸象山, 1139~1192): 남송 무주(撫州) 금계(金溪) 사람 육구연(陸九淵)이다. 자는 자정(子靜), 상산(陸山)은 그의 호인데, 또 다른 호는 존재(存齋) 또는 상산옹(象山翁)이고, 시호는 문안(文安). 육구사(陸九思)의 동생이다. 어려서부터 재능이 뛰어났다. 효종(孝宗) 건도(乾道) 8년(1172) 진사가 되었다. 정안주부(靖安主簿)와 국자정(國子正)을 지냈다. 젊었을 때 정강(靖康) 때의 일을 듣고 금나라 군대의 침입에 분개하여 용사(勇士)를 찾아다니면서 국세를 회복할 방책을 상의했다. 일찍이 윤대(輪對)하여 다섯 가지 일을 개진했지만 급

말하고, 왕자를 비간과 함께 일컬으면서 동일인이라고 했으니, 어쩌면 그들의 항렬이나 연배도 같았었을 듯싶다. 요내(姚鼐)의 『경설』에 "『서경』「주서·목서」에 '왕부모(王父母)의 아우를 버리고 도리로 대우하지 않았다'라고 했는데, 만일 서형(庶兄)이 있는데도 버리고 도리로 대우하지 않았다면 그 죄가 왕부모의 아우보다 더 심하지 않았겠는가? 그런데도 무왕(武王)이 끝내 말하지 않았겠는가? 나는 이 때문에 오직 맹자의 말이 진실하다는 것을 안다."라고 했다. 『사기』「송세가」에는 또 "기자(箕子)는 주(紂)의 친척이다."라고만 하고 항렬과 연배가 어떻게 되는지는 말하지 않았다. 복건(服虔)과 두예는 주의 배다른 형이라고 했는데, 왕숙(王肅)은 주의 아버지뻘 되는 당내(堂內)의 지친[諸父]이라고 했으니, 마융의 이 문장의 「주」와 같다. 고유(高誘)는 『회남자』「주술」을 주석하면서 주의 배다른 형이라고 하고, 『여씨춘추』「필기」와 「이위」, 「과리」 등의 편을 주석하면서는 모두 주의 제부(諸父)라고 했으니, 전해 들은 것들이 각각 달라서 누가 옳은지 알 수 없다.

「殷本紀」云: "紂愈淫亂不止, 微子數諫不聽, 乃與太師·少師謀, 遂去. 比干曰: '爲人臣者, 不得不以死爭.' 乃强諫紂. 紂怒曰: '吾聞聖人心有七竅!' 剖比干, 觀其心. 箕子懼, 乃詳狂爲奴, 紂又囚之." 此「紀」先敍微子, 次比干·箕子, 馬此「注」本之, 遂以微子爲早去也. 「宋世家」云: "箕子諫不聽, 乃被髮佯狂而爲奴. 王子比干見箕子諫不聽而爲奴, 乃直言諫紂. 紂怒, 乃遂殺王子比干. 於是太師·少師乃勸微子去, 遂行." 則又先箕子, 次比干, 次微子, 與「殷紀」敍述不同.

『사기』「은본기」에 "주왕이 갈수록 음란해져 그치지 않고, 미자가 자주 간언했지만 듣지 않

사중(給事中) 왕신(王信)의 반박을 당하자 귀향하여 귀계(貴溪)의 상산에 강당을 짓고 후학 양성에 전념했다. 광종(光宗) 때 형문군(荊門軍)을 맡아 군성(軍城)을 수리하면서 변방의 방어를 공고히 하는 등 치적을 쌓았다. 주희(朱熹)와 이름을 나란히 했지만 견해는 대립하여 학계를 양분하는 학문적 세력을 형성했는데, 사상적 계보로는 모두 정호(程顥)와 정이(程頤)의 학문을 계승했다. 주희와 서신으로 논쟁하면서 아호(鵝湖)에서 만나 변론을 벌였다. 두 사람은 서로의 학문을 존중하여 도의적 교유는 변하지 않았다. 명나라의 왕수인(王守仁)이 그의 사상을 계승해 육왕학파(陸王學派)를 형성했다. 저서에 어록과 서간, 문집을 수록한 『상산선생전집(象山先生全集)』 36권이 있다.

자, 결국 태사(太師)·소사(少師)와 모의해서 마침내 떠났다. 비간은 '신하 된 자로서 죽음을 무릅쓰고서라도 따지지 않을 수 없다.' 하고는 이에 주에게 강력하게 한했다. 그러자 주가 성을 내며 '내가 듣자하니 성인의 심장에는 구멍이 일곱 개가 있다더군!' 하면서 비간의 배를 갈라 그의 심장을 살펴보았다. 기자는 두려워하여 마침내 미친 척하고 종이 되었는데, 주가 또 그를 가두었다."라고 하여, 이 「은본기」에서는 먼저 미자를 서술하고, 다음으로 비간과 기자를 서술했는데, 마융의 이 장의 「주」는 이 「은본기」를 근거로 마침내 미자가 일찍이 주를 떠나갔다고 한 것이다. 「송세가」에 "기자는 간언했지만 듣지 않자 이에 머리를 풀어헤치고 미친 척하여 종이 되었다. 왕자 비간은 기자가 간언해도 듣지 않고, 기자가 종이 되는 것을 보고는 곧은 말로 주에게 충간했다. 주가 성이 나서 마침내 왕자 비간을 죽였다. 이렇게 되자 태사와 소사가 결국 미자에게 떠날 것을 권하자 마침내 떠난 것이다."라고 했는데, 또 기자를 가장 먼저 서술하고, 다음으로 비간, 그다음으로 미자를 서술했으니, 「은본기」의 서술 순서와 같지 않다.

『韓詩外傳』, "紂作炮烙之刑, 王子比干曰: '主暴不諫, 非忠也; 畏死不言, 非勇也. 見過卽諫, 不用卽死, 忠之至也.' 遂諫三日不去, 紂囚殺之." 又云: "比干諫而死, 箕子曰: '知不用而言, 愚也; 殺身以彰君之惡, 不忠也.' 遂被髮佯狂而去." 此『傳』先比干, 次箕子, 與『殷紀』同, 與「宋世家」異, 而不言微子去之在何時. 竊以微子事當從「宋世家」, 以宋人所載, 必得實也. 若箕·比先後, 宜闕疑焉.

『한시외전』에 "주왕(紂王)이 포락(炮烙)의 형벌[9]을 제정하자, 왕자 비간이 '군주가 포악한데

---

9 포락지형(炮烙之刑): 은나라 주왕(紂王)이 기름을 바른 구리 기둥을 숯불 위에 걸쳐 달군 후, 그 위로 죄인을 맨발로 건너가게 하는 형벌로, 특히 옳은 말을 하는 충간자(忠諫者)는 모두 이 형에 처했다고 한다. 약칭으로 "포락"이라고도 한다. 『사기(史記)』권3, 「은본기(殷本紀)」에 "주왕의 재주는 대단히 민첩하고 뛰어난 자질을 타고났다. 힘도 남달라 맨손으로 맹수와 싸울 정도였다. 지식은 충고를 물리치고도 남을 정도였고, 말재주는 잘못을 감추고도 남을 정도였다. 신하들에게 재능을 과시하길 좋아했고, 천하에서 자신의 명성이 누구보다 높다고 생각하여 모두를 자기 밑이라 여겼다. 술과 음악에 빠졌으며 특히 여색을 밝혔다. 달기(妲己)를 총애하여 달기의 말이면 무엇이든 다 들어주었다. 사연(師涓)에게 음란한 곡을 작곡하게 하고, 북쪽의 저속한 춤과 퇴폐적인 음악에 빠졌다. 무거운 세금을 거두어 그 돈을

도 충간하지 않으면 충성이 아니고, 죽음이 두려워 직언하지 않으면 용맹이 아니다. 군주의 허물을 보았으면 즉시 충간하되 따르지 않으면 즉시 죽는 것이 지극한 충성이다.'라고 하고는 마침내 3일 동안 충간하며 떠나지 않자, 주왕이 구속시켜서 죽였다."라고 했고, 또 "비간이 간언하다 죽자, 기자가 말하길, '간언을 따르지 않을 줄 알면서 간언함은 어리석음이요, 자신을 죽여 군주의 악을 드러냄은 불충이다.'라고 하고는 마침내 머리를 풀어헤치고 미친 척하면서 떠났다."라고 했는데, 이 『한시외전』에서는 비간을 먼저 서술하고 다음으로 기자를 서술했으니, 「은본기」와 같고 「송세가」와는 다르며, 미자가 어느 때 떠났는지는 언급하지 않았다. 가만히 생각해 보면 미자의 일은 당연히 「송세가」를 따라야 할 듯하니, 송(宋)나라 사람들이 기록한 것이 분명 사실일 수 있기 때문이다. 기자와 비간의 선후와 같은 경우는 의심스러운 대로 두는 것이 마땅할 듯하다.

"佯狂"者, "佯", 僞也. 『廣雅』「釋詁」, "狂, 癡也." 『後漢』「陳忠傳」「注」, "狂易, 謂狂而易性也." "爲奴"者, 『周官』「司厲」, "其奴男子入於罪隸, 女子入於舂槀. 凡有爵者, 與七十者, 與未齔者, 皆不爲奴." 鄭「注」, "謂坐爲盜賊而爲奴者, 輸於罪隸." 此據漢法以況爲盜賊之罰,

녹대(鹿臺)에 채우고, 거교(鉅橋)를 곡식으로 채웠다. 여기에 개와 말 그리고 물건들을 궁실에 각득 채웠다. 사구(沙丘)의 원대(苑臺)는 더 넓혀 온갖 짐승과 새를 잡아다 풀어놓았다. 귀신도 우습게 알았다. 사구에다가는 악공과 광대를 잔뜩 불러들이고, 술로 연못을 채우고 고기를 매달아 숲을 이루어 놓고는 벌거벗은 남녀로 하여금 그 사이를 서로 쫓아다니게 하면서 밤새 술을 마시고 놀았다. 백성들이 원망하고 제후는 등을 돌렸다. 이에 주는 형벌을 더 세게 하여 포락(炮烙)이라는 형벌을 만들었다.[帝紂資辨捷疾, 聞見甚敏. 材力過人, 手格猛獸. 知足以距諫, 言足以飾非. 矜人臣以能, 高天下以聲, 以爲皆出己之下. 好酒淫樂, 嬖於婦人. 愛妲己, 妲己之言是從. 於是使師涓作新淫聲, 北里之舞, 靡靡之樂. 厚賦稅以實鹿臺之錢, 而盈鉅橋之粟. 益收狗馬奇物, 充仞宮室. 益廣沙丘苑臺, 多取野獸蜚鳥置其中. 慢於鬼神. 大聚樂戲於沙丘, 以酒爲池, 縣肉爲林, 使男女裸相逐其閒, 爲長夜之飲. 百姓怨望而諸侯有畔者, 於是紂乃重刑辟, 有炮烙之法.]"라고 했는데, 「집해(集解)」에 "기름을 바른 구리기둥을 걸쳐 놓고 그 아래 숯불을 놓아 달구어 죄를 지은 사람에게 그 기둥을 걸어가게 했다. 그러다가 사람이 갑자기 미끄러져 숯불 가운데로 떨어지면 달기는 좋아라 깔깔대며 웃었다. 이것을 포격(炮格)의 형벌이라 한다.[膏銅柱, 下加之炭, 令有罪者行焉. 輒墮炭中, 妲己笑. 名曰炮格之刑.]"라고 했다.

其實凡有罪皆得輸入, 故「甘誓」言“奴戮汝”也. 箕子是有爵, 雖有罪, 不得爲奴, 故必佯狂而後得以沒入. 先鄭「司厲」「注」云: “箕子爲之奴, 罪隸之奴也.” 是也.

“양광(佯狂)”

“양(佯)”은 거짓[僞]이다. 『광아』「석고」에 “광(狂)은 미치광이[癲]이다.”라고 했다. 『후한서』「진충전」의 「주」에 “광역(狂易)은 미쳐서 본성이 바뀌었다는 말이다.”라고 했다.

“위노(爲奴)”

『주례』「추관사구상 · 사려」에 “그 종 가운데 남자는 죄예(罪隸)를 맡은 벼슬아치에게로 보내고, 여자는 용인(舂人)이나 고인(槀人)을 맡은 벼슬아치에게로 보내며, 무릇 작위가 있는 자와 나이 70세가 된 자, 아직 이[齒]를 갈지 않은 어린이는 다 종이 되지 않는다.”라고 했고, 정현의 「주」에 “도적에 연좌되어 종이 된 사람을 죄예(罪隸)를 맡은 벼슬아치에게로 보낸다는 말이다.”라고 했는데, 이것은 한(漢)나라시대의 법을 근거로 도적을 벌하는 것을 비유한 것으로, 사실 죄를 지은 자들은 모두 종으로 보낼 수 있기 때문에 『서경』「하서 · 감서」에서 “너의 처자식까지도 죽일 것이다[奴戮汝]”[10]라고 한 것이다. 기자는 작위가 있었으므로 비록 죄가 있지만 종으로 삼을 수 없기 때문에 반드시 미친 척한 뒤에야 관가의 종으로 들어갈 수 있었다. 선정(先鄭)은 「사려」의 「주」에서 “기자가 종이 된 것은 죄예(罪隸)를 맡은 벼슬아치 밑에서 일하는 종이 되었다는 것이다.”라고 했는데, 옳다.

『御覽』四百十九引鄭「注」云: “此三人, 紂同姓大臣. 微子知紂惡而去之, 箕子 · 比干不忍去, 故或爲奴, 或見殺.” 『詩』「邶 · 柏舟」「疏」引鄭「注」又云: “箕子 · 比干不忍去, 皆是同姓之臣, 有親屬之恩, 君雖無道, 不忍去之也. 然君臣義合, 道終不行, 雖同姓有去之理. 故微子去之, 與箕子 · 比干同稱‘三仁’.” 案, 『白虎通』「五行篇」, “親屬臣諫不相去何法? 法木枝葉不相離也.” 何休『公羊』「莊」九年「注」, “禮, 公子無去國道也.” 是同姓之臣無去理. 然微子

---

10 『서경』「하서(夏書) · 감서(甘誓)」에는 “명(命)을 따르는 자는 선조(先祖)의 사당(祠堂)에서 상을 내리고, 명(命)을 따르지 않는 자는 사직(社稷)에서 죽이되 내 너의 처자식까지 죽일 것이다.[用命, 賞于祖; 不用命, 戮于社, 予則孥戮汝.]”라고 해서 “孥戮汝”로 되어 있는데, 정현(鄭玄)의 『주례(周禮)』「추관사구상(秋官司寇上) · 사려(司厲)」의 「주」에 “奴戮汝”라고 되어 있다.

實處不得不去之勢, 故鄭君復言"同姓有去理", 以明之也.

『태평어람』권 419에 정현의「주」를 인용하면서 "이 세 사람은 주왕(紂王)과 동성(同姓)인 대신들이다. 미자는 주왕의 악함을 알고서 떠나갔고, 기자와 비간은 차마 떠나지 못했기 때문에 혹은 종이 되기도 하였고, 혹은 피살을 당하기도 하였다."라고 했다. 『시경』「국풍 · 패 · 백주」의「소」에 정현의「주」를 인용하면서 또 "기자와 비간은 차마 떠나지 못했으니, 모두 동성(同姓)의 신하로서 친속(親屬)의 은정이 있으므로 임금이 비록 무도하더라도 차마 떠나지 못했던 것이다. 그러나 임금과 신하가 의로써 합한 사이라 하더라도 끝내 도가 행해지지 않으면 비록 동성(同姓)이라 할지라도 떠나는 이치가 있다. 그러므로 미자가 떠나간 것이니, 기자 · 비간과 함께 똑같이 '세 사람의 인재[三仁]'라고 일컫는 것이다."라고 했다. 살펴보니, 『백호통의』「오행」에 "친속의 신하는 충간하되 임금의 곁을 떠나지 않는 것은 무엇을 본받은 것인가? 나무의 가지와 잎이 뿌리를 떠나지 않음을 본받은 것이다."라고 했다. 하휴(何休)는 『춘추공양전』「장공」9년의「주」에서 "예(禮)에 공자(公子)는 나라를 떠나는 도리가 없다."라고 했으니, 이것이 동성의 신하는 임금의 곁을 떠나는 이치가 없다는 것이다. 그러나 미자는 실로 떠나지 않을 수 없는 형세에 처했었기 때문에 정군이 다시 "동성(同姓)이라 할지라도 떠나는 이치가 있다."라고 하여 그것을 밝힌 것이다.

- 「注」, "仁者"至"寧民".
- 正義曰: "憂亂"者, 憂君亂也. "憂亂寧民", 皆是愛人, 故爲仁也. 『中論』「智行篇」, "微子介於石不終日, 箕子內難而能正其志, 比干諫而剖心. 君子以微子爲上, 箕子次之, 比干爲下. 故『春秋』大夫見殺, 皆譏其不能以智自免也." 案, 微子之去, 在箕 · 比事後, 彼見二子及己諫已不行, 故聽太師 · 少師之勸, 然後去也. 以智許之, 必非微子所願, 而比干以忠愛受奇禍, 復從而奪之, 亦太近刻. 然則夫子之次三子, 或如胡炳文『四書通』謂"先易者, 後難者"也, 以爲上下之次, 殆未然矣. 皇本此「注」作"馬曰".
○ 「주」의 "인자(仁者)"부터 "영민(寧民)"까지.
○ 정의에서 말한다.
  "우란(憂亂)"이란 임금의 환란을 근심한다는 뜻이다. "임금의 환란을 근심하고 민중을 편안하게 함"은 모두 사람을 사랑하는 것이기 때문에 인(仁)이 되는 것이다. 『중론』「지행」에 "미자는 절개가 돌같이 굳어 하루가 지나지도 않아 임금의 곁을 떠나갔고, 기자는 내부로는 아주 어려운 처지였으나 뜻을 정직하게 할 수 있었으며, 비간은 충간하다가 심장을 베였다. 그러므로 군자는 미자를 제일로 삼고 기자를 그다음으로 삼으며 비간을 최하로 삼는다. 그러므로 『춘추』에서 대부가 죽음을 당하면 모두 지혜로써 스스로 죽음을 면치 못한 것을 나무란 것이다."라고 했다. 살펴보니, 미자가 임금의 곁을 떠난 것은 기자와 비간의 사건 뒤에 있었으니, 그는 기자와 비간 두 사람 및 자기의 충간이 이미 행해지지 않음을 보았기 때문에 태사와 소사의 권고를 들은 뒤에 떠났던 것이다. 그러니 지혜를 가지고 미자를 인정하는 것은 미자가 바라는 바가 아닐 것이고, 비간은 충정과 인애 때문에 기괴한 화를 당했는데, 다시 좇아서 그의 뜻을 침탈한다면 또한 지나치게 깎아내리는 데 가까운 것이다. 그렇다면 공자가 세 사람의 순서를 매긴 것은 어쩌면 호병문(胡炳文)이 『사서통』에서 "쉬운 것을 먼저 언급하고 어려운 것을 뒤에 언급한다"라고 한 것과 같은 것일 것이니, 높고 낮은 등급으로 순서 짓는 것은 자못 옳지 않을 듯싶다. 황간본에는 이 「주」가 "마왈(馬曰)"이라고 되어 있다.

18-2

柳下惠爲士師, 【注】孔曰: "'士師', 典獄之官." 三黜, 人曰: "子未可以去乎?" 曰: "直道而事人, 焉往而不三黜? 【注】孔曰: "苟直道以事人, 所至之國, 俱當復三黜." 枉道而事人, 何必去父母之邦."

유하혜(柳下惠)가 사사(士師)가 되어서 【주】공안국(孔安國)이 말했다. "사사(士師)'는 옥사(獄事)를 맡은 관직이다." 세 번 쫓겨나자, 어떤 사람이 말했다. "그대는 아직 떠날 만하지 않은가?" 유하혜가 말했다. "도를 곧게 하여 남을 섬긴다면 어디를 간들 세 번 쫓겨나지 않겠는가? 【주】공안국이 말했다. "만약 도(道)를 곧게 해서 사람을 섬긴다면 이르는 나라마다 모두 응당 다시 세 번 내쫓길 것이다." 도를 굽혀 남을 섬긴다면 하필 부모의 나라를 떠나겠는가?"

원문 正義曰: 鄭「注」云: "黜, 退也." 案, 『說文』, "黜, 貶下也." 三黜仍爲此官, 故先言"爲士師", 明非改官也. 柳下被黜不去, 卽是降志辱身之事, 然不爲枉道, 故孟子稱爲"聖之和", 又言"不以三公易其介"也.

역문 정의에서 말한다.

정현의 「주」에 "출(黜)은 물리침[退]이다."라고 했다. 살펴보니, 『설문해자』에 "출(黜)은 벼슬을 떨어뜨린다[貶下]는 뜻이다."[11]라고 했으니, 세 번 쫓겨나면서도 여전히 그 관직을 맡았기 때문에 먼저 "사사(士師)가 되었다"라고 하여 관직을 바꾸지 않았음을 밝힌 것이다. 유하혜가 쫓겨나면서도 나라를 떠나지 않은 것은 바로 뜻을 굽히고 몸을 욕되게 하는 일이지만 그래도 도를 굽히지 않았기 때문에 맹자가 "성인 중에서 온화한 자"[12]라고 기린 것이고, "삼공(三公)의 지위로도 그 절개를 바꾸지 않았다"[13]고 한 것이다.

---

11 『설문해자(說文解字)』 권10: 출(黜)은 벼슬을 떨어뜨린다[貶下]는 뜻이다. 흑(黑)으로 구성되었고 출(出)이 발음을 나타낸다. 축(丑)과 율(律)의 반절음이다.[黜, 貶下也. 從黑出聲. 丑律切.]

12 『맹자』「만장하(萬章下)」: 맹자가 말했다. "백이는 성인 가운데 청렴한 자이고, 이윤은 성인 가운데 자임(自任)한 자이며, 유하혜는 성인 가운데 온화한 자이고, 공자는 성인 가운데 상황에 맞게 행동한 자이다."[孟子曰: 伯夷聖之淸者也; 伊尹聖之任者也; 柳下惠聖之和者也; 孔子聖之時者也.]

13 『맹자』「진심상(盡心上)」: 맹자가 말했다. "유하혜(柳下惠)는 삼공(三公)의 지위로도 그 절개를 바꾸지 않았다."[孟子曰: 柳下惠不以三公易其介.]

원문 『戰國』「燕策」燕王喜謝樂間書曰: "昔者柳下惠吏於魯, 三黜而不去. 或謂之曰: '可以去.' 柳下惠曰: '苟與人之異, 惡往而不黜乎? 猶且黜乎, 寧於故國耳.'" 與此文略同.

역문 『전국책』「연책」에 연왕(燕王) 희(喜)가 악간(樂間)에게 사죄하는 편지에 "옛날 유하혜(柳下惠)는 노나라의 관리를 지내면서 세 번이나 쫓겨났지만 그 나라를 떠나지 않았소. 어떤 사람이 그에게 '떠날 만하다.'라고 했지만, 유하혜는 '진실로 내가 다른 사람이 이상하다고 여기는 한, 어느 나라를 간들 쫓겨나지 않겠소? 또 어차피 쫓겨날 것이라면 차라리 고국에 있는 것이 낫소.'라고 하였다."라고 했으니, 이 글과 대략 같은 내용이다.

- 「注」, "'士師', 典獄之官."
- 正義曰: 鄭亦有此「注」, 孔所襲也. 『周官』, "士師, 下大夫四人." 鄭「注」, "士, 察也, 主察獄訟之事." 此官王朝得有下大夫, 若侯國, 不過以中下士爲之, 故孟子言"柳下惠不卑小官"也.
- ○「주」의 "'사사(士師)'는 옥사(獄事)를 맡은 관직이다."
- ○ 정의에서 말한다.

  정현 역시 이 「주」가 있으니, 위공(僞孔)이 그대로 따른 것이다. 『주례』「추관사구상 · 사사」에 "사사(士師)는 하대부(下大夫) 4명이다."라고 했는데, 정현의 「주」에 "사(士)는 살핀다[察]는 뜻이니, 옥송(獄訟)의 일을 맡아서 살핀다."라고 했으니, 이 관직은 왕의 조정에서는 하대부를 둘 수 있지만, 제후국과 같은 경우에는 중사(中士)나 하사(下士)가 맡는 것에 불과하므로 맹자가 "유하혜는 작은 벼슬을 하찮게 여기지 않았다."[14]라고 한 것이다.

---

14 『맹자』「공손추상」: 유하혜(柳下惠)는 더러운 군주 섬기기를 부끄러워하지 않았으며, 작은 벼슬을 하찮게 여기지 않았다. 벼슬에 나아가면 자기의 현명함을 숨기지 않고 반드시 자기 도리를 다하였으며, 벼슬길에서 버림받아도 원망하지 않았고 곤액(困厄)을 당하여도 근심

齊景公待孔子曰: "若季氏, 則吾不能, 以季·孟之間待之." 【注】
孔曰: "魯三卿, 季氏爲上卿; 孟氏爲下卿, 不用事. 言待之以二者之間." 曰:
"吾老矣, 不能用也." 孔子行. 【注】 以聖道難成, 故云"吾老, 不能用."

제나라의 경공(景公)이 공자를 머물게 하면서 말했다. "계씨같이
는 내가 대우하지 못하겠지만, 계씨와 맹씨의 중간 정도로 대우
하겠소." 【주】 공안국이 말했다. "노나라는 경(卿)이 셋인데, 계씨(季氏)가 상경
(上卿)이어서 가장 존귀하고, 맹씨(孟氏)는 하경(下卿)이어서 권력을 잡아 뜻대로 일
처리를 하지 못하였다. 두 사람의 중간으로 대우하겠다는 말이다." 다시 "내가
늙어서 등용할 수가 없소."라고 하자, 공자가 떠났다. 【주】 성인의
도는 이루기 어렵기 때문에 "내가 늙어서 등용할 수 없다."라고 한 것이다.

원문 正義曰: "待孔子", 『史記』「孔子世家」作"止孔子", 謂商所以安止之也.
「世家」云: "魯昭公奔於齊, 頃之, 魯亂. 孔子適齊, 景公問政孔子, 孔子曰:
'君君, 臣臣, 父父, 子子.' 他日, 又復問政於孔子, 孔子曰: '政在簡財.' 景
公說, 欲以尼谿田封孔子. 晏嬰進云云. 後景公敬見孔子, 不問其禮. 異日,

하지 않았다. 그러므로 유하혜가 말하기를, "너는 너이고 나는 나이니, 네가 내 곁에서 옷을
걷고 맨 몸을 드러낸들 네가 어찌 나를 더럽힐 수 있겠는가?" 하였다. 그러므로 그는 느긋하
게 남들과 함께 있으면서도 스스로 올바름을 잃지 않아서 떠나려고 하다가도 만류하여 멈추
게 하면 멈추었다. 만류하여 멈추게 하면 멈춘 것은 또한 떠나감을 좋게 여기지 않았기 때문
이다.[柳下惠, 不羞汚君, 不卑小官. 進不隱賢, 必以其道, 遺佚而不怨, 阨窮而不憫. 故曰: "爾
爲爾, 我爲我, 雖袒裼裸裎於我側, 爾焉能浼我哉?" 故由然與之偕而不自失焉, 援而止之而
止, 援而止之而止者, 是亦不屑去已.]

景公止孔子曰: '奉子以季氏, 吾不能.' 以季‧孟之間待之. 齊大夫欲害孔子, 孔子聞之. 景公曰: '吾老矣, 弗能用也.' 孔子遂行, 反乎魯."

역문 정의에서 말한다.

"공자를 머물게 함[待孔子]"이 『사기』「공자세가」에는 "공자를 머물게 함[止孔子]"으로 되어 있으니, 편히 머물게 할 방법을 헤아렸다는 말이다. 「공자세가」에 "노나라 소공(昭公)이 제(齊)나라로 도망간 지 얼마 지나지 않아 노나라에 난이 일어났다. 공자도 제나라로 갔는데, 경공(景公)이 공자에게 정치에 대해서 묻자, 공자가 대답했다. '임금이 임금답고, 신하가 신하다우며, 아버지가 아버지답고, 자식이 자식다워야 합니다.'라고 했다. 다른 날 또 공자에게 정치를 묻자 공자가 '정치는 재물을 절약하는 데 달려 있습니다.'라고 하자, 경공이 기뻐하며 공자를 이계(尼谿)의 땅에 봉하려고 했다. 그러자 안영(晏嬰)이 나서면서 이러쿵저러쿵 했다. 그 뒤로 경공은 공자를 공경스럽게 대했으나 예를 묻지는 않았다. 어느 날 경공이 공자를 만류하면서 '그대를 계씨(季氏)처럼 대우하는 것은 내가 할 수 없소.'라고 하고는 계씨와 맹씨(孟氏) 중간으로 대우했다. 제나라 대부들이 공자를 해코지를 하려 했는데, 공자가 이를 들었다. 경공은 '내가 늙어서 그대를 기용할 수 없소이다.'라고 했다. 공자가 마침내 떠나 노나라로 돌아왔다."라고 했다.

원문 其事在孔子三十五歲之後, 四十二歲之前. 景公欲以尼谿封孔子, 晏嬰雖沮之, 而公猶欲待之以季‧孟之間, 是公意猶未忘也. 邢「疏」云: "景公言'我待孔子以上卿之位, 則不能.' 以其有田氏專政故也. 又不可使其位卑若魯孟氏, 故將待之以季‧孟二者之間." 案, 『左氏傳』劉康公曰: "叔孫之位, 不若季‧孟." 又叔孫僑如曰: "魯之有季‧孟, 猶晉之有欒‧范." 二文皆言季‧孟.

역문 이 일은 공자의 나이 35세 이후 42세 이전에 있었던 일이다. 경공이 이계의 땅으로 공자를 봉하고자 했을 때 안영이 비록 저지를 했지만 경공은 오히려 공자를 계씨나 맹씨의 중간으로 대우하려 했으니, 경공의 뜻은 그래도 아직 잊고 있었던 것은 아니었다. 형병의 「소」에 "경공이 '내가 공자를 상경(上卿)의 지위로 대접하는 것은 할 수 없다'라고 말한 까닭은 제나라에 전씨(田氏)가 정권을 전횡하고 있었기 때문이었다. 또 공자의 지위를 낮추어 노나라 군주가 맹씨(孟氏)를 대우하는 것처럼 대우하게 할 수도 없었기 때문에 계씨와 맹씨 두 사람의 중간으로 대우하겠다고 한 것이다."라고 했다. 살펴보니, 『춘추좌씨전』에서 유강공(劉康公)이 "숙손(叔孫)의 지위는 계문자(季文子)와 맹헌자(孟獻子)만 못하다."[15]라고 했고, 또 숙손 교여(叔孫僑如)가 말하길, "노나라에 계씨와 맹씨가 있는 것은 진(晉)나라에 난무자(欒武子)와 범문자(范文子)가 있는 것과 같다."[16]고 했는데, 두 글은 모두 계씨와 맹씨를 말한 것이다.

원문 全氏祖望『問答』, "謂以權勢稱之, 故四分公室. 舍中軍則季氏將左師, 孟氏將右師, 而叔孫氏自爲軍. 是三桓之勢, 季一孟二, 不可墨守下卿之說而輕之." 其說甚確. 若然, 則康公所言叔孫位不若孟者, 亦是明其權重, 假位說之, 非其實也. 此文"季·孟之間", 專是言位.

역문 전조망의 『경사문답』에 "권세를 가지고 균형을 이룬 때문에 공실(公室)의 군대를 4등분했다고 말한 것이다.[17] 중군(中軍)을 철폐할 때 계씨

---

15 이 표현은 『춘추좌씨전(春秋左氏傳)』에는 보이지 않고, 『국어(國語)』「주어중(周語中)」에 보인다.

16 『춘추좌씨전』「성공(成公)」 16년.

17 『춘추좌씨전』「소공(昭公)」 5년의 「전(傳)」에 "당초 삼군(三軍)을 편성할 때에 공실(公室)의 군대를 3등분하여 삼가(三家)가 각각 1/3씩을 차지하고서, 季氏는 자기 몫으로 돌아온

(季氏)가 좌사(左師)를 차지하고 맹씨(孟氏)가 우사(右師)를 차지했는데, 숙손씨(叔孫氏)는 스스로 군대를 만들었다. 이렇듯 삼환(三桓)의 세력은 계씨가 으뜸이고 맹씨가 다음이었으니 하경(下卿)의 말을 묵수(墨守)하면서 경시할 수는 없었던 것이다."라고 했는데, 그의 말이 매우 정확하다. 만약 그렇다면 강공(康公)이 말한 숙손의 지위가 맹씨만 못하다는 것 역시 그의 권세가 중함을 밝혀 지위를 빌려 말한 것이지, 사실은 아닌 것이다. 이 글의 "계씨와 맹씨의 중간"은 오로지 지위를 말한 것이다.

원문 周氏炳中『典故辨正』, "謂季孟之間, 明明在季之下, 孟之上, 卽謂將以叔孫氏待孔子, 亦無不可." 周氏之言, 尤洽經旨. 景公雖欲待孔子, 而終不果行, 後又託於吾老而不能用, 孔子所以去齊而反魯也. 待孔子與"吾老"之言, 非在一時, 故『論語』用兩"曰"字別之.

역문 주병중의 『사서전고변정』에 "계씨와 맹씨의 중간이라고 한 것은 계씨보다는 아래로 맹씨보다는 위로 대접하겠다는 것을 분명하게 밝힌 것이니, 바로 숙손씨 정도로 공자를 대접해도 불가함이 없을 것이라는 말이다."라고 했는데, 주씨의 말이 더욱 경전의 취지와 합치한다. 경공이 비록 공자를 머물게 하고자 했으나, 끝내 과감하게 행하지 못하고, 나중에는 또 자기가 늙었다는 핑계로 등용할 수 없다고 했으니, 공자가 그 때문에 제나라를 떠나 노나라로 되돌아간 것이다. 공자를 머물게 한 것

백성 모두에게 징병과 징세의 의무를 지우고, 숙손씨(叔孫氏)는 자제(子弟)만을 가신으로 삼고, 맹씨(孟氏)는 절반만을 가신으로 삼았었는데, 중군(中軍)을 철폐함에 미쳐서는 공실의 군대를 4등분하여 계씨가 그중의 2/4를 골라 취하고, 나머지 두 집안은 각각 1/4씩을 차지하고서, 모두에게 징세하여 그 일부를 공실에 공납하였다.[初作中軍, 三分公室, 而各有其一, 季氏盡征之, 叔孫氏臣其子弟, 孟氏取其半焉, 及其舍之也, 四分公室, 季氏擇二, 二子各一, 皆盡征之, 而貢于公.]"라고 했다.

과 "내가 늙었다"라고 한 말은 같은 시기에 있었던 것이 아니었기 때문에 『논어』에서 두 번 "왈(曰)" 자를 써서 구별한 것이다.

- ●「注」, "魯三"至"之間".
- ● 正義曰:「昭」四年『左』「傳」季孫爲司徒, 叔孫爲司馬, 孟孫爲司空. 司徒, 上卿也; 司空, 下卿也. 哀二年『經』書, "季孫斯·叔孫州仇·仲孫何忌帥師伐邾." 此正魯三卿之位次. 但孟氏雖居下卿, 而權重於叔氏, 故當時多言"季·孟". 此「注」謂"孟不用事", 誤.
- ○「주」의 "노삼(魯三)"부터 "지간(之間)"까지.
- ○ 정의에서 말한다.

   『춘추좌씨전』「소공」 4년의 「전」에서 보면 계손(季孫)이 사도(司徒)가 되었고, 숙손(叔孫)은 사마(司馬)가 되었으며, 맹손(孟孫)이 사공(司空)이 되었다. 사도는 상경(上卿)이고 사공(司空)은 하경(下卿)이다. 애공(哀公) 2년에 『춘추』의 경문(經文)에 기록하기를, "계손 사(季孫斯)와 숙손 주구(叔孫州仇)와 중손 하기(仲孫何忌)가 군대를 거느리고 가서 주(邾)나라를 토벌했다."라고 했는데, 이것이 바로 노나라 삼경의 위차(位次)이다. 다만 맹씨가 하경(下卿)의 지위에 있기는 했지만 권력은 숙씨(叔氏)보다 중대했기 때문에 당시에 대체로 "계씨와 맹씨"라고 말한 것이니, 여기 「주」의 "맹씨가 권력을 잡아 뜻대로 일처리를 하지 못하였다[孟不用事]"라는 말은 잘못이다.

- ●「注」, "以聖道難成, 故云'吾老不能用.'"
- ● 正義曰:「世家」, "晏嬰曰: '自大賢之息, 周室旣衰, 禮樂缺有間. 今孔子盛容飾, 繁登降之禮, 趨詳之節, 累世不能殫其學, 當年不能究其禮. 若欲用之以移齊俗, 非所以先細民也.'" 是晏嬰以聖道難成, 故景公聞而止尼溪之封, 其後以"吾老不能用"辭孔子, 亦由晏嬰前言惑沮之也.
- ○「주」의 "성인의 도는 이루기 어렵기 때문에 '내가 늙어서 등용할 수 없다.'라고 한 것이다."
- ○ 정의에서 말한다.

   「공자세가」에 "안영(晏嬰)이 말했다. '큰 현자들이 떠나고 주 왕실이 쇠퇴한 뒤로 예악이 이지러지고 틈이 벌어지게 되었습니다. 지금 공자는 용모를 거창하게 꾸미고, 섬돌이나 당을 오르내리는 예의와, 빨리 가고 신중히 가는 보행의 범절을 번거롭게 내세우니, 이런 것들은 몇 대를 배워도 다 배울 수 없고, 평생을 다 바쳐도 그 예를 궁구할 수 없습니다. 임금께서 그를 기용하여 제나라의 풍속을 바꾸려고 하시는 것과 같은 것은 백성들을 선도하는 방법이 아닙니다.'"라고 했으니, 이것이 바로 안영(晏嬰)이 성인의 도를 이루기 어렵다고 여긴 것이기 때문에 경공이 그의 말을 듣고서 이계의 땅에 봉해 주려던 것을 중지한 것이고, 그 뒤에 "내가 늙어서 등용할 수 없다"라는 말로 공자를 사양한 것도 역시 안영이 앞서 했던 말이 미혹하고 방해함을 말미암은 것이다.

『左』「襄」二十五年「傳」, "叔孫宣伯之在齊也, 叔孫還納其女于靈公, 嬖, 生景公." 宣伯在齊爲魯成十六年, 景公之生當在成十七 · 八年, 計其卽位時已二十七 · 八歲. 至孔子因魯亂適齊, 則在景公三十一年後, 故閻氏若璩『釋地』謂, "孔子在齊, 爲景公三十三年, 時年已六十, 故稱老."

『춘추좌씨전』「양공」 25년의 「전」에 "숙손 선백(叔孫宣伯)이 제나라에 있을 때에, 숙손 환(叔孫還)이 선백(宣伯)의 딸을 제나라 영공(靈公)에게 바쳤는데, 영공의 총애를 입어 경공(景公)을 낳았다."라고 했는데, 선백(宣伯)이 제나라에 있었던 것은 노나라 성공(成公) 16년 때였으니, 경공(景公)의 출생은 마땅히 성공 17년이나 18년에 있었을 것이니, 그가 즉위했던 때를 계산해 보면 이미 나이가 27세나 28세가 넘었을 것이다. 심지어 공자가 노나라의 난리로 인해 제나라로 간 것은 경공 31년 뒤에 있었기 때문에 염약거는 『사서석지』에서 "공자가 제나라에 있었던 것은 경공 33년이 되니, 당시 나이가 이미 예순 살이었기 때문에 늙었다고 일컫은 것이다."라고 했다.

18-4

齊人歸女樂, 季桓子受之, 三日不朝, 【注】桓子, 季孫斯也. 使定公受齊之女樂, 君臣相與觀之, 廢朝禮三日. 孔子行.

제나라 사람이 여악(女樂)[18]을 보내니, 계환자가 그것을 받고 3일 간 조회를 열지 않자, 【주】환자(桓子)는 계손 사(季孫斯)이다. 정공(定公)으로 하여금 제나라의 여악(女樂)을 받아들이게 하고서 임금과 신하가 함께 그것을 관람하면서 3일 동안 조례(朝禮)를 폐정(廢停)하였다. 공자가 떠났다.

원문 正義曰:『釋文』, "歸如字, 鄭作饋." 案, 『後漢』「蔡邕傳」「注」·『文選』「鄒陽上書」「注」並引作"饋", 用鄭本也. 江氏永『鄉黨圖考』, "按「世家」, 歸女樂, 去魯適衛, 皆敍於定公十四年, 非也. 定十三年夏, 有築蛇淵囿, 大蒐比蒲, 皆非時勞民之事. 使夫子在位, 而聽其行之, 則何以爲夫子? 考「十二諸侯年表」及「衛世家」, 皆於靈公三十八年書'孔子來, 祿之如魯.' 衛靈三十八當魯定十三. 蓋女樂事在十二·十三冬春之間. 去魯實在十三年春. 魯郊嘗在春, 故『經』不書, 當以「衛世家」爲正."

역문 정의에서 말한다.

『경전석문』에 "귀(歸)는 본음대로 읽어야 하는데, 정현본에는 궤(饋)로 되어 있다."라고 했다. 살펴보니, 『후한서』「채옹전」의 「주」와 『문선』「추양상서」의 「주」에 모두 "궤(饋)"로 되어 있는 것을 인용했으니, 정현본을 사용한 것이다. 강영의 『향당도고』에 "『사기』「공자세가」를 살펴보니 여악(女樂)을 보낸 것과 노나라를 떠나 위나라고 간 것이 모두 정공 14년에 서술되어 있는데, 잘못이다. 정공 13년 여름에 사연유(蛇淵囿)를 축조하고 비포(比蒲)에서 군사훈련을 대대적으로 거행한 일이 있었는데, 모두 때에 맞지 않게 민중을 힘쓰게 한 일이다. 만일 공자가 지위에 있

---

18 여악(女樂): 미녀로 구성된 가무단.

으면서 그 일이 자행됨을 청취하고 있었다면 어떻게 공자일 수가 있겠는가? 「십이제후연표」 및 「위세가」를 살펴보면 모두 영공(靈公) 38년에 '공자가 위나라에 오니 그에게 노나라에 있을 때와 같은 녹봉을 주었다.'라고 기록했는데, 위나라 영공 38년은 노나라 정공 13년에 해당한다. 아마도 여악의 사건은 노나라 정공 12년 겨울에서 13년 봄 사이에 있었던 일인 듯싶다. 노나라의 교제(郊祭)와 상제(嘗祭)는 봄에 있기 때문에 『경』에는 기록하지 않았으니 「위세가」를 정설로 삼는 것이 마땅하다."라고 했다.

- 「注」, "桓子"至"三日".
- 正義曰:「孔子世家」, "孔子由大司寇行攝相事, 於是誅魯大夫亂政者少正卯. 與聞國政三月, 粥羔豚者弗飾賈, 男女行者別於塗, 塗不拾遺, 四方之客至乎邑者, 不求有司, 皆予之以歸. 齊人聞而懼曰: '孔子爲政必霸, 霸則吾地近焉, 我之爲先並矣. 盍致地焉?' 犁鉏曰: '請先嘗沮之, 沮之而不可則致地, 庸遲乎?' 於是選齊國中女子好者八十人, 皆衣文衣而舞『康樂』, 文馬三十駟, 遺魯君. 陳女樂文馬於魯城南高門外. 季桓子微服往觀再三, 將受, 乃語魯君爲周道遊, 往觀終日, 怠於政事. 子路曰: '夫子可以行矣.' 孔子曰: '魯今且郊, 如致膰乎大夫, 則吾猶可以止.' 桓子卒受齊女樂, 三日不聽政. 郊又不致膰俎於大夫. 孔子遂行, 宿乎屯. 而師己送曰: '夫子則非罪.' 孔子曰: '吾歌可夫?' 歌曰: '彼婦之口, 可以出走! 彼婦之謁, 可以死敗. 蓋優哉遊哉, 維以卒歲!' 師己反, 桓子曰: '孔子亦何言?' 師己以實告. 桓子喟然歎曰: '夫子罪我, 以群婢故也夫!'" 此僞孔所本.
- 「주」의 "환자(桓子)"부터 "삼일(三日)"까지.
- 정의에서 말한다.

  『사기』「공자세가」에 "공자는 대사구(大司寇)로서 재상의 일을 대행하게 되었는데, 이때 노나라의 대부로서 정치를 어지럽힌 소정묘(少正卯)를 죽였다. 국정에 참여하여 정사를 들은 지 석 달 만에 양과 돼지를 파는 사람들이 값을 속이지 않았으며, 길을 가는 남녀는 길을 구별하여 걸었고 길에 떨어진 물건을 줍지 않았으며, 읍을 찾는 사방의 손님은 담당관을 찾아가지 않아도 되었고, 모두가 원하는 것을 얻어 돌아갔다. 제나라 사람[제 경공(齊景公)]이 이를 듣고 두려워하며 '공자가 정치를 맡으면 틀림없이 노나라가 패자가 될 것이고, 노나라가 패자가 되면 우리나라가 지리적으로 가까우니, 우리나라가 제일 먼저 합병당할 것이다. 그런데도 어찌 땅을 바쳐 화친을 도모하지 않는가?'라고 했다. 그러자 여서(黎鉏)가 말하기를, '청컨대, 먼저 시험 삼아 노나라의 개혁을 저지해 보도록 하십시오. 저지해 보다가 안 되면 그때 가서 땅을 바쳐도 되니, 어찌 늦을 것이 있겠습니까?'라고 했다. 이에 제나라의 미모의 여인 80명을 선발해서 모두 화려한 옷을 입히고 『강락(康樂)』[19]곡에 맞추어 추는 춤을 가르친 다음 아름답게 장식을 한 말 120필과 함께 노나라 군주에게 보냈다. 여악(女樂)과 아름답게 치장한 말들이 노나라의 성 남쪽 고문(高門) 밖에 진열되자 계환자(季桓子)가 남의 눈에 뜨이지 않는 남루한 복장[微服]으로 가서 두서너 차례 관람하고는 그것을 받아들이려 하고는 이에 노나라 임금에게 성 밖의 길을 두루 순시한다고 핑계를 대고 가서는 하루 종일 관람하면서 정사를 게을리했다. 그러자 자로(子路)가 말하길, '선생님! 떠나실 때가 된 것 같습니다.'라고 하자, 공자가 말하길, '노나라는 지금 장차 교제사(郊祭祀)를 지낼 것이니, 만일 대부들에게 제사 고기를 나누어 주면 나는 여기에 그냥 머물러 있을 것이다.'라고 했다. 하지만 계환자는 마침내 제나라의 여악을 받아들이고는 사흘 동안 국정을 돌보지 않았다. 또 교제사를 지낸 다음에는 대부들에게 제사 고기를 나누어 주지 않았다. 공자는 마침내 노나라를 떠나 둔(屯)에서 묵었다. 악사 기(己)가 공자를 전송하며 '선생에게는 잘못이 없습니다.'라고 하자 공자는 '내가 노래로 해도 되겠소?' 하고는 노래를 불렀다. '저 여인의 입 때문에 떠나는구나! 저 여인네의 말 때문에 사람이 죽고 나라가 패망할 수도 있도다! 유유자적 떠돌며 한 세월 보내리로다!' 악사인 기가 돌아오자 환자가 '공자는 또 뭐라고 하던가?'라고 묻자, 악사 기가 사실대로 말했다. 환자가 아! 하고 탄식하며 '공자가 나를 나무라는 것은 여악을 받아들인 것 때문이로다!'라고 했다."라고 했는데, 이것을 위공이 근거로 한 것이다.

『韓非』「內儲說」言, "齊景公以女樂六遺哀公". 此紀事之誤. 又言, "仲尼諫, 不聽, 去而之

---

19 강락(康樂): 여악(女樂)의 곡명이다.

楚." 謂孔子諫女樂, 深合事情, 足補「世家」之闕. 案, 『孟子』言"孔子於季桓子有見行可之仕", 「世家」亦言行乎季孫, 三月不違其任, 孔子甚專. 至將死, 命康子必反孔子, 此不得謂不知孔子矣. 乃受齊女樂, 甘墮齊人術中, 而迫孔子以不得不行, 此當別有隱情. 或卽惑於公伯繚之愬, 以夫子爲彊公弱私, 不利於己, 故孔子於女樂之受, 雖諫亦不聽也. 「世家」言"孔子去魯適衛", 而『韓非』及『檀弓』皆言"適楚", 亦傳聞各異.

『한비자』「내저설」에 "제나라 경공(景公)이 여악 16명[20]을 애공에게 보냈다."라고 했는데, 이는 기사(紀事)의 오류이다. 또 "중니(仲尼)가 간언했으나 듣지 않자 떠나서 초(楚)나라로 갔다."라고 했는데, 공자가 여악을 간언했음을 이르는 것으로 일의 실정에 매우 합당하니, 「공자세가」에서 빠뜨린 부분을 보충하기에 충분하다. 살펴보니, 『맹자』에 "공자는 계환자(季桓子)에 대해서는 도를 행하는 것이 가능함을 보고서 한 벼슬이었다."[21]라고 했고, 「세가」에도 계손[季孫: 계환자(季桓子)]에게서 벼슬하여 3개월 동안 맡은 일을 어기지 않았으므로, 계손의 공자에 대한 신임은 매우 전일했다. 그리하여 장차 임종할 때 이르러 계강자(季康子)에게 반드시 공자를 도로 불러올 것을 명하였으니, 이는 공자를 알지 못했다고는 말할 수 없는 것이다. 그러나 결국은 제나라 여악을 받는 바람에 제인(齊人)의 술수에 달콤하게 빠져버리고 떠나지 않을 수 없게 공자를 다그쳤으니, 여기에는 당연히 별도로 숨은 실정이 있었을 것이다. 혹은 공백료(公伯寮)의 참소에 미혹되어 공자를 공적인 일에는 강직하지만 사적인 일에는 약해서 자기에게 이롭지 못하다고 여겼기 때문에 공자가 여악을 받아들이는 것에 대해 비록 충간했지만 따르지 않은 것일 수도 있다. 「공자세가」에는 "공자가 노나라를 떠나 위나라로 갔다"라고 했는데, 『한비자』 및 『예기』「단궁상」에는 모두 "초나라로 갔다"라고 했으니,[22] 역시 전해 들은 것이 각각 다르다.

---

20 원문에는 "六"으로 되어 있으나, "六"은 "二八"의 誤字라고 한다. 이에 따라서 2×8=16이므로 16명이라고 했다.

21 『맹자』「만장하(萬章下)」.

22 『예기(禮記)』「단궁하(檀弓上)」에 "옛날에 공자가 노나라의 사구(司寇) 자리를 잃고 장차 형(荊)나라로 가시려고 할 때 대체 거기에 자하(子夏)를 먼저 보내고 또 거기에 염유(冉有)를 재차 보냈다.[昔者夫子失魯司寇, 將之荊, 蓋先之以子夏, 又申之以冉有.]"라고 했는데, "형(荊)"이 바로 초나라이다.

楚狂接輿歌而過孔子,【注】孔曰: "接輿, 楚人. 佯狂而來歌, 欲以感切
孔子." 曰: "鳳兮鳳兮, 何德之衰?【注】孔曰: "比孔子於鳳鳥. 鳳鳥待
聖君乃見, 非孔子周行求合, 故曰'衰'." 往者不可諫, 來者猶可追? 已
而已而. 今之從政者殆而!"【注】孔曰: "已往所行, 不可復諫止; 自今
已來, 可追自止, 辟亂隱居. '已而已而'者, 言世亂已甚, 不可復治也. 再言之者,
傷之深也." 孔子下, 欲與之言. 趨而辟之, 不得與之言.【注】包
曰: "'下', 下車."

초나라의 광인(狂人)인 접여(接輿)가 노래하면서 공자의 문 앞을
지나며,【주】공안국이 말했다. "접여(接輿)는 초나라 사람이다. 미친 척하면서
와서 노래하여 공자를 깊이 감동시키려 한 것이다." "봉황이여, 봉황이여! 어
찌 덕이 쇠하였는가?【주】공안국이 말했다. "공자를 봉황새[鳳鳥]에 비유한
것이다. 봉황새는 성군(聖君)을 기다려 나타나는 것이니, 공자가 천하를 두루 돌아다
니면서 군주와 뜻이 부합되기를 구하는 것을 비난한 것이기 때문에 '덕이 쇠하였다'
라고 비난한 것이다." 지나간 것은 바로잡을[諫] 수 없고, 오는 것인들
오히려 좇을 수 있나? 멈출지어다, 멈출지어다. 오늘날 정치에 종
사하는 자들은 의심을 받을 것이다!"라고 했다.【주】공안국이 말했
다. "이왕에 행한 일은 다시 간하여 저지할 수 없고, 지금부터 이후로는 오는 것에 따
라 스스로 멈추고서 혼란한 세상을 피해 은거할 수 있다. '이이이이(已而已而)'는 세
상의 혼란이 너무 심해서 다시 다스릴 수 없음을 말한 것이다. 거듭 말한 것은 깊이
상심한 것이다." 공자가 당(堂)에서 내려와 그와 함께 이야기를 나누
고 싶었지만, 종종걸음으로 피하므로 그와 함께 이야기를 나눌
수 없었다.【주】포함(包咸)이 말했다. "'내렸다[下]'는 것은 수레에서 내렸다는

것이다."

원문 正義曰:『莊子』「人間世」云: "孔子適楚, 楚狂接輿遊其門曰: '鳳兮鳳
兮! 何如德之衰也? 來世不可待, 往世不可追也. 天下有道, 聖人成焉; 天
下無道, 聖人生焉, 方今之時, 僅免刑焉. 福輕乎羽, 莫之知載; 禍重乎地,
莫之知避. 已乎已乎! 臨人以德. 殆乎殆乎! 畫地而趨. 迷陽迷陽! 無傷吾
行. 吾行卻曲, 無傷吾足!' 山木, 自寇也; 膏火, 自煎也. 桂可食, 故伐之;
漆可用, 故割之. 人皆知有用之用, 而莫知無用之用也." 此當似接輿歌原
文,『論語』節引之耳. 衰 · 追 · 已 · 殆皆韻.

역문 정의에서 말한다.

『장자』「인간세」에 이르길, "공자가 초나라에 갔을 때 초나라의 광인
(狂人)인 접여(接輿)가 공자가 묵고 있던 숙소의 문 앞에서 노닐면서 다음
과 같이 노래했다. '봉황이여, 봉황이여! 어찌하여 덕이 이렇게 쇠하였
는가? 앞으로 오는 세상은 기대할 수 없고, 이미 지나간 세상은 좇을 수
없네. 천하에 도가 있으면 성인은 그것을 완성시키고, 천하에 도가 없으
면 성인은 자신의 생명이나 지킬 뿐이니,[23] 지금 같은 때를 만나서는 겨
우 형벌이나 면하면 될 뿐이네. 복은 깃털보다도 가벼운데 그것을 손바
닥 위에 올려놓을 줄 모르며,[24] 재앙은 땅덩어리보다도 무거운데 피할
줄 모르는구나. 멈출지어다, 멈출지어다! 덕으로 세상 사람들에게 나아

---

23 성인생언(聖人生焉): 성인은 자신의 생명을 지킴. 몸을 숨기고 그저 살아갈 따름이라는 뜻.
   임희일(林希逸)은 "성인은 자신의 생명을 온전히 지킬 뿐[聖人全其生而已]"이라고 풀이했다.
24 『논어정의(論語正義)』에는 "莫之能載"로 되어 있다. 『장자(莊子)』「인간세(人間世)」를 근거
   로 "莫之知載"로 고쳤다.

가는 것을! 의심 받을 것이다, 의심 받을 것이야! 땅에 금을 그어 놓고 그 안으로 달려가는 것은! 가시풀이여, 가시풀이여! 내 걸음을 다치게 하지 말라. 내 발걸음 물러나기도 하고 돌아가기도 하니 내 발을 찌르지 말라!' 산의 나무는 스스로 자신을 해치고, 기름 등잔불은 스스로를 태우며, 계피는 먹을 수 있기 때문에 사람들이 베어 가고, 옻나무는 쓸모가 있기 때문에 사람들이 잘라 간다. 사람들은 모두 쓸모 있는 것[有用]의 쓸모[用]만을 알고, 쓸모없는 것[無用]의 쓸모[用]는 아무도 알지 못하는구나."라고 했다. 이것이 마땅히 접여 노래의 원문인데, 『논어』에서 한마디만 인용했을 뿐인 것 같다. 쇠(衰)·추(追)·이(已)·태(殆)는 모두 운자(韻字)이다.

원문 戴氏望『論語注』, "據『莊子』解此文云: '往', 往世, '諫', 正也, 言禍亂相尋, 已往不可以禮義正之; '來', 來世也, 言待來世之治, 猶可追耶? 明不可追. '殆', 疑也, 昭王欲以書社地封孔子, 令尹子西沮之, 故言今之從政者見疑也." 案, 戴說是也.

역문 대망의 『논어주』에 "『장자』를 근거로 이 글을 풀이해 보면, '왕(往)'은 지나간 세상[往世]이고, '간(諫)'은 바로잡는다[正]는 뜻이니, 화란(禍亂)이 서로 찾아들어 이미 지나간 세상은 예의(禮義)로 바로잡을 수 없다는 말이다. '내(來)'는 올 세상[來世]이니, 올 세상이 다스려지기를 기다린들 오히려 좇을 수 있을까? 분명 좇지 못할 것이라는 말이다. '태(殆)'는 의심한다[疑]는 뜻이니, 초나라 소왕(昭王)이 서사(書社)의 땅을 공자에게 봉해 주려 했지만 영윤(令尹)인 자서(子西)가 저지했으니, 따라서 지금에 정치에 종사하는 자는 의심을 받을 것이라는 말이다."라고 했다. 살펴보니, 대망의 말이 옳다.

원문 「孔子世家」載子西說云: "且楚之祖封於周, 號爲子男五十里. 今孔丘述三 · 五之法, 明周召之業, 王若用之, 則楚安得世世堂堂方數千里乎? 夫文王在豊, 武王在鎬, 百里之君卒王天下. 今孔丘得據土壤, 賢弟子爲佐, 非楚之福也." 是子西以夫子得志, 不利於楚, 故疑之也. 『莊子』云: "殆乎殆乎! 畫地而趨." "畫地"卽指封書社之事, 明以此見殆, 則"殆"訓疑, 至確也.

역문 「공자세가」에 자서(子西)의 말을 기록하기를, "그리고 초나라의 선조께서 주나라에게 봉해질 때도 봉호는 자작과 남작에 봉토가 사방 50리 땅에 지나지 않았습니다. 지금 공구가 삼황오제(三皇五帝)의 법을 말하고 주공과 소공의 업적을 밝힌다고 해서 왕께서 만일 그를 기용하신다면 초나라가 어찌 대대손손 당당하게 사방 수천 리 땅을 누릴 수 있겠습니까? 문왕은 풍(豊)에서, 무왕은 호(鎬)에서 일어났는데, 불과 백 리의 군주로 끝내 천하의 왕이 되었습니다. 지금 공구가 근거지로 삼을 땅을 차지하게 된다면 현명한 제자들이 보좌를 하고 있으니, 이는 초나라의 복이 아닙니다."라고 했는데, 이는 자서가 공자가 뜻을 얻으면 초나라에 불리하게 될 것이기 때문에 의심을 한 것이다. 『장자』에서, "의심 받을 것이다, 의심 받을 것이야! 땅에 금을 그어 놓고 달려가는구나.[殆乎殆乎! 畫地而趨.]"라고 했는데, "땅에 금을 긋는다[畫地]"라는 것은 바로 서사(書社)의 땅에 봉해지는 일을 가리키는 것으로, 이 때문에 위태로움을 당하게 될 것임을 밝힌 것이니, 그렇다면 "태(殆)"를 의심[疑]의 뜻으로 새긴 것이 지극히 정확하다.

원문 "何德之衰", 此據邢本, 與「世家」同. 『漢石經』作"何而德之衰也", 與『莊子』合. "如" · "而"古字通. 『唐石經』及皇本 · 高麗本作"何德之衰也". 又 "諫"下 · "追"下, 『漢石經』及皇本 · 高麗本並有"也"字. 鄭「注」云: "『魯』讀 '期斯已矣. 今之從政者殆.' 今從『古』." 陳氏鱣『古訓』曰: "期, 時也, 言出

處之道, 惟其時而已矣. 今之從政者殆, 是可已之時也." 此或得『魯』義. 鄭所以必從『古』者, 正據「世家」作"已而已而", 又『莊子』亦云"已乎已乎", 知古本爲近也. 又皇本"辟"作"避", "不得與之言"下有"也"字.

역문 "하덕지쇠(何德之衰)"

이것은 형병본에 근거한 것인데, 「공자세가」와 같다. 『한석경』에는 "하이덕지쇠야(何而德之衰也)"라고 되어 있으니, 『장자』와 일치한다. "여(如)"와 "이(而)"는 옛글자에서는 통용된다. 『당석경』 및 황간본과 고려본(高麗本)에는 "하덕지쇠야(何德之衰也)"로 되어 있다. 그리고 "간(諫)" 아래와 "추(追)" 아래에 『한석경』 및 황간본과 고려본에는 모두 "야(也)" 자가 있다. 정현의 「주」에 "『노논어』에서는 '때에 맞추어 멈추어야 한다. 지금 정치에 종사하는 자들은 위태롭다.'라는 뜻으로 읽는데, 지금은 『고논어』를 따른다."라고 했다. 진전의 『논어고훈』에 "기(期)는 때[時]이니, 세상에 나아가 벼슬하거나 물러나 은거하는[出處] 도리는 오직 그 때에 맞도록 해야 할 뿐임을 말한 것이다. 지금 정치에 종사하는 사람들은 위태로우니, 이는 멈출 만한 때인 것이다."라고 했는데, 이것이 어쩌면 『노논어』의 뜻을 제대로 이해한 것인 듯싶다. 정현이 『고논어』를 따른 까닭은 바로 「공자세가」에 "이이이이(已而已而)"로 되어 있고, 또 『장자』에서도 "이호이호(已乎已乎)"라고 했으니, 고본(古本)이 더 이치에 가깝다는 것을 알았기 때문이다. 또 황간본에는 "피(辟)"가 "피(避)"로 되어 있고, "부득여지언(不得與之言)" 아래 "야(也)" 자가 있다.

- 「注」, "接輿"至"孔子".
- 正義曰: 接輿, 楚人, 故稱楚狂. 『莊子』「逍遙遊」, "肩吾問於連叔曰: '吾聞言於接輿.'"「應帝王篇」, "肩吾見狂接輿, 狂接輿曰"云云. 又"接輿曰"云云, 此外若『荀子』「堯問」·「秦策」·

「楚辭」・『史記』多稱接輿. 故馮氏景『解春集』謂接是姓; 輿是名, 引齊稷下辨士接子作證.

皇甫謐『高士傳』, "陸通, 字接輿." 妄撰姓名, 殊不足據.

○ 「주」의 "접여(接輿)"부터 "공자(孔子)"까지.

○ 정의에서 말한다.

접여(接輿)는 초나라 사람이기 때문에 초나라의 광인[楚狂]이라고 한 것이다. 『장자』「소요유」에 "견오(肩吾)가 연숙(連叔)에게 물었다. '내가 접여(接輿)에게 들었다.'"라고 했고, 「응제왕」에 "견오가 광접여(狂接輿)를 만났는데, 광접여가 말했다"라고 운운했으며, 또 "접여가 말했다"라고 운운했으며, 이 외에도 『순자』「요문」과 「진책」과 「초사」, 그리고 『사기』에 여러 번 접여를 일컬었다. 그러므로 풍경(馮景)의 『해춘집』에 접(接)이 성(姓)이고, 여(輿)가 이름이라고 하면서, 제나라 직하(稷下)의 변사(辨士)인 접자(接子)를 인용해서 증명했다. 황보밀(皇甫謐)의 『고사전』에 "육통(陸通)[25]은 자(字)가 접여(接輿)이다."라고 했는데, 멋대로 성과 이름을 지어낸 것으로 전혀 근거로 삼기에는 부족하다.

『韓詩外傳』稱 "楚狂接輿躬耕以食. 楚王使使者齎金百鎰, 願請治河南, 接輿笑而不應, 乃與其妻偕隱, 變易姓字, 莫知所之." 觀此, 則接輿乃其未隱時所傳之姓字, 後人因 "孔子下" 解爲 "下車", 遂謂楚狂與夫子之輿相接而歌, 誤也.

『한시외전』에 "초나라 광인(狂人) 접여(接輿)는 몸소 농사를 지어 먹고 살았다. 초나라 왕이 사자(使者)를 시켜 금 백일(百鎰)을 주고는 하남(河南)을 다스릴 것을 원했지만, 접여는 웃기만 하고 응하지 않다가 결국은 그의 아내와 함께 은거하면서 성과 이름자를 바꾸니 어디로 갔는지 아무도 몰랐다."라고 했다. 이것을 살펴보면 접여(接輿)는 바로 그가 아직 은거하지 않았을 때의 성과 이름자인데, 후대의 사람들은 "공자하(孔子下)"를 "수레에서 내리다"라는 뜻으로 해석함으로 인해 마침내 초나라의 미치광이가 공자의 수레와 서로 근접하게 접근하면서 노래를 불렀다고 하니, 잘못이다.

---

25 육통(陸通, ?~?): 춘추시대 초나라 사람. 소왕(昭王) 때 정치에 법도가 없는 것을 보고 거짓으로 미친 체하며 벼슬을 하지 않았는데, 당시 사람들이 초광(楚狂)이라 불렀다고 하며, 자가 접여(接輿)라고 한다.

「秦策」范雎曰: "箕子‧接輿, 漆身而爲厲, 被髮而陽狂, 無益於殷‧楚." 『史記』「鄒陽傳」上

書曰: "箕子佯狂, 接輿避世." 『楚辭』「涉江」云: "接輿髡首." "髡首"如仲雍之斷髮. 漆身‧髡

首, 皆佯狂之行, 故此「注」言"接輿佯狂"也. "感切", 猶感動.

『전국책』「진책」에 "범저(范雎)[26]가 말했다. '기자(箕子)나 접여(接輿)가 몸에 옻칠을 하여

문둥병자처럼 되고, 머리를 풀어헤치고 미친 척했지만 은나라나 초나라에 아무런 도움도 되

지 못하였다.'"라고 했고, 『사기』「추양전」의 상서(上書)에 "기자는 미친 척하고 접여는 세상

을 피했다."라고 했으며, 『초사』「섭강」에 "접여는 곤수(髡首)를 하였다."라고 했는데, "곤수

(髡首)"란 중옹(仲雍)이 머리카락을 자른 것과 같은 것이다. 몸에 옻칠을 한 것과 털력을 자

른 것은 모두 미친 척하는 행위이므로 여기의 「주」에서 "접여가 미친 척했다"라고 한 것이

다. "감절(感切)"은 감동(感動)과 같다.

- 「注」, "已往"至"治也".

- 正義曰: 「注」以"往者"‧"來者"指孔子, 與『莊子』不合. 陳氏奐『論語孔注辨僞序』云: "已, 止

  也, 止所止息也. 此卽敎孔子避亂隱居之意. 『訓解』云云, 與下句'今之從政殆'義重復, 僞

  也." 案, 陳說是也. 以『魯』讀證之益見.

○ 「주」의 "이왕(已往)"부터 "치야(治也)"까지.

○ 정의에서 말한다.

  「주」에서는 "지나간 것[往者]"과 "올 것[來者]"을 공자를 가리켰으니, 『장자』와는 합치하지

  않는다. 진환(陳奐)의 『논어공주변위서』에 "이(已)는 멈춤[止]이니, 멈추어 쉬어야 할 곳에

---

26 범저(范雎, ?~기원전 255): 범저(范且)라고도 하고, 범저(范雎)라고도 한다. 전국시대 위(魏)

나라 사람. 자는 숙(叔)이다. 변설에 능했는데, 위상(魏相) 위제(魏齊)를 위해 일하다가 모함

으로 태형을 당해 허리뼈가 부러진 뒤 이름을 장록(張祿)으로 고치고, 왕계(王稽)와 정안평

(鄭安平)의 도움으로 진(秦)나라로 달아나 소양왕(昭陽王)을 섬기며 상국(相國)을 지냈다.

원교근공(遠交近攻) 정책을 제안해 큰 성공을 거뒀는데, 이것이 나중에 진나라가 육국(六

國)을 통일하게 되는 기초가 되었다. 명장 백기(白起)와 함께 명성이 높아지자 그를 자살하

게 만든 뒤 정안평을 장군에 앉혔다. 응(應)에 봉해져 응후(應侯)라고도 부른다. 나중에 조

(趙)나라를 공격했다가 정안평이 전투에서 지고 조나라에 항복하자 책임을 지고 물러났다.

일설에는 진왕에게 논죄를 당해 처형당했다고도 한다.

멈춰야 한다는 뜻이다. 이는 바로 공자로 하여금 난리를 피해 은거하도록 한 뜻이다.『훈해』에서 운운한 것과 아래 구절의 '지금의 정치에 종사함은 위태롭다[今之從政殆]'라고 한 것은 뜻이 중복되는데 거짓이다."라고 했다. 살펴보니, 진환의 말이 맞다.『노논어』를 가지고 읽어 보면 증거가 더욱 분명하다.

- 「注」, "下, 下車."
- 正義曰:「注」以"下"爲下車, 則前云"歌而過", 當謂過夫子車前也. 鄭「注」云: "下堂出門也." 與包異者, 鄭以『莊子』言孔子適楚, 楚狂接輿遊其門, 是夫子在門內, 非在車上, 故以"下"爲"下堂"也. 前篇"下而飮"・"拜下", 皆不言堂, 與此同.『高士傳』前用『莊子』"遊其門"之文, 及此復從包氏以爲下車, 不免自相矛盾.
- 「주」의 "내렸다[下]는 것은 수레에서 내렸다는 것이다."
- 정의에서 말한다.

「주」에서는 "하(下)"를 수레에서 내렸다[下車]고 했는데, 그렇다면 앞에서 "노래하면서 지나갔다[歌而過]"라는 것은 당연히 공자의 수레 앞을 지나갔다는 말이다. 정현의 「주」에 "당에서 내려와 대문을 나간 것이다."라고 했는데, 포함의 「주」와 다른 까닭은, 정현은『장자』에서 공자가 초나라에 갔을 때, 초나라의 광인인 접여가 그의 문 앞에서 노닐었다고 말한 것을 가지고 이것은 공자가 대문 안에 있었던 것이지, 수레 위에 있었던 것이 아니기 때문에 "하(下)"를 "당에서 내려온 것이다[下堂]"라고 한 것이다. 앞의 「팔일」에서 "내려와서 벌주를 마신다[下而飮]"라고 한 것이나 「자한」에서 "아래에서 절하는 것[拜下]"은 모두 당(堂)을 말하지 않았는데, 여기에서와 같다.『고사전』은 앞에서『장자』의 "문 앞에서 노닐다[遊其門]"라는 문장을 쓰고, 여기서는 다시 포씨를 따라 수레에서 내린 것이라고 하니, 스스로 모순이 됨을 면할 수 없다.

18-6

長沮・桀溺耦而耕, 孔子過之, 使子路問津焉.【注】鄭曰:"長沮・

桀溺, 隱者也. 耜廣五寸, 二耜爲耦. '津', 濟渡處.'

장저(長沮)와 걸닉(桀溺)이 함께 땅을 일구어 씨를 뿌리고 있었는데 공자가 지나다가 자로를 시켜 나루를 묻게 하였다. 【주】 정현(鄭玄)이 말했다. "장저(長沮)와 걸닉(桀溺)은 은자이다. 보습[耜]은 너비가 다섯 치이고, 두 개의 보습을 가지고 땅을 일구는 것이 우(耦)이다. '나루[津]'는 물을 건너는 곳이다."

원문 正義曰: 金履祥『集注考證』說, "長沮·桀溺名皆從水, 子路問津, 一時何自識其姓名? 諒以其物色名之, 如荷蕢·晨門·荷蓧丈人之類. 蓋二人耦耕於田, 其一人長而沮洳, 一人桀然高大而塗足, 因以名之." 案, 金說亦甚有理. 漢『婁壽碑』, "榮且·溺之耦耕." "且"卽"沮"省.

역문 정의에서 말한다.

김이상(金履祥)의 『논어맹자집주고증』에 "장저(長沮)와 걸닉(桀溺)의 이름이 모두 수부(水部)로 구성되었다고는 하지만, 자로가 나루를 물었을 때 무슨 수로 그 자리에서 그들의 성과 이름을 알았을까? 참으로 그들의 행색[物色]을 보고 이름을 붙인 것이니, 예를 들면 하괴(荷蕢)나 신문(晨門), 하조장인(荷蓧丈人)과 같은 따위이다. 아마도 두 사람이 밭에서 짝을 지어 밭을 갈았는데, 그중 한 사람은 키가 큰데다가 땀으로 질척대고 있었고, 또 한 사람은 훤칠하게 키가 크고 덩치도 큰데다가 다리에 진흙을 묻히고 있어서 그것으로 인해 그렇게 명명한 것인 듯싶다."라고 했다. 살펴보니, 김이상의 말 역시 매우 일리가 있다. 한의 『누수비』에 "장저와 걸닉이 짝지어 밭 가는 것을 영예롭게 여겼다.[榮且·溺之耦耕.]"라고 했는데, "저(且)"는 바로 "저(沮)"의 생략된 자형이다.

원문 『史記』「世家」敍此事於孔子去葉反蔡之時, 則爲哀公六年, 孔子年六十四也. 『水經』「潕水」「注」, "方城山, 水東流, 注潕水. 故「地理志」曰: '南陽葉, 方城.' 邑西有黃城山, 是長沮·桀溺耦耕之所, 有東流水, 則子路問津處." 『寰宇記』略同, 未知其說所本. 而近時『山東通志』又謂"魚臺縣桀溺里在縣北三十里, 相傳爲子路問津處. 其地乃濟水經流之地, 有問津亭. 碑載夫子適陳·蔡, 有渡, 有橋, 有菴, 俱以問津名." 考魚臺爲魯棠邑, 夫子時非去魯, 何緣於此問渡? 地理書多難徵信若此.

역문 『사기』「공자세가」에는 이 일을 공자가 섭(葉) 땅을 떠나 채(蔡)로 되돌아가던 시기에 서술했는데, 그렇다면 노나라 애공 6년, 공자의 나이 64세 때가 된다. 『수경』「무수」의 「주」에 "방성산(方城山)에서 물이 동쪽으로 흘러 무수(潕水)로 유입된다. 그러므로 「지리지」에 '남양(南陽) 섭읍(葉邑)의 방성(方城)이다.'라고 했는데, 섭읍의 서쪽에 황성산(黃城山)이 있으니, 이곳이 장저와 걸닉이 짝지어 밭 갈던 곳이고, 동쪽으로 흐르는 물이 있으니, 바로 자로가 물어봤던 나루터이다."라고 했다. 『태평환우기』에도 대략 같은데, 그 설이 무엇을 근거한 것인지는 알 수 없다. 또 근래에 『산동통지』에도 "어대현(魚臺縣)에 걸닉리(桀溺里)가 현의 북쪽 30리에 있는데, 대대로 자로가 나루를 물었던 곳으로 전해진다. 그 지역은 바로 제수(濟水)가 흘러 지나가는 곳으로 문진정(問津亭)이라고 하는 정자가 있다. 정자의 비석에는 공자가 진(陳)나라와 채(蔡)나라로 갈 때, 강을 건너던 곳, 지나갔던 다리, 머물렀던 움막이 기록되어 있는데, 모두 문진(問津)을 가지고 이름을 지었다."라고 했다. 조사해 보니 어대현은 노나라의 당읍(棠邑)인데,[27] 공자는 당시 노나라를 떠난 것이 아닌데,

---

27 『산동통지(山東通志)』 권3, 「건치지(建置志)·어대현(魚臺縣)」에 "주나라 때는 노나라 당읍(棠邑)이다.[周爲魯棠邑]"라고 했다.

무슨 연유로 이곳에서 나루[渡]를 물은 것일까? 지리서(地理書)들은 이처럼 증거로 믿기 어려운 것들이 많다.

원문 「世家」云: "孔子以隱者, 使子路問津焉." 『論衡』「知實篇」謂"孔子使子路問津, 欲觀隱者之操." 此或『古論』家說. 然求意太深, 反失事實.

역문 「공자세가」에 "공자는 은자들이라고 여겨서 자로를 시켜 나루터를 묻게 했다."라고 했고, 『논형』「지실편」에 "공자가 자로를 시켜 나루터를 묻게 한 것은 은자의 지조를 살펴보고자 한 것이다."라고 했는데, 이것은 아마도 『고논어』 연구자들의 설인 듯싶다. 그러나 의도를 추구함이 너무 심하다 보니 도리어 사실을 잃고 말았다.

- 「注」, "耜廣"至"渡處".

- 正義曰: "耜廣五寸, 二耜爲耦", 「考工·匠人」文. 『說文』, "耜"作"相", 云"臿"也. 臿者, 耒之別名. 『三蒼』云: "耜, 耒頭鐵也." 京房『易』「繫辭傳」「注」, "耜, 耒下耓也." 訓義相同. 「匠人」「注」, "古者耜一金, 兩人竝發之; 今之耜, 岐頭兩金, 象古之耦也." 鄭意古耜一金, 一人發之. 若兩人二耜竝發, 則謂之耦.

○ 「주」의 "사광(耜廣)"부터 "도처(渡處)"까지.

○ 정의에서 말한다.

"보습[耜]은 너비가 다섯 치이고, 두 사람이 각기 보습을 가지고 나란히 짝을 이루어 밭을 가는 것을 우(耦)라고 한다.[耜廣五寸, 二耜爲耦.]"라는 것은 『주례』「동관고공기하·장인」의 글이다. 『설문해자』에는 "사(耜)"가 "사(相)"로 되어 있고, "가래[臿]"라고 했다.[28] 가래[臿]라

---

28 『설문해자』 권6: 사(桕)는 가래[臿]이다. 목(木)으로 구성되었고 이(吕)가 발음을 나타낸다. 일설에는 흙을 옮기는 수레라고 하는데, 제나라 사람들의 말이다. 상(詳)과 이(里)의 반절음이다.[桕, 臿也. 從木吕聲. 一曰徙土輂, 齊人語也. 詳里切.]

는 것은 쟁기의 별칭이다. 『삼창』에 "사(耜)는 쟁기[耒] 끝부분에 끼우는 쇠붙이이다."라고 했고, 경방(京房)의 『주역』「계사」의 「주」에 "사(耜)는 쟁기 아래에 달린 보습[耡]이다."라고 했으니, 새김과 뜻이 서로 같다. 「장인」의 「주」에 "옛날에는 보습[耡]의 끝에 하나의 쇠붙이를 끼워서 두 사람이 함께 땅을 일구었는데, 지금의 보습은 쟁기의 끝부분에 쇠를 둘로 갈라서 옛날 우(耦)와 같은 모양으로 해 놓았다."라고 했으니, 정현은 옛날의 보습은 하나의 쇠붙이로 되어 있어서 한 사람이 땅을 일구었다고 생각한 것이다. 만약 두 사람이 두 개의 보습을 가지고 함께 땅을 일구면 그것을 우(耦)라고 한다.

『說文』, "耦, 耒廣五寸爲伐, 二伐爲耦." "伐"與"發"同, 許所稱亦古制也. 「匠人」「疏」云: "二人雖竝發一尺之地, 未必竝頭共發. 知者, 孔子使子路問津於長沮, 長沮不對, 又問桀溺, 若竝頭共發, 不應別問桀溺, 明前後不竝可知. 雖有前後, 其畎自得一尺, 不假要竝也."

『설문해자』에 "우(耦)는 땅을 일구는 너비가 다섯 치인 쟁기[耒]인데, 두 사람이 땅을 일구는 것을 우(耦)라 한다."[29]고 했다. "벌(伐)"은 "땅을 일군다[發]"라는 뜻과 같으니, 허신이 일컬은 것은 역시 옛날의 제도이다. 『주례』「동관고공기하 · 장인」의 「소」에 "두 사람이 비록 함께 한 재[尺] 되는 땅을 일구더라도, 반드시 머리를 나란히 해서 짝을 이루어 함께 땅을 일구는 것은 아니다. 알다시피, 공자가 자로를 시켜 장저에게 나루를 묻게 했을 때 장저가 대답하지 않자, 또 걸닉에게 질문했는데, 만약 머리를 나란히 해서 짝을 이루어 함께 땅을 일구고 있었다면 응당 별도로 걸닉에게 묻지 않았을 것이니, 분명히 앞뒤로 나란히 짝을 이루고 있지 않았음을 알 수 있다. 비록 앞뒤가 있다 하더라도 그 밭이랑이 원래 한 재[尺]가 될 수 있으니, 나란히 짝을 이루어야만 하는 것은 아니다."

案, 『漢書』「食貨志」, "后稷始畎田, 以二耜爲耦, 廣尺深尺曰畎, 長終晦. 一晦三畎, 一夫三百畎, 而播種於畎中." 此文下云"稷"爲覆種, 則"耦耕"爲播種於畎中矣. "津, 濟渡處"者, 『說

---

29 『설문해자』 권4: 우(耦)는 땅을 일구는 너비가 다섯 치인 쟁기[耒]인데, 두 사람이 땅을 일구는 것을 우(耦)라 한다. 뇌(耒)로 구성되었고 우(禺)가 발음을 나타낸다. 오(五)와 구(口)의 반절음이다.[耦, 耒廣五寸爲伐, 二伐爲耦. 從耒禺聲. 五口切.]

文』, "津, 水渡也." 『水經』「河水」「注」, "自黃河泛舟而渡者, 皆爲津也."

살펴보니, 『전한서』「식화지」에 "후직(后稷)이 처음으로 밭에 이랑을 낼 때 두 개의 보습을 가지고 땅을 일구었는데, 너비 1재[尺] 깊이 1자인 것을 견(㽙)이라 하고, 길이는 이랑 끝까지이다. 1무(畝)에 세 개의 밭이랑을 만드는데, 1부(一夫)마다 3백 개의 밭이랑을 만들고 밭이랑 가운데 씨앗을 뿌렸다."라고 했다. 이 글 아래에는 "써래질[耰]"을 해서 씨앗을 덮었다고 했으니, 그렇다면 "우경(耦耕)"은 밭이랑 가운데다가 씨를 뿌리는 것이 된다. "진(津)은 물을 건너는 곳이다"라고 했는데, 『설문해자』에 "진(津)은 물을 건넘[水渡]이다."[30]라고 했고, 『수경』「하수」의 「주」에 "황하로부터 배를 띄워서 물을 건너는 것은 모두 진(津)이라 한다."라고 했다.

長沮曰: "夫執輿者爲誰?" 子路曰: "爲孔丘." 曰: "是魯孔丘與?" 曰: "是也." 曰: "是知津矣." 【注】馬曰: "言數周流, 自知津處." 問於桀溺. 桀溺曰: "子爲誰?" 曰: "爲仲由" 曰: "是魯孔丘之徒與?" 對曰: "然." 曰: "滔滔者天下皆是也, 而誰以易之? 【注】孔曰: "滔滔', 周流之貌. 言當今天下治亂同, 空舍此適彼, 故曰'誰以易之'." 且而與其從辟人之士也, 豈若從辟世之士哉?" 【注】士有辟人之法, 有辟世之法. 長沮·桀溺謂孔子爲士, 從辟人之法; 己之爲士, 則從辟世之法. 耰而不輟. 【注】鄭曰: "耰', 覆種也; '輟', 止也, 覆種不止, 不以津告."

장저(長沮)가 말했다. "수레 고삐를 잡고 있는 사람은 뉘시오?" 자

---

30 『설문해자』 권11: 진(𣸣)은 물을 건넘[水渡]이다. 수(水)로 구성되었고 진(𦘔)이 발음을 나타낸다. 진(䢲)은 진(津)의 고문인데, 주(舟)로 구성되었고 회(淮)로 구성되었다. 장(將)과 인(鄰)의 반절음이다.[𣸣, 水渡也. 從水𦘔聲. 䢲, 古文津從舟從淮. 將鄰切.]

로가 말했다. "공구(孔丘)라 합니다." "바로 노나라의 공구 말이오?" "그렇습니다." "그는 나루를 알 것이오." 【주】 마융이 말했다. "자주 천하를 두루 돌아다녀서 스스로 나루터를 알 것이라는 말이다." 걸닉에게 물으니 걸닉이 말하였다. "당신은 뉘시오?" "중유라 합니다." "그래! 노나라 공구의 무리 말이오?" "그렇습니다." "한가로이 느긋하게 흐르는 것이 천하가 다 그러하니, 누구와 더불어 그것을 다스리겠소? 【주】 공안국이 말했다. "도도(滔滔)'는 물이 두루 흐르는 모양이다. 오늘날의 천하가 치란(治亂)이 같은데, 공연히 이곳을 버리고 저곳으로 간다고 하기 때문에 '누구와 더불어 다스리겠느냐?'라고 말한 것이다." 또 그대는 사람을 피하는 선비를 따르는 것이 어찌 세상을 피하는 선비를 따르는 것만 같겠소?" 【주】 "선비에게는 사람을 피하는 법이 있고 세상을 피하는 법이 있는데, 장저와 걸닉이, '공자가 선비를 실천하는 법은 사람을 피하는 법을 따르고, 자기들이 선비를 실천하는 법은 세상을 피하는 법을 따른다'라고 한 것이다." 이렇게 말하고는 씨앗 덮는 일을 하면서 그치지 않았다. 【주】 정현이 말했다. "우(耰)'는 씨앗을 덮는다는 뜻이고, '철(輟)'은 멈춘다는 뜻이니, 씨앗을 덮는 일을 멈추지 않고 나루를 일러 주지 않은 것이다."

원문 正義曰: 皇「疏」云: "'執輿', 猶執轡也. 子路初在車上, 卽爲御, 御者執轡. 今旣下車而往問津渡, 則廢轡與孔子也.' 『漢石經』"輿"作"車", "誰"下有"子"字, "曰是"下無"也"字・"曰"字. 皇本"誰"下有"乎"字, "曰是"上有"對"字.

역문 정의에서 말한다.

황간(皇侃)의 「소」에 "'집여(執輿)'는 고삐를 잡음[執轡]과 같다. 자로가 처음에는 수레 위에 있었으니 바로 어자(御者)가 된 것이었는데, 어자(御

者)가 고삐를 잡는다. 지금 수레에서 내려온 뒤에 가서 나루터를 질문했으니, 고삐를 놓고 공자에게 준 것이다."라고 했다. 『한석경』에는 "여(輿)"가 "거(車)"로 되어 있고, "수(誰)" 아래 "자(子)" 자가 있으며, "왈시(曰是)" 아래 "야(也)" 자와 "왈(曰)" 자가 없다. 황간본에는 "수(誰)" 아래 "호(乎)" 자가 있고, "왈시(曰是)" 앞에 "대(對)" 자가 있다.

원문 『釋文』云: "'孔子之徒', 一本作'子是', 今作'孔丘之徒與'." 「世家」作"子孔丘之徒與". 又"滔滔", 『釋文』引鄭本作"悠悠", 「世家」載此文正作"悠悠", 僞孔「注」本亦同. 陳氏鱣『古訓』曰: "『後漢書』「朱穆傳」, '悠悠者皆是, 其可稱乎?' 亦本此." 洪氏頤煊『讀書叢錄』, '『文選』「養生論」, '夫悠悠者, 旣以未效不求.' 李善引此文當作'悠悠', 今本作'滔滔', 後人所改."

역문 『경전석문』에 "'공자지도(孔子之徒)'는 어떤 판본에는 '자시(子是)'로 되어 있는데, 지금에는 '공구지도여(孔丘之徒與)'로 되어 있다."라고 했고, 「공자세가」에는 "자공구지도여(子孔丘之徒與)"로 되어 있다. 또 "도도(滔滔)"는 『경전석문』에는 정현본에 "유유(悠悠)"로 되어 있는 것을 인용했는데, 「공자세가」에 기록된 이 문장이 바로 "유유(悠悠)"로 되어 있으며, 위공의 주석본 역시 같다. 진전의 『논어고훈』에 "『후한서』 「주목전」에 '한가롭고 느긋한[悠悠] 자들이 모두 이러하니 칭찬할 수 있겠는가?'라고 했는데, 역시 여기에 근거한 것이다."라고 했다. 홍이훤(洪頤煊)의 『독서총록』에 "『문선』 「양생론」에 '한가롭고 느긋한 자들은[夫悠悠者] 이미 효과가 나타나지도 않았는데도 추구하지 않는다.'라고 했는데, 이선(李善)이 인용한 이 문장은 마땅히 '유유(悠悠)'로 써야 하니, 지금 판본에 '도도(滔滔)'로 되어 있는 것은 후대의 사람들이 고친 것이다."라고 했다.

원문 案, 『鹽鐵論』「大論篇」言孔子云: "悠悠者皆是." 皆同鄭本, 當是『古論』.

『集解』從『魯論』作"滔滔"也. 又『漢書』班固「敍傳」, "固作「幽通賦」曰: '溺
招路以從己兮, 謂孔氏猶未可安! 惂惂而不舓兮, 卒隕身乎世旤!'" 鄧展
曰: "'惂惂'者, 亂貌也. '舓', 避也." 師古曰: "『論語』稱桀溺曰: '惂惂者,
天下皆是也.'" 此引『論語』作"惂", 亦由所見本異. 舀聲古音在蕭·幽部,
故與"悠"通.

역문 살펴보니, 『염철론』「대론」에 공자를 말하면서 "한가롭고 느긋한 자
들이 모두 이와 같다."라고 했는데, 모두 정현본과 같으니, 당연히 『고
논어』이다. 『논어집해』는 『노논어』를 따라서 "도도(滔滔)"라고 쓴 것이
다. 『전한서』 반고의 「서전」에 "내가[固] 다음과 같이 「유통부」를 지었
다. '걸닉이 자로를 불러 자기를 좇게 함이여, 공자를 오히려 편치 못하
다 하는구나! 어지럽고 혼란한데도[惂惂] 피하지 않음이여, 끝내 세상의
재앙에 몸을 잃게 되리로다!'"라고 했는데, 등전(鄧展)[31]이 말하길, "'도도
(惂惂)'란 혼란한 모양[亂貌]이다. '비(舓)'는 피함[避]이다."[32]라고 했고, 안
사고는 "『논어』에서 일컫기를, 걸닉이 말했다 '도도(惂惂)한 것이 천하가
모두 그러하다.'"[33]라고 했는데, 여기서는 『논어』를 인용하면서 "도(惂)"
라고 썼으니, 역시 저본으로 본 판본이 다름에서 연유된 것이다. 요(舀)
는 발음이 소부(蕭部)와 유부(幽部)에 있는 옛 소리이기 때문에 "유(悠)"와
통용된다.

31　등전(鄧展, ?~?): 삼국시대 위나라의 인물. 남양군(南陽郡) 사람이다. 한 헌제(漢獻帝) 건안
　　(建安) 연간에 분위장군(奮威將軍)이 되어 고악향후(高樂鄕侯)를 봉해 받았다. 『삼국지집해
　　(三國志集解)』에 따르면 215년에 조조를 위왕에 오르길 권한 신하 중 한 명으로 분위장군
　　악향후를 지낸 유전(劉展)과 동일인물이라고 한다.

32　『전한서(前漢書)』 권100상, 「서전(敍傳)」의 「주」.

33　『전한서』 권100상, 「서전」의 「주」.

원문 "誰以易之", "誰", 謂當時諸侯也. '以', 與也; '易', 治也, 言當時諸侯皆無賢者, 孔子得誰與治之耶? "且而"之"而", 謂子路也. 顔師古「敍傳」「注」云: "避人之士, 謂孔子, 避世之士, 溺自謂也." "耰而不輟", 『漢石經』作"櫌不輟". 『說文』引亦作"櫌". 『五經文字』曰: "耰音憂, 見『論語』." 『集韻』, "櫌或從耒." 然則作"耰"乃或體字.

역문 "수이역지(誰以易之)"에서 "수(誰)"는 당시의 제후를 이른다. '이(以)'는 더불어[與]이고, '이(易)'는 다스림[治]이니, 당시의 제후가 아무도 현명한 사람이 없으니, 공자가 누구와 함께 다스릴 수 있겠느냐는 말이다. "차이(且而)"의 "이(而)"는, 자로를 이른다. 안사고「서전」의「주」에 "사람을 피하는 선비는 공자를 이르고, 세상을 피하는 선비는 걸닉 자신을 이르는 것이다."라고 했다. "우이불철(耰而不輟)"은 『한석경』에 "우불철(櫌不輟)"로 되어 있다. 『설문해자』에 인용한 것 역시 "우(櫌)"로 되어 있다.[34] 『오경문자』에 "발음소리는 우(憂)니『논어』에 보인다."라고 했고, 『집운』에 "우(耰)는 우(櫌)의 혹체자인데, 뇌(耒)로 구성되었다."라고 했으니, "우(耰)"로 되어 있는 것은 바로 혹체자(或體字)이다.

- 「注」, "滔滔"至"易之."

- 正義曰: 盧氏文弨『釋文考證』, "『史記』「世家」「集解」引此「注」'滔滔'作'悠悠', 又『文選』四十九王令升「晉紀總論」'悠悠風塵'「注」所引孔「注」亦同, 是『古論』作'悠悠', 鄭 · 孔皆同. 何晏依『魯論』作'滔滔', 采孔「注」而改之, 妄甚."

- ○「주」의 "도도(滔滔)"부터 "역지(易之)."까지

---

34 『설문해자』 권6: 우(櫌)는 밭 가는 기구이다. 목(木)으로 구성되었고 우(憂)가 발음을 나타낸다. 『논어』에 "써레질을 하며 그치지 않았다.[櫌而不輟.]"라고 했다. 어(於)와 구(求)의 반절음이다.[櫌, 摩田器. 從木憂聲. 『論語』曰: "櫌而不輟." 於求切.]

o 정의에서 말한다.

노문초의 『경전석문고증』에 “『사기』「공자세가」의 「집해」에 이 「주」를 인용하면서 ‘도도(滔滔)’를 ‘유유(悠悠)’로 썼고, 또 『문선』권 49, 간영승(干令升)[35]의 「진기총론」에 ‘유유(悠悠)히 흐르는 어지러운 세상[風塵]’이라고 한 곳의 「주」에 인용한 공안국의 「주」 역시 같으니,[36] 『고논어』에 ‘유유(悠悠)’로 되어 있는 것으로, 정현과 공안국이 모두 같다. 하안(何晏)은 『노논어』에 의거해 ‘도도(滔滔)’라고 썼으면서도, 공안국의 「주」를 가져다 뜻을 고쳤으니, 망령됨이 심하다.”라고 했다.

今案, “悠悠”訓周流, 疑與『詩』“淇水滺滺”同, 卽“滺”之或體, 水回旋·周流皆是. 此水喩當世之亂同也.「注」云“治亂同”者, 連言耳. “空舍此適彼”, 言彼此皆同, 不必以此易彼也, 說似可通, 但與下句“丘不與易”義不協.

이제 살펴보니, “유유(悠悠)”를 물이 두루 흐르는 모양으로 뜻을 새기는 것은 아마도 『시경』「국풍·위·죽간」의 “유유(滺滺)히 흐르는 기수(淇水)”와 같을 듯싶으니, 바로 유(滺)는 “유(滺)”의 혹체자로서 물이 빙빙 돌아서 흐르거나 두루 흐르는 것은 모두 이 글자를 쓴다. 여기서의 물은 당시 세상의 어지러움이 똑같음을 비유한 것이다. 「주」에 “치란동(治亂同)”이라고 한 것은 말을 이어서 한 것일 뿐이다. “공연히 이곳을 버리고 저곳으로 간다[空舍此適彼]”

---

35 간영승(干令升, ?~?): 동진(東晉) 여양(汝陽) 신채(新蔡) 사람. 이름은 보(寶), 자는 영승(令升). 젊어서 부지런히 배우고 많은 책을 읽어 재기(才氣)로 이름이 났다. 저작랑(著作郞)이 되었다. 두도(杜弢)를 평정하는 데 공을 세워 관내후(關內侯)에 봉해졌다. 동진에 들어 국사(國史)를 맡고 산기상시(散騎常侍)로 옮겼다. 『수신기(搜神記)』20권을 지었는데, 지금 전하는 것은 후인(後人)들이 다시 모은 것이다. 이 책은 위진(魏晉) 지괴소설(志怪小說)을 대표하는 작품으로 당송(唐宋)시대 전기물(傳奇物)의 선구가 되는 등 후세 문학사의 발전에 큰 영향을 끼쳤다. 그 밖의 저서에 『주역주(周易注)』와 『주관주(周官注)』, 『간자(干子)』, 『진기(晉紀)』, 『춘추좌자의외전(春秋左子義外傳)』 등이 있었지만, 모두 없어졌다. 『진기』는 직설적이면서도 부드러워 양사(良史)로 칭송되었다.

36 『문선(文選)』권49, 「사론(史論)·진기총론(晉紀總論)」의 「주」에 “공안국의 『논어』「주」에 말했다. ‘유유(悠悠)는 물이 두루 흐르는 모양이다.’[孔安國『論語』「注」曰: ‘悠悠, 周流之貌.’]”라고 했다.

라는 것은 이곳이나 저곳이나 모두 같으니 굳이 이것을 가지고 저것을 바꿀 필요가 없다는
말이니, 말이 통할 수 있을 것 같기는 하지만 아래 구절의 "내[됴]는 함께 바꾸지 않을 것이
다"라고 한 뜻과는 맞지 않는다.

- 「注」, "士有"至"之法".
- 正義曰: 「注」以兩"從"字爲<u>孔子</u>及<u>沮</u>·<u>溺</u>所從, 非謂<u>子路</u>從, 於語意不合.
- ○「주」의 "사유(士有)"부터 "지법(之法)"까지.
- ○ 정의에서 말한다.

「주」에서는 두 개의 "종(從)" 자를 공자 및 장저와 걸닉이 따르는 것이라고 여긴 것이지, 자
로가 따름을 말한 것이 아니니, (자로가 따르는 것이라고 하면) 말뜻에 부합하지는 않는다.

- 「注」, "耰, 覆種也. '輟', 止也."
- 正義曰: 『說文』, "耰, 摩田器." 是"耰"本器名, 用以摩田. 而此云"覆種"者, <u>徐鍇</u>『說文繫傳』
云: "謂布後以此器摩之, 使土開發處復合, 以覆種也." 是也.
- ○「주」의 "'우(耰)'는 씨앗을 덮는다는 뜻이고, '철(輟)'은 멈춘다는 뜻이다."
- ○ 정의에서 말한다.

『설문해자』에 "우(耰)는 밭 가는 기구이다."[37]라고 했으니, 이때의 "우(耰)"는 본래 기구의
명칭으로 이것을 사용해서 밭을 가는 것이다. 그런데 여기서 "씨앗을 덮는다는 뜻[覆種]"이
라고 말했으니, 서개(徐鍇)가 『설문계전』에서 "씨를 뿌린 뒤에 이 기구를 가지고 갈아서 흙
이 파헤쳐진 곳이 다시 덮이도록 하여 씨앗을 덮는 것이다."라고 한 것이 바로 이것이다.

<u>江氏永</u>『群經補義』, "或疑播種之後不可摩, 摩則種不固. 然<u>沮</u>·<u>溺</u>耦耕時卽耰, 『國語』云'深
耕而疾耰之', <u>孟子</u>亦曰'麰麥播種而耰之', 是耰在播種之後. 問諸北方農人曰: '播種之後, 以

---

37 『설문해자』 권6: 우(櫌)는 밭 가는 기구이다. 목(木)으로 구성되었고 우(憂)가 발음을 나타
낸다. 『논어』에 "써레질을 하며 그치지 않았다.[櫌而不輟.]"라고 했다. 어(於)와 구(求)의 반
절음이다.[櫌, 摩田器. 從木憂聲. 『論語』曰: "櫌而不輟." 於求切.]

土覆是, 摩而平之, 使種入土, 鳥不能啄也.'" 案, 『齊民要術』, "耕荒畢, 以鐵齒鎺鏒再徧杷

之, 漫擲黍穄, 勞亦再徧." "勞"與"耰"一音之轉. "輟止"者, 『爾雅』「釋詁」, "輟, 已也." "已"·

"止"同訓.

강영의 『군경보의』에 "혹자들은 파종한 뒤에 밭을 갈면 안 되니, 갈면 씨앗이 고정되지 못한

다고 의심한다. 그러나 장저와 걸닉이 함께 밭을 갈 때 즉시 흙을 덮은 것이니, 『국어』「제

어」에 '깊게 갈고 빨리 씨를 덮는다'라고 했고, 맹자 역시 '보리를 파종하고 씨앗을 덮는다[耰

之]'[38]고 했으니, 이것은 우(耰)가 씨앗을 뿌린 뒤에 있다는 것이다. 북쪽 지방의 농부들에게

물어보니, '씨앗을 뿌린 뒤에 흙을 덮고 밭을 갈아서 평평하게 하는 것은 씨앗이 흙 속에 들

어가게 해서 새들이 쪼아 먹지 못하게 하기 위한 것이다.'"라고 했다. 살펴보니, 『제민요술』

에 "황무지를 갈고 나서 쇠스랑이나 고무래로 다시 두루두루 갈퀴질을 하고, 기장 씨를 밭

한가득 뿌린 다음 써래질[勞]로 또 다시 흙을 두루 편다."라고 했는데, "노(勞)"와 "우(耰)"는

하나의 발음이었다가 바뀌어서 달라진 것이다. "철(輟)은 멈춘다는 뜻이다[止]"라고 한 것은,

『이아』「석고」에 "철(輟)은 그침[已]이다."라고 했는데, "이(已)"와 "지(止)"는 뜻풀이가 같다.

子路行以告, 夫子憮然, 【注】爲其不達己意, 而便非己也. 曰: "鳥獸

不可與同群, 吾非斯人之徒與而誰與? 【注】孔曰: "隱於山林是同

群. 吾自當與此天下人同群, 安能去人從鳥獸居乎?" 天下有道, 丘不與易

也." 【注】言凡天下有道者, 丘皆不與易也, 己大而人小故也.

자로가 공자에게 가서 그 사실을 말하자, 공자가 한동안 멍하니

있더니 【주】 그들이 공자 자기의 뜻을 알지도 못하면서 곧장 자기를 비난했기 때

문이다. "새나 짐승과 함께 무리 지어 살 수는 없으니, 내가 이 사

---

38 『맹자』「고자상(告子上)」.

람의 무리와 더불어 함께하지 않고 누구와 함께하겠는가? 【주】 공안국이 말했다. "산이나 숲에 숨어서 사는 것이 바로 새나 짐승과 함께 무리 지어 사는 것이다. 나는 본래 이 천하의 사람들과 함께 무리 지어 사는 것이 마땅하니, 어찌 사람들을 버리고 새나 짐승과 어울려[從] 살 수 있겠는가?" 천하에 도가 있다면 나도 함께 바꾸려 하지 않을 것이다." 【주】 무릇 천하에 도를 가지고 있는 자가 있다 하더라도 나는 전혀 그들과 함께 바꾸려 하지 않을 것이라는 말이니, 자기의 도는 크고 남의 도는 작다고 여겼기 때문에 그런 것이다.

원문 正義曰: "子路行以告", 『漢石經』及『史記』「世家」竝無"行"字, 今皇·邢本皆有"行"字. 阮氏元『校勘記』謂"因丈人章誤衍." 是也. "夫子憮然", 『漢石經』無"夫"字. 又皇本"群"下有"也"字.

역문 정의에서 말한다.

"자로행이고(子路行以告)"는 『한석경』 및 『사기』「세가」에는 모두 "행(行)" 자가 없고, 지금의 황간본과 형병본에는 모두 "행(行)" 자가 있다. 완원 『논어교감기』에 "장인장(丈人章)으로 인해 잘못 글자가 불어난 것이다."라고 했는데, 맞다. "부자무연(夫子憮然)"은 『한석경』에는 "부(夫)" 자가 없다. 또 호아간본에는 "군(群)" 아래 "야(也)" 자가 있다.

- 「注」, "爲其不達己意, 而便非己也."
- 正義曰: 『三蒼』云: "憮然, 失意貌也." 『孟子』「滕文公上」, "夷子憮然" 趙「注」, "'憮然'者, 猶悵然也." 焦氏循『正義』, "『說文』, '憮, 一曰不動.' 『爾雅』「釋言」云: '憮, 撫也.' 『廣雅』「釋詁」旣訓'撫'爲安, 又訓'撫'爲定, 安·定皆不動之義. 蓋夫子聞子路述沮·溺之言, 寂然不動, 久而乃有'鳥獸不可同群'之言. 此夷子聞徐辟述孟子之言, 寂然不動, 久而乃有'命之'之言." 案, 焦說與『三蒼』義合. 蓋人失意, 每致寂然不動, 如有所失然也. 沮·溺不達己意, 而妄非己, 故夫子有此容.

○ 「주」의 "그들이 공자 자기의 뜻을 알지도 못하면서 곧장 자기를 비난했기 때문이다."

○ 정의에서 말한다.

『삼창』에 "무연(憮然)은 망연자실[失意]하는 모양이다."라고 했고, 『맹자』「등문공상」에 "이자가 한동안 멍하니 있다가(夷子憮然)"라고 했는데, 조기의 「주」에 "'무연(憮然)'이라는 것은 서글퍼함[悵然]과 같다."라고 했다. 초순의 『맹자정의』에 "『설문해자』에 '무(憮)는 일설에는 움직이지 않음[不動]이라고 한다.'[39]고 했고, 『이아』「석언」에 '무(憮)는 어루만짐[撫]이다.'라고 했으며, 『광아』「석고」에는 이미 '무(撫)'의 뜻을 편안함[安]의 뜻으로 풀이하고서 또 '무(撫)'를 정(定)의 뜻으로 풀이했으니, 안(安)과 정(定)은 모두 움직이지 않는다는 뜻이다. 아마도 공자는 자로가 전달한 장저와 걸닉의 말을 듣고 조용히 꼼짝하지 않고 있다가 한참 만에 결국은 '새나 짐승과 함께 무리지어 살 수 없다'라는 말을 한 것인 듯싶다. 이는 이자(夷子)가 서벽(徐辟)이 전달한 맹자의 말을 듣고 조용히 꼼짝하지 않고 있다가 한참 만에 결국 '나를 가르쳐 주었다'[40]는 말을 한 것과 같다."라고 했다. 살펴보니, 초순의 말이 『삼창』의 뜻과 일치한다. 대체로 사람들이 망연자실[失意]하면 항상 조용하게 꼼짝하지 않고 있어서 마치 무엇인가 잃어버린 것처럼 하는 것이다. 장저와 걸닉이 자기의 뜻을 알지도 못하면서 함부로 자기를 비난했기 때문에 공자가 이러한 표정을 지은 것이다.

● 「注」, "隱於"至"居乎".

● 正義曰: "山林"是鳥獸所居, 人隱居山林, 是與鳥獸同群也. 人與人同群, 故當相人偶也, 言辟人辟世法皆非也.

○ 「주」의 "은어(隱於)"부터 "거호(居乎)"까지.

○ 정의에서 말한다.

---

39 『설문해자』권10: 무(憮)는 사랑[愛]이다. 한(韓)나라와 정(鄭)나라에서는 무(憮)라고 한다. 일설에는 움직이지 않음[不動]이라고 한다. 심(心)으로 구성되었고 무(無)가 발음을 나타낸다. 문(文)과 보(甫)의 반절음이다.[憮, 愛也. 韓鄭曰憮. 一曰不動. 從心無聲. 文甫切.]

40 『맹자』「등문공상(滕文公上)」: 서자가 이 말을 이자에게 전하니, 이자가 한동안 멍하니 있다가 말했다. "맹자께서 나를 가르쳐 주셨다."[徐子以告夷子, 夷子憮然爲間曰: "命之矣."]

"산이나 숲[山林]"은 새와 짐승이 사는 곳이니, 사람이 산이나 숲에 숨어서 사는 것은 바로 새나 짐승과 함께 무리 지어 사는 것이다. 사람은 사람과 함께 무리지어 살기 때문에 사람끼리 짝을 지음은 당연한 것이니, 사람을 피하고 세상을 피하는 법은 모두 잘못된 것이다.

- 「注」, "言凡"至"故也".
- 正義曰: 皇本作"孔注". 其申「注」云: "言凡我道雖不行於天下, 天下有道者, 而我道皆不至與彼易之, 是我道大·彼道小故也." 案, 「注」意謂天下卽有道, 某亦不以治民之大道易彼隱避之小道也. 於義殊曲, 故不從之.
- 「주」의 "언범(言凡)"부터 "고야(故也)"까지.
- 정의에서 말한다.

황간본에는 "공안국의 주[孔注]"라고 되어 있다. 그 거듭된 「주」에 "나의 도가 비록 천하에 행해지지 않고, 천하에 도를 가지고 있는 자가 있다 할지라도, 나의 도는 전혀 저들의 도와 바꾸는 지경까지 이르지 않을 것이니, 이는 나의 도는 크고 저들의 도는 작기 때문에 그렇다는 말이다."라고 했다. 살펴보니, 「주」의 뜻은 이를테면 천하에 곧 도를 가지고 있는 자가 있더라도 나는 또한 백성을 다스리는 큰 도를 가지고 저 숨고 피하는 작은 도와 바꾸지 않을 것이라는 말이다. 하지만 의리적으로 완전히 왜곡된 것이기 때문에 따르지 않는다.

18-7

子路從而後, 遇丈人, 以杖荷蓧. 【注】包曰: "'丈人', 老人也. '蓧', 竹器." 子路問曰: "子見夫子乎?" 丈人曰: "四體不勤, 五穀不分, 孰爲夫子?" 【注】包曰: "丈人云: '不勤勞四體, 不分植五穀, 誰爲夫子而索之耶?'" 植其杖而芸. 【注】孔曰: "'植', 倚也. 除草曰'芸'." 子路拱而立, 【注】未知所以答. 止子路宿, 殺雞爲黍而食之, 見其二子焉. 明日, 子路行以告, 子曰: "隱者也." 使子路反見之, 至, 則行矣. 【注】 孔曰: "子路反至其家, 丈人出行不在."

자로가 공자를 따라가다가 뒤에 처졌는데, 지팡이에 제초기를 둘러멘 노인[丈人]을 만났다. 【주】 포함이 말했다. "'장인(丈人)'은 노인(老人)이다. '조(蓧)'는 대그릇이다." 자로가 물었다. "어르신! 선생님을 보셨습니까?" 노인이 말하길, "사지를 부지런히 힘쓰길 하나, 오곡을 가꾸기를 하나, 누구를 선생이라 하시오?"라고 하고는, 【주】 포함이 말했다. "노인[丈人]이 '사지를 부지런히 힘쓰지 않고, 오곡 가꾸는 것도 분간하지 못하는데, 누구를 선생이라 하여 찾는 것인가?'라고 말한 것이다." 지팡이를 세우고 김을 매었다. 【주】 공안국이 말했다. "'식(植)'은 기대 놓다[倚]는 뜻이다. 잡초를 제거하는 것을 '운(芸)'이라 한다." 자로가 두 손을 공손히 마주 잡고 서 있으니, 【주】 어찌 대답해야 할지 모른 것이다. 자로를 머물러 하룻밤 묵게 하고서, 닭을 잡고 기장밥을 지어 먹이고 자신의 두 아들을 보여 주었다. 다음 날 자로가 공자에게로 가서 그 사실을 말하자, 공자가 "은자로구나." 하고 자로로 하여금 돌아가 만나 보게 하였는데, 도착해 보니 출행하고 없었다. 【주】 공안국이 말했다. "자로가 되돌아가서 그의 집에 도착해 보니, 노인이 출행하고 집에 없었다."

원문 正義曰: "從而後"者, 謂從夫子行而在後也. 『釋文』云: "蓧, 本又作條, 又作莜." 盧氏文弨『考證』, "『說文』, '莜, 從艸條省聲. 『論語』曰: "以杖荷莜." 是莜爲正字, 『論語』本與『說文』合. 條乃'條枚'字, 於六書爲叚借, 今作蓧不省, 皇本作篠, 誤."

역문 정의에서 말한다.

"종이후(從而後)"란 공자를 따라가다가 뒤처졌다는 말이다. 『경전석문』
에 "조(蓧)는 판본에 따라 또 조(條)로 되어 있기도 하고 또 조(蓧)로 되어
있기도 하다."라고 했다. 노문초의 『경전석문고증』에 "『설문해자』에
'조(蓧)는 초(艸)로 구성되었고 조(條)의 생략형이 발음을 나타낸다. 『논
어』에 말하길, "지팡이에 제초기[蓧]를 둘러메다."라고 하였다.'[41]고 했는
데, 조(蓧)가 정자(正字)가 되니, 『논어』본이 『설문해자』와 부합한다. 조
(條)는 바로 '가지[條枚]'라는 뜻의 글자로서, 육서(六書)에서는 가차자(假借
字)인데, 지금은 조(條)로 쓰고 생략형을 쓰지 않으며, 황간본에 조(蓧)로
되어 있는 것은 오자(誤字)이다."라고 했다.

원문 "四體"者, 趙岐『孟子注』, "體者, 四枝股肱也." "五穀"者, 禾・黍・稷・
稻・麥也. 說五穀者多家, 此從程氏瑤田說定之. 鄭「注」云: "分猶理, 謂理
治之也." 宋氏翔鳳『發微』云: "「王制」'百畝之分', 鄭「注」, '分或爲糞.' 此
'五穀不分', 當讀如「草人」'糞種'之糞, 必先糞種而後五穀可治." 兪氏樾『平
議』略同, 於義亦通.

역문 "사체(四體)"는, 조기의 『맹자주』에 "체(體)라는 것은 사지(四枝)로서 팔
다리[股肱]를 의미한다."라고 했다. "오곡(五穀)"이란 벼[禾]・찰기장[黍]・
메기장[稷]・조[稻]・보리[麥]이다. 오곡을 설명하는 자들이 많은데, 여기
서는 정요전(程瑤田)의 설을 따라서 정했다. 정현의 「주」에 "분(分)은 다
스림[理]과 같으니, 가꾼다[理治]는 말이다."라고 했다. 송상봉의 『논어발

---

41 『설문해자』 권1: 조(蓧)는 제초기[艸田器]이다. 초(艸)로 구성되었고 조(條)의 생략형이 발
음을 나타낸다. 『논어』에 "지팡이에 제초기[蓧]를 둘러메고."라고 하였다. 지금은 조(蓧)로
쓴다. 도(徒)와 조(弔)의 반절음이다. 蓧, 艸田器. 從艸, 條省聲. 『論語』曰: "以杖荷蓧." 今作
蓧. 徒弔切.]

미』에 "「왕제」에 '백무를 가꾼다[百畝之分]'라고 했는데, 정현의 「주」에서 '분(分)은 간혹 분(糞)의 뜻으로도 쓴다.'라고 했으니, 여기의 '오곡불분(五穀不分)'은 『주례』「지관사도하·초인」의 '분종(糞種)'이라고 할 때의 분(糞)의 뜻으로 읽어야 하니, 반드시 먼저 곡식의 씨앗에 거름을 준 뒤에 오곡을 가꿀 수 있는 것이다."라고 했다. 유월의 『군경평의』도 대략 같으니, 의미상 역시 통한다.

원문 朱氏彬『經傳考證』, "宋呂本中『紫薇雜說』曰: "'四體不勤"二語, 荷蓧丈人自謂.' 其說得之.'『平議』又云: "兩不字, 竝語詞, 不勤, 勤也; 不分, 分也." 引『詩』"徒御不驚, 大庖不盈!" "不戢不難, 受福不那"諸傳爲據, 亦是也.

역문 주빈의 『경전고증』에 "송(宋) 여본중(呂本中)[42]의 『자미잡설』에 "'사지를 부지런히 힘쓰지 않는다(四體不勤)"라는 두 마디 말은 제초기를 둘러멘 노인이 스스로를 이르는 것이다.'라고 했는데, 그의 말이 설득력이 있다."라고 했다. 『군경평의』에 또 "두 개의 불(不) 자는 어사(語詞)이니,

---

[42] 여본중(呂本中, 1084~1145): 남송 수주(壽州) 사람. 초명은 대중(大中)이고, 자는 거인(居仁), 호는 동래선생(東萊先生), 시호는 문청(文淸)이다. 여호문(呂好問)의 아들이다. 고종(高宗) 소흥(紹興) 6년(1136) 진사 출신으로 인정받았다. 기거사인(起居舍人)을 거쳐 중서사인(中書舍人) 겸 시강(侍講), 권직학사원(權直學士院)을 지냈다. 일찍이 상서하여 국세를 회복할 계책을 올렸다. 진회(秦檜)가 재상이 되어 사사롭게 권력을 남용하자 제목(除目)을 봉해 돌려주었다. 조정(趙鼎)과 서로 가까웠는데 진회의 미움을 사서 탄핵을 받고 파직당했다. 양시(楊時)와 유초(游酢), 윤돈(尹焞)을 사사했으며, 유안세(劉安世), 진권(陳瓘)에게도 배웠다. 시를 잘 써 황정견(黃庭堅)과 진사도(陳師道)의 구법(句法)을 터득했다. 쇄소응대(灑掃應對)의 일이 훈고(訓詁)보다 우선한다며 하학상달(下學上達)의 학문을 강조했다. 또한 유학과 불교의 사상적 요지가 크게는 같다고 보아 이가(二家)의 조화를 주장했다. 저서에 『춘추집해(春秋集解)』와 『동몽훈(童蒙訓)』, 『강서시사종파도(江西詩社宗派圖)』, 『자미시화(紫薇詩話)』, 『사우연원록(師友淵源錄)』, 『동래선생시집(東萊先生詩集)』 등이 있다.

불근(不勤)은 부지런하다[勤는 뜻이고 불분(不分)은 구분한다[分는 뜻이다.”라고 하면서, 『시경』「소아 · 동궁 · 거공」에서 “보졸과 마부가 놀라고, 임금의 푸줏간이 가득하도다![徒御不驚, 大庖不盈.]”[43]라고 한 것이나, 「상호」에서 “거두지 않겠으며 신중하지 않겠는가? 복을 받음이 많지 않겠는가?[不戢不難, 受福不那.]”라고 한 것 등 여러 경전을 인용해서 근거로 삼았으니, 역시 옳다.

원문 “植其杖”, 『漢石經』“植”作“置”. 惠氏棟『九經古義』, “案, 「商頌 · 那詩」‘置我鞉鼓’, 「箋」云: ‘置讀曰植.’『正義』云: ‘「金縢」云: “植璧秉圭”, 鄭「注」云: “植, 古置字.” 然則古者置 · 植字同.’『說文』曰: ‘植或作櫃, 從置.’” 今案, 依『詩』「箋」“植” · “置”本二字, 「金縢」「注」謂“植古置字”者, 謂古以“植”爲“置”, 叚借之義也. 段氏玉裁『說文注』云: “丈人行來至田, 則置杖於地, 用葆芸田. ‘植杖’者, 置杖也.” 此從『漢石經』作“置”爲訓, 如『呂氏春秋』「異用篇」所云“孔子置杖”之比. 然“用葆芸田”, 必挂杖而後可芸. 竊以此文作“植”爲正, 作“置”亦是叚字, 段說未能合也. “芸”本作“䅳”, “耘”是或體, 俱見『說文』. 今作芸, 『漢石經』作耘, 俱隸省.

역문 “지팡이를 세움[植其杖]”

『한석경』에는 “식(植)”이 “치(置)”로 되어 있다. 혜동의 『구경고의』에 “살펴보니, 『시경』「상송 · 나」에 ‘우리 작은북과 큰북을 놓아두고[置我鞉

---

43 『모시주소(毛詩注疏)』의 「주」에 “불경(不驚)은 놀랐다[驚]는 뜻이고 불영(不盈)은 가득 참[盈]이다.[不驚, 驚也; 不盈, 盈也.]”라고 했고, 정현(鄭玄)의 「전(箋)」에 “불경(不驚)은 놀랐다[驚]는 뜻이고 불영(不盈)은 가득 참[盈]이니, 말을 반대로 한 것은 찬미한 것이다.[不驚, 驚也; 不盈, 盈也, 反其言, 美之也.]”라고 했으며, 『시경집전(詩經集傳)』주희(朱熹)의 「주」에서도 “구설(舊說)에 ‘불경(不驚)은 놀람이요, 불영(不盈)은 가득 참이다.’ 하니, 또한 통한다.[舊說, ‘不驚, 驚也; 不盈, 盈也.’ 亦通.]”라고 했다.

鼓'라고 했는데, 정현의 「전(箋)」에 '치(置)는 식(植)의 뜻으로 읽어야 한다.'라고 했고, 『모시정의』에 "『서경』「주서·금등」에 "벽옥을 놓아두고 홀을 손에 잡다[植璧秉圭]"라고 했는데, 정현의 「주」에 "식(植)은 옛날의 치(置) 자이다."라고 했으니, 그렇다면 옛날에는 치(置)와 식(植) 자는 같은 글자였다.'라고 했다. 『설문해자』에 '식(植)의 혹체자는 치(櫃)로 쓰는데, 치(置)로 구성되었다.'44라고 했다."라고 하였다.

이제 살펴보니, 『시경』의 「전(箋)」에 의거해 보면 "식(植)"과 "치(置)"는 원래는 다른 글자이니, 「금등」의 「주」에 "식(植)은 옛날의 치(置) 자이다."라고 한 것은 옛날에는 "식(植)" 자를 "치(置)" 자의 뜻으로 삼았다는 말이니, 가차(叚借)했다는 뜻이다. 단옥재의 『설문해자주』에 "『논어』에 '노인[丈人]이 길을 걸어와 밭에 도착해서는 땅에다 지팡이를 세우고 제초기를 사용해서 밭에 김을 매었다.'라고 했다. 식장(植杖)이란 지팡이를 세워 둠[置杖]이다."45라고 했는데, 이것은 『한석경』에 "치(置)"로 되어 있는 것을 따라서 뜻풀이를 한 것이니, 『여씨춘추』「이용」에서 "공자가 지팡이를 세워 두었다[孔子置杖]"라고 한 것과 같은 예이다. 그러나 "제초

---

44 『설문해자』 권6: 식(櫃)은 문에 나무를 세워 둔다[戶植]는 뜻이다. 목(木)으로 구성되었고 직(直)이 발음을 나타낸다. 치(櫃)는 식(植)의 혹체자인데, 치(置)로 구성되었다. 상(常)과 직(職)의 반절음이다.[櫃, 戶植也. 從木直聲. 櫃, 或從置. 常職切.]

45 『설문해자』 권1 「초부(艸部)」에 "조(蓨)는 제초기[艸田器]이다. 초(艸)로 구성되었고 조(條)의 생략형이 발음을 나타낸다. 『논어』에 '지팡이에 제초기[蓨]를 둘러멘.'이라고 하였다. 지금은 조(蓨)로 쓴다. 도(徒)와 조(弔)의 반절음이다.[蓨, 艸田器. 從艸, 條省聲. 『論語』曰: '以杖荷蓨.' 今作蓨. 徒弔切.]"라고 한 곳의 「주」에 "『논어』에 '자로가 노인(丈人)을 만났는데, 손에는 지팡이를 짚고 제초기를 어깨에 둘러메고 걸어와 밭에 도착하더니 땅에다 지팡이를 세워 두고 제초기를 사용해서 밭에 김을 매었다.'라고 했다. '식장(植杖)'이란 지팡이를 세워 둠[置杖]이다.[子路見丈人, 手用杖, 蓨加於肩, 行來至田, 則置杖於地, 用蓨芸田. 植杖者, 置杖也.]"라고 했다.

기를 사용해서 밭에 김을 맬[用莜芸田]" 경우에도 반드시 지팡이를 짚은 뒤에야 김을 맬 수 있다. 가만히 이 글에서 "식(植)"으로 되어 있는 것을 옳다고 생각해 보면, "치(置)"로 되어 있는 것 역시 가차(假字)이니, 단옥 재의 말과는 부합되지 못한다. "운(芸)"은 본래는 "운(蕓)"으로 되어 있고, "운(萩)"은 운(蕓)의 혹체자인데, 모두 『설문해자』에 보인다.[46] 지금 운(芸)으로 되어 있는 것과 『한석경』에 운(耘)으로 되어 있는 것은 모두 예서체의 생략된 자형이다.

원문 "拱"者, 『說文』, "拱, 斂手也." 『新書』「容經」, "固頤正視, 平肩正背, 臂 如抱鼓, 足間二寸, 端面攝纓, 端股整足, 體不搖肘曰經立, 因以微磬曰共 立." "共"與拱同.「檀弓」, "孔子與門人立拱."「玉藻」"臣侍於君垂拱", "垂" 卽"微磬"之象. 子路聞丈人言, 知其賢者, 禮異之也.

역문 "공(拱)"은 『설문해자』에 "공(拱)은 손을 거두어들인다[斂手]는 뜻이 다."[47] 『신서』「용경」에 "턱을 고정시키고 정면을 응시하며 어깨를 평평 하게 하고 등을 곧추세우며, 팔은 북을 안은 듯하고 발은 두 치[二寸] 간 격을 유지하고, 얼굴을 단정하게 해서 갓끈을 잘 매고, 정강이를 바르게 해서 발을 가지런히 하여 몸에서 팔이 흔들리지 않게 하는 것을 올바른 자세[經立]라고 한다. 그리고 이 자세를 따라서 몸을 약간 구푸린 것을 공손한 자세[共立]라 한다."라고 했는데, 이때의 "공(共)"은 공(拱)과 같 다.[48] 『예기』「단궁상」에 "공자가 문인들과 함께 공수(拱手)를 하고 서 있

---

46 『설문해자』 권4: 운(蕓)은 모종 사이의 잡초를 제거함이다. 뇌(耒)로 구성되었고 원(員)이 발음을 나타낸다. "운(萩)"은 운(蕓)의 혹체자인데 운(芸)으로 구성되었다. 우(羽)와 문(文) 의 반절음이다.[蕓, 除苗間穢也. 從耒員聲. 萩, 蕓或從芸. 羽文切.]

47 『설문해자』 권12: 공(拱)은 손을 거두어들인다[斂手]는 뜻이다. 수(手)로 구성되었고 공(共) 이 발음을 나타낸다. 거(居)와 송(竦)의 반절음이다.[拱, 斂手也. 從手共聲. 居竦切.]

었다."라고 했고, 「옥조」에 "신하가 군주를 모실 때 공수(拱手)를 아래로 드리운다[垂]"라고 했는데, "드리움[垂]"이 바로 "약간 구푸리는[微磬] 모양이다. 자로가 노인의 말을 듣고 현자임을 알아 예를 달리한 것이다.

원문 "爲黍"者, 治黍爲飯也. 黍, 禾屬而黏者, 其不黏者別名**穈稷**, 用以作飯, 蓋食之貴者, 所以敬禮客也.

역문 "위서(爲黍)"란 기장쌀을 쓿어 밥을 지었다는 뜻이다. 서(黍)는 벼[禾] 종류 중에서 찰진 것이고, 찰지지 않은 것은 별도로 메기장[穈稷]이라고 하고 밥 짓는 데 사용하는데, 아마도 귀한 것을 먹인 것은 손님을 공경해서 예우하기 위한 것이었던 듯싶다.

- 「注」, "丈人, 老人也. 篠, 竹器."
- 正義曰: 『淮南』「修務訓」「注」, "丈人, 長老之稱." 與此「注」合. 至「道應訓」「注」以爲"老而杖於人, 故稱丈人." 此說不免附會. 『易』「師」"丈人吉", 鄭「注」, "丈之言長, 能以法度長於人." 彼稱丈人爲位尊者, 與此荷篠丈人爲齒尊異也.
- 「주」의 "장인(丈人)은 노인(老人)이다. 조(篠)는 대그릇[竹器]이다."
- 정의에서 말한다.

  『회남자』「수무훈」의 「주」에 "장인(丈人)이란 장로(長老)의 호칭이다."라고 했으니, 여기의 「주」와 부합한다. 「도응훈」의 「주」에서는 "늙어서 남에게 의지하기 때문에 장인(丈人)이라고 일컫는 것이다."라고 했는데, 이 말은 견강부회를 면치 못하는 말이다. 『주역』「사괘」에 "장인(丈人)이라 길(吉)하다"라고 했는데, 정현의 「주」에 "장(丈)은 장(長)이라는 말이니, 법도로써 남에게 존장(尊長)이 된다는 뜻이다."라고 했는데, 여기서 일컫는 장인(丈人)은 지위

---

48 공립(拱立): 공경하는 뜻을 표하기 위하여 두 손을 모아 마주 잡고 허리와 고개를 약간 숙이고 서 있는 것.

가 높은 사람[位尊者]이 되니, 이 장의 제초기를 둘러멘 장인[荷蓧丈人]이 나이가 많은[齒尊] 사람인 것과는 다르다.

『說文』, "蓧, 耘田器." 其字從草, 此「注」云"竹器"者, 草ㆍ竹一類也. 皇本經ㆍ「注」皆作 "篠", 卽本此「注」誤改. 『說文』, "癹, 以足蹋夷草. 從癶從殳. 『春秋傳』曰: '癹夷蘊崇之.'" 工 氏杰曰: "今南昌人耘田用一具, 形如提梁, 旁加索, 納於足下. 手持一杖, 以足蹋草入泥中, 名曰脚澁." 是可爲『論語』"以杖荷蓧, 植杖而芸"及『說文』"蓧"字ㆍ"癹"字之證.

『설문해자』에 "조(蓧)는 제초기[耘田器]이다. 그 글자는 초(草)로 구성되었다"[49]고 했는데, 여기의 「주」에서 "대그릇[竹器]"이라고 한 것은 풀[草]과 대나무[竹]는 같은 종류이기 때문이다. 황간본의 경문(經文)과 「주」에는 모두 "조(篠)"로 되어 있는데, 바로 이 「주」를 근거로 잘못 고친 것이다. 『설문해자』에 "발(癹)은 발로 잡초를 벤다는 뜻이다. 발(癶)로 구성되었고 수(殳)로 구성되었다. 『춘추좌씨전』에 '잡초를 베어다가 쌓아 두고 썩힌다.[癹夷蘊崇之.]'[50]라고 했다."[51]고 하였다. 정걸(丁杰)[52]이 말하길, "지금 남창(南昌)사람들은 밭에 김을

---

49 『설문해자』 권1: 조(蓧)는 제초기[艸田器]이다. 초(艸)로 구성되었고 조(條)의 생략형이 발음을 나타낸다. 『논어』에 '지팡이에 제초기[蓧]를 둘러멘.'이라고 하였다. 지금은 조(蓧)로 쓴다. 도(徒)와 조(弔)의 반절음이다.[蓧, 艸田器. 從艸, 條省聲. 『論語』曰: '以杖荷蓧.' 今作 蓧. 徒弔切.]

50 『춘추좌씨전』 「은공(隱公)」 6년.

51 『설문해자』 권2: 발(癹)은 발로 잡초를 벤다는 뜻이다. 발(癶)로 구성되었고 수(殳)로 구성되었다. 『춘추좌씨전』에 "잡초를 베어다가 쌓아 두고 썩힌다.[癹夷蘊崇之.]"라고 했다. 보(普)와 활(活)의 반절음이다.[癹, 以足蹋夷艸. 從癶從殳. 『春秋傳』曰: "癹夷蘊崇之." 普活切.]

52 정걸(丁杰, 1738~1807): 청나라 절강(浙江) 귀안(歸安) 사람. 원명은 금홍(錦鴻), 자는 승구(升衢) 또는 소산(小山), 호는 소필(小疋)이다. 건륭(乾隆) 46년(1781) 진사(進士)가 되고, 영파부학교수(寧波府學敎授)에 올랐다. 경사(經史)에 심혈을 쏟아 공부했고, 교감학에 특히 뛰어났으며, 문자학과 음운학, 산수학(算數學) 등에도 뛰어나 사고전서관(四庫全書館)에 나가 소학류(小學類)를 교감했다. 주균(朱筠)과 대진(戴震), 노문초(盧文弨), 김방(金榜), 정요전(程瑤田) 등과 함께 학문을 강습했다. 『대대례(大戴禮)』를 깊이 연구했다. 저서에 『대대례기역(大戴禮記繹)』, 『주역정주후정(周易鄭注後定)』, 『모시육소(毛詩陸疏)』, 『방언(方言)』, 『한예자원고정(漢隷字原考正)』, 『복고편(復古編)』, 『자림고일(字林考逸)』 등이 있다.

매면서 한 가지 도구를 사용하는데, 주전자 손잡이[提梁]처럼 생겼고, 옆에는 새끼줄을 달아
서 다리 아래로 낀다. 손에는 지팡이 한 자루를 잡고 발로 풀을 밟아 흙 속으로 집어넣는데,
이름을 굽쇠[脚澀]라 한다."라고 했으니,『논어』의 "지팡이에 제초기를 둘러메고 지팡이를
세워 두고 김을 맸다"라는 것과『설문해자』의 "조(蓧)" 자와 · "발(耰)" 자의 증거로 삼을 만
하다.

- 「注」, "丈人"至"之耶".
- 正義曰: 宋氏翔鳳『發微』云: "詳包意, 亦以'四體不勤, 五穀不分'爲自述其不遑暇逸之義. 故
  不能知執爲夫子, 以答子路, 非以責子路也."
- ○「주」의 "장인(丈人)"부터 "지야(之耶)"까지.
- ○ 정의에서 말한다.

  송상봉의『논어발미』에 "포함의 생각을 자세히 살펴보니, 역시 '사지를 부지런히 힘쓰지 않
  고 오곡을 가꾸지 않음'을 자신은 허둥지둥 하지 않아 한가하고 여유롭다는 뜻을 진술한 것
  으로 여긴 것이다. 그러므로 누구를 선생이라 하는지 모르겠다고 자로에게 답한 것이니, 자
  로를 힐책한 것이 아니다."라고 했다.

- 「注」, "植, 倚也. 除草曰芸."
- 正義曰: "植"者, 立也, 故有倚訓, 謂依倚之也. 江氏永『群經補義』, "今人耘田, 必扶杖乃能
  用足, 則植杖正所以耘, 猶云'拄杖'也." 『說文』, "耔, 除苗間穢也." 段氏玉裁「注」, "「小雅」
  毛「傳」曰: '耘, 除草也.' 「食貨志」云: '苗生三葉以上, 稍耨壟草, 因壝其土以附苗根, 比成壟
  盡而根深, 能風與旱.' 此古者耔耘爲一事也, 謂苗初生之始也. 旣成以後, 仍有莠及童蓈生
  乎其間, 則又以櫏薅之." "薅, 披田草也, 亦謂之耔." 今案, 用蓧芸草, 亦在旣成以後. 吾鄕農
  人云: "田宜多芸, 不獨除草, 且茂苗也."
- ○「주」의 "식(植)은 기대 놓다[倚]는 뜻이다. 잡초를 제거하는 것을 '운(芸)'이라 한다."
- ○ 정의에서 말한다.

  "식(植)"이란 세운다[立]는 뜻이기 때문에 기댄다[倚]는 뜻이 있으니, 기대 놓음을 이르는 것
  이다. 강영의『군경보의』에 "지금 사람들은 밭에 김을 맬 때 반드시 지팡이를 잡아야 발을

쓸 수가 있으니, 그렇다면 지팡이를 세워 둔 것은 바로 김을 매기 위한 것이니, '지팡이를 짚는다'라고 말한 것과 같다."라고 했다. 『설문해자』에 "운(耘)은 모종 사이의 잡초를 제거함이다."라고 했는데, 단옥재의 「주」에 "『시경』「소아·북산지십·보전」 모형(毛亨)의 「전」에 '운(耘)은 잡초를 제거함이다.'라고 했고, 「식화지」에 '모종이 자라서 잎사귀가 세 개 이상이 되면 조금씩 밭이랑의 잡초를 김매고 따라서 흙을 북돋아 모종의 뿌리가 붙도록 하니, 밭이랑이 완전히 다 이루어짐에 따라 뿌리가 깊어져 바람과 가뭄을 이겨 낼 수 있는 것이다.'라고 했는데, 이는 옛날에는 잡초를 제거하는 것과 이랑을 북돋는 것이 한 번의 일이라는 것으로 모종이 처음에 자라나기 시작했다는 말이다. 이미 성숙한 뒤에도 여전히 가라지 및 어린 쭉정이가 그 사이에서 자라니 또 호미를 가지고 김을 매 주는 것이다. '호(薅)'라는 것은 밭의 풀을 캐내는 것이므로 역시 김맨대[耘]고 하는 것이다."라고 했다. 이제 살펴보니, 제초기를 사용해서 풀을 김매는 것 역시 모종이 이미 성숙한 뒤에 있는 일이다. 우리 고을의 농부가 말하길, "밭에는 의당 김맬 일이 많으니, 잡초만 제거할 뿐만이 아니라 또한 모종을 무성하게 하는 것이기도 하다."라고 한다.

- 「注」, "子路反至其家, 丈人出行不在."
- 正義曰:「注」以丈人偶出行不遇, 非知子路復來而避之也.
- 「주」의 "자로가 되돌아가서 그의 집에 도착해 보니, 노인이 출행하고 집에 없었다."
- 정의에서 말한다.
  「주」에서는 노인이 우연히 출행해서 만나지 못한 것이지 자로가 다시 올 줄 알고서 피한 것이 아니라고 한 것이다.

子路曰:【注】鄭曰: "留言以語丈人之二子." "不仕無義. 長幼之節, 不可廢也, 君臣之義, 如之何其廢之?【注】孔曰: "言女知父子相養不可廢, 反可廢君臣之義邪?" 欲潔其身, 而亂大倫.【注】包曰: "'倫', 道

理也." 君子之仕也, 行其義也. 道之不行, 已知之矣."【注】包曰:
"言君子之仕, 所以行君臣之義, 不必自己道得行. 孔子道不見用, 自己知之."

자로가 말했다. 【주】 정현이 말했다. "노인의 두 아들에게 이야기해서 노인에게 말을 남긴 것이다." "벼슬하지 않는 것은 의리가 없는 것입니다. 장유(長幼)의 예절을 폐할 수 없는데, 임금과 신하의 의리를 어떻게 폐하겠습니까? 【주】 공안국이 말했다. "당신은 부모와 자식이 서로 돌봄을 버릴 수 없다는 것을 알면서, 도리어 임금과 신하의 의리를 없앨 수 있다는 것이냐는 말이다." 자기 몸을 깨끗이 하려고 하다가 커다란 도리를 어지럽히는 것이지요. 【주】 포함이 말했다. "'윤(倫)'은 도리(道理)이다." 군자가 벼슬하는 것은 그 의리를 행하는 것입니다. 도가 행해지지 않을 것은 이미 알고 계십니다." 【주】 포함이 말했다. "군자가 벼슬에 나아가는 것은 임금과 신하의 의리를 행하기 위함이지, 자기의 도가 행해질 수 있기를 기필해서가 아니니, 공자의 도가 쓰이지 못할 것은 스스로 이미 알고 있다는 말이다."

원문 正義曰: "義"者, 宜也. 君子成己所以成物. 故士必宜仕. 仕卽是義, 亦卽是道. 不仕則無君臣之義, 是爲亂倫. 亂之爲言猶廢也. 夫子栖栖不已, 知其不可而猶爲之, 亦是冀行其道而已. 道行, 而君臣之倫以盡; 道不行, 而君臣之倫終未嘗一日敢廢. 故孟子言"孔子三月無君, 皇皇如也." 明雖知道不行, 猶不敢忘仕也.

역문 정의에서 말한다.

"의(義)"란 마땅함[宜]이다. 군자가 자신을 완성시키는 것은 남을 완성시키기 위한 것이다. 그러므로 군자라면 반드시 벼슬하는 것이 마땅하다. 벼슬하는 것이 바로 의(義)이며 또한 바로 도(道)이다. 벼슬하지 않으면 임금과 신하 간의 의리가 없으니, 이것이 인륜을 어지럽히게 된다. 어지럽힌다[亂]는 말은 폐(廢)한다는 말과 같다. 공자가 끊임없이 허둥지둥하면서 불가능한 줄 알면서도 오히려 그렇게 한 것 역시 자기의 도를 행할 것을 바란 것일 뿐이다. 도가 행해짐에 임금과 신하의 윤리가 극진해지고, 도가 행해지지 않더라도 임금과 신하의 윤리는 끝내는 일찍이 하루라도 감히 폐기된 적이 없다. 그러므로 맹자는 "공자는 3개월 동안 섬기는 군주가 없으면 안절부절 어쩔 줄 몰라 하셨다."[53]고 했으니, 비록 도가 행해지지 않을 줄 알고 있었지만, 그래도 감히 벼슬할 것을 잊지 않았음을 밝힌 것이다.

원문 "長幼之節", 謂前見二子有兄弟之節次也.「注」以"父子相養"言之, 非矣.『漢石經』, "君臣之禮, 如之何其廢之也?" 皇本作"如之何其可廢也?"

역문 "장유지절(長幼之節)"은 앞전에 만났던 노인의 두 아들에게 있는 형제의 절차(節次)를 말한다.「주」에서는 "부모자식 간의 서로 돌봄[父子相養]"을 가지고 말했는데, 틀렸다.『한석경』에는 "군신 간의 예를 어떻게 폐하겠는가[君臣之禮, 如之何其廢之也]?"라고 되어 있고, 황간본에는 "어떻게 폐할 수 있겠는가[如之何其可廢也]?"라고 되어 있다.

원문 "潔", 阮據宋本作"絜". "道之不行", 皇本"行"下有"也"字.『釋文』, "己音紀, 一音以." 盧氏文弨『考證』曰: "音以是."

역문 "결(潔)"은 완원은 송상봉본을 근거로 "혈(絜)"이라고 썼다. "도지불행(道之不行)"은 황간본에는 "행(行)" 아래 "야(也)" 자가 있다.『경전석문』에 "기(己)는 발음이 기(紀)이고,[54] 또 다른 발음은 이(以)이다."라고 했는데,

---

53 『맹자』「등문공하(滕文公下)」.

노문초의 『경전석문고증』에는 "이(以)로 발음하는 것이 옳다."라고
했다.

- 「注」, "倫, 道理也."
- 正義曰:『說文』, "倫, 一曰道也." 又訓理者, 謂文理也. 凡"論"·"侖"字皆訓理, 其證也.
- ○「주」의 "윤(倫)은 도리(道理)이다."
- ○ 정의에서 말한다.

  『설문해자』에 "윤(倫)은 일설에는 도(道)라고 한다."[55]라고 했는데, 또 리(理)라고 뜻을 새긴
  것은 문리(文理)를 이르니, 모든 "논(論)"과 "윤(侖)" 자는 다 리(理)로 뜻을 새기는 것이 그
  증거이다.

- 「注」, "不必"至"知之".
- 正義曰:「注」讀"已知"之"已"爲紀, 己道不行, 則望人行之, 故曰"不必自己道得行". 明人行之
  與己同也, 此說稍曲.
- ○「주」의 "불필(不必)"부터 "지지(知之)"까지.
- ○ 정의에서 말한다.

  「주」에서는 "이지(已知)"의 "이(已)"를 기(紀)의 발음으로 읽었는데, 자기의 도가 행해지지
  않더라도 남의 도를 보고 행할 것이기 때문에 "자기의 도가 행해질 수 있기를 기필한 것이 아
  니다"라고 한 것이다. 남이 행하는 것과 자기가 같음을 밝힌 것이긴 하지만 이 설은 조금 왜
  곡되었다.

---

54 "已知"가 『경전석문(經典釋文)』에는 "已知"로 되어 있다.
55 『설문해자』권8: 윤(倫)은 무리[輩]이다. 인(人)으로 구성되었고 윤(侖)이 발음을 나타낸다.
    일설에는 도(道)라고 한다. 전(田)과 둔(屯)의 반절음이다.[倫, 輩也. 從人侖聲. 一曰道也. 田
    屯切.]

18-8

逸民: 【注】 "逸民"者, 節行超逸也. 伯夷·叔齊·虞仲·夷逸·朱張·
柳下惠·少連. 【注】 包曰: "此七人, 皆逸民之賢者."

일민(逸民)은 【주】 "일민(逸民)"이란 절개와 행실이 매우 뛰어난 사람이다. 백이와 숙제와 우중과 이일과 주장과 유하혜와 소련이었다. 【주】 포함이 말했다. "이 일곱 사람은 모두 일민(逸民) 중에서도 현자(賢者)들이다."

원문 正義曰: 『說文』, "佚, 佚民也. 從人失聲." 段氏玉裁 「注」 謂 『論語』 '逸民', 許作 '佚民', '佚' 正字, '逸' 叚借字." 孟子曰: "遺佚而不怨." 案, 下篇 "擧逸民", 亦用叚字. 顏師古 『漢書』 「律曆志」 「注」, "逸民, 謂有德而隱處者."

역문 정의에서 말한다. 『설문해자』에 "일(佚)은 일민(佚民)[56]이다. 인(人)으로 구성되었고, 실(失)이 발음을 나타낸다."[57]라고 했는데, 단옥재의 「주」에 "『논어』의 '일민(逸民)'을 허신이 '일민(佚民)'이라고 쓴 것이니, '일(佚)'이 정자(正字)이고, '일(逸)'은 가차자이다."라고 했다. 맹자가 말하길, "벼슬길에서 버림을 받아도 원망하지 않는다."[58]라고 했다. 살펴보니, 아래

---

56 일민(佚民): 뛰어난 학문과 덕행을 소유하고서도 등용되지 못하거나 세상을 피해 나서지 않고 은거하며 지내는 사람.

57 『설문해자』 권8: 일(佚)은 일민(佚民)이다. 인(人)으로 구성되었고, 실(失)이 발음을 나타낸다. 일설에는 "일(佚)은 소홀함[忽]이다."라고 한다. 이(夷)와 질(質)의 반절음이다.[佚, 佚民也. 從人失聲. 一曰: "佚, 忽也." 夷質切.]

58 『맹자』 「만장하」.

「요왈」에 "은둔한 현자를 등용함[擧逸民]"이라고 한 것도 역시 가차자를 쓴 것이다. 안사고의 『전한서』「율력지」「주」에 "일민(逸民)은 덕이 있으면서도 은거하는 사람을 말한다."라고 했다.

원문 此虞仲後雖爲君, 柳下惠亦爲士師, 要自其初, 皆爲民也. 『左』「僖」五年「傳」, "宮之奇曰: '太伯·虞仲, 太王之昭也.'"『史記』「周本紀」, "古公有長子曰太伯, 次曰虞仲." 又云: "太伯·虞仲知古公欲立季歷以及昌. 乃二人亡如荊蠻, 文身斷髮, 以讓季歷."「吳太伯世家」, "太伯之奔荊蠻, 荊蠻義之, 立爲吳太伯. 太伯卒, 無子, 弟仲雍立, 是爲吳仲雍. 周武王克殷, 求太伯·仲雍之後, 得周章. 周章已君吳, 因而封之. 乃封周章弟虞仲於周之北故夏墟, 是爲虞仲, 列爲諸侯."

역문 이것은 우중(虞仲)이 뒤에 비록 군주가 되었고 유하혜(柳下惠) 역시 사사(士師)가 되었지만, 그 초기부터 모두 백성이 되기를 요구했었다는 것이다. 『춘추좌씨전』「희공」5년의 「전」에 "궁지기(宮之奇)가 말했다. '태백(太伯)과 우중(虞仲)은 태왕(太王)의 아들[昭]이었다.'"라고 했고, 『사기』「주본기」에 "고공단보(古公亶父)에게는 태백(太伯)이라는 맏아들과 우중(虞仲)이라는 둘째아들이 있었다."라고 했으며, 또 "태백과 우중은 고공단보가 계력(季歷)을 세워서 창에게 나라를 전하고 싶어 한다는 것을 알았다. 이에 두 사람은 형만(荊蠻)으로 달아나 문신을 하고 단발함으로써 계력에게 임금 자리를 양보했다."라고 했다. 또 「오태백세가」에 "태백이 형만으로 달아나자, 형만 사람들이 그를 의롭게 여겨 그를 오 태백(吳太伯)으로 세웠다. 태백이 죽고 아들이 없어 동생 중옹이 즉위하니 이가 오 중옹(吳仲雍)이다. 주나라 무왕(武王)이 은나라를 물리치고 태백과 중옹의 후예를 찾았는데, 주장(周章)을 얻게 되었다. 주장은 이미 오나라의 군주인지라, 그에 따라 그곳에 봉했다. 이어 주장의 동생 우중(虞仲)

을 주나라의 북쪽 옛날 하(夏)나라의 터에 봉하니, 이가 우중으로 제후의 반열에 올랐다."라고 했다.

원문 案,「本紀」以虞仲爲太伯弟,「世家」以仲雍爲太伯弟, 虞仲則仲雍曾孫周章之弟, 說似不同. 吳仁傑『兩漢刊誤補遺』謂"仲雍亦名虞仲", 是虞仲有兩人.『漢書』「地理志」, "周太王長子太伯, 次曰仲雍, 少曰公季. 公季有聖子昌, 欲傳國焉. 太伯·仲雍辭行采藥, 遂奔荊蠻. 故孔子美而稱曰: '太伯可謂至德也已矣.' 謂'虞仲 · 夷逸, 隱居放言, 身中淸, 廢中權.'" 師古曰: "虞仲, 卽仲雍也."

역문 살펴보니,『사기』「본기」에서는 우중(虞仲)을 태백(太伯)의 아우라고 했고,「세가」에서는 중옹(仲雍)을 태백(太伯)의 아우라고 했고, 우중(虞仲)은 중옹의 증손인 주장(周章)의 동생이라고 했으니, 말이 같지 않은 듯하다. 오인걸(吳仁傑)의『양한간오보유』에 "중옹(仲雍) 역시 이름이 우중(虞仲)이다"라고 했으니, 그렇다면 우중(虞仲)은 두 사람이 있다.『전한서』「지리지」에 "주나라 태왕의 맏아들은 태백(太伯)이고 둘째아들은 중옹(仲雍)이며, 막내가 공계(公季)이다. 공계에게는 성스러운 아들 창이 있는데, 그에게 나라를 전해 주고 싶어했다. 태백과 중옹은 왕좌를 사양하고 약초를 캐러 갔다가 마침내 형만(荊蠻)으로 달아났다. 그러므로 공자가 그를 찬미해서 칭찬하기를 '태백은 지극한 덕이 있다고 이를 만하다.'라고 한 것이니, '우중(虞仲)과 이일(夷逸)은 숨어 살면서 세상일을 말하지 않아서 몸은 청렴에 부합했고 벼슬하지 않음은 권도(權道)에 적중했다.'라는 말이다."라고 했는데, 안사고는 "우중(虞仲)이 바로 중옹(仲雍)이다."라고 했다.

원문 「志」又云: "太伯卒, 仲雍立, 至曾孫周章, 而武王克殷, 因而封之. 又封

周章弟中于河北, 是爲北吳, 後世謂之虞." 師古曰: "中讀曰仲." 班「志」此
文, 亦以周有兩虞仲. "虞"·"吳"通用, 如"騶虞"亦作"騶吾"之比, 仲雍稱吳
仲雍, 故或稱虞仲.

역문 『전한서』「지리지」에 또 "태백이 죽고 중옹이 즉위했는데 증손인 주
장에 이르렀을 때 무왕이 은나라를 물리치고 그에 따라 주장을 그곳에
봉했다. 또 주장의 아우 중(中)을 하북(河北)에 봉하니, 이것이 북오(北吳)
가 되는데 후세에는 이를 우(虞)라 이른다."라고 했는데, 안사고가 말하
길, "중(中)은 중(仲)으로 읽어야 한다."라고 했다. 반고의 「지리지」의 이
글 역시 주나라에 두 명의 우중(虞仲)이 있다고 본 것이다. "우(虞)"와 "오
(吳)"는 통용되니, 예컨대 "추우(騶虞)"를 또 "추오(騶吾)"라고 쓰는 예처
럼, 중옹(仲雍)을 오 중옹(吳仲雍)이라고 칭하기 때문에 간혹 우중(虞仲)이
라고 칭하기도 하는 것이다.

원문 「志」引『論語』"隱居放言", 即指逃竄荊蠻之事. 兩虞仲本皆爲吳仲, 故
稱周章之弟爲北吳, 對周章爲南吳也. 後世稱北吳爲虞者, 亦以兩吳不能
分別, 故取同音異字而爲虞矣. 仲雍亦稱虞者, 此又因音同而假之, 其本字
則爲吳也. 虞仲在夷·齊前, 而先夷·齊者, 重德也, 若孟子稱伯夷在伊尹
前矣.

역문 「지리지」에 『논어』의 "숨어 살면서 세상일을 말하지 않았다"라는 것
을 인용한 것은 바로 형만으로 도망가서 숨은 일을 가리키는 것이다. 두
명의 우중(虞仲)은 본래 모두 오중(吳仲)이기 때문에 주장(周章)의 아우를
일컬어 북오(北吳)라 해서 주장이 남오(南吳)가 되는 것과 대비시킨 것이
다. 후세에 북오(北吳)를 우(虞)라고 일컫는 것도 두 오(吳)를 분별할 수
없기 때문이니, 그러므로 발음은 같되 글자가 다른 글자를 가져다 우
(虞)라고 한 것이다. 중옹(仲雍)을 또 우(虞)라고 일컫는 것은 발음이 같음

으로 인해서 가차한 것이니, 그 본래의 글자는 오(吳)가 된다. 우중(虞仲)은 백이와 숙제 이전의 사람인데, 백이와 숙제를 먼저 언급한 것은 덕을 중시했기 때문이니, 맹자가 백이를 이윤(伊尹)보다 앞에 언급한 것과 같은 것이다.[59]

- 「注」, "'逸民'者, 節行超逸也."
- 正義曰:『後漢書』「逸民傳」「敍」, "蓋錄其絶塵不反." 與此「注」義同.
- ○ 「주」의 "'일민(逸民)'이란 절개와 행실이 매우 뛰어난 사람이다."
- ○ 정의에서 말한다.
  『후한서』「일민전」의 「서」에 "대체로 세속을 초탈해서 끊고 되돌아오지 않은 자들을 기록했다."[60]고 했는데 여기의 「주」와 뜻이 같다.

- 「注」, "此七人皆逸民之賢者."
- 正義曰: 虞仲, 「注」不知何指.『尸子』云: "夷逸者, 夷詭諸之裔. 或勸其仕, 曰'吾譬則牛, 寧服軛以耕於野, 不忍被繡入廟而爲犧.'"『禮』「雜記」, "孔子曰: '少連·大連善居喪, 三日不怠, 三月不解, 期悲哀, 三年憂, 東夷之子也.'" 此夷逸·少連二人事可考者.
- ○ 「주」의 "이 일곱 사람은 모두 일민(逸民) 중에서도 현자(賢者)들이다."
- ○ 정의에서 말한다.
  우중(虞仲)은 「주」에서는 누구를 가리키는지 알 수 없다.『시자』에 "이일(夷逸)은 이궤제(夷詭諸)[61]의 후예이다. 어떤 이가 그에게 벼슬할 것을 권하자, '나는 비유하자면 소이니, 차

---

59 『맹자』에서 백이(伯夷)와 이윤(伊尹)을 함께 언급할 때는 항상 백이를 먼저 언급한다.

60 『논어정의』에는 "不及"으로 되어 있다.『후한서(後漢書)』권113, 「일민열전(逸民列傳)」을 근거로 "反"으로 고쳤다.

61 이궤제(夷詭諸, ?~기원전 678): 춘추시대 주나라 사람. 대부로서 이(夷)를 식읍(食邑)으로 하였다. 진 무공(晉武公)이 이(夷)를 정벌하고 그를 잡자, 주가 대부 위국(蔿國)이 청원해서

라리 멍에를 둘러쓰고 밭을 갈지언정 차마 종묘에 들어가 수놓은 비단을 둘러쓰고서 희생이 되고 싶지는 않다.'라고 했다."라고 하였다. 『예기』「잡기」에 "공자가 말했다. '소련(少連)과 대련(大連)은 상을 치르는 구나! 3일 동안 게으르지 않고, 3개월 동안 나태하지 않으며, 1년 동안 슬퍼하고, 3년 동안 근심하였는데, 동이(東夷)의 사람이다.'"라고 했으니, 이것이 이일(夷逸)과 소련(少連) 두 사람을 상고할 수 있는 것이다.

朱張見『漢書』「古今人表」.「論語釋文」云: "朱張並如字, 衆家亦爲人姓名. 王弼「注」, '朱張字子弓, 荀卿以比孔子.'" 案, 『荀子』「非相篇」·「非十二子篇」·「儒效篇」以仲尼·子弓並言, 楊倞「注」以子弓爲仲弓, 則是夫子弟子, 豈得厠於古賢之列而曰"我異於是"? 且子弓之卽爲朱張, 亦別無一據, 則王說未可信也. 竊以朱張行事, 當夫子時已失傳, 故下文論列諸賢, 不及朱張, 而但存其姓名於逸民之列, 蓋其愼也. 又『釋文』引'鄭作侏張, 云'音陟留反''.

주장(朱張)은 『전한서』「고금인표」에 보인다. 「논어석문」에 "주장(朱張)은 두 글자 모두 본음대로 읽어야 하니, 대부분의 학자들 역시 사람의 성과 이름이라고 한다. 왕필(王弼)의「주」에 '주장(朱張)의 자는 자궁(子弓)인데, 순경(荀卿)은 그를 공자에 견주었다.'라고 했다."라고 하였다. 살펴보니, 『순자』「비상편」·「비십이자편」·「유효편」에 중니와 자궁(子弓)을 나란히 언급했는데, 양경의 「주」에 자궁을 중궁(仲弓)이라고 했으니, 그렇다면 공자의 제자인데 어떻게 옛 현자의 반열에 버금가게 해 놓고서 "나는 이들과는 다르다"라고 할 수 있겠는가? 또 자궁(子弓)이 바로 주장(朱張)이 된다는 것도 별도로 하나의 근거도 없으니 왕필의 말도 믿을 수는 없는 것이다. 가만히 생각해 보니 주장의 행실이나 일이 공자 당시에 이미 전함을 잃었기 때문에 아래 문장에서 여러 현자들을 논하여 반열하면서 주장을 언급하지 않은 듯하니, 단지 일민의 반열에 그의 성명만을 존치한 것은 아마도 신중을 기한 것인 듯싶다. 또 『경전석문』에 "정현은 주장(侏張)으로 쓰고, 발음을 '척(陟)'과 유(留)의 반절음이다'라고 했다."라고 하였다.

사면하였으나, 사례를 하지 않아서 위국이 결국은 진나라 사람을 설득해서 이(夷)를 정벌하고 그를 죽였다.

宋氏翔鳳『過庭錄』, "『文選』「劉琨答盧諶書」, '自頃輈張.'「注」曰: '輈張, 驚懼之貌也.' 楊雄『國三老箴』, '負乘覆餗, 姦宄侜張.' '輈'與'侜'古字通. 此鄭本作'侜張', 知非人姓名矣. 故鄭'作者七人',「注」獨不擧夷逸·侜張. 郝氏敬曰: "'朱張', '朱'當作譸. 『書』'譸張爲幻', 卽陽狂也.' 曰逸民, 曰夷逸, 曰朱張, 三者品其目, 夷·齊·仲·惠·連五者擧其人也." 此說當得鄭義. 臧氏庸『拜經日記』略同.

송상봉의 『과정록』에 "『문선』「유곤답노심서」에 '요사이 놀라고 두려워한 이래로.[自頃輈張.]'라고 했는데, 「주」에 '주장(輈張)은 놀라고 두려워하는 모양이다.'라고 했다. 양웅의 『국삼노잠』에 '등짐 질 처지에 수레를 타고서[負乘]62 큰일을 그르치니[覆餗],63 간악한 도적이 놀라고 두려워한다[侜張].'라고 했으니, '주(輈)'와 '주(侜)'는 옛날에는 글자를 통용했다. 이것이 정현본에는 '주장(侜張)'으로 되어 있으니, 사람의 성명이 아님을 알 수 있다. 그러므로 정현의 '그렇게 떠나간 자가 일곱 사람이다[作者七人]'64라고 한 문장의 「주」에 유독 이일(夷逸)과 주장(侜張)을 언급하지 않은 것이다. 학경(郝敬)이 말하길, "'주장(朱張)'의 "주(朱)"는 마땅히 주(譸)로 써야 한다. 『서경』「주서·무일」에 "서로 속여 어리둥절하게 한다[譸張爲幻]"라고 했으니, 바로 미친 척하는[陽狂] 것이다.'라고 했다. 일민(逸民)이니, 이일(夷逸)이니 주장(朱張)이니 하는 세 가지는 그들을 품평한 목록이고, 백이·숙제·우중·유하혜·소련은 그 사람들을 거론한 것이다."라고 했는데, 이 말은 당연히 정현의 뜻을 받아들인 것이다. 장용의 『배경왈기』도 대략 같다.

今案, 鄭義不著, 或如宋·臧所測, 然夷逸明見『尸子』, 柳下豈爲陽狂? 於義求之, 似爲非也.

---

62 부승(負乘): 부(負)는 짐을 짊어지는 것으로 소인(小人)이 하는 일이고, 승(乘)은 수레로서 군자(君子)가 타는 것이다. 아랫자리에 있어야 할 소인이 윗자리에 있으면 화를 당한다는 것을 비유한 것으로, 『주역(周易)』「해(解)·육이(六三)」에 "짐을 짊어져야 마땅할 소인이 도리어 수레를 타니 도적을 맞게 될 것이다.[負且乘, 至寇至.]"라고 한 데서 온 말이다.

63 복속(覆餗): 능력이 부족한 사람이 중책을 맡았다가 화를 자초하는 것을 말한다. 『주역』「정(鼎)·구사(九四)」에, "솥발이 부러져 임금님 음식을 엎질러 그 얼굴이 무안하여 붉어졌다. 흉하다.[鼎折足, 覆公餗, 其形渥, 凶.]"라고 하였다.

64 『논어(論語)』「헌문(憲問)」.

『漢』「地志」說仲雍之事, 引謂虞仲・夷逸, 本此文連言. 師古以爲竄於蠻夷而遁逸, 其義或與鄭同, 要未必得班本旨也. 七人爲逸民之賢者, 是解逸民爲隱逸, 不謂超逸也. 此『集解』前後失檢處.

이제 살펴보니, 정현의 뜻이 분명하지 않은 것이 어쩌면 마치 송상봉이나 장용이 생각한 것과 같은 듯하지만, 그러나 이일(夷逸)은 분명히 『시자』에 보이고, 유하혜가 어찌 미친 척했겠는가? 의리상 추구해 보면 그럴듯하지만 아니다. 『전한서』「지리지」에 중옹의 일을 설명하면서 우중과 이일을 인용하여 평하면서 이 문장에 근거해서 이어 말했다. 안사고는 만이로 숨어 달아나 은둔했다고 하는데, 그 뜻이 어쩌면 정현과 같지만 요컨대 반드시 반고의 본래 취지를 얻은 것은 아니다. 일곱 사람을 일민 중에서도 현자라고 하는 것은 일민을 은일(隱逸)로 해석한 것이지, 행실이 매우 뛰어난 사람[超逸]을 이르는 것이 아니다. 이 내용의 『집해』는 앞뒤로 검증해 볼 만한 곳이 없다.

子曰: "不降其志, 不辱其身, 伯夷・叔齊與!" 【注】鄭曰: "言其直己之心, 不入庸君之朝." 謂柳下惠・少連, "降志辱身矣, 言中倫, 行中慮, 其斯而已矣." 【注】孔曰: "但能言應倫理, 行應思慮, 如此而已矣." 謂虞仲・夷逸, "隱居放言, 【注】包曰: "'放', 置也. 不復言世務." 身中清, 廢中權." 【注】馬曰: "'清', 純潔也. 遭世亂, 自廢棄以免患, 合於權也."

공자가 말했다. "그 뜻을 굽히지 않고 그 몸을 욕되게 하지 않은 자는 백이와 숙제이다!" 【주】정현이 말했다. "자기의 마음을 곧게 하여, 용렬한 군주의 조정에 들어가지 않았음을 말한다." 유하혜와 소련을 평하기를, "뜻을 굽히고 몸을 욕되게 하였으나, 말이 도리에 적중하고 행실이 사려에 맞았으니, 그들은 이런 점뿐이었다."라고 하였으며,

【주】 공안국이 말했다. "다만 말을 윤리에 맞게 할 수 있고 행실을 사려에 맞게 할 수 있는 이 정도일 뿐이었다." 우중과 이일을 평하기를, "숨어 살면서 세상일을 말하지 않아서 【주】 포함이 말했다. "'방(放)'은 놓아둠[置]이니, 다시 세상일을 말하지 않은 것이다." 몸은 청렴에 부합했고 벼슬하지 않음은 권도에 적중했다."라고 하였으며, 【주】 마융이 말했다. "'청(淸)'은 순결함이다. 어지러운 세상을 만나 스스로 벼슬을 그만두고 버림받아 환난을 면한 것이 권도(權道)에 맞았다는 것이다."

원문 正義曰: 『孟子』「公孫丑篇」, "孟子曰: '伯夷非其君不事, 非其友不友, 不立於惡人之朝, 不與惡人言. 立於惡人之朝, 與惡人言, 如以朝衣·朝冠坐於塗炭. 是故諸侯雖有善其辭命而至者, 不受也, 不受也者, 是亦不屑就已.'" 是卽伯夷不降其志·不辱其身之事也, 擧伯夷則叔齊可知. 又云: "柳下惠不羞汚君, 不卑小官, 遺佚而不怨, 阨窮而不憫. 故曰'爾爲爾, 我爲我, 雖袒裼裸裎於我側, 爾焉能浼我哉'? 故由由然與之偕而不自失焉, 援而止之而止. 援而止之而止者, 是亦不屑去已." 是卽柳下惠降志辱身之事也.

역문 정의에서 말한다.

　『맹자』「공손추상」에 "맹자가 말했다. '백이는 섬길 만한 군주가 아니면 섬기지 않았고, 벗할 만한 사람이 아니면 벗하지 않았으며, 악(惡)한 사람의 조정에서는 벼슬하지 않고, 악한 사람과는 말하지 않았다. 악한 사람의 조정에서 벼슬하는 것과, 악한 사람과 말하는 것을 마치 조정에서 입는 옷을 입고 조정에서 쓰는 관을 쓰고서 진흙탕과 숯구덩이에 앉아 있는 것처럼 여겼다. 이런 까닭에 제후들 중에 초빙하는 말을 잘 꾸며서 찾아오는 자가 있어도 받아들이지 않았으니, 받아들이지 않은 것은 또한 벼슬에 나아가는 것을 좋게 여기지 않았기 때문이다.'"라고 했으니, 이것이 바로 백이가 그 뜻을 굽히지 않고 그 몸을 욕되게 하지 않은 일이고, 백이를 거론했으니, 숙제(叔齊)에 대해서는 말하지 않아도 알수 있다.

또 "유하혜(柳下惠)는 더러운 군주 섬기기를 부끄러워하지 않았고, 작은 벼슬을 하찮게 여기지 않았으며, 벼슬길에서 버림받아도 원망하지 않았고 곤액(困厄)을 당하여도 근심하지 않았다. 그러므로 유하혜는 말하기를, '너는 너이고 나는 나이니, 비록 내 곁에서 옷을 걷고 맨몸을 드러낸들 네가 어찌 나를 더럽힐 수 있겠는가?' 하였다. 그러므로 그는 느긋하게 남들과 함께 있으면서도 스스로 올바름을 잃지 않아서 떠나려고 하다가도 만류하여 멈추게 하면 멈추었으니, 만류하여 멈추게 하면 멈춘 것은 또한 떠나감을 좋게 여기지 않았기 때문이다."라고 했으니, 이것은 바로 유하혜가 뜻을 굽히고 몸을 욕되게 한 일이다.

원문 論出處之節, 自以不降・不辱爲優, 而夷・齊亦失之過峻. 『韓詩外傳』謂夷・齊爲礛仁, 又曰"仁礛則其德不厚", 又曰"礛仁雖下, 然聖人不廢者, 匡民隱括有在是中者也." 是知夷・齊雖聖人所許, 亦聖人所不爲也.

역문 출처의 절개를 논하자면 스스로 뜻을 굽히지 않고 몸을 욕되게 하지 않음을 충분한 것으로 삼았으나, 백이와 숙제 역시 지나치게 준엄함에 잘못이 있다. 『한시외전』에는 백이와 숙제를 평하여 각고의 노력을 통해 인을 구하였다[礛仁]고 하였고, 또 "각고의 노력을 통해 인을 추구하면 그 덕이 후(厚)하지 않다"라고 하였으며, 또 "각고의 노력을 통해 인을 구하는 것이 비록 낮은 수준이기는 하지만, 성인이 폐기하지 않은 것은 민중을 바로잡고 뒤틀린 것을 바로잡는 것이 이 가운데 달려 있는 경우가 있기 때문이다."라고 했으니, 따라서 백이・숙제를 성인이 비록 인정하기는 했지만 역시 성인으로서는 행하지 않는 바이다.

원문 惠·連降志辱身, 出處之際, 似無足觀. 然中倫中慮, 言行如此, 實非枉道以殉人, 故夫子亦許之也. <u>虞仲</u>·<u>夷逸</u>, 亦是不降不辱, 故能中淸中權. 而隱居放言, 於世亦寡所合, 但不及<u>夷</u>·<u>齊</u>之行, 故述逸民之目, <u>仲</u>·<u>逸</u>亞於<u>夷</u>·<u>齊</u>. 論行事, 則<u>夷</u>·<u>齊</u>與<u>惠</u>·<u>連</u>爲最異, 故相次論之, 而後及<u>虞仲</u>·<u>夷逸</u>也.

역문 유하혜와 소련은 뜻을 굽히고 몸을 욕되게 하였으니, 출처의 즈음은 족히 볼 것이 못 될 것 같지만 말이 도리에 적중하였고 행실이 사려에 맞았으니, 실제로는 도를 굽혀서 남을 따른 것은 아니기 때문에 공자가 또한 그들을 인정한 것이다. 우중(虞仲)과 이일(夷逸) 역시 뜻을 굽히지 않고 몸을 욕되게 하지 않았기 때문에 청렴에 부합하고 권도에 적중하며, 숨어 살면서 세상일을 말하지 않을 수 있었고, 세상에 대해서도 역시 영합하는 바가 적었으니, 단지 백이와 숙제의 행적에만 미치지 못할 뿐이었기 때문에 일민의 목록을 진술하면서 우중과 이일을 백이와 숙제에 버금가도록 한 것이다. 행실과 일을 논하면 백이·숙제는 유하혜·소련과 가장 차이가 나기 때문에 서로 순차적으로 논하고, 그런 뒤에 우중과 이일을 논한 것이다.

원문 "不辱其身", 皇本"身"下有"者"字. "其斯而已矣", 『漢石經』作"其斯以乎", "謂<u>虞仲夷逸</u>", 『漢石經』作"夷冼". "身中淸", 「世家」"身"作"行", "行"與"廢"當是對文, 謂居位行道也, 此<u>安國</u>舊義也. "廢中權", 『釋文』引<u>鄭</u>作發, 云動貌." 案, "貌"疑"作"也. 『後漢』「隗囂傳」, "<u>方望</u>曰: '動有功, 發中權.'" 此謂行事所發見也. 皇「疏」引<u>江熙</u>曰: "晦明以遠害, 發動中權也." 二文竝作"發", 與<u>鄭</u>本同. 當由『齊』·『魯』文異. <u>江熙</u>所云, 可補<u>鄭</u>義.

역문 "불욕기신(不辱其身)"은 황간본에는 "신(身)" 아래 "자(者)" 자가 있다. "기사이이의(其斯而已矣)"는 『한석경』에는 "기사이호(其斯以乎)"로 되어 있고, "위우중이일(謂虞仲夷逸)"은 『한석경』에 "이일(夷洗)"로 되어 있다. "신중청(身中淸)"은 『사기』「공자세가」에 "신(身)"이 "행(行)"으로 되어 있는데, "행(行)"과 "폐(廢)"는 당연히 상대적인 글자로서, 지위에 있으면서 도를 행함을 이르는 것이니, 이는 공안국의 오래된 뜻이다. "폐중권(廢中權)"에 대해서는 『경전석문』에 "정현은 발(發)이라고 쓰고, 움직이는 모양이라고 했다."라는 내용을 인용했다. 살펴보니, "모(貌)"는 아마도 "작(作)"인 듯싶다. 『후한서』「외효전」에 "방망(方望)[65]이 말했다. '움직였다 하면 공이 있고, 동작은 권도에 적중했다[發中權].'"라고 했는데, 이것은 행실과 일이 드러나 보이는 것을 말한 것이다. 황간의 「소」에는 강희(江熙)를 인용해서 "어둠이 밝아져 해를 멀리하였으니 몸가짐과 행동[發動]이 권도에 적중했다는 것이다."라고 해서 두 문장 모두 "발(發)"로 썼는데, 정현본과 같으니, 당연히 『제논어』와 『노논어』를 말미암아 글자가 달라진 것이다. 강희가 말한 것은 정현의 뜻을 보충할 만하다.

- 「注」, "但能"至"已矣".
- 正義曰: "倫理"者, 訓倫爲理也. "思慮"者, 謂心所思慮於道也. 孟子以柳下惠爲和爲介, 又 『大戴』「衛將軍文子篇」, "孝子慈幼, 允德秉義, 約貨去怨, 蓋柳下惠之行也." 是其言行有可 稱也.
- 「주」의 "단능(但能)"부터 "이의(已矣)"까지.

---

65 방망(方望, ?~25): 동한(東漢) 평릉(平陵) 사람. 외효(隗囂, ?~33)가 거사하여 군사(軍師)로 삼았다. 24년 외효가 한나라를 재건한 중국 현한의 왕인 경시제(更始帝) 유현(劉玄, ?~25)의 징병에 응하자 방망은 즉시 관직을 사임하고 떠났고, 안릉(安陵) 사람 궁림(弓林)과 함께 수천 명을 모아 유영(劉嬰, 5~25)을 천자로 세웠으나 이송(李松)과 소무(蘇茂)에게 격파당하고 결국에는 피살되었다.

○ 정의에서 말한다.

"윤리(倫理)"란 윤(倫)의 뜻풀이를 이(理)라고 한 것이다. "사려(思慮)"란 마음으로 도(道)를 생각함을 이르는 것이다. 맹자는 유하혜를 성인 중에서 조화로운 사람[66]이며 절개 있는 사람[67]으로 여겼고, 또 『대대례』「위장군문자」에 "효자로서 어린이를 사랑하고, 덕을 진실하게 하고 의를 품으며, 재화를 적게 하여 원망을 사지 않음은 대체로 유하혜의 행실이다."라고 했는데, 이는 그의 언행이 칭찬할 만한 것이 있다는 것이다.

● 「注」, "放, 置也, 不復言世務."

● 正義曰: "放, 置, 見『廣雅』「釋詁」. 『中庸』云: "國無道, 其默足以容." 卽此「注」義. 『後漢』「孔融傳」, "跌蕩放言." 李賢「注」, "放, 縱也." 又「荀韓鍾陳傳」「論」, "漢自中世以下, 閹豎擅恣, 故俗遂以遁身矯潔放言爲高." 李賢「注」, "放肆其言, 不拘節制也. 『論語』曰: '隱居放言.'" 此解似勝包氏.

○ 「주」의 "방(放)은 놓아둠[置]이니, 다시 세상일을 말하지 않은 것이다."

○ 정의에서 말한다.

"방(放)이 놓아둠[置]"이라는 것은 『광아』「석고」에 보인다. 『중용』에 "나라에 도(道)가 없을 때에는 침묵이 몸을 용납되게 하기에 충분하다.[68]고 했는데, 바로 이 「주」의 뜻이다. 『후한서』「공융전」에 "행실은 지나치게 방탕하고 말을 함부로 한다[跌蕩放言].'라고 했는데, 이현의 「주」에 "방(放)은 방종[縱]이다."라고 했다. 또 「순한종진전」의 「논」에 "한은 중세 이래로 내시[閹豎]가 제멋대로 방자하게 굴었기 때문에 세속에서는 마침내 은둔하면서 몸을 지나치게 결백하게 하고 말을 함부로 하는 것[遁身矯潔放言]을 고상한 것으로 여겼다."라고 했는

---

66 『맹자』「만장하」: 맹자가 말했다. "백이는 성인 가운데 청렴한 분이고, 이윤은 성인 가운데 자임(自任)한 분이며, 유하혜는 성인 가운데 조화로운 분이며, 공자는 세 분의 성스러움을 겸하여 상황에 맞게 행동하신 분이다."[孟子曰: "伯夷聖之淸者也; 伊尹聖之任者也; 柳下惠聖之和者也; 孔子聖之時者也."]

67 『맹자』「진심상(盡心上)」: 맹자가 말했다. "유하혜(柳下惠)는 삼공(三公)의 지위로도 그 절개를 바꾸지 않았다."[孟子曰: "柳下惠不以三公易其介."]

68 『중용(中庸)』제27장.

데, 이현의 「주」에 "그 말을 함부로 해서 절제에 구애되지 않는 것이다. 『논어』에 '숨어 살면서 말을 함부로 했다[隱居放言].' 하였다."라고 했는데, 이 해석은 포씨(包氏)를 계승한 것 같다.

- 「注」, "遭世亂, 自廢棄以免患, 合於權也."
- 正義曰: 「注」以虞仲·夷逸當亂世, 則虞仲似非仲雍, 疑指周章弟, 當紂世也.
- 「주」의 "어지러운 세상을 만나 스스로 벼슬을 그만두고 버림받아 환난을 면한 것이 권도(權道)에 맞았다는 것이다."
- 정의에서 말한다.
  「주」에 우중과 이일이 난세를 당했다고 했으니, 그렇다면 우중은 중옹(仲雍)이 아닌 것 같고, 아무래도 주장(周章)의 아우가 주왕(紂王)의 세상에 당면했던 것을 가리키는 것인 듯 싶다.

"我則異於是, 無可無不可."【注】馬曰: "亦不必進, 亦不必退, 惟義所在."

"나는 이들과 달라서, 가(可)함도 없고 불가(不可)함도 없느니라."
【주】마융이 말했다. "나아가기를 기필하지도 않고, 물러나기를 기필하지도 않아 오직 의(義)가 있는 곳을 따를 뿐이다."

- 「注」, "亦不必進, 亦不必退, 惟義所在."
- 正義曰: "進"者, 可也; "退"者, 不可也. 逸民或治則進·亂則退, 或雖治亦退, 或雖亂亦進, 行

各不同, 皆未適於大道. 惟夫子本從心之矩, 妙隱見之權, 進退俱視乎義. 義苟可進, 雖亂亦進, 義苟宜退, 雖治亦退.

○「주」의 "나아가기를 기필하지도 않고, 물러나기를 기필하지도 않아 오직 의(義)가 있는 곳을 따를 뿐이다."

○ 정의에서 말한다.

"진(進)"은 가함[可]이고, "퇴(退)"는 불가함[不可]이다. 일민(逸民)은 혹은 다스려지면 나아가고 어지러우면 물러나며, 혹은 비록 다스려져도 물러나고 혹은 비록 어지러워도 역시 나아가서 행실이 각각 다르니, 모두 대도(大道)에는 도달하지 못한다. 오직 공자만이 마음이 하고자 하는 대로 따라도 법도를 넘지 않는 상도를 근본으로 하고, 도가 없으면 물러나 은거하고, 도가 있으면 드러내는 권도를 오묘하게 해서 나아가고 물러남을 모두 의에 견준다. 의에 맞으면 진실로 나아갈 수 있으니, 비록 어지러워도 나아가는 것이고, 의에 맞으면 진실로 물러남이 마땅하니, 비록 다스려지더라도 역시 물러나는 것이다.

『孟子』云: "孔子可以仕則仕, 可以止則止, 可以久則久, 可以速則速." "久", 謂久居其國, "速", 謂速去, 此孔子之行也. 孟子以孔子爲"聖之時", 此「注」則以義衡之. "義"者, 宜也, 卽時也. 故『易傳』屢言時義也.

『맹자』에 "공자는 벼슬할 만하면 벼슬하고 그만둘 만하면 그만두며, 오래 머무를 만하면 오래 머물고 빨리 떠날 만하면 빨리 떠났다."[69]고 했는데, "구(久)"는 그 나라에 오래 머문다는 말이고, "속(速)"은 빨리 떠난다는 말이니, 이것이 공자의 행실인 것이다. 맹자는 공자를 "성인 가운데 상황에 맞게 행동한 자"[70]라고 했는데, 여기의 「주」에서는 의(義)로써 균형을 맞춘 것이다. "의(義)"란 시의적절함[宜]이니, 바로 때에 맞다는 뜻이다. 그러므로 『역전』에서 시의(時義)를 자주 말했던 것이다.

---

69 『맹자』「공손추상」.

70 『맹자』「만장하」: 맹자가 말했다. "백이는 성인 가운데 청렴한 자이고, 이윤은 성인 가운데 자임(自任)한 자이며, 유하혜는 성인 가운데 온화한 자이고, 공자는 성인 가운데 상황에 맞게 행동한 자이다."[孟子曰: 伯夷聖之淸者也; 伊尹聖之任者也; 柳下惠聖之和者也; 孔子聖之時者也.]

鄭「注」此云: "不爲夷‧齊之淸, 不爲惠‧連之屈, 故曰'異於是'也." 案,『法言』「淵騫篇」, "或

問: 李仲元是夷‧惠之徒與?' 曰: '不夷不惠, 可否之間也.'"『後漢』「黃瓊傳」李固引「傳」曰:

"不夷不惠, 可否之間." "可否"卽可與不可也.『孟子』云: "伯夷隘, 柳下惠不恭. 隘與不恭, 君

子不由也." "君子"卽孔子, 是謂孔子不爲夷‧惠也.

정현의 「주」에서는 여기에 대해 "백이와 숙제의 청렴을 행하지 않고, 유하혜와 소련이 뜻을
굽힌 것을 하지 않기 때문에 '이들과는 다르다'라고 한 것이다."라고 했다. 살펴보니,『법언』
「연건」에 "혹자가 물었다. '이중원(李仲元)은 백이와 유하혜의 무리인가?' '백이처럼 하지도
않고 유하혜처럼 하지도 않아서 가(可)와 불가(不可)의 중간에 처했다.[不夷不惠, 可否之
間.]"라고 했고,『후한서』「황경전」에도 이고(李固)[71]가 '전'을 인용하여 "백이처럼 하지도
않고 유하혜처럼 하지도 않아서 가(可)와 불가(不可)의 중간에 처했다.[不夷不惠, 可否之
間.]"라고 했는데, "가부(可否)"는 바로 가(可)와 불가(不可)이다.『맹자』에 "백이는 도량이
좁고 유하혜는 공손하지 못하니, 도량이 좁고 공손하지 못한 것을 군자는 따르지 않는다."[72]
라고 했는데, "군자(君子)"는 바로 공자이니, 이는 공자는 백이와 유하혜를 따르지 않는다는
말이다.

18-9

太師摯適齊, 亞飯干適楚,【注】孔曰: "'亞', 次也, 次飯, 樂師也. '摯'‧
'干'皆名." 三飯繚適蔡, 四飯缺適秦,【注】包曰: "'三飯'‧'四飯', 樂章

---

71 이고(李固, 94~147): 한중(漢中) 성고(城固) 사람으로 자는 자견(子堅). 동한 시기의 대신(大
臣)으로 사도(司徒) 이합(李郃)의 아들이다. 대장군(大將軍) 양기(梁冀)에 의해 종사중랑(從
事中郎)에 임명되었고, 그 뒤에 형주자사(荆州刺史), 태산태수(太山太守), 대장(大匠), 대사
농(大司農), 태위(太尉) 등을 역임했다. 질제(質帝)가 별세한 후 양기와 환제(桓帝)의 옹립
문제를 놓고 논쟁하다가 최후에는 양기의 무고로 말미암아 살해당했다.

72 『맹자』「공손추상(公孫丑上)」.

名, 各異師. '繚'·'缺'皆名也." 鼓方叔入於河, 【注】包曰: "'鼓', 擊鼓者. '方叔', 名. '入', 謂居其河內." 播鼗武入於漢, 【注】孔曰: "'播', 搖也. '武', 名也." 少師陽·擊磬襄入於海. 【注】孔曰: "魯哀公時, 禮壞樂崩, 樂人皆去. '陽'·'襄'皆名."

태사(太師)[73]인 지(摯)는 제나라로 가고, 아반(亞飯)인 간(干)은 초나라로 가고, 【주】 공안국이 말했다. "'아(亞)'는 버금[次]이니, 차반(次飯)의 악사이다. '지(摯)'와 '간(干)'은 모두 이름이다." 삼반(三飯)인 요(繚)는 채(蔡)나라로 가고, 사반(四飯)인 결(缺)은 진(秦)나라로 가고, 【주】 포함이 말했다. "'삼반(三飯)'과 '사반(四飯)'은 악장(樂章)의 이름으로, 각각 악사가 다르다. '요(繚)'와 '결(缺)'은 모두 이름이다." 북 치는 사람인 방숙(方叔)은 하내(河內)로 들어가고, 【주】 포함이 말했다. "'고(鼓)'는 북을 치는 자이다. '방숙(方叔)'은 이름이다. '입(入)'은 그가 하내(河內)로 들어가서 산 것을 이른다." 소고를 흔드는 사람인 무(武)는 한중(漢中)으로 들어가고, 【주】 공안국이 말했다. "'파(播)'는 흔든다[搖]는 뜻이다. '무(武)'는 이름이다." 소사(少師)인 양(陽)과 경(磬)을 치는 양(襄)은 해내(海內)로 들어갔다. 【주】 공안국이 말했다. "노나라 애공 때에 예악(禮樂)이 붕괴되어 악인(樂人)들이 모두 떠났다. '양(陽)'과 '양(襄)'은 모두 이름이다."

원문 正義曰: 太師摯等皆殷人, 則太師·少師等官是殷制也. 『周官』有太師· 小師·鼓人·磬師. 又大司樂·膳夫皆以樂侑食, 瞽矇·眡瞭皆掌播鼗. 與

---

73 『논어집해의소(論語集解義疏)』본과 『논어집주(論語集註)』본에는 "大師"로 되어 있고, 하안 (何晏)의 『논어주소(論語註疏)』에 "太師"로 되어 있다.

此諸職尊卑同異, 未聞也.

역문 정의에서 말한다.

　태사인 지(摯) 등은 모두 은나라 사람이니, 태사(太師)·소사(少師) 등의 관직은 은나라 제도이다. 『주관』에 태사(太師)·소사(小師)·고인(鼓人)·경사(磬師)가 있다. 또 대사악(大司樂)·선부(膳夫)는 모두 음악을 가지고 음식을 권하고, 고몽(瞽矇)·시오(眡瞭)는 모두 소고[鞉] 흔드는 일을 담당한다. 이와 더불어 여러 직책의 높낮이와 같고 다름은 아직 들어 보지 못했다.

원문 亞飯·三飯·四飯者, 『禮』「王制」云: "天子日食擧樂." 『公羊』「隱」五年「傳」「注」, "『魯詩』「傳」曰: ‘天子食日擧樂.’" 『白虎通』「禮樂篇」, "王者食, 所以有樂何? 樂食天下之太平, 富積之饒也, 明天子至尊, 非功不食, 非德不飽. 故傳曰: ‘天子食時擧樂.’ 王者所以日四食者何? 明有四方之物, 食四時之功也. 王者平居中央, 制御四方. 平旦食, 少陽之始也; 晝食, 太陽之始也; 晡食, 少陰之始也; 暮食, 太陰之始也. 『論語』曰: ‘亞飯干適楚, 三飯繚適蔡, 四飯缺適秦.’ 諸侯三飯, 卿大夫再鈑, 尊卑之差也." 案, 此班氏所說殷制, 當爲『論語』舊義.

역문 아반(亞飯)·삼반(三飯)·사반(四飯)

　『예기』「왕제」에 "천자는 날마다 희생을 잡아서 차리는 성찬을 드는데, 음악을 연주한다."라고 했고, 『춘추공양전』「은공」5년「전」의 「주」에 "『노시』「전」에 ‘천자는 식사할 때 날마다 희생을 잡아서 차리는 성찬을 드는데, 음악을 연주한다.’ 했다."라고 하였다. 『백호통』「예악」에 "왕자의 식사에 음악을 연주하게 하는 까닭은 무엇 때문인가? 음악 연주와 함께 식사함은 천하의 태평과 축적된 부의 풍요로움을 향유하는 것으로, 천자는 지극히 존귀한 신분이나 공을 세우지 않으면 식사를 하지 않고, 덕이 아니면 먹지 않음을 밝히기 위한 것이다. 그러므로 『노시』「전」에 '천자는 식사할 때마다 음악을 연주한다.'라고 한 것이다. 왕자가 날마다 네 번 식사하는 것은 어째서인가? 사방에서 생산되는 식물이 있어서 네 계절의 공을 들여 생산한 식물을 먹는다는 것을 밝히기 위해서이다. 왕자는 평소 중앙에 거처하면서 사방을 통제한다. 아침에 하는 식사는 소양(少陽)의 시작이고, 낮에 하는 식사는 태양(太陽)의 시작이며, 신시(申時)[74]에 하는 식사는 소음(少陰)의 시작이고, 저녁에 하는 식사는 태음(太陰)의 시작이다. 『논어』에 '아반(亞飯)인 간(干)은 초나라로 가고, 삼반(三飯)인 요(繚)는 채(蔡)나라로 가고, 사반(四飯)인 결(缺)은 진(秦)나라로 갔다.'라고 했다. 제후가 세 차례 식사를 하고, 경과 대부가 두 차례 식사를 하는 것은 존비의 차이 때문이다."라고 했다. 살펴보니, 여기에서 반씨(班氏)가 말한 것은 은나라 제도로서 『논어』의 입장에서 보면 오래된 제도[舊義]인 것이다.

원문 『周官』「膳夫」云: "王齊日三擧." 則天子亦三飯. 又鄭注「鄕黨」云: "'不時', 非朝·夕·日中時." 此通說大夫士之禮, 則周制自天子至士皆三飯, 與殷異也. 又「禮器」曰: "禮有以少爲貴者, 天子一食, 諸侯再, 大夫士三." 「注」云: "謂告飽也." 旣告飽, 則侑之, 乃更食, 凡三侑. 『儀禮』「特牲」是 士禮, 有九飯, 「少牢」是大夫禮, 有十一飯. 故鄭「注」以"諸侯十三飯, 天子十五飯", 皆因侑更食之數, 與『論語』亞飯·三飯·四飯之義不同. 而近 之儒者, 若黃氏式三『後案』·凌氏曙『典故核』, 皆援之以釋『論語』, 謂"初 飯不侑, 始侑爲亞飯, 再侑爲三飯, 三侑爲四飯."

---

74 『논어정의』에는 "餔食"으로 되어 있다. 『백호통의(白虎通義)』「덕론상(德論上)·예악(禮樂)」 근거로 "餔食"으로 고쳤다.

역문 『주례』「천관총재상·선부」에 "왕이 재계하는 날에는 하루에 세 번 성찬을 한다[王齊日三擧]."라고 했으니, 천자 역시 세 번 식사를 한다. 또 정현은 「향당」을 주석하면서 "'끼니때가 아님[不時]'이란 아침, 저녁, 점심[日中]이 아닌 때이다."라고 했는데, 이는 대부와 사의 예를 통틀어 말한 것이니, 그렇다면 주나라의 제도는 천자로부터 사에 이르기까지 모두 하루에 세 번 식사를 하니, 은나라의 제도와는 다르다. 또 『예기』「예기」에 "예에는 적은 것을 귀하게 삼는 경우가 있으니, 천자는 하루에 한 번 식사하고, 제후는 두 번 식사하며, 대부와 사는 세 번 식사한다."라고 했는데, 「주」에 "배부름을 고한다[告飽]는 말이다."라고 했다. 배부름을 고하고 나면 밥을 뜨도록 권유해서 이에 다시 식사를 하는 것이니, 모두 세 번을 권한다.[75] 『의례』「특생궤사례」는 사의 예인데, 한 번의 식사에 아홉 숟가락의 밥을 드는 구반(九飯)이 있고, 「소뢰궤사례」는 대부의 예인데, 열한 숟가락의 밥을 드는 십일반(十一飯)이 있다. 그러므로 정현의 「주」에 "제후는 십삼반(十三飯)이고 천자는 십오반(十五飯)이다."라고 했는데, 모두 숟가락을 뜨도록 권유함에 따라 먹는 숫자를 센 것으로 『논어』의 아반(亞飯)·삼반(三飯)·사반(四飯)의 뜻과는 같지 않다. 그럼에도 근래의 유학자들, 예컨대 황식삼(黃式三)의 『논어후안』이나 능서(凌曙)의 『사서전고핵』과 같은 경우에는 모두 이 내용을 끌어다가 『논어』를 해석하면서, "초반(初飯)은 식사를 권하지 않으니, 처음 권하는 것은 아반(亞飯)이 되고, 두 번째 권하는 것이 삼반(三飯)이 되며, 세 번째 권하는

---

[75] 『예기주소(禮記注疏)』 권2, 「곡례상(曲禮上)」 공영달(孔穎達)의 「소(疏)」에 "'삼반(三飯)'은 세 번 밥을 뜨는 것을 이른다. 예식(禮食)을 먹을 때 세 번 밥을 뜨고 배부름을 고하고, 주인이 권한 뒤에야 다시 먹으니, 세 번 먹고 마쳤으면 주인이 마침내 손님을 인도하여 크게 썬 고기[胾]를 먹는다.[三飯, 謂三食也. 禮食三飱而告飽, 須勸乃更食, 三飯竟, 而主人乃導客食胾也.]"라고 했다.

것이 사반(四飯)이 된다."라고 하였다.

원문 案, 亞飯諸義, 『白虎通』言之最晰, 舍可據之明文而別爲新義, 未爲得
理, 且三侑不過須臾之頃, 何得更人更爲樂也?『漢書』「古今人表」太師摯
等同在"智人"之列, 其次在殷末周前, 顏師古「注」, "自師摯已下八人, 皆
紂時奔走分散而去." 又「禮樂志」云: "『書』「序」'殷紂斷棄先祖之樂, 迺作
淫聲, 用變亂正聲, 以說婦人.' 樂官師瞽抱其器而奔散, 或適諸侯, 或入河
海." 師古「注」, "『論語』云云. 此「志」所云及「古今人表」所敍, 皆謂是也.
云'諸侯'者, 追繫其地, 非爲當時已有國名."

역문 살펴보니, 아반(亞飯)에 대한 여러 의론들 가운데『백호통』에서 언급
한 것이 가장 분명하지만 의거할 만한 명문(明文)을 버리고 별도로 새로
운 뜻을 만들려 한다면 사리에 맞지 않고, 또 세 번 숟가락을 뜰 것을 권
하는 것도 잠깐 사이에 지나지 않으니 어떻게 사람을 바꿔 가면서 음악
을 연주하게 할 수 있겠는가?『전한서』「고금인표」에 태사인 지(摯) 등
은 똑같이 "지인(智人)"의 반열에 있고, 그 순서는 주나라 이전인 은나라
말기에 기록되어 있는데, 안사고의 「주」에 "악사인 지로부터 그 아래로
여덟 사람은 모두 주왕(紂王) 때 달아나거나 뿔뿔이 흩어져서 떠나갔다."
라고 했다. 또 「예악지」에 "『서경』「주서·태서」의 「서」[76]에 '은나라의
주(紂)가 선조의 정악(正樂)을 버리고 음란한 소리의 음악을 만듦으로써
올바른 음악소리를 바꾸고 어지럽혀 부인들을 즐겁게 하였다.'라고 했
으니, 이에 악관인 눈이 먼 악사들이 자신들의 악기를 안고서 달아나거
나 뿔뿔이 흩어져 어떤 이는 제후에게 가기도 하고 어떤 이는 하내(河內)

---

76 안사고(顏師古)가 말하길, "『금문상서(今文尙書)』「주서(周書)·태서(泰誓)」의 말이다."라
고 했다.[師古曰: "『今文』「周書·泰誓」之辭也."]

나 해내(海內)로 들어가기도 했다."라고 하였는데, 안사고의 「주」에 "『논어』에서 그렇게 운운했다. 여기 「예악지」에서 말한 것과 「고금인표」에서 서술한 것은 모두 이것을 말하는 것이다. '제후(諸侯)'라고 한 것은 그 지역을 미루어 관련시킨 것이지, 당시에 이미 국명(國名)이 있었다는 것은 아니다."라고 했다.

원문 又「董仲舒傳」, "對策曰: '至於殷紂, 逆天暴物, 殺戮賢知, 殘賊百姓. 伯夷·太公皆當世賢者, 隱處而不爲臣. 守職之人, 皆奔走逃亡, 入于河海.'" 師古「注」, "謂若鼓方叔·播鼗武·少師陽之屬也." 然則以太師摯等爲殷人, 董氏先有此義, 而班氏承之. 故其著『白虎通義』, 於亞飯·三飯·四飯, 卽據殷禮說之矣. 惟齊·楚·蔡·秦, 皆周時國名, 世多以爲疑.

역문 또 「동중서전」에 "대책(對策)에 이르기를, '은나라 주왕에 이르러 하늘을 거스르고 만물을 해쳤으며 현명하고 지혜로운 자들을 살육하고 백성을 해쳤습니다. 백이와 태공(太公)은 모두 당시 세상의 현자로서 숨어 살면서 신하가 되지 않았습니다. 관직을 맡은 사람들은 모두 달아나고 도망쳐 하내와 해내로 들어갔습니다.'라고 했다."라고 하였는데, 안사고의 「주」에 "북을 치는 방숙(方叔)과 소고를 흔들던 무(武)와 소사(少師)인 양(陽)과 같은 무리를 이른다."라고 했다. 그렇다면 태사(太師)인 지(摯) 등은 은나라 사람이 되니, 동씨(董氏)가 먼저 이러한 의론이 있었던 것이고, 반씨(班氏)가 그것을 계승한 것이다. 그러므로 그는 『백호통의』를 지어 아반(亞飯)과 삼반(三飯)과 사반(四飯)에 대해서 바로 은나라의 예를 근거로 설명을 한 것이다. 오직 제(齊)·초(楚)·채(蔡)·진(秦)은 모두 주나라 때의 국명(國名)이므로 세상에는 여기에 대한 의심이 많다.

원문 毛氏奇齡『稽求篇』辨之云: "周成王封熊繹于楚蠻, 孝王封非子爲附庸,

而邑之秦, 皆先名其地, 而後封之者. 『國語』, '文王諏于蔡·原.'「注」, '蔡公, 殷臣.'「樂記」, '"齊"者, 三代之遺聲也.' 則齊在夏·殷已有之." 案, 如毛說, 則齊·蔡·秦·楚皆舊時國名, 周人因而名之, 如今府·州·縣多沿先朝之稱之比. 顏師古以爲"追繫其地", 尙未然也.

역문 모기령의 『논어계구편』에서는 이것을 변론하여 "주나라 성왕(成王)이 웅역(熊繹)[77]을 초만(楚蠻)에 봉하고, 효왕(孝王)이 비자(非子)[78]를 봉하여 부용국(附庸國)으로 삼고 진(秦)에 도읍을 정하게 하였으니, 이는 모두 먼저 그 땅에 이름을 정한 뒤에 거기에 봉해 준 것이다. 『국어』「진어(晉語)」에 '문왕(文王)이 채공(蔡公)과 원공(原公)에게 물었다.'라고 했는데, 「주」에 '채공(蔡公)은 은나라 신하이다.'라고 했다. 『예기』「악기」에 '"제(齊)"는 하·은·주 삼대의 남은 소리이다.'라고 했으니, 제(齊)는 하나라와 은나라 때에도 이미 있었다."라고 했다. 살펴보니, 모기령의 말대로라면 제(齊)와 채(蔡)와 진(秦)과 초(楚)는 모두 구시대의 국명(國名)인데 주나라 사람이 따라서 명명한 것으로 예를 들면 지금의 부(府)나 주(州) 또는 현(縣)에 선조 때의 명칭을 따르는 사례가 많은 것과 같다. 안사고는 "그 지역을 미루어 관련시킨 것이다"라고 했는데, 오히려 그렇지가 않은 것이다.

---

77 웅역(熊繹, ?~?): 서주(西周) 때 사람. 초나라의 선조(先祖)로, 죽웅(鬻熊)의 증손이고, 웅광(熊狂)의 아들이다. 주나라 성왕(成王)에 의해 처음으로 초나라 제후에 봉해져 단양(丹陽)에 살았다.

78 비자(非子, ?~?): 서주(西周) 때 사람. 대락자(大駱子), 백익(伯益)의 후예로, 비자(飛子)로도 쓰며, 말[馬]을 잘 길렀다. 영성(嬴姓) 부락의 영수로 견구(犬丘)에 살았다. 주 효왕(周孝王)이 불러 견주(汧水)와 위수(渭水) 사이에서 말을 기르게 했다. 말이 크게 번식했다. 나중에 진(秦, 지금의 甘肅 張家川 동쪽)에 봉해져 주나라의 부용국(附庸國)이 되었다. 영씨(嬴氏)의 제사를 잇도록 하여 진영(秦嬴)이라 불렸는데, 진나라에 처음 봉해진 시조(始祖)가 되었다.

원문 毛氏又曰: "'太師摯', '摯'字是疵字." 其又云: "'師摯之始, 「關雎」之亂', 此師摯是魯人, 與「人表」所記不同. 考「周本紀」, '太師疵・少師彊抱其樂器而奔周', 疵與彊卽摯與陽, 兩音相近之名. 「殷本紀」亦云: '剖比干, 囚箕子, 殷之太師・少師乃持其祭樂器奔周'是也."

역문 모씨(毛氏)는 또 "'태사 지(太師摯)'의 '지(摯)' 자는 자(疵) 자이다."라고 하였고, 그는 또 "태사(太師)인 지(摯)가 음악을 시작할 때와 「관저(關雎)」로 합주(合奏)를 마칠 때의 음악소리[師摯之始, 「關雎」之亂.]'라고 했는데, 여기의 태사(太師)인 지(摯)는 노나라 사람이니, 『전한서』「고금인표」에 기록된 인물과는 같지 않다. 『사기』「주본기」를 살펴보니, '태사(太師)와 자(疵)와 소사(少師)인 강(彊)은 악기를 끌어안고 주로 달아났다'라고 했는데, 자(疵)와 강(彊)은 바로 지(摯)와 양(陽)으로 두 글자의 발음이 서로 가까워서 명명한 것이다. 「은본기」에도 '비간(比干)의 배를 갈라 그 심장을 보고, 기자(箕子)를 가두자, 은의 태사와 소사는 제사 그릇과 악기를 들고 주로 달아났다.'라고 한 것이 바로 그것이다."라고 했다.

원문 段氏玉裁『尚書撰異』, "『尚書』「微子篇」'父師少師', 『史記』作'太師少師', 「宋世家」於比干死之後云: '太師少師乃勸微子去.' 則少師非比干, 太師非箕子, 甚明. 「殷本紀」亦云: '微子與太師少師謀去, 而比干剖心, 箕子爲奴, 殷之太師・少師乃持其祭樂器奔周.' 「周本紀」又云云, 是則太師・少師爲殷之樂官, 卽太師摯・少師陽也. 摯卽疵, 陽卽彊, 音皆相近, 惟傳聞異辭, 則載所如不一, 而其事則一. 此『今文尚書』說也."

역문 단옥재(段玉裁)의 『상서찬이』에 "『서경』「상서・미자」의 '부사소사(父師少師)'[79]가 『사기』「은본기」에는 '태사소사(太師少師)'로 되어 있고, 「송

---

79 『서경』「상서(尚書)・미자(微子)」: 부사(父師)여! 소사(少師)여! 우리가 미친 짓을 발출(發

미자세가」에는 비간이 죽은 뒤에 '태사(太師)와 소사(少師)가 이에 미자(微子)에게 떠날 것을 권했다.'라고 하였으니, 소사는 비간이 아니고 태사가 기자가 아니라는 것은 매우 분명하다. 「은본기」에도 '미자는 태사·소사와 모의해서 마침내 떠났고, 비간은 심장을 베였으며, 기자는 노예가 되었고, 은의 태사와 소사는 제사 그릇과 악기를 들고 주로 달아났다.'라고 했으며, 「주본기」에도 또 그렇게 운운하고 있으니, 이렇다면 태사(太師)와 소사(少師)는 은나라의 악관(樂官), 즉 태사(太師)인 지(摯)와 소사(少師)인 양(陽)이 되는 것이다. 지(摯)는 바로 자(疵)이고, 양(陽)은 바로 강(彊)으로, 발음이 모두 서로 가깝고, 오직 다른 이야기를 전해 들은 것일 뿐이니, 그렇다면 기록한 것은 하나가 아닌 것 같지만 그 일은 한 가지이다. 이것은 『금문상서』의 말이다.”라고 했다.

원문 今案, 毛·段說是也. 上章“逸民”有夷·齊, 爲殷末周初, 下章“八士”亦周初人, 則此章太師摯等自爲殷末人. 竊以太師適齊, 少師入海, 皆在奔周之前. 伯夷·太公避紂居海濱, 後皆適周, 而太公仕爲太師, 亦其類也. 鄭此「注」以爲周平王時人, 顔師古『古今人表』「注」卽不取之.

역문 이제 살펴보니, 모기령과 단옥재의 말이 옳다. 앞 장의 일민(逸民) 중에는 백이와 숙제가 있으니 은나라 말기와 주나라 초기가 되고, 아래 장의 여덟 선비 역시 주나라 초기의 인물이니, 그렇다면 이 장의 태사인 지(摯) 등은 자연스레 은나라 말기의 사람이 되는 것이다. 태사가 제나라로 가고, 소사가 해내로 들어간 것을 생각해 보면 모두 주나라로 도망가기 전에 있었던 일이다. 백이와 태공(太公)은 주(紂)를 피해 바닷가에

出)하기에 우리 국가의 노성한 사람들이 황야(荒野)로 도망갔다.[父師少師, 我其發出狂, 吾家耄遜于荒.]

살다가 나중에 모두 주나라에 갔는데, 태공(太公)이 벼슬길에 나아가 태사가 된 것 역시 그런 종류이다. 정현은 이 장의 「주」에서 주 평왕(周平王) 때의 사람이라고 했지만, 안사고의 『고금인표』 「주」에서는 취하지 않았다.

원문 案, 『史記』「十二諸侯年表」, "太史公讀「春秋曆譜牒」, 至周厲王, 曰: '師摯見之矣.'" 鄭或據此文, 以爲目及見之, 則在厲王後, 歷宣·幽而當平王矣. 不知, 「年表」所言師摯, 卽「泰伯篇」之師摯, 當是魯之樂官, 與此太師摯爲殷人異也. 且師摯與夫子同時, 以爲平王時, 亦非入於河. 皇本作 "于", 下同. 『漢石經』 "入于海", 亦作 "于".

역문 살펴보니, 『사기』 「십이제후연표」에 "태사공(太史公)은 「춘추역보첩」을 읽다가 주나라 여왕(厲王)에 이르러서는 '태사(太師) 지(摯)는 이렇게 될 줄을 예견했구나!'라고 했다."라고 하였는데, 정현은 아마도 이 글을 근거로 직접 본 것처럼 생각한 듯하니, 그렇다면 여왕(厲王) 이후에 있었던 일로 선왕(宣王)과 유왕(幽王)을 거쳐 평왕(平王)의 시대에 해당되는 것이다. 모르겠으나, 「십이제후연표」에서 말한 태사 지(摯)가 바로 「태백」의 태사 지(摯)라면, 당연히 노나라의 악관일 터이니, 여기의 태사 지(摯)가 은나라 사람인 것과는 차이가 난다. 또 태사 지와 공자가 같은 시대의 사람이라서 평왕 때라고 여겼다면, 역시 하내(河內)로 들어간 것은 아니다. 황간본에는 "우(于)"로 되어 있고, 아래도 같다. 『한석경』에도 "입우해(入于海)"라고 해서 역시 "우(于)"로 되어 있다.

원문 『說文』, "鞀, 鞀遼也. 從革召聲. 鞉, 鞀或從兆. 鼗, 鞀或從鼓兆. 磬, 籀文鞀, 從殸召." 段氏玉裁「注」, "遼者, 謂遼遠必聞其聲也." 案, 此則今本作 "鞉", 卽 "鼗"之移寫. 『釋文』, "鼗, 亦作鞉." 皇本作 "鞀", 皆或體. 『儀禮』

「大射儀」「注」, "鼗, 如鼓而小, 有柄." 『周官』「小師」「注」, "鼗, 如鼓而小, 持其柄搖之, 旁耳還自擊." 據『爾雅』「釋樂」, "大鼗謂之麻, 小者謂之料." 鼗有大小, 鄭『禮』「注」據小者言之. 『論語』"播鼗", "播"爲搖, 亦小鼗矣.

역문 『설문해자』에 "도(鞀)는 댕댕이[鞀遼]이다. 혁(革)으로 구성되었고 소 (召)가 발음을 나타낸다. 도(鞉)는 도(鞀)의 혹체자인데 조(兆)로 구성되었 다. 도(鼗)는 도(鞀)의 혹체자인데 고(鼓)와 조(兆)로 구성되었다. 소(磬)는 도(鞀)의 주문(籀文)인데 성(殸)과 소(召)로 구성되었다."[80]라고 했는데, 단 옥재의 「주」에 "요(遼)란, 멀리 있어도 반드시 그 소리가 들리는 것을 이 른다."라고 했다. 살펴보니, 이 글자는 지금의 판본에는 "도(鼗)"로 되어 있으니, 바로 "도(鼗)"를 옮겨서 적은 것이다. 『경전석문』에 "도(鼗)는 또 도(鞉)로도 쓴다."라고 했다. 황간본에는 "도(鞀)"로 되어 있는데, 모두 혹 체자이다. 『의례』「대사의」의 「주」에 "도(鼗)는 북[鼓]과 같은데 적고 자 루가 있다."라고 했고, 『주례』「춘관종백하 · 소사」의 「주」에 "도(鼗)는 북과 같은데 작고, 그 자루를 쥐고 흔들면 양옆의 두 귀[耳]가 돌면서 저 절로 쳐진다."라고 했다. 『이아』「석악」에 의거하면 "큰 댕댕이[大鼗]를 마(麻)라 하고, 작은 것을 요(料)라 한다."라고 했으니, 댕댕이[鼗]에는 큰 것과 작은 것이 있는데, 정현의 『예기』「주」는 작은 것을 근거로 해서 말한 것이다. 『논어』에 "파도(播鼗)"라고 했는데, "파(播)"는 흔든다[搖]는 뜻이 되니, 역시 작은 댕댕이[小鼗]일 듯싶다.

---

80 『설문해자』권3: 도(鞀)는 댕댕이[鞀遼]이다. 혁(革)으로 구성되었고 소(召)가 발음을 나타 낸다. 도(鞉)는 도(鞀)의 혹체자인데 조(兆)로 구성되었다. 도(鼗)는 도(鞀)의 혹체자인데 고(鼓)로 구성되었고 조(兆)로 구성되었다. 소(磬)는 도(鞀)의 주문(籀文)인데 성(殸)과 소 (召)로 구성되었다. 도(徒)와 도(刀)의 반절음이다.[鞀, 鞀遼也. 從革召聲. 鞉, 鞀或從兆. 鼗, 鞀或從鼓從兆. 磬, 籀文鞀從殸召. 徒刀切.]

- ●「注」, "亞, 次也."

- ● 正義曰:『爾雅』「釋言」, "亞, 次也."『說文』, "亞, 醜也. 賈侍中說以爲次第也."

○「주」의 "아(亞)는 버금[次]이다."

○ 정의에서 말한다.

『이아』「석언」에 "아(亞)는 버금[次]이다."라고 했다. 『설문해자』에 "아(亞)는 추하다[醜]는 뜻이다. 가시중[賈侍中: 가규(賈逵)]의 설에 의하면 '다음으로 하다[次第]라는 뜻의 글자로 삼았다'라고 한다."[81]고 했다.

- ●「注」, "三飯 · 四飯, 樂章名."

- ● 正義曰: 包原「注」句首當有"亞飯"二字,『集解』刪之耳. "樂章名"者, 謂擧食之樂, 取於亞飯 · 三飯 · 四飯爲章名也. 鄭注此云: "亞飯 · 三飯 · 四飯, 皆擧食之樂." 與包義同.

○「주」의 "'삼반(三飯)'과 '사반(四飯)'은 악장(樂章)의 이름이다."

○ 정의에서 말한다.

포함의 원래「주」에는 구절의 첫머리에 당연히 "아반(亞飯)" 두 글자가 있는데, 하안의『논어집해』에서 삭제한 것일 뿐이다. "악장명(樂章名)"이라는 것은 성찬을 들 때 연주하는 음악에서 아반(亞飯) · 삼반(三飯) · 사반(四飯)을 취하여 악장의 명칭을 삼는다는 말이다. 정현은 이 글을 주석하면서 "아반 · 삼반 · 사반은 모두 성찬을 들 때 연주하는 음악이다."라고 했으니, 포함의 뜻과 같다.

- ●「注」, "播, 搖也."

- ● 正義曰:『廣雅』「釋言」, "播, 搖也." 與此「注」同.『說文』, "播, 一曰布也."『周官』「瞽矇」, "掌播鼗 · 柷 · 敔 · 塤 · 簫 · 管 · 絃歌."「注」, "'播', 謂發揚其音." 義皆相近.

81　『설문해자』권14: 아(亞)는 추하다[醜]는 뜻이다. 사람의 등이 구부러진 모양을 상형하였다. 가시중(賈侍中)의 설에 의하면 '다음으로 하다[次第]라는 뜻의 글자로 삼았다'라고 한다. 모든 아(亞)부에 속하는 한자는 다 아(亞)의 뜻을 따른다. 의(衣)와 가(駕)의 반절음이다.[亞, 醜也. 象人局背之形. 賈侍中說, '以爲次弟也.' 凡亞之屬皆從亞. 衣駕切.]

○ 「주」의 "파(播)는 흔든다[搖]는 뜻이다."

○ 정의에서 말한다.

『광아』「석언」에 "파(播)는 흔든다[搖]는 뜻이다."라고 했으니, 이 「주」와 같다. 『설문해자』
에 "파(播)는 일설에는 포(布)라 한다."[82]라고 했다. 『주례』「춘관종백하·고몽」에 "도(鼗)·
축(柷)·어(敔)·훈(塤)·소(簫)·관(管)·현(絃)의 노래를 연주하는 일을 관장한다." 했고,
「주」에 "'파(播)'는 그 소리를 펼쳐서 일으킴[發揚]을 이른다."라고 했는데, 뜻이 모두 서로 가
깝다.

● 「注」, "魯哀公時, 禮壞樂崩, 樂人皆去."

● 正義曰: 孔此說無據, 顔師古「禮樂志」「注」譏其未允是也. 『史記』「禮書」云: "仲尼沒後, 受
業之徒沈淪而不擧, 或適齊·楚, 或入河海." 說者以子語魯太師樂, 亞飯諸職卽其所屬之官,
當時親聞樂於夫子, 故皆爲受業之徒, 與孔氏"哀公時"之說相爲影響, 不知『禮書』所云"齊
楚"·"河海", 乃假『論語』以爲文, 而非謂太師諸人皆孔子弟子也. 史公作「弟子列傳」, 詳載
諸賢, 而不及師摯諸人, 此可證矣.

○ 「주」의 "노나라 애공 때에 예악이 붕괴되어 악인(樂人)들이 모두 떠났다."

○ 정의에서 말한다.

공안국의 이 말은 근거가 없으니, 안사고가 「예악지」「주」에서 믿지 못하겠다고 비판했는데,
옳다. 『사기』「예서」에 "중니가 죽은 뒤에 그의 도를 이어받은 무리들은 묻혀 사라져 쓰이지
않거나 혹은 제나라, 초나라로 가거나 혹은 하내(河內)나 해내(海內)로 들어가 버렸다."라고
했으니, 설자(說者)들은 공자가 노나라 태사에게 음악에 대해 말한 것[83]을 가지고, 아반(亞
飯) 등의 여러 직책이 바로 그에게 소속된 관직이니 당시에 직접 공자에게서 음악에 대해 들
었기 때문에 모두 도를 이어받은 무리라고 여겨서 공씨의 "애공 때[哀公時]"라는 설과 서로

---

82 『설문해자』 권12: 파(播)는 씨앗을 뿌린다[種]는 뜻이다. 일설에는 포(布)라고 한다. 수(手)
로 구성되었고 번(番)이 발음을 나타낸다. 파(敢)는 파(播)의 고문이다. 보(補)와 과(過)의
반절음이다.[播, 種也. 一曰布也. 從手番聲. 敢, 古文播. 補過切.]

83 『논어』「팔일(八佾)」: 공자가 노나라 태사에게 음악에 대해 말했다. "음악은 알 수 있다."[子
語魯大師樂, 曰: "樂其可知也."]

영향을 미쳤다고 생각하는데, 『예서』에서 말한 "제나라와 초나라"·"하내와 해내"는 바로 『논어』를 빌려다가 쓴 문장이지, 태사 등 여러 사람들이 모두 공자의 제자를 이르는 것이 아님을 모르는 것이다. 태사공이 「제자열전」을 지을 때 여러 현자들을 자세하게 기록하면서도 태사 지 등의 사람들을 언급하지 않았으니, 이것으로 증명할 수 있을 것이다.

又或據「孔子世家」"孔子學琴師襄子", 以爲卽"擊磬襄". 閻氏若璩『釋地』說, "夫子在衛, 學琴師襄子, 則襄子自爲衛人, 與『論語』曰襄者自別. 又且一琴一磬, 各爲樂師, 不得妄有牽合."

또 혹자들은 「공자세가」에서 "공자가 사양자(師襄子)로부터 거문고 연주를 배웠다"라고 한 것을 근거로 그를 바로 "경쇠를 치던 양(襄)"이라고 여긴다. 염약거의 『사서석지』에 "공자가 위(衛)나라에 있을 때, 사양자에게 거문고 연주를 배웠다면 사양자는 본래 위나라 사람이 되는 것이니, 『논어』에서 양(襄)이라고 말한 사람과는 저절로 구별된다. 또 한 사람은 거문고를 말하고 다른 한 사람은 경쇠를 말하여 각각이 다른 악기를 다루는 악사이니, 함부로 끌어다가 부합시킴이 있어서는 안 된다."라고 했다.

18-10

周公謂魯公曰: "君子不施其親, 不使大臣怨乎不以. 故舊無大故, 則不棄也. 無求備於一人." 【注】孔曰: "'魯公', 周公之子伯禽封於魯. '施', 易也, 不以他人之親易己之親. '以', 用也, 怨見不聽用. '大故', 謂惡逆之事."

주공이 노공에게 말했다. "군자는 친척을 버리지 않고, 대신으로 하여금 그의 말을 써 주지 않음을 원망하지 않게 하며, 옛 친구에게 큰 연고가 없으면 버리지 않고, 한 사람에게 다 갖추기를 요구하지 않는다."【주】공안국이 말했다. "'노공(魯公)'은 주공의 아들 백금(伯禽)인데 노나라에 봉해졌다. '시(施)'는 바꿈[易]이니, 다른 사람의 친척을 나의 친척으로 바꾸지 않는다는 뜻이다. '이(以)'는 쓰임[用]이니, 들어주거나 쓰이지 않음을 원망하는 것이다. '대고(大故)'는 악랄하고 도리에 거스르는 일을 이른다."

원문 正義曰: "不施",『漢石經』同.『釋文』作"不弛". 施·弛二字古多通用.『周官』「遂人」「注」"施讀爲弛", 可證也. 此文"不施", 卽"不弛"叚借. 鄭注「坊記」云: "弛, 棄忘也." 以訓此文最當. 「泰伯篇」, "君子篤於親." "篤"者, 厚也, 卽"不弛"之義.

역문 정의에서 말한다.

"불시(不施)"는『한석경』에도 같다.『경전석문』에는 "불이(不弛)"로 되어 있는데. 시(施)·이(弛) 두 글자는 고대에는 통용되는 경우가 많았다.『주례』「지관사도하·수인」의「주」에 "시(施)는 이(弛)의 뜻으로 읽어야 한다"라고 했으니, 증거로 삼을 만하다. 따라서 이 문장의 "불시(不施)"는 바로 "불이(不弛)"의 가차자이다. 정현은『예기』「방기」를 주석하면서 "이(弛)는 버리고 잊는다[棄忘]는 뜻이다."라고 했는데, 이것으로 이 글자의 뜻을 새기는 것이 가장 합당하다.「태백」에 "군자는 친척에게 후하게 한다[君子篤於親]."라고 했는데, "독(篤)"이란 후하다[厚]는 뜻이니, 바로 "버리지 않는다[不弛]"라는 뜻인 것이다.

원문『禮』「中庸」云: "仁者, 人也, 親親爲大." 又云: "親親則諸父昆弟不怨."『儀禮』「喪服」「傳」, "始封之君, 不臣諸父昆弟." 則諸父昆弟在始封國時, 當加恩也.『左』「昭」十四年「傳」, "乃施邢侯."「晉語」, "施邢侯氏." 孔晁「注」, "廢其族也." 此"施"亦當讀弛, 訓廢, 與鄭君"棄忘"之訓相近. 服虔注

『左傳』云: "施猶劾也." 謂劾其罪也. <u>惠氏棟</u>『九經古義』援以解此文, 謂 "不施爲隱其罪", 此似讀"施"如字, 亦待公族之道, 於義得通者也.

『예기』「중용」에 "인(仁)이란 사람다움[人]이니, 친척을 친애하는 것이 으뜸이다."[84]라고 했고, 또 "친척을 친애하면 제부(諸父)와 형제들이 원망하지 않는다."라고 했다. 『의례』「상복」의 「전」에 "처음으로 봉해진 군주는, 제부와 형제를 신하로 삼지 않는다."라고 했으니, 그렇다면 제부와 형제가 처음 봉해진 나라에 있을 때에는 마땅히 은혜를 더해야 한다. 『춘추좌씨전』「소공」 14년의 「전」에 "이에 형후를 죽였다[乃施邢侯]."라고 했고, 『국어』「진어」에 "마침내 형후씨를 죽였다[施邢侯氏]."라고 했는데, 공조(孔晁)의 「주」에 "그 겨레붙이를 폐한 것이다[廢其族也]."라고 했으니, 이때의 "시(施)" 역시 당연히 이(弛)의 뜻으로 읽고 폐(廢)의 뜻으로 새겨야 하니, 정군이 "버리고 잊는다[棄忘]"라고 뜻풀이를 새긴 것과 서로 가깝다. 복건은 『춘추좌씨전』을 주석하면서 "시(施)는 조사한다[劾는 뜻과 같다.]"라고 했는데, 그 죄를 심문한다는 말이다. 혜동(惠棟)은 『구경고의』에서 이 뜻을 가져다가 이 문장을 해석하면서 "그 죄를 심문하지 않고 숨겨 준다는 말이다"라고 했는데, 이는 "시(施)"를 본음대로 읽은 것 같기는 하지만, 역시 공족(公族)을 대하는 도리이니, 의리에 있어서는 통할 수 있는 것이다.

"大臣", 謂三卿也. "不以", 謂不用其言也. 『禮』「緇衣」云: "子曰: '大臣 不親, 百姓不寧, 則忠敬不足而富貴已過也, 大臣不治而邇臣比矣. 故大臣 不可不敬也, 是民之表也.'" 又云: "君毋以小謀大, 則大臣不怨." 蓋旣用爲 大臣, 當非不賢之人, 而以小臣間之, 則大臣必以不用爲怨矣. 「魏志」「杜

---

84 『중용』 제20장.

恕傳」引"怨乎不以", 以意屬文, 未足深據. <u>包氏愼言</u>『溫故錄』以爲所見本異, <u>武氏億</u>『群經義證』更謂"'何'與'呵'通, 今本作'乎', 卽呼嗟之義." 皆未然也.

역문 "대신(大臣)"이란 3경(三卿)을 이른다. "불이(不以)"는 그의 말을 써 주지 않음을 이른다. 『예기』「치의」에 "공자가 말했다. '대신(大臣)이 친애하지 않고, 백성들이 편안하지 않음은 신하의 충성과 군주의 공경이 부족하면서 부귀가 너무 지나치기 때문이니, 이로 인해 대신이 다스려 주지 않으면 가까운 신하들이 편당을 짓는다. 그러므로 군주는 대신을 공경하지 않을 수 없으니, 이는 백성들의 표본이기 때문이다.'"라고 했고, 또 "군주가 소신으로 하여금 대신을 도모하지 못하게 하면 대신이 원망하지 않는다."라고 했으니, 대체로 이미 등용을 해서 대신으로 삼았다면 현명하지 않은 사람은 아닐 것인데 소신이 이간질을 하면 대신은 반드시 자기의 말이 쓰이지 않음을 원망하게 될 것이다. 『삼국지』「위지ㆍ두서전」에 "써 주지 않음을 원망함[怨乎不以]"을 인용해서 나름대로 문장을 이어 놨는데, 깊이 근거로 삼기에는 부족하다. 포신언의 『논어온고록』에서는 본 판본이 다르다고 생각을 했고, 무억의 『군경의증』에는 다시 "'하(何)'는 '가(呵)'와 통용되는데, 지금의 판본에는 '호(乎)'로 되어 있으니, 바로 탄식[呼嗟]하는 뜻이다."라고 했는데, 모두 옳지 않다.

원문 "故舊"者, 『周官』「大宗伯」, "以賓射之禮, 親故舊朋友."「注」云: "王之故舊朋友, 爲世子時共在學者."「王制」言大學之制云: "王太子ㆍ王子ㆍ群后之太子ㆍ卿大夫元士之嫡子, 國之俊選, 皆造焉." 此文"故舊", 卽謂魯公共學之人, 苟非有大故, 當存錄擇用之, 不得遺棄, 使失所也.

역문 "옛 친구[故舊]"란 『주례』「천관종백상ㆍ대종백」에 "빈례(賓禮)와 사례(射禮)로 친구와 벗들을 친밀하게 한다."라고 했는데 「주」에 "왕의 친구와 벗으로서 세자가 되었을 당시에 함께 배우던 자이다."라고 했다. 『예기』「왕제」에 대학(大學)의 제도에 대하여 언급하기를, "왕의 태자(太子)와 왕자, 여러 제후의 태자와 경·대부·원사의 적자, 나라의 준사(俊士)·선사(選士)가 모두 국학에 취학한다."라고 했으니, 이 문장에서의 "옛 친구[故舊]"는 바로 노공(魯公)이 함께 배우던 사람을 이르는 것으로, 진실로 큰 연고가 있는 것이 아니라면 마땅히 마음에 새겨 두었다가 가려서 등용해야지, 버려두어서 살 곳을 잃게 해서는 안 된다.

원문 "備"者, 鄭注「特牲禮」云: "備, 盡也." 人才知各有所宜, 小知者不可大受, 大受者不必小知, 因器而使, 故無求備也. 『漢書』「東方朔傳」顔師古「注」, "士有百行, 功過相除, 不可求備." 亦此義也.

역문 "갖춤[備]"이란 정현은 『의례』「특생궤사례」를 주석하면서 "비(備)는 다함[盡]이다."라고 했다. 사람의 재주와 지혜는 각각 마땅한 바가 있으니, 작은 일로도 알 수 있는 사람은 큰 직책을 맡길 수 없고, 큰 직책을 맡길 수 있는 사람은 작은 일을 가지고 알아볼 필요가 없으니[85] 그릇에 따라 부리는 것이기 때문에 다 갖추기를 요구함이 없는 것이다. 『전한서』「동방삭전」안사고의 「주」에 "선비의 모든 행실은 공과 허물이 서로 상쇄되니 모든 것을 다 갖추기를 요구해서는 안 된다."라고 한 것도 역시 이러한 뜻이다.

원문 「大傳」云: "聖人南面而聽天下, 所且先者五, 民不與焉. 一曰治親, 二曰

---

85 『논어』「위령공(衛靈公)」: 공자가 말했다. "군자는 작은 일로는 그를 알아볼 수 없지만 큰 직책을 맡길 수 있고, 소인은 큰 직책을 맡길 수 없지만 작은 일로도 그를 알아볼 수 있다."[子曰: "君子不可小知, 而可大受也; 小人不可大受, 而可小知也."]

報功, 三曰擧賢, 四曰使能, 五曰存愛." 以此五者爲先, 當是聖人初政之治. 周公此訓, 略與之同, 故說者咸以此文爲伯禽就封, 周公訓誡之詞, 當得實也.

역문 『예기』「대전」에 "성인이 남쪽을 향해 앉아 천하의 소리를 들을 때, 우선 먼저 하는 것이 다섯 가지이니, 백성을 다스림은 여기에 들어 있지 않다. 첫 번째는 친속을 다스리는 것이고, 두 번째는 공로에 보답하는 것이고, 세 번째는 어진 이를 등용하는 것이고, 네 번째는 유능한 사람을 부리는 것이고, 다섯 번째는 사랑하는 대상을 살피는 것이다."라고 했으니, 이 다섯 가지를 우선으로 함이 성인의 첫 청치의 다스림에 해당하는 것이다. 주공이 여기에서 가르치는 것이 대략 「대전」의 가르침과 같기 때문에 말하는 사람들은 모두 이 글을 백금(伯禽)이 봉지로 나아갈 때 주공이 훈계한 말이라 여기는데, 당연히 실정에 맞는 말이다.

● 「注」, "魯公"至"之事".

● 正義曰: 『史記』「魯周公世家」, "武王破殷, 徧封功臣同姓戚者. 封周公旦於少昊之虛曲阜, 是爲魯公. 周公不就封, 留佐武王. 武王旣崩, 成王少, 周公乃踐阼代成王攝行政當國. 於是卒相成王, 而使其子伯禽代就封於魯."

○ 「주」의 "노공(魯公)"부터 "지사(之事)"까지.

○ 정의에서 말한다.
　『사기』「노주공세가」에 "무왕(武王)이 은나라를 멸망시키고 공신들과, 같은 성을 가지 인척들을 두루 제후로 봉했다. 주공 단(周公旦)을 소호(少昊)의 옛 땅인 곡부(曲阜)에 봉하니, 이가 노공(魯公)이 된다. 그러나 주공은 봉지로 가지 않고 남아서 무왕을 보좌했다. 무왕이 세상을 떠나고 났을 때 성왕(成王)은 어렸으므로 주공은 바로 동쪽 섬돌에 올라서서 성왕을 대신해서 섭정하여 정권을 행사하고 국정을 담당했다. 그리하여 모두 함께 성왕을 돕기에 이르렀고, 아들 백금(伯禽)으로 하여금 봉지인 노(魯)로 대신 가도록 했다."라고 하였다.

又云: "周公卒, 子伯禽固已前受封, 是爲魯公." 據此文, 是周公封魯, 卽爲魯公, 只以周公身

仕王朝, 未得就封, 故猶以王官稱之而曰周公, 至伯禽始得稱魯公耳. "施·易", 亦常訓. 此

「注」似以"親"爲父母, 於義最謬, 無足爲之引申. 鄭「注」云: "'大故', 爲惡逆之事." 此孔所襲.

또 "주공이 죽고, 아들 백금(伯禽)이 이미 앞서 봉지를 받았으니 이가 노공(魯公)이 된다."라
고 했으니, 이 글에 의거해 보면 주공이 노에 봉해졌으니, 이가 곧 노공인데, 단지 주공 자신
은 왕의 조정에서 벼슬하느라 봉지로 갈 수가 없었기 때문에 오히려 왕실의 관직을 그를 일
컬어 주공이라 부르다가 백금에 이르러서야 비로소 노공이라고 칭할 수 있었던 것일 뿐이
다. "시(施)는 바꿈[易]이다"라고 한 것은 역시 일반적인 뜻풀이다. 여기의 「주」에서는 "친
(親)"을 부모로 생각한 것 같은데, 의미적으로 가장 잘못된 것이라서 족히 인용해서 의미를
확대할 것이 없다. 정현의 「주」에 "'대고(大故)'란 악랄하고 도리에 거스르는 일을 저지르는
것이다."라고 했는데, 이를 위공이 그대로 이어받은 것이다.

18-11

周有八士: 伯達·伯适·仲突·仲忽·叔夜·叔夏·季隨·季
騧. 【注】包曰: "周時四乳生八子, 皆爲顯士, 故記之爾."

주나라에 여덟 선비가 있었으니, 백달(伯達)과 백괄(伯适)과 중돌
(仲突)과 중홀(仲忽)과 숙야(叔夜)와 숙하(叔夏)와 계수(季隨)와 계
와(季騧)이다. 【주】포함이 말했다. "주나라 때에 네 번의 분만[乳]으로 여덟 아
들을 낳은 사람이 있었는데, 그 아들들이 모두 현달한 명사가 되었기 때문에 기록한
것일 뿐이다."

원문 正義曰: 達·适·突·忽·夜·夏·隨·騧, 皆依韻命名. 『漢書』「古今

人表」“仲忽”作“中曶”, 顔師古「注」, “曶與忽同.” 惠氏棟『九經古義』, “周
有叔液鼎, 卽八士之叔夜也. 古文液或省作夜. 『尚書大傳』, ‘時則有脂夜
之妖.’ 鄭「注」云: ‘“夜”讀爲液.’ 是古液字作夜.”

역문 정의에서 말한다.

　백달(伯達)과 백괄(伯适)과 중돌(仲突)과 중홀(仲忽)과 숙야(叔夜)와 숙하
(叔夏)와 계수(季隨)와 계와(季騧)는 모두 운(韻)에 따라서 명명(命名)한 것
이다. 『전한서』「고금인표」에는 “중홀(仲忽)”이 “중홀(中曶)”로 되어 있는
데, 안사고의 「주」에 “홀(曶)과 홀(忽)은 같다.”라고 했다. 혜동의 『구경
고의』에 “주나라에 숙액정(叔液鼎)이라는 사람이 있었는데 바로 여덟 선
비 중의 숙야(叔夜)이다. 고문(古文)의 액(液)은 간혹 생략해서 야(夜)로 쓰
기도 한다. 『상서대전』에 ‘때로는 기름기[脂夜] 때문에 일어나는 요망한
일이 있다.’라고 했는데, 정현의 「주」에 ‘“야(夜)”는 액(液)의 뜻으로 읽어
야 한다.’라고 했으니, 옛날에는 액(液) 자를 야(夜)로 썼다.”라고 했다.

원문 『白虎通』「姓名篇」, “稱號所以有四何? 法四時用事先後, 長幼·兄弟之
象也. 故以時長幼, 號曰‘伯·仲·叔·季’也. 伯者, 長也, 伯者子最長,
迫近父也. 仲者, 中也; 叔者, 少也. 季者, 幼也. 質家所以積於仲何? 質者親
親, 故積於仲; 文家尊尊, 故積於叔. 卽如是, 『論語』曰: ‘周有八士’云云.
積於叔何? 蓋以兩兩俱生故也. 不積於伯·季, 明其無二也.”

역문 『백호통의』「성명」에 “호칭을 부를 때 네 가지[86]가 있는 것은 무엇 때
문인가? 네 계절이 용사(用事)하는 선후의 순서를 본받은 것으로, 어른과
아이, 형과 아우의 서열을 상징하기 때문이다. 그러므로 계절을 응용해
서 장유(長幼)를 호칭해서 ‘백(伯)·중(仲)·숙(叔)·계(季)’라고 하는 것이

86　백(伯)·중(仲)·숙(叔)·계(季)의 네 가지 호칭.

다. 백(伯)이란 어른[長]이라는 뜻으로 백(伯)은 아들 중에서 가장 어른이고 아버지에게 무척 가깝다는 뜻이다. 중(仲)이란 가운데[中]라는 뜻이고, 숙(叔)이란 어리다[少]는 뜻이다. 계(季)란 막내[幼]라는 뜻이다. 실질을 숭상하는 학파[質家]에서 중(仲)의 항렬을 늘리는 이유는 무엇 때문인가? 실질을 중시하는 자들은 친척을 친하게 여기기 때문에 중의 항렬을 늘리는 것이고, 문체를 숭상하는 학파[文家]는 존귀한 자들을 높이기 때문에 숙(叔)의 항렬을 늘리는 것이다. 바로 이와 같기 때문에 『논어』에서 '주나라에 여덟 선비가 있었다'라고 운운한 것이다. 숙(叔)의 항렬을 늘리는 것은 무엇 때문일까? 아마도 둘씩 함께 태어나기 때문일 것이다. 맏아들[伯]의 항렬과 막내[季]의 항렬을 늘리지 않는 것은 맏이와 막내는 둘이 없다는 것을 밝히기 위해서이다."라고 했다.

● 「注」, "周時"至"之爾".

● 正義曰: 乳猶生也. 每生得二子, 故四乳得生八子. 『釋文』引 '鄭云 '成王時', 劉向・馬融皆以爲宣王時." 則馬・鄭本有此章注義, 『集解』佚之耳.

○ 「주」의 "주시(周時)"부터 "지이(之爾)"까지.

○ 정의에서 말한다.

유(乳)는 낳는대[生]는 뜻과 같다. 날 때마다 두 명의 아들을 얻었기 때문에 네 번의 분만[乳]으로 여덟 아들을 낳을 수 있었던 것이다. 『경전석문』에는 인용하기를, "정현이 이르길, '성왕(成王) 때이다'라고 하였고, 유향(劉向)과 마융(馬融)은 모두 선왕(宣王) 때라고 하였다."라고 했으니, 그렇다면 마융본과 정현본에는 이 장의 주의(注義)가 있다는 것이고, 『논어집해』에는 누락된 것일 뿐이다.

盧氏文弨 『釋文考證』 云: "『聖賢群輔錄』 云: '周八士, 見 『論語』, 賈達以爲文王時.' 「晉語」說, '文王卽位, 詢于八虞.' 賈・唐云: "'八虞", 周八士, 皆在虞官.' 『漢書』 「古今人表」 載周八士在'中上', 列成叔武 · 霍叔處之前, 二人皆文王子, 則班固亦以爲文王時."

노문초의 『경전석문고증』에 "『성현군보록』에 이르길, '노나라의 여덟 선비는 『논어』에 보는데, 가규는 문왕 때라고 했다.'라고 했다. 『국어』「진어」에, '문왕이 즉위해서 팔우(八虞)에게 물어보았다.'라고 했는데, 가규(賈逵)와 당고(唐固)가 말하길, '"팔우(八虞)"는 주나라의 여덟 선비로서 모두 우관(虞官)에 있었다.'라고 했다. 『전한서』「고금인표」에 실려 있는 여덟 선비는 '중상(中上)'의 자리에 기록되어 있는데, 성숙 무(成叔武)와 곽숙 처(霍叔處)의 앞에 배열되어 있으니 두 사람은 모두 문왕의 아들이니, 그렇다면 반고(班固) 역시도 문왕 때라고 생각한 것이다."라고 했다.

孔氏廣森『經學巵言』, "『逸周書』「和寤篇」曰: '王乃勳翼於尹氏八士.'「武寤篇」曰: '尹氏八士, 太師三公.' 是八士皆尹氏, 爲武王時人, 有明證也. 或疑'十亂'之南宮适, 卽此伯适. 又「克殷篇」曰: '乃命南宮忽振鹿臺之財, 巨橋之粟, 乃命南宮百達 · 史佚遷九鼎三巫.' 古者命士以上, 父子皆異宮, 故『禮』曰'有東宮, 有西宮'. 蓋達 · 适 · 忽, 尹氏之子, 別居南宮者, 猶南宮敬叔本孟氏子, 而以所居稱之耳. 『國語』, '文王詢于八虞.' 賈侍中云: '周八士, 皆在虞官.'「君奭」言文王之臣'有若南宮适', 然則八士且逮事文王矣."

공광삼의 『경학치언』에 "『일주서』「화오」에 '왕이 이에 윤씨(尹氏)의 여덟 선비를 힘써 도왔다.'라고 했고, 「무오」에 '윤씨의 여덟 선비는 태사(太師) 삼공(三公)이다.'라고 했는데, 이 여덟 선비가 모두 윤씨(尹氏)이니, 무왕(武王) 때의 사람이 되는 것은 명백한 증거가 있는 것이다. 혹자들은 '열 명의 다스리는 신하[十亂]'[87] 중의 남궁 괄(南宮适)이 바로 여기의 백괄(伯适)이라고 한다. 「극은」에 '이에 남궁 홀(南宮忽)에게 명하여 녹대(鹿臺)의 재물과 거교(巨橋)의 곡식을 나누어 주게 하고, 남궁 백달(南宮百達)과 사일(史佚)에게 명하여 구정(九鼎)[88]을 삼무(三巫)[89]로 옮기게 하였다.'라고 했다. 옛날에는 명사(命士) 이상부터는 부자

---

87 십란(十亂): 주나라 무왕(武王)이 천하를 평정할 때 보좌한 대표적인 신하 열 명을 가리킨다. 『서경』「주서 · 태서중(泰誓中)」과 『논어』「태백(泰伯)」에 "나에게는 다스리는 신하 열 사람이 있다.[予有亂臣十人]"라고 했는데, 『서경』 채침(蔡沈)의 「주」에 의하면 "열 사람은 주공 단(周公旦), 소공석(召公奭), 태공망(太公望), 필공(畢公), 영공(榮公), 태전(太顚), 굉요(閎夭), 산의생(散宜生), 남궁괄(南宮适)과 문모(文母)이다."라고 하였다.

(父子)가 모두 궁을 달리하기 때문에, 『예서』에 '동궁(東宮)이 있고, 서궁(西宮)이 있다'라고 한 것이니. 아마도 남궁 백달(南宮百達)과 남궁 괄(南宮适)과 남궁 홀(南宮忽)은 윤씨(尹氏)의 아들로서 남궁(南宮)에 거처한 자들인 듯하니, 남궁 경숙(南宮敬叔)이 본래는 맹씨(孟氏)의 아들인데 거처하는 곳을 가지고 그를 칭한 것과 같은 것일 뿐이다. 『국어』에서 '문왕이 즉위해서 팔우(八虞)에게 물어보았다.'라고 한 것에 대해, 가시중(賈侍中)은 '주나라의 여덟 선비로서 모두 우관(虞官)에 있었다.'라고 했고, 『서경』「주서 · 군석」에 문왕의 신하 중에는 '남궁 괄(南宮适)[90] 같은 사람이 있었기 때문이다.'라고 했으니, 그렇다면 여덟 선비는 또 문왕까지도 섬겼던 것이다."라고 했다.

案, 盧 · 孔說是也. 江氏永『群經補義』 · 翟氏灝『四書考異』略同. 『春秋繁露』「郊祭篇」, "『詩』曰'唯此文王, 小心翼翼, 昭事上帝, 允懷多福.' '多福'者, 非謂人事也, 事功也, 謂天之所福也. 「傳」曰: '周國子多賢, 蕃殖至於駢孕男者四, 四産而得八男, 皆君子俊雄也. 今此天之所以興周國也, 非周國之所能爲也.'" 董引「傳」說, 以釋『詩』"多福"之文, 則八士在文王時, 董義亦然, 此當無疑者也. 包「注」雖不言八士在何時, 然以八士皆爲顯仕, 當據『晉語』仕爲虞官, 則與董 · 賈說亦合也.

살펴보니, 노문초와 공광삼의 말이 옳다. 강영(江永)의 『군경보의』와 적호의 『사서고이』도 대략 같다. 『춘추번로』「교제」에 "『시경』「대아 · 문왕지십 · 문명」에 '이 문왕이 조심하고 공경하고 공경하사 상제(上帝)를 밝게 섬기시어 진실로 많은 복(福)을 오게 하셨다.'[91]라고 했는데, '많은 복[多福]'이란 사람의 일을 말하는 것이 아니라, 일의 공이니, 하늘이 복을 내리는

---

88 구정(九鼎): 하나라의 우왕(禹王)이 구주(九州)에서 금을 거둬들여 주조(鑄造)한 아홉 개의 솥. 하, 은, 주가 국가의 정권을 상징하는 전국(傳國)의 보기(寶器)로 받들었다. 솥 하나를 움직이는 데 몇만 명이 끌어야 할 정도로 크고 무거웠다고 한다.

89 삼무(三巫): 지명(地名)이다.

90 『서경』「주서 · 군석(君奭)」에는 "남궁 괄(南宮括)"로 되어 있다.

91 『시경(詩經)』「대아(大雅) · 문왕지십(文王之什) · 대명(大明)」에는 "維此文王", "聿懷多福"으로 되어 있는데, 『춘추번로(春秋繁露)』에 "維"가 "唯"로, "聿"이 "允"으로 되어 있다. 『논어정의』에는 『춘추번로』를 인용한 것이므로 고치지 않았다.

것을 말한 것이다. 「전」에서 말하였다. '주나라 공·경·대부의 아들들[國子]은 모두들 어질 었고 자손은 번성해서 쌍둥이로 잉태한 남자가 넷이나 되었으니, 네 번의 출산에 여덟 아들 을 얻었는데, 모두가 군자이고 걸출한 영웅호걸이었다. 지금 이러한 것은 하늘이 주나라를 일으키기 위한 것이지, 주나라가 할 수 있는 바가 아니었다.'"라고 했는데, 동중서는 「전」의 말을 인용해서 『시경』의 "많은 복[多福]"이라는 글자를 해석했으니, 그렇다면 여덟 선비는 문왕 때 있었고, 동중서의 뜻 역시 그러하니 이는 마땅히 의심할 것이 없는 것이다. 포함의 「주」에는 비록 여덟 선비가 어느 때 있었는지 언급하지 않았지만, 여덟 선비가 모두 높은 벼 슬에 올랐으니, 마땅히 「진어」에서 벼슬해서 우관(虞官)이 되었다는 것에 의거해 보면 동중 서와 가시중(賈侍中)의 말 역시도 합당한 것이다.

논어정의 권22

論語正義卷二十二

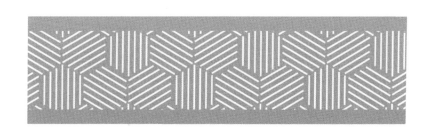

子張第十九(자장 제19)

○●○

集解(집해)

○●○

凡二十五章(모두 25장이다)

19-1

子張曰: "士見危致命, 見得思義, 祭思敬, 喪思哀, 其可已矣."

【注】"致命", 不愛其身.

자장이 말했다. "선비가 나라의 위태로움을 보면 목숨을 바치고, 이득을 보면 의를 생각하며, 제사를 지낼 때는 경건함을 생각하고, 상사에서 슬픔을 생각한다면 괜찮은 것이다." 【주】 "치명(致命)"은 그 몸을 아끼지 않는다는 뜻이다.

원문 正義曰: 眞德秀『四書集編』, "義·敬·哀皆言'思', '致命'獨不言'思'者, 死生之際, 惟義是徇, 有不待思而決也."

역문 정의에서 말한다.

진덕수의 『사서집편』에 "의(義)와 경(敬)과 애(哀)는 모두 '생각한다[思]'라고 말하고, '치명(致命)'에서만 유독 '생각한다[思]'라고 말하지 않은 것은 죽느냐 사느냐 하는 판국에서는 오직 의로움만 주창할 뿐, 생각하기를 기다렸다가 결정하지 않는 경우가 있기 때문이다."라고 했다.

19-2

子張曰: "執德不弘, 信道不篤, 焉能爲有? 焉能爲亡?" 【注】孔曰: "言無所輕重."

자장이 말했다. "덕에 의거하되 원대하지 않고, 도를 믿음이 독실하지 않으면, 어찌 있다고 할 수 있으며, 어찌 없다고 할 수 있겠는가?" 【주】 공안국(孔安國)이 말했다. "경중(輕重)을 따질 것이 없음을 말한 것이다."

원문 正義曰: "執德", 猶言"據德". "弘"者, 大也, "執德不弘", 卽子夏所言"小道", 不能致遠者也. "篤"者, 厚也, 固也. 當時容有安於小成, 惑於異端, 故子張譏之.

역문 정의에서 말한다.

"집덕(執德)"은 "덕에 의거한다"¹는 말과 같다. "홍(弘)"이란 크다[大]는 뜻이니, "덕에 의거하되 크지 않다[執德不弘]"라는 것은 바로 자하(子夏)가

---

1 『논어(論語)』「술이(述而)」: 공자가 말했다. "도(道)에 뜻을 두고, 덕(德)에 의거하며, 인(仁)에 의지하고, 예(藝)에서 노닐어야 한다."[子曰: 志於道, 據於德, 依於仁, 游於藝.]

말한 "작은 도[小道]"로서, 원대한데 이를 수가 없다는 뜻이다. "독(篤)이란" 두텁다[厚]는 뜻이며, 견고하다[固]는 뜻이다. 당시에 작은 성취에 안주하고 이단에 미혹됨이 있음을 용납²했기 때문에 자장이 비난한 것이다.

- 「注」, "言無所輕重."
- 正義曰: 皇「疏」云: "世無此人, 則不足爲輕; 世有此人, 亦不足爲重."
- 「주」의 "경중(輕重)을 따질 것이 없음을 말한 것이다."
- 정의에서 말한다.

  황간(皇侃)의 「소」에 "세상에 이런 사람이 없으면 족히 가볍게 여길 것도 없고, 세상에 이런 사람이 있더라도 족히 중하게 여길 것도 없다는 뜻이다."라고 했다.

19-3

子夏之門人問交於子張. 【注】 孔曰: "問與人交接之道." 子張曰: "子夏云何?" 對曰: "子夏曰: '可者與之, 其不可者距之.'" 子張曰: "異乎吾所聞. 君子尊賢而容衆, 嘉善而矜不能. 我之大賢與, 於人何所不容? 我之不賢與, 人將距我, 如之何其距人也?" 【注】 包曰: "友交當如子夏, 泛交當如子張."

---

2   "容"은 "俗"의 오자(誤字)인 듯하다. "당시의 풍속에 작은 성취에 안주하고 이단에 미혹됨이 있었기 때문에 자장이 비난한 것이다.[當時俗有安於小成, 惑於異端, 故子張譏之.]"라고 해야 문맥상 어울릴 듯하다.

자하의 문인이 자장에게 사귀는 것에 대해서 물었다. 【주】 공안국이 말했다. "사람들과 사귀는[交接] 방법을 물은 것이다." 자장이 말했다. "자하는 무엇이라고 말했는가?" "자하께서는 '가한 자를 사귀고 불가한 자를 거절하라' 하셨습니다." 자장이 말했다. "내가 들은 것과는 다르다. 군자는 현명한 이를 존경하고 뭇사람을 포용하며, 잘하는 이를 훌륭하게 여기고 잘못하는 이를 불쌍히 여긴다. 내가 크게 어질다면 남에게 대해서 어느 곳인들 용납하지 못하겠는가? 내가 어질지 못하다면 남이 곧 나를 거절할 것이니, 어떻게 남을 거절하겠는가?" 【주】 포함(包咸)이 말했다. "벗과의 사귐은 자하의 말처럼 하는 것이 마땅하고, 일반적인 사귐은 자장의 말처럼 하는 것이 마땅하다."

원문 正義曰: "距"者, 棄絶之意. 『荀子』「仲尼」「注」, "拒, 敵也." 『漢書』「趙廣漢傳」引晉灼曰: "距, 閉也." "距"與"拒"同. 「論語釋文」云: "距, 本今作拒." 案, 『漢石經』作"距", 邢「疏」本・『集注』本皆作"拒". 翟氏灝『考異』, "『漢石經』'可者'下, '者距'上, 凡闕四字, 今此間有五字, 疑漢本無'其'字." "嘉"者, 『說文』云"美也". "嘉善"猶尊賢, 互辭. "矜"者, 『詩』「鴻雁」「傳」"憐也".

역문 정의에서 말한다.

"거(距)"란 끊어 버린다[棄絶]는 뜻이다. 『순자』「중니편」의 「주」에, "거(拒)는 적대함[敵]이다."[3]라고 했고, 『전한서』「조광한전」에는 진작(晉灼)

---

3 『순자(荀子)』「중니편(仲尼篇)」에 "부자들도 감히 적대할 수 없었다.[富人, 莫之敢距也.]"라고 한 곳의 「주」에 "거(距)는 거(拒)와 같고, 적대한다[敵]는 뜻이니, '제(齊)나라의 부자들도 아무도 감히 관중(管仲)을 적대하는 자가 없었다'라는 말이다.[距, 與拒同, 敵也, 言齊之富

을 인용해서 "거(距)는 단절[開]이다."라고 했으니, "거(距)"는 "거(拒)"와 같은 뜻이다. 「논어석문」에 "거(距)는 판본에 따라 지금은 거(拒)로 쓴다."라고 했다. 살펴보니, 『한석경』에는 "거(距)"로 되어 있고, 형병의 「소」본과 『집주』본에는 모두 "거(拒)"로 되어 있다. 적호의 『사서고이』에 "『한석경』에는 '가자(可者)' 아래와 '자거(者距)' 앞에 모두해서 네 글자가 빠졌는데, 지금 이 사이에 다섯 글자가 있으니, 아마도 한대(漢代)의 판본에는 '기(其)' 자가 없었던 듯싶다."라고 했다. "가(嘉)"란, 『설문해자』에 "아름답다[美]는 뜻이다"라고 했으니,[4] "가선(嘉善)"이란 존현(尊賢)과 같으니 말을 서로 호환되게 한 것[互辭]이다. "긍(矜)"이란 『시경』「홍안」의 「전(傳)」 "불쌍함[憐]"이라고 했다.

- 「注」, "友交當如子夏, 泛交當如子張."
- 正義曰:「注」以二子論交, 各有所宜, 非互啻也. 鄭「注」云: "子夏所云, 倫黨之交也; 子張所云, 尊卑之交也." 尊卑亦是泛交, 倫黨則與爲同類, 是"友交"矣. 蔡邕『正交論』, "子夏之門人問交於子張, 而二子各有所聞乎夫子, 然則其以交誨也. 商也寬, 故告之以距人; 師也褊, 故告之以容衆, 各從其行而矯之. 若夫仲尼之正道, 則泛愛衆而親仁, 故非善不喜, 非仁不親, 交游以方, 會友以仁, 可無貶也." 蔡邕此言, 以二子所聞, 各得一偏, 其正道則"泛愛衆"卽"泛交", "親仁"卽"友交", 義與包 · 鄭相發矣.
- 「주」의 "벗과의 사귐은 자하의 말처럼 하는 것이 마땅하고, 일반적인 사귐은 자장의 말처럼 하는 것이 마땅하다."
- 정의에서 말한다.

人, 莫有敢敵管仲者'也.」라고 했다.

4 『설문해자(說文解字)』권5: 가(嘉)는 아름답다[美]는 뜻이다. 주(壴)로 구성되었고 가(加)가 발음을 나타낸다. 고(古)와 아(牙)의 반절음이다.[嘉, 美也. 從壴加聲. 古牙切.]

「주」에서는 두 사람이 사귐에 대해 논한 것을 각각 마땅한 바가 있고, 상호간에 헐뜯은 것이 아니라고 여긴 것이다. 정현의 「주」에 "자하가 말한 것은 같은 무리[倫黨] 사이의 교제이고, 자장이 말한 것은 존비(尊卑) 사이의 교제이다."라고 했는데, 존비(尊卑) 사이의 교제 역시 일반적인 사귐이고, 같은 무리[倫黨]는 함께 같은 부류[同類]가 되는 것으로 이것이 "벗과의 사귐[友交]"인 것이다. 채옹(蔡邕)의 『정교론』에 "자하의 문인이 자장에게 사귀는 것에 대해서 물었는데, 두 사람은 각자가 공자에게서 들은 것이 따로 있었으니, 그렇다면 그들은 각자 들은 것을 가지고 서로 가르침을 나눈 것이다. 자하[商]는 관대하기 때문에 사람을 거절하는 것을 가지고 일러 준 것이고, 자장[師]은 도량이 좁기 때문에 대중을 수용하는 것을 가지고 일러 준 것이니, 각각 그들의 행실에 따라 바로잡아 준 것이다. 중니(仲尼)의 올바른 도리로 말할 것 같으면 널리 민중을 사랑하면서 인자(仁者)를 가까이하기 때문에 선(善)이 아니면 기뻐하지 않고, 인자(仁者)가 아니면 친하지 않아 방도를 가지고 교유(交游)하고, 인(仁)으로써 벗을 모아서, 폄훼가 없을 수 있는 것이다."라고 했는데, 채옹의 이 말은 자하와 자장 두 사람이 들은 것은 각각 한쪽 편을 얻은 것으로, 그 올바른 도리는 "널리 민중을 사랑함"은 바로 "일반적인 사귐[泛交]"이고 "인자를 가까이함[親仁]"은 바로 "벗과의 사귐[友交]"이라는 것이니, 뜻이 포함이나 정현과 서로 발명된다.

世儒多徇子張之言, 以子夏爲失. 案, 『呂氏春秋』「觀世篇」, "周公旦曰: '不如吾者, 吾不與處, 累我者也. 與我齊者, 吾不與處, 無益我者也. 惟賢者必與賢於己者處.'" 又上篇子曰"毋友不如己者", 竝子夏所聞論交之義. 『大戴禮』「衛將軍文子篇」, "孔子曰: '『詩』云: "式夷式已, 無小人殆." 而商也! 其可謂不險也.'" 盧辯「注」, "言其隣於德也." 子夏之行, 抑由所聞而然, 固無失矣.

세상의 유학자들은 대부분 자장의 말을 따라 자하가 틀렸다고 생각한다. 살펴보니, 『여씨춘추』 「관세」에, "주공 단(周公旦)이 말했다. '나만 못한 사람과 나는 함께 처하지 않으니, 나에게 누를 끼치는 사람이기 때문이다. 나와 대등한 사람과 나는 함께 처하지 않으니, 나에게 유익함이 없는 사람이기 때문이다. 오직 현자(賢者)만이 반드시 자기보다 현명한 사람과 함께 처한다.'"라고 했다. 또 앞의 「학이」에서 공자가 "나만 못한 자와 벗하지 말라"라고 한 것은 모두 자하가 듣고 논한 교제의 뜻이다. 『대대례』 「위장군문자」에 "공자가 말했다. '『시경』에 "마음을 공평히 하여 소인들을 그만두게 해서 소인 때문에 국가를 위태롭게 하지 말지어다."⁵라고 했으니, 상(商)아! 위태롭지 않다고 이를 만하구나.'"라고 했는데, 노변(盧辯)의 「주」에 "덕 있는 사람과 이웃함을 말한 것이다."라고 했다. 자하의 행실은 또한 들은 것을 말미암아 그런 것이니, 진실로 잘못이 없는 것이다.

19-4

子夏曰: "雖小道, 【注】 "小道", 謂異端. 必有可觀者焉, 致遠恐泥,
【注】 包曰: "泥難不通." 是以君子不爲也."

자하가 말했다. "비록 작은 도라 할지라도, 【주】 "작은 도[小道]"는 이단(異端)을 이른다. 반드시 볼 만한 것이 있으나, 원대함에 이르는 데 구애됨이 있을까 두렵다. 【주】 포함이 말했다. "막히고 어려워 통하지 않는다." 이 때문에 군자는 하지 않는 것이다."

원문 正義曰: 『周官』「大司樂」「注」, "道多才藝." 此"小道"亦謂才藝. 鄭「注」云: "'小道', 如今諸子書也." 鄭擧一端, 故云"如"以例之.

역문 정의에서 말한다.

『주례』「춘관종백하・대사악」의 「주」에 "도(道)는 재예(才藝)가 많은 것이다."라고 했는데, 여기의 "작은 도[小道]" 역시 재예(才藝)를 이른다. 정현의 「주」에 "'작은 도[小道]'란 지금의 제자서(諸子書)와 같은 것이다."

5 　『시경(詩經)』「소아(小雅)・기보지십(祈父之什)・절남산(節南山)」.

라고 했는데, 정현은 일단(一端)만 거론한 것이기 때문에 "같은 것이다
[如]"라고 예시를 든 것이다.

원문 『漢書』「宣元六王傳」, "東平王宇上疏求諸子及太史公書, 上以問大將
軍王鳳, 對曰: '諸子書或反經術, 非聖人, 或明鬼神, 信物怪. 太史公書有
戰國縱橫權譎之謀, 不可予. 不許之辭宜曰: "五經, 聖人所制, 萬事靡不畢
載. 夫小辯破義, 小道不通, 致遠恐泥, 皆不足以留意.""

역문 『전한서』「선원육왕전」에 "동평왕(東平王) 유우(劉宇)가 상소문을 올려
제자(諸子)의 책과 태사공(사마천)의 책을 요구하자, 왕이 대장군(大將軍)
왕봉(王鳳)⁶에게 하문하니, 왕봉이 대답하기를, '제자(諸子)의 책들은 내
용이 혹 경학(經學)과 상반되어 성인을 비난하고, 혹 귀신의 일을 밝혀서
괴이한 일들을 믿습니다. 태사공의 책에는 전국시대 종횡가(縱橫家)들이
권모술수의 거짓을 부리는 온갖 책략이 있으니, 하사해서는 안 됩니다.
허락지 마시옵고 응당 "오경(五經)은 성인이 지으신 바로서 모든 일이 다
실려 있지 않음이 없다. 보잘것없는 변론이 대의를 깨뜨리고, 작은 도가
통하지 않아 원대함을 이루는 데 구애됨이 있을까 두려우니, 모두 족히

---

6 왕봉(王鳳, ?~기원전 22): 전한 제남(濟南) 동평릉(東平陵) 사람. 자는 효경(孝卿)이다. 원제
(元帝)의 황후 왕정군(王政君)의 오빠다. 처음에 위위시중(衛尉侍中)이 되고, 양평후(陽平
侯)를 이었다. 성제(成帝)가 즉위하자 대사마(大司馬)와 대장군(大將軍)이 되어 상서사(尙
書事)를 맡았다. 그의 동생 다섯 사람도 같은 날 후(侯)에 봉해졌다. 왕씨의 자제들이 두루
요직에 앉아 황제가 제 역할을 할 수 없었다. 경조윤(京兆尹) 왕장(王章)이 평소 강직하여
과감하게 간언(諫言)을 올렸는데, 왕봉을 탄핵했다. 왕봉이 글을 올려 걸해골(乞骸骨)하니,
태후가 이 소식을 듣고 음식을 받지 않았다. 얼마 뒤 다시 재기하여 일을 보면서 상서(尙書)
를 시켜 왕장을 탄핵하니 왕장은 옥중에서 죽었다. 이때부터 공경(公卿)들이 질시(疾視)했
다. 정권을 보좌한 11년 동안 왕씨들이 조정을 장악한 것은 그로부터 시작되었고, 나중에 조
카 왕망(王莽)이 한나라를 대신하여 신(新) 왕조를 건립했다. 시호는 경성(敬成)이다.

유의할 것이 못 된다." 하소서.'라 했다."라고 하였다.

원문 「藝文志」, "小說家者流, 蓋出於稗官. 街談巷語, 道聽塗說者之所造也. 孔子曰: '雖小道, 必有可觀者焉, 致遠恐泥, 是以君子弗爲也.' 然亦弗滅也. 閭里小知者之所及, 亦使綴而不忘. 如或一言可采, 此亦芻蕘狂夫之議也."

역문 또 「예문지」에 "소설가(小說家)의 부류들은 대체로 패관(稗官)에서 나왔다. 거리의 이야기나 항간에 떠도는 말들로 길에서 듣고 길에서 말하는 자들이 지어낸 것이다. 공자가 말하길, '비록 작은 도일지라도, 반드시 볼 만한 것이 있으나, 원대함에 이르는 데 구애됨이 있을까 두렵다. 이 때문에 군자는 하지 않는 것이다.'라고 했지만, 그렇다고 또한 없어지지도 않는다. 시골마을의 아는 것이 보잘것없는 자들이 언급하는 것조차도 이야기로 엮어서 잊지 않게 한다. 만일 혹시 한마디 채집할 만한 것이 있다 하더라도 이 또한 꼴이나 베고 땔나무나 줍는 미치광이의 의론일 뿐이다."라고 했다.

원문 『後漢書』「蔡邕傳」, "上封事曰: '夫書畫·辭賦, 才之小者, 匡國理政, 未有其能. 昔孝宣會諸儒於石渠, 章帝集學士於白虎, 通經釋義, 其事優大, 文·武之道, 所宜從之. 若乃小能小善, 雖有可觀, 孔子以爲致遠則泥, 君子故當志其大者.'" 據此, 則小道爲諸子書, 本漢人舊義, 故鄭「注」同之. 江熙曰: "百家競說, 非無其理." 用鄭義也.

역문 『후한서』「채옹전」에 "다음과 같이 봉사(封事)를 올렸다. '서화(書畫)와 사부(辭賦)는 작은 재주이니, 나라를 바로잡고 정사를 다스림에 능력이 있지 못합니다. 옛날 효선제(孝宣帝)께서 석거각(石渠閣)에서 여러 유생들을 모으시고 장제(章帝)께서는 백호관(白虎觀)에서 학사들을 모으셔서

경전을 통달하고 뜻을 풀이하시어 그 일이 넉넉하고도 위대하셨으니, 문왕과 무왕의 도야말로 마땅히 따라야 할 바입니다. 작은 능력이나 작은 선과 같은 것으로 말할 것 같으면 비록 볼 만한 것은 있지만 공자께서는 원대함에 이르는 데 구애될까 두렵다 여기셨으니, 군자는 그런 까닭에 그 큰 것에 뜻을 둠이 마땅하옵니다.'"라고 했는데, 여기에 의거하면, 작은 도[小道]는 제자서(諸子書)로서 본시 한인(漢人)의 구의(舊義)이기 때문에 정현의 「주」도 내용이 같은 것이다. 강희(江熙)는 "백가(百家)가 다투어 하는 말일지라도 그 이치가 없는 것은 아니다."라고 했는데, 정현의 뜻을 인용한 것이다.

- 「注」, "'小道', 謂異端."
- 正義曰: 焦氏循『補疏』, "聖人一貫, 則其道大; 異端執一, 則其道小. 孟子以爲大舜有大焉, 善與人同, 能通天下之志, 故大. 執己不與人同, 其小可知, 故小道爲異端也."

○ 「주」의 "'작은 도[小道]'는 이단(異端)을 이른다."

○ 정의에서 말한다.

초순의 『논어보소』에 "성인은 하나로 관통하기 때문에[7] 그 도가 크고, 이단은 하나에 집착[執一]하기 때문에[8] 그 도가 작다. 맹자는 위대한 순(舜)임금은 이보다 더 위대함이 있으니, 남과 하나 됨을 잘 해서 천하의 뜻을 통달할 수 있기 때문에 위대하다고 여겼다.[9] 자기에게

---

7 『논어』「이인(里仁)」: 공자가 말했다. "삼아! 나의 도는 하나로 관통한다."[子曰: "參乎! 吾道一以貫之."]

8 『맹자(孟子)』「진심상(盡心上)」: 자막(子莫)은 그 중간을 잡았으니, 중간을 잡는 것이 도에 가까우나, 중간을 잡기만 하고 저울질함이 없으면 하나에 집착하는 것과 같다.[子莫執中, 執中爲近之, 執中無權, 猶執一也.]

9 『맹자』「공손추상(公孫丑上)」: 위대하신 순임금께서는 이보다도 더 위대한 점이 있으셨으니, 남과 하나 됨을 잘 해서 자기를 버리고 남을 따르셨으며, 남에게서 취하여 선(善)으로 삼

집착해서 남과 하나가 되지 못한다면 그것이 얼마나 작은지는 알 수 있기 때문에 '작은 도[小道]'를 이단(異端)이라고 한 것이다."라고 했다.

- 「注」, "泥難不通."
- 正義曰: "泥難"二字連讀. 鄭「注」云: "'泥'謂滯陷不通." 與包義同. 『漢書』「五行志中」之上, "震遂泥."「注」引李奇曰: "'泥'者, 泥溺於水, 不能自拔."『爾雅』「釋獸」, "威夷, 長脊而泥." 郭「注」, "'泥', 少才力." 亦滯難之義.

○ 「주」의 "막히고 어려워 통하지 않는다."

○ 정의에서 말한다.

"이난(泥難)" 두 글자는 이어서 읽어야 한다. 정현의 「주」에 "'이(泥)'는 막히고 빠져서 통하지 않는다는 말이다."라고 했으니, 포함의 뜻과 같다. 『전한서』「오행지중(中)」상(上)에 "진동함이 마침내 빠져 있다."[10]고 했는데,「주」에 이기(李奇)가 "'이(泥)'란 물에 빠져서 스스로 빠져나오지 못한다는 뜻이다."라고 한 말을 인용했고, 『이아』「석수」에 "위이(威夷)는 등이 길고 약하다[長脊而泥]."라고 했는데, 곽박의 「주」에 "'이(泥)'는 재주와 힘이 적다[少才力]는 뜻이다."라고 했으니, 역시 막히고 어렵다는 뜻이다.

19-5

子夏曰: "日知其所亡, 月無忘其所能, 可謂好學也已矣."【注】
孔曰: "日知其所未聞."

자하가 말했다. "날마다 자기에게 없는 것을 알고, 달마다 자기가

는 것을 좋아하셨다.[大舜有大焉, 善與人同, 舍己從人, 樂取於人以爲善.]

10 『주역(周易)』「진(震)·구사(九四)」.

할 수 있는 것을 잊지 않으면, 배우기를 좋아한다고 말할 수 있을 뿐이다."【주】공안국이 말했다. "날마다 자기가 아직 듣지 못한 것을 아는 것이다."

원문 正義曰: 皇「疏」云: "'日知其所亡', 是知新也; '月無忘所能', 是溫故也." 劉氏宗周『學案』, "君子之於道也, 日進而無疆, 其所亡者, 既日有知之, 則拳拳服膺而弗失之, 至積月之久而終不忘, 所謂'學如不及, 猶恐失之'者矣."

역문 정의에서 말한다.

황간의 「소」에 "'날마다 자기에게 없는 것을 안다'라는 것은 새로운 것을 안다는 것이고, '달마다 할 수 있는 것을 잊지 않는다'라는 것은 예전에 배워서 터득한 것을 거듭 익힌다는 것이다."라고 했다. 유종주의 『논어학안』에 "군자는 도에 있어서 날마다 진작시키고 끝이 없으니, 자기에게 없는 것을 이미 날마다 알아내고 나면 가슴에 깊이 새기고 잃어버리지 않아, 세월이 오래 쌓이게 되더라도 끝내 잊지 않게 될 것이니, 이른바 '배움은 미치지 못할 듯이 해서, 오히려 잃을까 두려워해야 한다.'11는 것이다."라고 했다.

19-6

子夏曰: "博學而篤志, 【注】孔曰: "廣學而厚識之." 切問而近思, 仁在其中矣." 【注】 "切問"者, 切問於己所學未悟之事. "近思"者, 近思己所能

---

11 『논어』「태백(泰伯)」.

及之事. 汎問所未學, 遠思所未達, 則於所學者不精, 所思者不解.

자하가 말했다. "배우기를 널리 하고 기억하기를 돈독히 하며,
【주】 공안국이 말했다. "널리 배우고 많이 돈독하게 그것을 기억하는 것이다." 문기를 절실하게 하고 생각을 가까운 곳으로부터 하면 인이 그 가운데 있다."【주】 "묻기를 절실하게 한다[切問]"라는 것은 자기가 배웠지만 아직 깨닫지 못한 일에 대해서 묻기를 간절하게 하는 것이고, "생각을 가까이에서 한다[近思]"라는 것은 자기가 미칠 수 있는 일에 대해서 생각하기를 가까이에서 한다는 것이다. 아직 배우지 않은 것을 건성으로 묻고[汎問], 아직 통달하지 못한 것을 멀찌감치 떨어져서 생각하면 배운 것에 대해 정밀하지 못하고, 생각하는 것이 이해가 되지 않는다.

원문 正義曰:『中庸』言博學・審問・愼思・明辨・篤行爲擇善固執之功, 與此章義相發. 擇善固執是誠之者, 誠者, 所以行仁也, 故曰"仁在其中".

역문 정의에서 말한다.

『중용』에 박학(博學)・심문(審問)・신사(愼思)・명변(明辨)・독행(篤行)이 선(善)을 택해서[12] 굳게 지키는 공부가 된다고 말했는데,[13] 선을 택해

---

12 『논어정의(論語正義)』에는 "執"으로 되어 있으나, 『중용(中庸)』에 따르면 명백히 "擇"의 오자이다. 『중용』과 문맥에 따라 "擇"으로 고치고 해석했다.

13 『중용(中庸)』제20장: 성실함[誠]은 하늘의 도(道)이고, 성실해지려고 하는 것[誠之]은 사람의 도이다. 성실한 자는 힘쓰지 않아도 도에 적중하며, 생각하지 않아도 알아서 저절로 도에 적중하니 성인(聖人)이다. 성실해지려고 하는 자는 선(善)을 택하여 굳게 지키는 자이다. 널리 배우고 자세히 물으며 신중히 생각하고 밝게 분별하며 독실히 행해야 한다.[誠者天之道也; 誠之者人之道也. 誠者不勉而中, 不思而得, 從容中道, 聖人也; 誠之者擇善而固執之者也. 博學之, 審問之, 愼思之, 明辨之, 篤行之.]

서 굳게 지키는 것은 성실해지려고 하는 것[誠之者]이고, 성실함[誠者]은 인(仁)을 실천하는 방법이기 때문에 "인(仁)이 그 가운데 있다"라고 한 것이다.

● 「注」, "廣學而厚識之."

● 正義曰: 「注」以"志"爲"識", 謂博學而識之也. 『集注』讀"志"如字, 謂篤志好學也, 亦通.

○ 「주」의 "널리 배우고 많이 기억한다는 것이다."

○ 정의에서 말한다.

　「주」에서는 "지(志)"를 "지(識)"라고 했으니, 널리 배우고 그것을 기억한다는 말이다. 『논어집주』에서는 "지(志)"를 본래 뜻으로 읽었는데, 뜻을 돈독히 하고 배우기를 좋아한다는 말이니, 역시 통한다.

● 「注」, "近思己所能及之事."

● 正義曰: 此從皇本校改, 邢本脫"近"字, "所"下衍"未"字.

○ 「주」의 "자기가 미칠 수 있는 일에 대해서 생각하기를 가까이에서 한다는 것이다."

○ 정의에서 말한다.

　이 문장은 황간본을 따라서 교정하고 고친 것이니, 형병본에는 "근(近)" 자가 빠져 있고, "소(所)" 아래 "미(未)" 자를 덧붙여 놓았다.

19-7

子夏曰: "百工居肆以成其事, 君子學以致其道." 【注】包曰: "言百工處其肆則事成, 猶君子學以致其道."

자하가 말했다. "기술자들은 공장에 있으면서 그 일을 이루고, 군자는 배워서 그 도를 극진하게 한다."【주】포함이 말했다. "기술자들이 그 공장에 있으면 그 일이 이루는 것이 군자가 배워서 그 도를 극진하게 하는 것과 같다는 말이다."

원문 正義曰:『說文』云: "肆, 極陳也." 凡陳物必有所居之處, 故市廛爲貨物所居, 亦通名肆. 俞氏樾『群經平議』, "『周易』「說卦傳」'「巽」爲工', 虞翻曰: '爲近利市三倍.' 子夏曰'工居肆', 然則此'肆'字卽市肆之'肆'. 市中百物俱集, 工居於此, 則物之良苦, 民之好惡, 無不知之, 故能成其事."

역문 정의에서 말한다.

『설문해자』에 "사(肆)는 다 벌여 놓는다[極陳]는 뜻이다."[14]라고 했으니, 무릇 물건을 진열할 때에는 반드시 놓아둘 자리가 있어야 하기 때문에 저자의 가게는 재화나 물품을 놓아두는 장소가 되는데, 역시 통칭 가게[肆]라 부른다. 유월의 『군경평의』에 "『주역』「설괘」에 '「손(巽)」은 기술자가 된다'라고 했는데, 우번(虞翻)이 말하길, '이익을 가까이하여 저자보다 세 배의 폭리를 남김이 된다.'라고 했고, 자하가 말하길, '기술자는 공장에 있다'라고 했으니, 그렇다면 여기의 '사(肆)' 자는 바로 '저자의 가게[市肆]라고 할 때의 사(肆)'이다. 저자 안은 온갖 물품이 모두 모여 있으니, 기술자가 여기에 있으면 물품의 좋고 나쁨과 민중이 좋아하고 싫어하는 것을 알지 못하는 것이 없기 때문에 그 일을 이룰 수 있는 것이다."

---

14 『설문해자』 권9: 사(䦙)는 다 벌여 놓는다[極陳]는 뜻이다. 장(長)으로 구성되었고 이(隶)가 발음을 나타낸다. 사(鬟)는 사(肆)의 혹체자인데 표(髟)로 구성되었다. 식(息)과 (利)의 반절음이다.[䦙, 極陳也. 從長隶聲. 鬟, 或從髟. 息利切.]

라고 했다.

원문 案, "致"如"致知"·"致曲"之"致", "致"者, 極也, 盡也. 『禮記』「大學」云: "大學之道, 在明明德, 在親民, 在止於至善." 止至善則致其道之謂, 故「大學」又言, "君子無所不用其極." 極·致義同. 趙氏佑『溫故錄』, "此'學'以地言, 乃'學校'之學, 對'居肆'省一'居'字, 卽『國語』稱'士群萃而州處, 少而習焉, 其心安焉, 不見異物而遷'者也.「學記」, '大學之敎也, 退息必有居學.'" 此說亦通.

역문 살펴보니, "치(致)"는 "앎을 극진하게 한다[致知]"거나 "선(善)한 단서의 한쪽을 극진하게 한다[致曲]"라고 할 때의 "치(致)"와 같으니, "치(致)"란 지극함[極]이며, 극진함[盡]이다. 『예기』「대학」에 "대학(大學)의 길은 덕을 밝히고 밝히는 데 있고, 백성을 하나 되게 하는 데 있으며, 지극히 선(善)함에 머무는 데 있다."[15]고 했는데, 지극히 선한 데 머문다는 것은 그 도를 극진하게 했다는 말이기 때문에, 「대학」에서는 또 "군자는 그 극진함을 쓰지 않음이 없다."[16]고 했으니, 극(極)과 치(致)는 뜻이 같다. 조우(趙佑)의 『온고록』에 "여기의 '학(學)'은 장소를 가지고 말한 것이니, 바로 '학교(學校)'라고 할 때의 학(學)으로 '거사(居肆)'에서 '거(居)' 한 글자를 생략해서 대구(對句)가 되게 한 것이니, 바로 『국어』「제어」에서 '저 사(士)들로 하여금 무리로 모여 함께 살게 하면, 젊을 때부터 익혀서 그 마음에 편안하게 여기니, 다른 일을 보고 그것으로 옮겨 가지 않는다.'라고 한 것과 같은 것이다. 『예기』「학기」에 '대학의 교육은, 물러나 쉴 때에는 반드시 연거(燕居)할 때의 배움이 있다.' 하였다."라고 했는데, 이 설

---

15 『대학(大學)』경1장.
16 『대학』전2장.

역시 통한다.

19-8

子夏曰: "小人之過也必文." 【注】孔曰: "文飾其過, 不言情實."

자하가 말했다. "소인들은 허물이 있으면 반드시 둘러댄다."
【주】 공안국이 말했다. "그 허물을 둘러대고 꾸며서 실정을 말하지 않는다."

원문 正義曰: 皇本"必"下衍"則"字.

역문 정의에서 말한다.

황간본에는 "필(必)" 아래 "즉(則)" 자를 덧붙여 놓았다.

● 「注」, "文飾其過, 不言情實."

● 正義曰: 小人不欲改過, 故於人之責之也, 則爲文飾之言以自解說, 若爲無過者然. 『史記』
「孔子世家」齊群臣對景公曰: "君子有過, 則謝以質; 小人有過, 則謝以文." "文"謂文飾也.
『孟子』云: "且古之君子, 過則改之; 今之君子, 過則順之." 又云: "今之君子, 豈徒順之? 又從
爲之辭." "辭"卽"文"也.

○ 「주」의 "그 허물을 둘러대고 꾸며서 실정을 말하지 않는다."

○ 정의에서 말한다.

소인들은 허물을 고치려 하지 않기 때문에 남이 그것을 꾸짖으면 둘러대고 꾸며 대는 말을
해서 스스로 해명하고 설득해서 마치 허물이 없는 사람인 양한다. 『사기』 「공자세가」에 보면
제(齊)나라의 여러 신하들이 경공(景公)에게 대답하기를, "군자는 허물이 있으면 실질적으
로 사죄를 하지만 소인들은 허물이 있으면 둘러대는 말(文)로 사죄를 합니다."라고 했는데,

"문(文)"은 둘러대고 꾸밈을 이르는 것이다. 『맹자』「공손추하」에 "또 옛날의 군자들은 잘못을 저지르면 그것을 고쳤는데, 지금의 군자들은 잘못을 저지르면 그것을 계속 행합니다."라고 했고, 또 "지금의 군자들은 어찌 다만 그것을 계속 행할 뿐이겠습니까? 또 게다가 변명[辭]까지 합니다."라고 했는데, "변명[辭]"이 바로 "둘러대는 것[文]"이다.

19-9

子夏曰: "君子有三變: 望之儼然, 即之也溫, 聽其言也厲."
【注】 鄭曰: "'厲', 嚴正."

자하가 말했다. "군자는 세 가지 변함이 있으니, 멀리서 바라보면 근엄하고, 그에게 다가가면 온화하고, 그 말을 들어 보면 또 엄격하다."【주】 정현(鄭玄)이 말했다. "'여(厲)'는 엄격함[嚴正]이다."

원문 正義曰: "望之", 謂遠望之, 觀其容也. "即", 就也, 在近就見之, 觀其色也. 『釋文』, "儼, 本或作嚴." 案, 皇本作"嚴", 邢本作"儼", 二字通用. 『爾雅』「釋詁」, "儼, 敬也." 『詩』「澤陂」「傳」, "儼, 矜莊貌." 下篇云: "君子正其衣冠, 尊其瞻視, 儼然人望而畏之."

역문 정의에서 말한다.

"망지(望之)"는 멀리서 바라본다는 말이니, 그의 용모를 본다는 것이다. "즉(即)"은 나아감[就]이니, 가까이 있으면서 나아가서 보는 것으로 그의 안색을 본다는 것이다. 『경전석문』에 "엄(儼)은 판본에 따라 더러 엄(嚴)으로 되어 있다."라고 했다. 살펴보니, 황간본에는 "엄(嚴)"으로 되어 있고, 형병본에는 "엄(儼)"으로 되어 있는데, 두 글자는 통용되는 글자이다. 『이아』「석고」에 "엄(儼)은 경건함[敬]이다."라고 했고, 『시경』「국풍·택피」의 「전(傳)」에 "엄(儼)은 씩씩하고 장엄한 모양[矜莊貌]이다."라고 했으며, 아래 「요왈」에 "군자는 의관을 바르게 하고 외모를 존엄하게 유지해서 근엄하여 사람들이 우러러보고 경외(敬畏)한다."라고 했다.

19-10

子夏曰: "君子信而後勞其民; 未信, 則以爲厲己也. 信而後諫; 未信, 則以爲謗己也." 【注】 王曰: "'厲', 猶病也."

자하가 말했다. "군자는 신뢰를 받은 후에 그 백성을 수고롭게 하는 것이니, 신뢰를 받지 못하면 자신들을 괴롭힌다고 생각한다. 신뢰를 받은 후에 간하는 것이니, 신뢰를 받지 못하면 자기를 비방한다고 생각한다." 【주】 왕숙(王肅)이 말했다. "'여(厲)'는 괴롭힘[病]과 같다."

원문 正義曰: 子夏此言, 亦無欲速之意. 鄭「注」云: "'厲', 讀爲賴, 恃賴也." 案, 『左』「昭」四年, "楚滅賴." 『公羊』作"厲", 又『公羊』「僖」十五年『釋文』, "厲, 舊音賴." 是厲·賴字通, 音亦同. 然鄭「注」非全文, 恃賴之義, 亦頗難曉也.

역문 정의에서 말한다.

자하의 이 말 역시 속히 하려고 하지 말아야 한다는 뜻이다. 정현의 「주」에 "'여(厲)'는 뇌(賴)의 뜻으로 읽어야 하니 믿고 의지함[恃賴]이다."

라고 했다. 살펴보니, 『춘추좌씨전』 「소공」 4년에 "초(楚)나라가 뇌국(賴
國)을 격멸시켰다."라고 했는데, 『춘추공양전』에는 "여(厲)"로 되어 있
고, 또 『춘추공양전』 「희공」 15년의 『경전석문』에 "여(厲)는 옛 발음이
뇌(賴)이다."라고 했으니, 여(厲) 자와 뇌(賴) 자는 통용되고 발음 역시 같
다. 그러나 정현의 「주」는 전문(全文)이 아니니, 믿고 의지한다[恃賴]는
뜻 역시 자못 이해하기 어렵기도 하다.

- 「注」, "'厲', 猶病也."
- 正義曰: 『管子』 「度地」, "厲一害也." 「注」, "厲, 疾病也." 言上勞己, 使己病也.
- 「주」의 "'여(厲)'는 괴롭힘[病]과 같다."
- 정의에서 말한다.

  『관자』 「탁지」에 "전염병[厲]이 하나의 해이다."라고 했는데, 「주」에 "'여(厲)'는 질병(疾病)
  이다."라고 했으니, 위에서 자기를 수고롭게 해서 자기를 병들게 한다는 말이다.

19-11

子夏曰: "大德不踰閑, 小德出入可也." 【注】 孔曰: "'閑', 猶法也.
小德則不能不踰法, 故曰'出入可'." 注"閑猶"至"入可".

자하가 말했다. "'큰 덕이 한계를 넘지 않으면 작은 덕은 넘나들
어도 괜찮다.'라고 하였다." 【주】 공안국이 말했다. "'한(閑)'은 법(法)과 같
다. 작은 덕은 법을 넘지 않을 수 없기 때문에 '넘나들어도 괜찮다'라고 한 것이다."

- 「注」, "'閑'猶"至"入可".

- 正義曰:『說文』, "閑, 闌也." 此訓法者, 引申之義.『廣雅』「釋詁」, "閑, 灋也." 灋與法同. 「注」以小德當行權, 故云"不能不踰法".『書』「酒誥」云: "越小大德, 小子惟一." 此據常經, 可不行權, 雖小德不當出入.『荀子』「王制篇」, "孔子曰: '大節是也, 小節是也, 上君也; 大節 是也, 小節一出焉, 一入焉, 中君也; 大節非也, 小節雖是也, 吾無觀其餘矣.'" 荀子言"小節未 可出入", 卽「酒誥」之意. 若子夏所云"可"者, 謂反經合權, 有不得不出入者也.

○ 「주」의 "한유(閑猶)"부터 "입가(入可)"까지.

○ 정의에서 말한다.

『설문해자』에 "한(閑)은 가로막는대闌]는 뜻이다."[17]라고 했는데, 여기서 법(法)이라고 뜻을 새긴 것은, 인용되면서 의미가 확대된 것이다.『광아』「석고」에 "한(閑)은 법(灋)이다."라고 했는데, 법(灋)은 법(法)과 같은 글자이다. 「주」에서는 작은 덕[小德]을 권도(權道)를 행하는 것에 해당된다고 여겼기 때문에 "법을 넘지 않을 수 없다"라고 한 것이다.『서경』「주서·주 고」에 "작은 덕과 큰 덕을 소자(小子)들은 똑같은 것으로 보아라."라고 했으니, 이는 항상된 법도[常經]에 의거하고 있으면 권도를 쓰지 않을 수 있으니, 비록 작은 덕이라 할지라도 마땅 히 넘나들지 않아야 한다는 것이다.『순자』「왕제편」에 "공자가 말했다. '큰 절개도 옳고, 작 은 절개도 옳은 것은, 최상의 군주이고, 큰 절개는 옳고 작은 절개가 하나는 나가고 하나는 들어오는 보통의 군주이며, 큰 절개가 그르면 작은 절개가 비록 옳다 하더라도 나는 그 나머 지는 볼 것도 없느니라.'"라고 했으니, 순자가 말한 "작은 절개도 넘나들어서는 안 된다"라는 것이 바로『서경』「주고」의 뜻이다. 자하가 "괜찮대[可]"라고 말한 것과 같은 것은 상도를 반 대로 해서 권도에 부합되도록 하는 것은 넘나들지 않을 수 없는 경우가 있기 때문이라는 말 이다.

『繁露』「玉英篇」, "夫權雖反經, 亦必在可以然之域, 不在可以然之域, 故雖死亡, 終弗爲也. 故諸侯在不可以然之域者, 謂之大德, 大德無踰閑者, 謂正經; 諸侯在可以然之域者, 謂之小

17『설문해자』 권12: 한(閑)은 가로막는대[闌]는 뜻이다. 문(門) 가운데 나무가 있는 모양으로 구성되었다. 호(戶)와 한(閒)의 반절음이다.[閑, 闌也. 從門中有木. 戶閒切.]

德, 小德出入可也. 權, 譎也, 尙歸之以奉鉅經耳." 董解亦謂行權, 與此「注」同.

『춘추번로』「옥영」에 "권도는 비록 상도를 반대로 하는 것이지만, 또한 반드시 그렇게 할 수 있는 한계 내에 있기도 하고, 그렇게 할 수 있는 한계 내에 있지 않기도 하다. 그러므로 그러한 한계를 벗어날 경우에는 비록 죽거나 멸망한다 하더라도 끝내 하지 않는 경우도 있는 것이다. 따라서 제후로서 그렇게 할 수 없는 한계에 있는 자를 대덕(大德)이라 하니, 대덕으로서 한계를 넘음이 없는 것을 정경(正經)이라 하고, 제후로서 그렇게 할 수 있는 한계에 있는 자를 소덕(小德)이라 하니, 소덕은 넘나들어도 괜찮다. 권도는 속임수[譎]이니, 오히려 커다란 상도를 받듦으로써 되돌려야 할 따름인 것이다."라고 했는데, 동중서의 해설 역시 권도를 행함을 말한 것이니, 여기의 「주」와 같다.

『韓詩外傳』云: "<u>孔子遭齊程本子</u>於<u>郯</u>之間, 傾蓋而語終日, 有間, 顧<u>子路</u>曰: '<u>由</u>! 束帛十匹, 以贈先生.' <u>子路</u>曰: '昔者<u>由</u>也聞之於夫子, "士不中道相見. 女無媒而嫁者, 君子不行也."' <u>孔子</u>曰: '大德不踰閑, 小德出入可也.'" 此相傳夫子佚事, 於義得證者也. 邢「疏」以"大德"‧ "小德"指人言, <u>方氏觀旭</u>『偶記』亦同, 非也.

『한시외전』에 "공자가 담(郯)으로 가는 도중에 제나라 정본자(程本子)를 만나 수레 일산을 비스듬히 기울게 세워 놓고 해가 지도록 매우 친밀하게 이야기를 나누었는데, 한참을 있다가 자로를 돌아보며 말했다. '유야! 비단 묶음 열 필(匹)을 선생께 가져다 드려라.' 자로가 말하길, '옛날 제가 선생님께 들으니, "선비는 길 가는 도중에 서로 만나 보지 않는다.[18] 여자가 중매 없이 시집가는 것, 군자는 이런 것을 행하지 않는다."라고 하셨습니다.'라고 하자, 공자가 말했다. '큰 덕이 한계를 넘지 않으면 작은 덕은 넘나들어도 괜찮다.'"라고 했는데, 이는 세상에 알려지지 않은 공자의 잃어버린 일[佚事]을 서로 전한 것으로, 의리상 증거로 삼을 만한 것이다. 형병의 「소」에는 "대덕(大德)"과 "소덕(小德)"을 사람을 가리켜 말했고, 방관욱의 『논어우기』 역시 마찬가지인데, 틀렸다.

---

18 『공자가어(孔子家語)』 권2, 「치사(致思)」에는 "선비는 중간에 소개하는 사람 없이 사귀지 않는다.[士不中間見.]"라고 되어 있다.

19-12

子游曰: "子夏之門人小子! 當洒掃 · 應對 · 進退, 則可矣, 抑末也. 本之則無, 如之何?" 【注】 包曰: "言子夏弟子, 但當對賓客, 修威儀禮節之事則可, 然此但是人之末事耳. 不可無其本, 故云'本之則無, 如之何.'"

자유가 말했다. "자하의 문인과 제자들아! 물 뿌리고 청소하며, 응대하고, 나아가고 물러나는 예절을 해야 하는 상황에 처해서는 괜찮지만, 그러나 말단인 것이다. 근본적인 것은 없으니 어찌하겠는가?" 【주】 포함이 말했다. "자하의 제자들은 단지 손님을 응대할 때 위의(威儀)와 예절을 닦는 일에는 괜찮지만, 그러나 이것은 사람의 말단적인 일일 뿐이다. 그 근본이 없어서는 안 되기 때문에 '근본적인 것이 없으니 어찌하겠느냐?'라고 한 것이다."

원문 正義曰: "子游", 『漢石經』作"斿". 稱"小子"者, 子游呼而告之也. 『釋文』, "'洒掃', 上色買反, 又所綺反, 正作灑, 經典相承作灑. 下素報反, 本今作埽." 盧氏文弨『考證』, "『說文』, '灑, 汛也. 洒, 滌也. 古文以爲灑埽字.' 經典中如『毛詩』·『論語』及『周禮』「隸僕」·『國語』「晉語」皆作洒掃, 是借用." 凡糞除, 先以水潑地, 使塵不揚而後掃之, 故洒先於掃.

역문 정의에서 말한다.

자유(子游)는 『한석경』에 "유(斿)"로 되어 있다. "소자(小子)"라고 일컬은 것은 자유가 불러서 일러 준 것이기 때문이다. 『경전석문』에 "'쇄소(洒掃)'는 앞의 글자는 색(色)과 매(買)의 반절음이고, 또 소(所)와 기(綺)의 반절음이니, 정자는 쇄(灑)로 되어 있지만, 경전이 서로 계승되는 과정에 쇄(洒)로 쓰게 된 것이다. 뒤의 글자[掃]는 소(素)와 보(報)의 반절음인데, 판본에 따라 지금은 소(埽)로 쓴다."라고 했다. 노문초의 『경전석문고증』에 "『설문해자』에 '쇄(灑)는 물을 뿌린다[汛는 뜻이다.[19] 쇄(洒)는 씻는다[滌는 뜻이다. 고문(古文)에서는 물 뿌리고 쓴다[灑埽]는 글자로 여겼다.'[20]라고 했는데, 경전 가운데 『모시』나 『논어』 및 『주례』「예복」과 『국어』「진어」와 같은 경우에는 모두 쇄소(洒掃)로 되어 있으니, 이는 글자를 차용(借用)한 것이다."라고 했다. 무릇 더러운 것을 제거할[糞除] 때 먼저 물을 땅에 뿌려서 먼지가 날리지 않게 한 다음 쓸기 때문에 쇄(洒)자를 소(掃) 자보다 먼저 쓴 것이다.

원문 「曲禮」云: "凡爲長者糞之禮, 必加帚於箕上, 以袂拘而退, 其塵不及長者, 以箕自鄉而扱之."「弟子職」云: "凡拚之道, 實水于盤, 攘袂及肘, 堂上則播灑, 室中握手, 執箕膺擖, 厥中有帚, 入戶而立, 其儀不貸, 執帚下箕, 倚于戶側. 凡拚之紀, 必由奧始, 俯仰磬折, 拚毋有徹. 拚前而退, 聚於戶內, 坐板排之, 以葉適己, 實帚于箕." 此洒掃之事也.

역문 『예기』「곡례상」에 "무릇 어른을 위하여 청소하는 예는 반드시 쓰레받기 위에 빗자루를 올려놓으며, 소매로써 앞을 막고 뒤로 물러나서 그 먼지가 장자에게 미치지 않게 하고, 쓰레받기를 자신 쪽을 향하도록 해서 먼지 등을 쓸어 담는다."라고 했고, 『관자』「제자직」에 "무릇 청소[拚]하는 방법은 대야에 물을 담고 팔소매와 팔꿈치를 걷어 올리고서 당(堂)

---

19 『설문해자』 권11: 쇄(灑)는 물을 뿌린다[汛는 뜻이다. 수(水)로 구성되었고 이(麗)가 발음을 나타낸다. 산(山)과 시(豉)의 반절음이다.[灑, 汛也. 從水麗聲. 山豉切.]

20 『설문해자』 권11: 쇄(洒)는 씻는다[滌는 뜻이다. 수(水)로 구성되었고 서(西)가 발음을 나타낸다. 고문(古文)에는 물 뿌리고 쓴다[灑埽]는 글자로 여겼다. 선(先)과 예(禮)의 반절음이다.[洒, 滌也. 從水西聲. 古文以爲灑埽字. 先禮切.]

위에는 물을 뿌리고, 방 안은 두 손을 물을 움켜쥐어 뿌리며, 쓰레받기를 잡고서 그 안에 빗자루가 담기도록 차곡차곡 쓸어 담는다. 문을 들어설 때에는 똑바로 서서 거동을 흐트러뜨리면 안 되고, 빗자루를 잡고서 쓰레받기를 내려 문 옆에다 기대어 놓는다. 무릇 청소하는 순서는 반드시 방의 서남쪽 모퉁이부터 시작해서 경쇠처럼 허리를 굽혔다 폈다 하면서 구석구석을 청소하는데, 청소할 때는 물건을 다는 곳으로 움직이지 않는다. 앞쪽을 청소하면서 뒤로 물러나서, 문 안쪽에다가 쓰레기를 모았다가, 앉아서 손으로 쓰레기를 쓰레받기에 쓸어 담는데, 쓰레받기 입구를 자기를 향하게 해서 비질을 해서 쓰레받기에 담는다."라고 했는데, 이것이 물 뿌리고 청소하는 일인 것이다.

원문 "應", 『說文』作"應", 云: "以言對也." 今通作"應". 散文"應對"無別, 對文則"應"是唯諾, 不必有言, 與"對"專主答辭異也. 「內則」云, "在父母之所, 有命之, 應唯敬對." 「曲禮」云, "父召無諾, 先生召無諾, 唯而起." 「內則」云, "進退周旋愼齊." 凡摳衣趨隅, 與夫正立拱手, 中規中矩之節, 皆幼儀所當習者.

역문 "응(應)"은 『설문해자』에 "응(應)"으로 되어 있고 "말로써 상대한다는 뜻이다."²¹라고 했는데, 지금은 통용해서 "응(應)"으로 쓴다. 산문(散文)에서는 "응대(應對)"의 구별이 없고, 대문(對文)에서는 "응(應)"은 대답[唯諾]한다는 뜻인데, 반드시 말이 있는 것은 아니니, "대(對)"가 오로지 답하는 말로만 위주로 쓰이는 것과는 다르다. 『예기』「내칙」에 "부모가 계신 곳에 있을 때, 명하시는 것이 있으시면 응(應)하기를 빨리하고 대답하기

---

21 『설문해자』 권3: 응(應)은 말로써 상대한다는 뜻이다. 언(言)으로 구성되었고 안(雁)이 발음을 나타낸다. 어(於)와 증(證)의 반절음이다.[應, 以言對也. 從言雁聲. 於證切.]

를 공경히 한다." 했고, 「곡례상」에 "아버지가 부르시면 느리게 대답하지 말며 선생님이 부르시면 느리게 대답하지 말고 빨리 대답하고 일어난다."라고 했으며, 「내칙」에 "나아가고 물러나며 주선(周旋)할 때는 삼가고 엄숙히 한다."라고 했다. 무릇 옷자락을 공손히 치켜들고 실내 구석을 따라 빠른 걸음으로 가는 것[22]과 바르게 선 자세로 두 손을 맞잡는 것[拱手],[23] 그림쇠에 맞추고 곱자에 맞추는[24] 예절이 모두 어린이의 거동에 마땅히 익혀야 하는 것이다.

원문 子游習於禮樂, 以學道爲本, 而以灑掃 · 應對 · 進退爲禮儀之末, 故譏子夏爲失敎法. 『大戴禮』「曾子事父母篇」, "曾子曰: '夫禮, 大之由也, 不與小之自也.'" 又謂"趨翔周旋, 俛仰從命"爲"未成於弟", 亦此意. 『釋文』云: "'末', '本末'之'末', 字或作未, 非也."

역문 자유는 예악(禮樂)에 익숙하고 도를 배움을 근본으로 생각해서 물 뿌리고 청소하며, 응대하고, 나아가고 물러나는 것을 예의(禮儀)의 말단이라고 여겼기 때문에 자하가 가르치는 법도를 잘못하고 있다고 비난한 것이다. 『대대례』「증자사부모」에 "증자가 말했다. '예란 어른을 말미암는 것이니, 어린이로부터 시작되는 것을 인정하지 않는다.'"라고 했고,

---

22 『예기(禮記)』「곡례상(曲禮上)」: 어른이 계신 방 안으로 들어갈 때에는 옷자락을 공손히 치켜들고 실내 구석을 따라 빠른 걸음으로 가서 자리에 앉은 다음에 응대를 반드시 조심성 있게 해야 한다.[摳衣趨隅, 必愼唯諾.]

23 上同: 선생을 따라 길을 갈 때에는 길을 건너서 다른 사람과 말하지 않으며, 길을 가다가 선생을 만나면 빠른 걸음으로 앞으로 가서 바르게 선 자세로 공수(拱手)한다.[從於先生, 不越路而與人言, 遭先生於道, 趨而進, 正立拱手.]

24 『예기』「옥조(玉藻)」: 종종걸음으로 빨리 걸어갈 때에는 「채자」의 박자에 맞추고, 천천히 걸을 때에는 「사하(肆夏)」의 박자에 맞춘다. 둥글게 돌 때에는 그림쇠[規]에 맞게 하고, 좌우로 꺾어서 돌 때에는 곱자[矩]에 맞게 한다.[趨以「采齊」, 行以「肆夏」. 周還中規, 折還中矩.]

또 "종종걸음을 치거나 날개를 편 듯 걷고 두루 주선(周旋)하는 것과 굽어보고 우러러보며 명(命)을 따르는 것"을 일러 "아직 성인이 되지 않은 자의 공경[未成於弟]"이라고 했는데, 역시 이 뜻이다. 『경전석문』에 "'말(末)'은 '본말(本末)'이라고 할 때의 '말(末)'이니 글자가 간혹 미(未)로 되어 있는 것은 잘못이다."라고 했다.

- 「注」, "但當對賓客, 修威儀禮節之事."
- 正義曰: "當對"卽"應對". 『爾雅』「釋詁」, "應, 當也."
○ 「주」의 "단지 손님을 응대할 때 위의(威儀)와 예절을 닦는 일."
○ 정의에서 말한다.

　"당대(當對)"는 바로 "응대(應對)"이다. 『이아』「석고」에 "응(應)은 당(當)이다."라고 했다.

子夏聞之, 曰: "噫! 言游過矣! 君子之道, 孰先傳焉, 孰後倦焉?【注】孔曰: "'噫', 心不平之聲也." 包曰: "言先傳業者, 必先厭倦, 故我門人先教以小事, 後將教以大道." 譬諸草木, 區以別矣. 君子之道, 焉可誣也?【注】馬曰: "言大道與小道殊異, 譬如草木異類區別. 言學當以次. 君子之道, 焉可使誣, 言我門人但能灑掃而已?" 有始有卒者, 其惟聖人乎?"【注】孔曰: "終始如一, 惟聖人耳."

자하가 듣고서 말했다. "아! 언유의 말이 지나치다. 군자의 도를 누구를 먼저라 하여 전하겠으며, 누구를 뒤라 하여 고달파하며 그만 두겠는가?【주】공안국이 말했다. "'희(噫)'는 마음이 평안치 아니한 소리이다."

포함이 말했다. "먼저 전해 준 학업은 반드시 먼저 싫증을 내고 고달파서 그만두기 때문에 나는 문인들에게 먼저 작은 일을 가르치고서 뒤에 장차 큰 도를 가르칠 것이라는 말이다." 초목에 비유해 보면 종류별로 구별하는 것이다. 군자의 도가 어찌 이와 같을 수 있겠는가? 【주】 마융이 말했다. "큰 도와 작은 도가 달라서 비유하자면 초목이 다른 종류대로 구별되는 것과 같다는 말이니, 학문은 순서를 따라야 함을 말한 것이다. 군자의 도를 어찌 속아 넘어가게 할 수가 있다고, 나의 문인들이 단지 물 뿌리고 청소하는 데만 능할 뿐이라고 말한단 말인가?" 처음이 있고 끝이 있는 것은 오직 성인일 것이다." 【주】 공안국이 말했다. "처음과 끝이 한결같은 것은 오직 성인뿐이다."

원문 正義曰: "君子之道", 謂禮樂·大道, 即子游所謂本也. 此當視人所能學, 而後傳之, 故曰: "孰先傳焉? 孰後倦焉?" "倦", 即"誨人不倦"之倦. 言"誰當爲先而傳之, 誰當爲後而倦敎? 皆因弟子學有淺深, 故敎之亦異." 草木區別, 即淺深之喩. 今子游所譏, 則欲以君子之道槪傳之門人, 是誣之也.

역문 정의에서 말한다.

"군자의 도"란 예악과 대도(大道)를 말하니, 바로 자유의 이른바 근본(本)이다. 이는 마땅히 사람이 배울 수 있는가를 본 뒤에 전수할 수 있는 것이기 때문에 "누구를 먼저라 하여 전하고, 누구를 뒤라 하여 게을리하겠는가?"라고 한 것이다. "권(倦)"은 "남을 가르침에 고달프다고 여겨 그만두지 않는다[誨人不倦]"라고 할 때의 "권(倦)"이니, "누가 먼저 가르칠 대상에 해당된다고 해서 전수하겠으며 누가 뒤에 가르칠 대상에 해당된다고 해서 가르치기를 고달파하며 그만두겠는가? 모두 제자에 따라 배움이 깊고 얕음이 있기 때문에 가르침 역시 다름"을 말한 것이다. 초목의 구별은 바로 깊고 얕음을 비유한 것이다. 지금 자유가 비난한 것은 군자의 도를 일괄적으로 내어 문인들에게 전하고자 한 것이니, 이것이 바로 속이는 것이다.

원문 毛氏奇齡『稽求篇』, "'倦'卽古劵字. 傳與劵, 皆古印契傳信之物. 一如敎者之與學者兩相印契, 故借其名曰'傳'曰'劵'." 如毛此說, 則"倦"爲"劵"誤, 亦得備一義也.

역문 모기령의 『논어계구편』에 "'권(倦)'은 바로 옛날의 권(劵) 자이다. 전(傳)과 권(劵)은 모두 옛날 인계(印契)를 하거나 신표를 전하는 물건이었다.[25] 가르치는 자가 배우는 자와 함께 둘이 서로 인계하는 것과 똑같기 때문에 그 명칭을 빌려 '전(傳)'이라 하고 '권(劵)'이라 한다."라고 했는데, 만일 모기령의 말대로라면 "권(倦)"은 "권(劵)"의 오자이지만, 역시 하나의 의미는 갖출 수 있다.

원문 『漢書』「薛宣傳」, "宣令薛恭·伊賞換縣, 移書勞勉之曰: '昔孟公綽優于趙·魏, 而不宜滕·薛. 故或以德顯, 或以功擧, 君子之道, 焉可憮也?'"

---

25 전(傳): 전(傳) 자는 인(人)과 전(叀)이 결합한 모습이다. 전(專: 叀) 자는 방추(紡錘)에 감긴 실을 돌리는 모습을 그린 것이다. 이렇게 방추를 들고 있는 모습을 그린 전(叀) 자에 인(人) 자가 결합한 傳 자는 마치 무언가를 전해 주는 듯한 모습[傳]이다. 그래서 傳 자는 물건을 전해 준다는 뜻으로 쓰이고 있다. 참고로 고대에는 각 지역마다 역참(驛站)을 두어 급한 전보를 도성(都城)까지 전달하도록 했다. 그래서 이전에는 전(傳) 자가 소식을 전달하던 마차나 말을 뜻했다. 나중에 전(傳)은 사람에 한하지 않고 사물을 전하다, 보내다, 넓히다 따위의 뜻으로 씀.

권(劵): 권(劵) 자는 전(龹)과 도(刀)가 결합한 모습니다. 계약서나 증서를 뜻하기 위해 만든 글자이다. 계약이 성립되기 위해서는 본인임을 증명하는 도장이나 지장을 찍어야 한다. 그래서 권(劵: 劵) 자에 쓰인 변(釆) 자는 분별이나 식별할 수 있음을 뜻하고 도(刀) 자는 분명하고 확실하다는 의미를 전달하고 있다. 해서에서는 모양이 바뀌기는 했지만, 본래는 '표지가 있는 증서'라는 뜻이었다.

「注」, "蘇林曰: '憮, 同也, 兼也.' 晉灼曰: '憮, 音誣.' 師古曰: '謂行業不同, 所守各異.'" 此引『論語』作"憮", 當由『齊』·『古』異文. 『毛詩』「巧言」「傳」, "憮, 大也." 訓大, 故有"同"·"兼"之義, 師古所說從蘇解也. 晉灼音憮爲誣, 正謂憮卽誣也. 焦氏循『補疏』謂, "憮乃誣字叚借. 『說文』, '誣, 加也.' 加與同·兼義近." 其說良然. 『漢石經』"惟"作唯.

역문 『전한서』「설선전」에 "설선(薛宣)이 설공(薛恭)과 이상(伊賞)에게 명령을 내려 서로 맡은 고을을 바꾸게 하고는 글을 보내어 다음과 같이 위로하고 격려하였다. '옛날 맹공작(孟公綽)은 조씨(趙氏)와 위씨(魏氏)의 가신이 되기에는 넉넉했지만 등(滕)나라와 설(薛)나라의 대부가 되기에는 마땅하지 않았다. 그러므로 어떤 이는 덕으로써 드러나기도 하고, 어떤 이는 공으로써 등용되기도 하니, 군자의 도가 어찌 같을 수 있겠는가?(君子之道, 焉可憮也?)'라고 했는데, 「주」에 "소림(蘇林)이 말하길, '무(憮)는 같다(同)는 뜻이며 겸함(兼)이다.'라고 하였고, 진작(晉灼)이 말하길, '무(憮)는 무(誣)로 발음해야 한다.'라고 했다. 안사고는 말하길, '하는 일이 같지 않으면 지키는 바가 각각 다르다는 말이다.'라고 했다."라고 하였는데, 여기에 『논어』를 인용하면서 "무(憮)"라고 쓴 것은 당연히 『제논어』와 『고논어』의 글자가 다른 데서 연유한 것이다. 『모시』「교언」의 「전」에 "무(憮)는 대(大)이다."라고 해서 크다(大)는 뜻으로 새겼기 때문에 "같다(同)"와 "겸함(兼)"의 뜻이 있는 것이고, 안사고가 말한 것은 소림의 해석을 따른 것이다. 진작이 무(憮)는 무(誣)로 발음해야 한다고 한 것은 바로 무(憮)가 곧 무(誣)라는 말이다. 초순의 『논어보소』에 이르길, "무(憮)는 바로 무(誣) 자의 가차자이다. 『설문해자』에 '무(誣)는 더한다(加)는 뜻이다.'[26]라고 했는데, 가(加)는 같음(同) 또는 겸함(兼)과 뜻이 가깝다."라

---

26 『설문해자』권3: 무(誣)는 더한다(加)는 뜻이다. 언(言)으로 구성되었고 무(巫)가 발음을 나

고 했는데, 이 말이 참으로 옳다. 『한석경』에는 "유(惟)"가 유(唯)로 되어 있다.

- 「注」, "言先"至"大道".
- 正義曰:「注」以先傳必先厭倦, 後傳則後厭倦, 非經旨.
- ○「주」의 "언선(言先)"부터 "대도(大道)"까지.
- ○ 정의에서 말한다.

  「주」에서는 먼저 전해 주면 반드시 먼저 싫증을 내고 고달파서 그만두고 나중에 전해 주면 나중에 싫증을 내고 고달파서 그만둔다고 한 것이니, 경문의 취지가 아니다.

- 「注」, "言大"至"而已".
- 正義曰: "草木區別", 喻人學有不同. 故「注」云大道·小道, 則指本末言之, 本爲大道, 末爲 小道也. 『華嚴經音義』上引「注」云: "區, 別也." 疑「注」有脫文. 凡地域謂之區, 區以分別, 故區卽訓別. 「注」以"誣"爲欺誣, 言教人以所不能, 則爲誣也, 於義亦通.
- ○「주」의 "언대(言大)"부터 "이이(而已)"까지.
- ○ 정의에서 말한다.

  "초목구별(草木區別)"은 사람이 배움에 같지 않음이 있음을 비유한 것이다. 그러므로 「주」 에서 큰 도[大道]와 작은 도[小道]라고 한 것이니, 본말(本末)을 가리켜서 한 말로, 근본[本]은 큰 도가 되고, 말단[末]은 작은 도가 되는 것이다. 『화엄경음의』상(上)에 「주」를 인용해서 "구(區)는 구별[別]이다."라고 했는데, 아무래도 「주」에 빠진 글자가 있는 듯하다. 대체로 지 역(地域)을 구(區)라고 하는데, 구역별로 나누어 구별하기 때문에 구(區)는 바로 별(別)의 뜻 으로 새긴 것이다. 「주」에서는 "무(誣)"를 속임[欺誣]이라고 했는데, 할 수 없는 것을 가지고 사람을 가르치면 속임수가 된다는 말이니, 의미상 역시 통한다.

타낸다. 무(武)와 부(扶)의 반절음이다.[誣, 加也. 從言巫聲. 武扶切.]

- 「注」, "終始如一, 惟聖人耳."
- 正義曰: 『大學』云: "物有本末, 事有終始, 知所先後, 則近道矣." 此『大學』敎人之法, 雖聖人亦不外此. 然聖道體備, 學其本而末已賅, 學其末而本不廢, 故能終始如一. "如一"者, 一貫之謂也.

○「주」의 "처음과 끝이 한결같은 것은 오직 성인뿐이다."

○ 정의에서 말한다.

『대학』에 "사물에는 근본과 말단이 있고, 일에는 시작과 끝이 있으니, 먼저 하고 나중에 할 것을 알면 도에 가까울 것이다."[27]라고 했는데, 이것이 『대학』에서 사람을 가르치는 법이니, 비록 성인이라 할지라도 역시 여기에서 벗어나지 않는다. 그러나 성인은 도체(道體)가 갖추어져 있어서, 그 근본을 배움에 말단이 이미 갖추어지고, 그 말단을 배워도 근본이 폐해지지 않기 때문에 처음과 끝이 한결같을 수 있는 것이다. "한결같다[如一]"라는 것은 일관(一貫)됨을 말하는 것이다.

19-13

子夏曰: "仕而優則學, 【注】馬曰: "行有餘力, 則以學文." 學而優則仕."

자하가 말했다. "벼슬을 하고서 여유가 있으면 학문을 하고, 【주】 마융이 말했다. "실천하고 남은 힘이 있으면, 옛사람이 남긴 문헌을 배운다[28]는 것이다." 학문을 하고서 여유가 있으면 벼슬을 한다."

---

27 『대학』 경1장.
28 『논어』 「학이(學而)」.

원문 正義曰: 古者大夫士, 年七十致事, 則設敎於其鄕, 大夫爲大師, 士爲少師, 是‘仕而優則學’也. 學至大成乃仕, 是‘學而優則仕’也.

원문 正義曰: 古者大夫士, 年七十致事, 則設敎於其鄕, 大夫爲大師, 士爲少師, 是‘仕而優則學’也. 學至大成乃仕, 是‘學而優則仕’也.

역문 정의에서 말한다.

옛날에 대부와 사는 나이가 일흔 살이 되면 벼슬을 그만두고,[29] 자기가 살던 향리에서 가르침을 베푸는데, 대부는 대사(大師)가 되고 사는 소사(少師)가 되니, 이것이 ‘벼슬을 하고서 여유가 있으면 학문을 한다’라는 것이다. 학문이 크게 성취됨에 이르면 이에 벼슬을 하는 것이니, 이것이 ‘학문을 하고서 여유가 있으면 벼슬을 한다’라는 것이다.

- 「注」, “行有餘力, 則以學文.”
- 正義曰: 『說文』, “優, 饒也. 饒, 餘也.” 言人從事於所當務而後及其餘, 不泛騖也, 故引學而文說之, 此又一義.
- 「주」의 “실천하고 남은 힘이 있으면, 옛사람이 남긴 문헌을 배운다.”
- 정의에서 말한다.

  『설문해자』에 “우(優)는 넉넉함[饒]이다.[30] 요(饒)는 여유가 있다[餘]는 뜻이다.[31]”라고 했으니, 사람이 마땅히 해야 할 일에 종사한 뒤에 여유로움에 미치게 되면 광범하게 치닫지 않기 때문에 학문을 끌어와 옛사람이 남긴 문헌을 배우고 이야기를 나눈다는 말이니, 이 또한 한

---

29 『예기』「곡례상」: 대부는 일흔 살에 벼슬을 그만둔다. 만약 사직을 허락할 수 없으면 임금은 반드시 궤장(几杖)을 하사한다.[大夫七十而致事. 若不得謝, 則必賜之几杖.]

30 『설문해자』 권8: 우(優)는 넉넉함[饒]이다. 인(人)으로 구성되었고 우(憂)가 발음을 나타낸다. 일설에서는 여광대[倡]라고도 한다. 어(於)와 구(求)의 반절음이다.[優, 饒也. 從人憂聲. 一曰倡也. 於求切.]

31 『설문해자』 권5: 요(饒)는 배가 부르다[飽]는 뜻이다. 식(食)으로 구성되었고 요(堯)가 발음을 나타낸다. 여(如)와 소(昭)의 반절음이다.[饒, 飽也. 從食堯聲. 如昭切.] “飽”는 『논어정의』에 “餘”로 되어 있다. 유보남(劉寶楠)이 의도적으로 “飽”를 “餘”라고 쓴 것 같다.

가지 뜻이다.

19-14

子游曰: "喪致乎哀而止." 【注】孔曰: "毁不滅性."

자유가 말했다. "상례는 슬픔을 극진히 하는 것으로서 그치는 것이다." 【주】공안국이 말했다. "몸이 수척해질 정도로 지극히 애통해하더라도 자기의 생명만은 해치지 않아야 한다."

원문 正義曰: 朱子『集注』云: "致極其哀, 不尙文飾也. 楊氏曰: '"喪, 與其易也寧戚, 不若禮不足而哀有餘"之意.'" 案, 「問喪」云: "故哭泣辟踊, 盡哀而止矣." 與此"而止"文法同.

역문 정의에서 말한다.

주자의 『논어집주』에 "슬픔을 극진히 하고 형식적으로 잘 꾸미는 것 [文飾]을 숭상하지 않는 것이다. 양씨(楊氏)가 말했다. '초상은 지나친 예 (禮)를 차리기보다는, 차라리 슬퍼하는 것이 더 낫고,'[32] '예(禮)가 부족하더라도 애통함이 지나친 것만 못하다.'[33]는 뜻이다.'"라고 했다. 살펴보니, 『예기』「문상」에 "곡하고 흐느끼며 가슴을 치고 위아래로 발을 굴러 슬픔을 극진히 하고서 그친다."라고 했는데, 여기의 "이지(而止)"와 문법

---

32 『논어』「팔일(八佾)」.
33 『예기』「곡례상」.

이 같다.

원문 夏氏之蓉『喪說』, "人未有自致者也, 必也親喪乎! 先王制禮, 非由天降, 非自地出, 人情之所不能自已者而已矣. 是故衰麻免絰之數, 哀之發於容服者也; 擗踊哭泣之節, 哀之發於聲音者也. 斬衰唯而不對, 齊衰對而不言, 大功言而不議, 哀之發於言語者也. 父母之喪, 朝一溢米, 莫一溢米. 齊衰之喪, 不食菜果, 大功不食醯醬, 小功不飲酒醴, 哀之發於飲食者也. 父母之喪, 居倚廬, 寢苫枕塊. 齊衰之喪, 居堊室, 哀之發於居處者也. 凡此者無他, 創鉅者其日久, 痛深者其愈遲, 凡有知者之所固然, 稱情以立文焉而已矣."

역문 하지용(夏之蓉)[34]의『상설』에 "사람이 아직 스스로 정성을 다할 수 있는 것이 없지만, 반드시 어버이의 상에서는 정성을 다해야 한다![35] 선왕 (先王)이 제정한 예는 하늘이 내어 줌을 말미암은 것이 아니요 땅에서 솟아나온 것도 아니라, 인정(人情)상 스스로 그만두지 못하는 것일 뿐이다. 이런 까닭에 최복과 시마복·문(免)과 질(絰)의 도수는 슬픔이 용모와 복장으로 나타난 것이고, 가슴을 치고 위아래로 발을 구르며 곡하고 흐느끼는 예절은 슬픔이 목소리로 드러난 것이다. 참최복(斬衰服)에서 응답만 할 뿐 대답하지 않고, 자최복(齊衰服)에서 대답은 하되 다른 말은 하

---

34 하지용(夏之蓉, 1698~1785): 청나라 강소(江蘇) 고우(高郵) 사람. 자는 부상(芙裳), 호는 예곡(醴谷). 옹정(雍正) 11년(1733) 진사(進士)가 되어 한림(翰林)에 들어갔다. 건륭(乾隆) 원년(1736) 홍박(鴻博)으로 천거되어 한림원검토(翰林院檢討)에 임명되었다. 복건향시정고관(福建鄕試正考官)과 광동(廣東)과 호남(湖南)의 학정(學政)을 역임했다. 귀향한 뒤 종산(鍾山) 여정서원(麗正書院)을 이끌었다. 경사(經史)에 정통했고, 시문(詩文)도 잘 지었다. 저서에『독사제요록(讀史提要錄)』과『반방재시문집(半舫齋詩文集)』이 있다.

35 『논어』「자장(子張)」.

지 않으며, 대공복(大功服)에서 말은 하지만 의논하지는 않는 것은 슬픔이 언어에서 드러난 것이다. 부모의 상에서는 아침에 1일(溢)의 쌀로 지은 죽을 먹고 저녁에 1일의 쌀로 지은 죽을 먹으며, 자최의 상에서는 채소와 과일을 먹지 않으며, 대공의 상에 식초와 육장[醯醬]을 먹지 않으며, 소공에는 단술을 마시지 않으니, 이는 슬픔이 음식에 나타나는 것이다. 부모의 상에서는 여막에 거처하고, 거적자리에 흙덩이를 베고 자며, 자최의 상에는 악실(堊室)에서 거처하니, 이는 슬픔이 거처로 드러난 것이다. 이 모든 것들은 다름이 아니라, 상처가 큰 자는 회복하는 기간이 길고, 애통함이 심한 자는 치유가 더딘 것이니, 무릇 예를 아는 자는 본래 그러한 것으로 인정에 맞춰 규정을 만드는 것일 따름이다."라고 했다.

- 「注」, "毁不滅性."
- 正義曰:「注」說非經意. "性"與"生"同.「喪服四制」云: "三日而食, 三月而沐, 期而練, 毁不滅性, 不以死傷生也."
- 「주」의 "몸이 수척해질 정도로 지극히 애통해하더라도 자기의 생명만은 해치지 않아야 한다."
- 정의에서 말한다.
  「주」의 설명은 경문의 뜻이 아니다. "성(性)"과 "생(生)"은 같은 뜻이다. 『예기』「상복사제」에 "사흘이 지나면 죽을 먹고, 석 달이 지나면 머리를 감고, 일 년이 지나면 연제(練祭)를 지내되, 몸이 수척해질 정도로 지극히 애통해하더라도 자기의 생명만은 해치지 말아서, 어버이의 죽음 때문에 자기의 생명까지 상하게 해서는 안 된다."라고 했다.

19-15

子游曰: "吾友張也爲難能也, 然而未仁." 【注】 包曰: "言子張容儀
之難及."

자유가 말했다. "내 친구 자장은 능히 필적하기 어려운 사람이지
만, 그러나 아직 인(仁)하지는 않다." 【주】 포함이 말했다. "자장의 용모
와 거동을 따라잡기 어렵다는 말이다."

- 「注」, "言子張容儀之難及."
- 正義曰: 焦氏循『補疏』, "此文但言'難能', 未言所以難能者何在, 故下連載曾子之言'堂堂', 知
  堂堂爲難能, 即知'難能'指'堂堂'. 此自相發明之例." 案, 焦說本此「注」.
- 「주」의 "자장의 용모와 거동을 따라잡기 어렵다는 말이다."
- 정의에서 말한다.

  초순의 『논어보소』에 "이 글에서는 다만 '필적하기 어렵다'라는 말만 했지, 필적하기 어려운
  까닭이 어디에 있는지는 말하지 않았기 때문에, 아래 글에서 증자가 '당당(堂堂)하다'라고 한
  말을 이어 붙여서 당당함이 필적하기 어려운 것이 됨을 알려 주었으니, 바로 '필적하기 어려
  운 것'은 바로 '당당함'을 가리키는 것임을 알 수 있다. 이는 서로 간에 발명한 예이다."라고
  했다. 살펴보니, 초순의 말은 이 「주」를 근거로 한 것이다.

  『大戴禮』「衛將軍文子篇」孔子言子張"不弊百姓", "以其仁爲大", 又言其"不伐, 不侮可侮,
  不佚可佚." 是子張誠仁, 而子游譏其未仁者, 以其容儀過盛, 難與竝爲仁, 但能成己而不能
  徧成物, 即是未仁. "未仁"者, 未爲仁也. 以此見仁道之至難也.
  『대대례』「위장군문자」에 공자가 자장에게 "백성을 피폐하게 하지 않는다", "그 인을 크게
  여긴다"라고 했고, 또 그 공이 있어도 "자랑하지 않고, 업신여길 만해도 업신여기지 않고 한

가할 만한데도 게으르지 않다."라고 했으니, 이는 자장이 인(仁)을 성실하게 실천했다는 것인데, 자유가 그는 아직 인하지 않다고 비난한 것은 그의 용모와 거동이 지나치게 거창해서 함께 인을 행하기 어려웠기 때문이니, 다만 자기만 완성시킬 수 있을 뿐 두루 남을 완성시켜 주지 못했으니, 바로 이것이 아직 인하지 않다는 것이다. "아직 인하지 않다[未仁]"라는 것은 아직 인(仁)을 실천하지 못했다는 뜻이다. 이것을 가지고 인도(人道)가 지극히 어려운 것임을 보여 준 것이다.

19-16

曾子曰: "堂堂乎張也! 難與竝爲仁矣."【注】鄭曰: "言子張容儀盛, 而於仁道薄也."

증자가 말했다. "당당하구나, 자장이여! 함께 인(仁)을 행하기는 어렵다."【주】정현이 말했다. "자장이 용모와 거동은 거창하지만 인도(仁道)에 있어서는 부족하다는 말이다."

원문 正義曰: 弟子群居, 修德講學, 皆是爲仁. 但必忠信篤敬, 慮以下人, 而後與人以能親, 容人以可受, 故可與竝爲仁. 若容儀過盛, 則疑於矜己, 或絶物矣, 故難與竝爲仁. 『列子』「仲尼篇」, "子曰: '師之莊, 賢於丘也.'" 又曰: "師能莊而不能同." "莊"卽謂"堂堂", "不能同"卽"難與竝"之意.

역문 정의에서 말한다.

제자들이 함께 거처하면서 덕을 닦고 학문을 강론하는 것이 모두 인(仁)을 행하는 것이다. 다만 반드시 성실하고 진실하며 돈독하고 경건해서 남에게 자신을 낮출 것을 생각한 뒤에 남과 함께 친해질 수 있고, 남을 받아들여 사랑할 수 있기 때문에 함께 인을 행할 수 있는 것이다. 만약 용모와 거동이 지나치게 거창하면 자기를 뽐낸다는 혐의를 받게 되어서 간혹 남과 관계를 끊게 되기 때문에 함께 인을 행하기 어려운 것이다. 『열자』「중니」에, "공자가 말했다 '사(師: 자장)의 장중함은 나보다 훌륭하다.'"라고 했고, 또 "사(師)는 장중함은 잘하지만 남과의 동화(同和)는 잘하지 못한다."라고 했는데, "장중함[莊]"은 바로 "당당하다[堂堂]"라는 말이고, "동화를 잘하지 못함[不能同]"은 바로 "함께하기 어렵다[難與並]"라는 뜻이다.

- 「注」, "言子張容儀盛, 而於仁道薄也."
- 正義曰: 『御覽』三百八十九引"仁道薄"下有"勉難進"三字. "容儀", 謂容貌之儀. 子張平居, 容儀過盛, 故云"師也辟", "辟"者, 盤辟也. 知堂堂爲容儀盛者, 『廣雅』「釋詁」, "堂, 明也."「釋訓」, "堂堂, 容也."『後漢書』「伏湛傳」, "杜詩上疏曰: '湛容貌堂堂, 國之光暉.'"『字通』作'棠', 『魯峻碑』, "棠棠忠惠."
- 「주」의 "자장이 용모와 거동은 거창하지만 인도(仁道)에 있어서는 부족하다는 말이다."
- 정의에서 말한다.

  『태평어람』 권389에 "인도박(仁道薄)"을 인용했는데, 그 아래 "면난진(勉難進)"[36] 세 글자가 있다. "용의(容儀)"는 용모(容貌)의 거동(儀)을 이른다. 자장은 평소 거처할 때 용모와 거동이 지나치게 거창했기 때문에 "사는 치우쳤다[辟]"[37]고 한 것인데, "치우쳤다[辟]"[38]는 것은,

---

36 문연각(文淵閣) 『사고전서(四庫全書)』에 실린 『태평어람(太平御覽)』에는 이러한 표현이 없다.

37 『논어』「선진(先秦)」.

38 『논어』「향당(鄕黨)」. "足躩如也"라고 한 곳의 포함(包咸)의 주에 "족확(足躩)은 발걸음을 회피하듯 머뭇거리며 조심하는 모양[盤辟]이다.[足躩, 盤辟貌.]"라고 했고, 「선진」의 "사는 치

발걸음을 회피하듯 머뭇거리며 조심하는 모양[盤辟]이다. 당당(堂堂)이 용모와 거동의 거창함이 됨을 아는 것은, 『광아』「석고」에 "당(堂)은 밝음[明]이다."라고 했고, 「석훈」에 "당당(堂堂)은 용모[容]이다."라고 했으며, 『후한서』「복담전」에 "두시(杜詩)[39]가 상소하기를, '담당한 용모 당당(堂堂)하니, 나라의 광휘(光暉)이다.'"라고 했기 때문이다. 『자통』에는 '당(棠)'으로 되어 있는데, 『노준비』에 "당당(棠棠)한 충성과 은혜."라고 했다.

19-17

曾子曰: "吾聞諸夫子: 人未有自致者也, 必也親喪乎!"【注】馬曰: "言人雖未能自致盡於他事, 至於親喪, 必自致盡."

증자가 말했다. "내가 선생님께 들으니 '사람이 아직 스스로 정성을 다할 수 있는 것이 없지만, 반드시 어버이의 상에서는 정성을 다해야 한다.'라고 하셨다."【주】마융이 말했다. "사람이 비록 아직 다른 일에는 자기의 정성을 다할 수 없지만, 어버이의 상에 이르러서는 반드시 자기의 정성을 다해야 함을 말한 것이다."

우치다[顔也辟]라고 한 곳에서 유보남은 "살펴보니, 편벽(便辟)은 발걸음을 회피하듯 머뭇거리며 조심하는 모양[盤辟]과 같다.[案, 便辟猶盤辟.]"라고 했다.

39 두시(杜詩, 기원전 1?~38): 중국 후한(後漢) 광무제(光武帝) 때의 문신이자 학자. 후한 때 남양 태수(南陽太守)로 하내군(河內郡) 급현(汲縣) 사람이다. 자는 군공(君公). 건무(建武) 원년(元年)에 한 해에 세 번이나 천거되어 시어사(侍御使)가 되고 여남도위(汝南都尉)와 남양 태수(南陽太守)를 역임했는데, 행정이 청렴하고 공평했으며 덕정(德政)을 펼쳤다. 특히 두시는 횡포한 장군 소광(蕭光)을 격살(格殺)하고, 역적 양이(楊異) 등을 주벌하는 등 크게 선정을 베풀어 당시 남양 사람들이 사모하여 "전에는 소부가 있고, 뒤에는 두모가 있네.[前有召父, 後有杜母.]"라고 칭송하였다고 한다.

正義曰: 『漢石經』作"吾聞諸子". "人未有自致也"者, 『孟子』云: "親喪,
固所自盡也." 意同.

정의에서 말한다.

『한석경』에는 "오문저자(吾聞諸子)"로 되어 있다. "사람이 아직 스스로
정성을 다할 수 있는 것이 없다[人未有自致也]"라는 것은 『맹자』「등문공
상」에서 "어버이의 상은 진실로 스스로 정성을 다해야 하는 것이다."라
고 한 것과 뜻이 같다.

19-18

曾子曰: "吾聞諸夫子: '孟莊子之孝也, 其他可能也, 其不改父
之臣與父之政, 是難能也.'" 【注】 馬曰: "孟莊子, 魯大夫仲孫速也. 謂
在諒陰之中, 父臣及父政雖有不善者, 不忍改也."

증자가 말했다. "내가 선생님께 들으니 '맹장자의 효 중에서 다른
것은 할 수 있지만, 그가 아버지의 신하와 아버지의 정치를 바꾸
지 않은 것, 그것은 하기 어려운 것이다.'라고 하셨다." 【주】 마융이
말했다. "맹장자는 노나라 대부 중손속(仲孫速)이다. 그가 초상을 치르는 여막[諒陰]
에 있는 동안, 아버지의 신하와 아버지의 정치가 비록 불선(不善)한 것이 있어도 차
마 바꾸지 못했던 것을 이른다."

正義曰: 皇本"難"下無"能"字. 朱子『集注』云: "其父獻子, 名蔑. 獻子有
賢德, 而莊子能用其臣, 守其政. 故其他孝行雖有可稱, 而皆不若此事之爲
難."

역문 정의에서 말한다.

황간본에는 "난(難)" 아래 "능(能)" 자가 없다. 주자의 『논어집주』에 "그의 아버지는 헌자(獻子)로 이름은 멸(蔑)이다. 헌자가 훌륭한 덕이 있었는데, 맹장자가 거뜬히 아버지의 신하를 등용하고 그 정사를 그대로 지켰다. 그러므로 다른 효행이 비록 칭송할 만한 것이 있으나 모두 이 일처럼 어려운 것만은 못 한 것이다."라고 했다.

- 「注」, "謂在"至"改也".
- 正義曰:「注」意以三年不改爲孝, 故云"在諒陰之中". 諒陰, 凶廬, 上下通稱. 其實"三年不改", 亦謂"其父善道, 己能守之, 便是至孝." 若有不善, 正當改易, 何爲云"不忍"哉?「注」說誤也.
- ○「주」의 "위재(謂在)"부터 "개야(改也)"까지.
- ○ 정의에서 말한다.

「주」의 생각으로는 3년 동안 바꾸지 않은 것을 효로 여긴 것이기 때문에, "초상을 치르는 여맥[諒陰]에 있는 동안"이라고 한 것이다. 양암(諒陰)은, 흉사에 거처하는 여막[凶廬]이니, 상하(上下)의 공통된 명칭이다. 사실 "삼년 동안 바꾸지 않았다"라는 것은 또한 "그 아버지의 훌륭한 도를 자기가 거뜬히 지킬 수 있는 것이 바로 지극한 효"라는 말이다. 만약 불선(不善)함이 있다면, 바꾸고 고치는 것이 정당한데 어떻게 "차마 바꾸지 못했다"라고 말할 수 있겠는가?「주」의 말은 잘못된 것이다.

19-19

孟氏使陽膚爲士師, 問於曾子.【注】包曰: "陽膚, 曾子弟子. '士師', 典獄之官."

> 맹씨(孟氏)가 양부(陽膚)를 사사(士師)로 임명하자, 양부가 증자에
> 게 물었다. 【주】 포함이 말했다. "양부(陽膚)는 증자의 제자이다. '사사(士師)'는
> 형옥(刑獄)을 맡은 벼슬아치이다."

원문 正義曰:「檀弓」「疏」引鄭注『論語』云:"慶父縊稱死, 時人爲之諱, 故云
孟氏." 僞王應麟集本繫於孟懿子問孝章, 丁氏杰以爲當在此下, 臧氏庸從
之.『公羊』「僖」元年「傳」, "慶父於是抗縊經而死." 此鄭所本.『公羊』「疏」
引鄭云: "慶父縊死." 當卽『論語』「注」文. 臧氏以此「注」"稱"字爲"經"之
誤, 陳氏鱣以"稱"字誤衍, 二說均有理. 考鄭以魯人諱慶父之事, 故稱孟氏,
此義未知所出. 杜預謂"慶父是莊公長庶兄", 庶長稱孟, 於理爲順. "問於曾
子"者, 陽膚問也.

역문 정의에서 말한다.

　『예기』「단궁상」의 「소」에 정현이 『논어』를 주석한 것을 인용해서
"경보(慶父)[40]가 수레의 끝채에 목을 매고 스스로 자살했는데,[41] 당시 사

40　경보(慶父, ?~기원전 660): 춘추시대 노(魯)나라 사람. 공자(公子). 노장공(魯莊公)의 서형
　　(庶兄)이다. 중경보(仲慶父) 또는 공중(共仲), 맹손씨(孟孫氏)로도 불린다. 장공이 죽은 뒤
　　장공의 아들 자반(子班)이 즉위하자 자객을 시켜 그를 살해했다. 이어 민공(閔公)이 즉위하
　　자 그 또한 죽인 뒤 거(莒) 땅으로 달아났다가 귀국하는 도중에 형세가 불리해지자 결국 스
　　스로 목을 매어 자살했다. 후세에 내란을 자주 일으키는 사람을 일컬어 경보(慶父)라 불렀다.

41　주칭(縊稱):『춘추공양전(春秋公羊傳)』「희공」 원년에 "공자 경보(公子慶父)가 민공(閔公)
　　을 시해하고 달아나서 거(莒)나라로 갔는데, 거나라 사람이 그를 축출했다. 장차 제나라를
　　경유하려 했으나, 제나라 사람이 받아들이지 않자, 발길을 되돌려 문수(汶水) 가에 머물면서
　　공자 혜사(公子奚斯)를 시켜 들여보내 줄 것을 청하게 하자, 계자(季子)가 말했다. '공자는
　　들어올 수가 없다. 들어오면 죽일 것이다.' 혜사가 차마 경보에게 돌아가 반명하지 못하고
　　남쪽 물가에서 북쪽을 향하여 곡을 했다. 경보가 그 소리를 듣고 말하길, '아! 이것은 혜사의

람들이 피휘(避諱)하였기 때문에 맹씨(孟氏)라고 한 것이다."라고 했다.
위조된 왕응린의 집본(集本)에는 맹의자문효장(孟懿子問孝章)⁴²에 달려 있
는데, 정걸(丁杰)은 마땅히 여기에 있어야 한다고 여겼고, 장용(臧庸)이
이를 따랐다. 『춘추공양전』「희공」 원년의 「전」에 "경보(慶父)가 이에
수레 끌채에 목을 매고 스스로 목숨을 끊었다."라고 했는데, 이것을 정
현이 근거로 삼은 것이다. 『춘추공양전』의 「소」에 정현을 인용해서 "경
보(慶父)가 수레 끌채에서 죽었다.[慶儀輈死.]"라고 했는데, 마땅히 『논어』
「주」의 글이어야 한다. 장씨(臧氏)는 이 「주」의 "칭(稱)" 자를 "경(經)"의
오자라고 했고, 진전(陳鱣)은 "칭(稱)" 자를 잘못해서 불어난 글자라고 했
는데, 두 설이 모두 일리가 있다. 상고해 보건대, 정현이 노나라 사람들
이 경보의 일을 피휘했기 때문에 맹씨(孟氏)라 칭한다고 했는데, 이 뜻은
어디에서 나왔는지 모르겠다. 두예는 "경보(慶父)는 장공(莊公)의 장서형
(長庶兄)이다"라고 했는데, 서자 중에 맏이이기 때문에 맹(孟)이라 칭한
것으로, 이치상 순조롭다. "증자에게 물었다"라는 것은 양부(陽膚)가 물
은 것이다.

曾子曰: "上失其道, 民散久矣. 如得其情, 則哀矜而勿喜."
【注】馬曰: "民之離散, 爲輕漂犯法, 乃上之所爲, 非民之過. 當哀矜之, 勿自喜

소리로다. 끝났구나.'라고 하면서 '내가 들어갈 수가 없는가보다.'라고 하고는 이에 수레 끌
채에 목을 매고 스스로 목숨을 끊었다.[公子慶父弑閔公, 走而之莒, 莒人逐之. 將由乎齊, 齊
人不納, 却反舍于汶水之上, 使公子奚斯, 入請, 季子曰: '公子不可以入. 入則殺矣.' 奚斯不忍
反命于慶父, 自南涘北面而哭. 慶父聞之曰: '嘻! 此奚斯之聲也. 諾已.' 曰: '吾不得入矣.' 於是
抗輈經而死.]"라고 했으니, "주칭(輈稱)"은 "주칭(輈經)"의 오자인 듯싶다.
42 『논어』「위정(爲政)」.

能得其情."

증자가 말했다. "윗사람이 도를 잃어 백성들의 마음이 흩어진 지 오래되었다. 만일 옥사의 실정을 파악했다면, 애처롭고 불쌍하게 여기고 기뻐하지 말아야 한다."【주】마융이 말했다. "백성들의 마음이 흩어져 경솔하게 들뜨고 법을 범하는 것은 바로 윗사람이 그렇게 만든 것이지 백성들의 허물이 아니니, 마땅히 애처롭고 불쌍하게 여겨야 하고, 그 범죄의 실정을 알아냈다고 기뻐하지 말아야 한다."

원문 正義曰: 張拭『解』, "先王之於民, 所以養之敎之者, 無所不用其極, 故民心親附其上, 服習而不違. 如是而猶有不率焉, 而後刑罰加之, 蓋未嘗不致哀矜惻怛也. 若夫後世禮義衰微, 所以養之敎之者, 皆蕩而不存矣. 上之人未嘗心乎民也, 故民心亦渙散而不相屬, 以陷於罪戾而陷於刑戮, 此所謂 '上失其道, 民散久矣.'"

역문 정의에서 말한다.

장식의『논어해』에, "선왕이 백성에 대하여 기르고 가르침이 그 지극함을 쓰지 않는 바가 없기 때문에 민심이 그 윗사람을 친애하고 따르며, 가슴으로 익혀 어기지 않는 것이다. 이같이 하는데도 오히려 따르지 않는 경우가 있은 뒤에 형벌을 가하는 것이니, 대체로 일찍이 애처롭게 여기고 불쌍히 여기며 안타깝게 여김을 극진히 하지 않은 적이 없었다. 후세에 예의가 쇠미해진 것으로 말할 것 같으면 기르고 가르치는 것이 모두 방탕해지고 보전되지 않았기 때문이다. 위에 있는 사람이 일찍이 백성에게 마음을 두지 않기 때문에 백성들의 마음 역시 흩어져 서로 이어지지 않아 죄에 빠져들고 형벌로 죽임을 당함에 빠져드니, 이것이 이른바 '윗사람이 도를 잃어 백성들의 마음이 흩어진 지 오래되었다.'라는 것이다."라고 했다.

원문 "情"者, 實也, 謂民所犯罪之實也.『周官』「小宰」, "以敍聽其情."『禮記』「大學」, "無情者不得盡其辭." "哀矜"者, 哀其致刑, 矜其無知, 或有所不得已也.『書』「呂刑」云: "哀矜折獄." 與此文同.『論衡』「雷虛篇」引『論語』作"哀憐", 或是以義代之. <u>段氏玉裁</u>遂疑"矜"當作"矝", 矝讀如憐, 恐未是也.

역문 "정(情)"이란 실정[實]이라는 뜻이니, 백성들이 범죄를 저지르게 된 실정을 이른다.『주례』「천관총재상·소재」에 "순서대로 그 소송하는 실정[情]을 듣는다."라고 했고,『예기』「대학」에 "실정이 없는 자에게 말을 다하지 못하게 한다."[43]고 했다. "애긍(哀矜)"이란 그가 형벌을 받게 된 것을 애처로워하는 것이고, 그가 무지함을 불쌍히 여기는 것이니, 간혹 부득이한 바가 있기 때문이다.『서경』「주서·여형」에 "애처롭게 여기고 불쌍히 여겨 옥사를 결단하라."[44]라고 했는데, 이 글과 같은 내용이다.『논형』「뇌허」에는『논어』를 인용하면서 "애련(哀憐)"으로 썼는데, 아마도 뜻을 가지고 대치시킨 것 같다. 단옥재는 마침내 "긍(矜)"은 마땅히 "긍(矝)"이 되어야 하고, 긍(矝)은 연(憐)과 같은 뜻으로 읽어야 한다고 의심했는데, 아마도 옳지 않은 듯싶다.

---

[43] 『대학』전4장: 공자가 말하길, "송사(訟事)를 처리함은 나도 남과 같으나, 반드시 송사가 일어나지 않게 하겠다."라고 했는데, 실정이 없는 자에게 말을 다하지 못하게 하는 것은, 백성들의 마음을 크게 두렵게 하였기 때문이니, 이를 일러 "근본을 안다."라고 하는 것이다.[子曰: "聽訟吾猶人也, 必也使無訟乎." 無情者, 不得盡其辭, 大畏民志, 此謂知本.]

[44] 『서경』「주서(周書)·여형(呂刑)」에는 "가엾게 여기고 공경하여 옥사를 결단하라.[哀敬折獄.]"로 되어 있는데, 유보남이 자의적으로 "敬"을 "矜"으로 바꾼 듯하다.

원문 『韓詩外傳』, "昔之君子, 道其百姓不使迷. 是以威厲而刑措不用也. 故形其仁義, 謹其敎道, 使民目晰焉而見之, 使民耳晰焉而聞之, 使民心晰焉而知之, 則道不迷而民志不惑矣. 『詩』曰: '示我顯德行.' 故道義不易, 民不由也; 禮樂不明, 民不見也. 『詩』曰: '周道如砥, 其直如矢.' 言其易也; '君子所履, 小人所視.' 言其明也; '睠言顧之, 潸焉出涕.' 哀其不聞禮敎而就刑誅也. 夫散其本敎而待之刑辟, 猶決其牢而發以毒矢也, 不亦哀乎?"

역문 『한시외전』에 "옛날의 군자는 그의 백성이 미혹되지 않도록 인도하였다. 이런 까닭에 위엄 있고 엄격하면서도 형벌을 버려두고 쓰지 않았다. 그러므로 그의 인의(仁義)를 드러내고 그 가르치는 도리를 삼가서 백성들로 하여금 눈을 분명하게 뜨고서 보게 하고, 백성들로 하여금 귀를 밝게 해서 듣게 하며, 백성들로 하여금 마음을 밝혀 알게 하였으니, 도가 미혹되지 않고 백성들의 뜻이 미혹되지 않았던 것이다. 『시경』「주송·경지」에 '나에게 드러난 덕행을 보여 줄지어다.'라고 했다. 따라서 도의(道義)가 평이하지 않으면 백성들이 말미암지 않고, 예악이 밝아지지 않으면 백성들이 보지 않는다. 『시경』「소아·대동」에 '주나라의 도는 숫돌처럼 평평하고 그 곧기가 화살과 같다.'라고 했으니, 그 평이함을 말한 것이고, '군자가 밟는 바요, 소인이 우러러보는 바이다.'라고 했으니, 그 밝음을 말한 것이며, '이 길을 돌아보고 주룩주룩 눈물을 흘린다.'라고 했으니, 예의 교화를 듣지 못하고 형장으로 나아가 죽게 됨을 애처로워한 것이다. 근본과 가르침을 흩어 버리고 백성을 대하기를 형벌과 사형으로 대하는 것은, 오히려 우리를 터놓고 독화살을 쏘는 것과 같으니, 또한 애처롭지 아니한가?"라고 했다.

원문 『鹽鐵論』「後刑篇」引此文說之云: "夫不傷民之不治, 而伐己之能得奸, 猶弋者覩鳥獸掛羅而喜也."

역문 『염철론』「후형」에 이 글을 인용해서 설명하기를, "백성이 다스려지지 않음을 마음 아파하지 않고, 자기의 간교한 능력을 자랑하는 것은 마치 주살질하는 자가 새와 짐승을 바라보고 그물을 치면서 기뻐하는 것과 같다."라고 했다.

- 「注」, "民之"至"之過".
- 正義曰: "離散", 謂民心畔離, 違經犯道, 故以"輕漂"形之. 『禮』「樂記」云: "流辟邪散." 『荀子』「勸學篇」「注」, "散謂不自檢束."
- ○ "주"의 "민지(民之)"부터 "지과(之過)"까지.
- ○ 정의에서 말한다.

  "이산(離散)"은 민심이 흩어진다는 말이니, 법을 어기고 도를 범하기 때문에 "경솔하게 들뜬다[輕漂]"라고 형용한 것이다. 『예기』「악기」에 "방탕하고 간사하며 사특하고 산만하다[流辟邪散]."라고 했는데, 『순자』「권학편」의 「주」에 "산(散)은 스스로를 검속(檢束)하지 않는다는 말이다."라고 했다.

19-20

子貢曰: "紂之不善, 不如是之甚也. 是以君子惡居下流, 天下之惡皆歸焉." 【注】 孔曰: "紂爲不善以喪天下, 後世憎甚之, 皆以天下之惡歸之於紂."

자공이 말했다. "주왕의 불선이 이처럼 그렇게 심하지는 않았다. 이 때문에 군자는 하류에 처하는 것을 싫어하니, 천하의 악이 다

거기로 돌아가기 때문이다."【주】공안국이 말했다. "주(紂)가 불선(不善)을 하여 천하를 잃었으므로 후세에 그를 심하게 미워해서, 모두들 천하의 악을 주에게로 돌렸다."

원문 正義曰: 紂者, 殷王帝乙之子, 名辛, 字受, 又字紂. 高誘『呂氏春秋』「功名」「注」· 蔡邕『獨斷』竝以桀 · 紂爲諡, 『書』「戡黎」「疏」謂"後人見其惡, 爲作惡諡."是也. 皇本"善"下有"也". 『漢石經』"之甚"作"其甚".

역문 정의에서 말한다.

주(紂)는 은(殷)나라의 왕 제을(帝乙)의 아들로서, 이름은 신(辛)이고 자는 수(受)인데, 또 다른 자가 주(紂)이다. 고유의 『여씨춘추』「공명」의 「주」와 채옹의 『독단』에는 모두 걸(桀)과 주(紂)를 시호라고 했는데, 『서경』「상서 · 서백감려」의 「소」에 "후세의 사람들이 그의 악을 보고 악을 행한 자의 시호로 삼았다."라고 한 것이 그것이다. 황간본에는 "선(善)" 아래 "야(也)" 자가 있다. 『한석경』에는 "지심(之甚)"이 "기심(其甚)"으로 되어 있다.

- 「注」, "紂爲"至"於紂".
- 正義曰: 『列子』「楊朱篇」, "天下之美, 歸之舜 · 禹 · 周 · 孔; 天下之惡, 歸之桀 · 紂."『漢書』「敍傳」, "班伯以侍中起眠事. 時乘輿 · 幄坐 · 張畫屛風, 畫紂醉踞妲己作長夜之樂. 上因顧指畫而問伯: '紂爲無道, 至於是虖?' 伯對曰: 『書』云"迺用婦人之言", 何有踞肆於朝? 所謂衆惡歸之, 不如是之甚者也.'"「楊敞傳」, "惲書曰: '下流之人, 衆毀所歸.'"『後漢書』「竇憲傳」「論」, "憲率羌胡邊雜之師, 一擧而空朔庭, 列其功庸, 兼茂於前多矣, 而後世莫稱者, 章末釁以降其實也. 是以下流, 君子所甚惡焉." 諸文皆以"天下之惡"爲惡名, 此「注」與之同也.
- ○「주」의 "주위(紂爲)"부터 "어주(於紂)"까지.

○ 정의에서 말한다.

『열자』「양주」에 "천하의 아름다움은 순임금·우왕·주공·공자에게 돌리고, 천하의 악은
걸과 주에게 돌린다."라고 했다. 『전한서』「서전」에 "반백(班伯)⁴⁵이 시중(侍中)으로 발탁되
어 일을 보았다. 당시에 수레[乘輿]와 악좌(幄坐)⁴⁶와 그림을 펼쳐놓은 병풍에, 주왕이 술에
취해 달기에게 걸터앉아 밤새도록 환락을 즐기는 광경을 그려 놓았는데, 임금이 그로 인해
돌아보고 그림을 가리키며 반백에게 묻기를, '주가 무도함을 저지름이 이런 지경까지 이르렀
단 말인가?'라고 하자, 반백이 대답했다. '『서경』에 "주왕이 오직 부인의 말만 신용한다."⁴⁷
고 하지만, 어찌 조정에서 그대로 방자하고 무례한 짓을 하는 일이 있었겠습니까? 이것이 이
른바 여러 악이 다 거기로 돌아간다는 것으로 이와 같이 그렇게 심하지는 않았다.'라는 것입
니다."라고 하였고, 「양창전」에 "양운(楊惲)⁴⁸의 글에 말했다. '하류에 처하는 사람은 온갖

---

45 반백(班伯, 기원전 44?~기원전 7?): 전한 말기의 관료로, 우부풍 안릉현(安陵縣) 사람이다.
후한의 역사가 반고의 종조부이다. 어려서 사단의 밑에서 『시경』을 익혔고, 대장군 왕봉의
천거로 중상시(中常侍)에 임명되었다. 성제는 정관중과 장우를 시켜 반백에게 『서경』·『논
어』를 가르쳤고, 반백이 학문을 깨치니 허상의 밑에서 수학하게 하고 봉거도위로 전임시켰
다. 정양 일대에 도적이 횡행하니, 반백은 태수로 부임시켜 주기를 청원하였다. 성제의 윤허
로 정양태수가 된 반백은 도적들을 모두 잡아들였고, 1년쯤 지나 다시 조정의 부름을 받았
다. 원연 원년(기원전 12년), 수형도위에 임명되었다. 또 반백은 허상·사단과 더불어 시중
(侍中)이 되었는데, 모두 이천 석에 이르렀고 성제가 태후를 알현할 때마다 항상 수행하였
다. 그러나 서른여덟 살에 병들어 죽으니, 조정에서는 매우 애석하게 여겼다.

46 악좌(幄坐): 임금이 거둥할 때 쉬어 앉도록 장막을 둘러친 곳.

47 『전한서(前漢書)』의 「주」에 "안사고는 『금문상서』「태서」의 말이다.[師古曰: '『今文尙書』
「泰誓」之辭.']"라고 했으나, 「주서(周書)·목서(牧誓)」에 "옛사람의 말에 '암탉은 새벽에 울
지 말아야 하니, 암탉이 새벽에 울면 집안이 소색(蕭索)해진다.' 하였다.[古人有言曰: '牝鷄,
無晨, 牝鷄之晨, 惟家之索.']"라고 했는데, 채침(蔡沈)의 「주」에 "주왕(紂王)이 오직 부인(婦
人)의 말을 따름을 말하려 하였으므로 먼저 이 말을 한 것이다.[將言紂惟婦言是用. 故先發
此.]"라고 했다.

48 양운(楊惲, ?~기원전 54): 전한 경조(京兆) 화음(華陰) 사람. 자는 자유(子幼)고, 사마천(司
馬遷)의 외손이다. 『사기(史記)』를 익혀 세상에 널리 전파했다. 선제(宣帝) 때 좌조(左曹)에
임명되어 곽씨(霍氏)의 음모를 고발해 평통후(平通侯)에 봉해졌고, 중랑장(中郎長)이 되었
다. 신작(神爵) 원년(기원전 61) 제리광록훈(諸吏光祿勳)에 올랐다. 관직에 있는 동안 청렴

비난이 돌아가는 곳이다.'"라고 했으며, 『후한서』「두헌전」의 「논」에 "두헌(竇憲)[49]이 강호(羌胡) 변경의 잡사(雜師)를 거느리고 일거에 삭방(朔方)에 있는 흉노의 조정을 텅 비게 하고는 자신의 공적[功庸]을 나열하되 융성함을 겸함이 이전보다 훨씬 더 많았지만 후세에 아무도 칭송하는 자가 없었고, 장구(章句)의 끝에는 틈이 벌어져 그 사실조차 깎아내렸다. 이런 까닭에 하류에 거처하는 것을 군자는 매우 싫어하는 것이다."라고 했는데, 여러 문장이 모두 "천하의 악[天下之惡]"을 악명(惡名)이라고 하였으니, 이 「주」의 내용은 여기의 내용들과 같은 것이다.

皇「疏」引蔡謨曰: "聖人之化, 由群賢之輔; 闇主之亂, 由衆惡之黨. 是以有君無臣, 宋襄以敗; 衛靈無道, 夫奚其喪? 言'一紂之不善, 其亂不得如是之甚, 身居下流, 天下惡人皆歸之, 是故亡也.'" 此以"天下之惡"爲惡人, 其說亦通.

황간의 「소」에는 채모(蔡謨)가 "성인의 교화는 여러 현명한 신하들의 보필에 말미암고, 어

하여 재물을 경시하고 의로움을 좋아했다. 그러나 각박하고 남의 나쁜 비밀 등을 들추어내기를 좋아하여 사람들의 원한을 많이 샀다. 태복(太僕) 대장락(戴長樂)과 사이가 나빴는데, 대장락이 고발당하자 그가 시킨 것으로 잘못 알아 평소 언어가 불경하다고 상소를 올림으로써 면직당해 서인(庶人)이 되었다. 직위를 잃고 집에서 일하며 집안을 일으켜 그 재산으로 생애를 즐겼다. 친구 손회종(孫會宗)이 편지를 주고받으면서 충고했지만 대답하지 않았다. 편지에 원망하는 내용이 많았는데, 선제(宣帝)가 이것을 읽고 미워한데다가 참소와 중상모략을 당해 대역 무도죄로 요참형(腰斬刑)을 당했다.

49 두헌(竇憲, ?~92): 후한 부풍(扶風) 평릉(平陵) 사람. 자는 백도(伯度), 두융(竇融)의 증손이다. 제3대 황제 장제(章帝, 肅宗)의 황후 두씨의 오빠다. 시중(侍中)을 거쳐 호분중랑장(虎賁中郞將)을 지냈다. 건초(建初) 2년(77년) 여동생이 궁중으로 들어가자 그 연줄로 승진했다. 영원(永元) 원년(89) 화제(和帝, 穆宗)가 즉위하고, 두황후가 임조(臨朝)하자 시중이 되어 두태후와 함께 정치를 마음대로 했다. 나중에 죄를 지어 갇히자 스스로 흉노(匈奴) 토벌에 나서 북선우(北單于)를 대파하는 공을 세워 거기장군(車騎將軍)이 되었다. 연연산(燕然山)에 올라 돌에 공적을 새기고 돌아와 대장군(大將軍)이 되었다. 동생들과 함께 권력이 조정을 울렸고, 교만해져 횡포를 부렸다. 집안사람들이 모두 조정의 요직을 맡았다. 4년(92) 황제가 대장군 인수(印綬)를 거두고 관군후(冠軍侯)로 고쳐 봉하면서 친정(親政)을 하려고 하자 황제를 죽이려고 꾀하다가 발각되어 자살했다.

두운 군주의 환난은 수많은 악인들의 붕당을 말미암는다. 이런 까닭에 훌륭한 군주는 있지만 현명한 신하가 없다 보니 송(宋)나라 양공(襄公)이 패한 것이고,[50] 위(衛)나라 영공(靈公)은 무도한데도, 지위를 잃지 않았던 것이다.[51] 무슨 말인가 하면 '일개 주왕의 불선함은 그 어지러움이 이처럼 그렇게 심하지는 않았지만, 자신이 하류에 처해 있으므로 천하의 악인들이 모두 그에게 귀의했기 때문에 망했다'라는 말이다."라고 한 말을 인용했으니, 이는 "천하의 액[天下之惡]"을 악인(惡人)이라고 한 것인데, 이 말 역시 통한다.

『左』「昭」七年「傳」楚芋尹無宇曰: "昔武王數紂之罪, 以告諸侯曰: '紂爲天下逋逃主, 萃淵藪.'" 杜「注」, "天下逋逃, 悉以紂爲淵藪, 集而歸之." 『孟子』「滕文公篇」言紂臣有飛廉, 『墨子』「明鬼下」有費中 · 惡來 · 崇侯虎, 『淮南』「覽冥訓」有左彊, 「道應訓」有屈商, 是紂時惡人皆歸之證.

『춘추좌씨전』「소공」 7년의 「전」에 초나라의 우윤(芋尹)인 무우(無宇)가 말했다. "옛날에 무왕(武王)이 은나라 주왕(紂王)의 죄목을 낱낱이 열거하면서 제후에게 고하기를, '주가 천하에 죄를 짓고 도망쳐 온 자들의 주인이 되어 물고기가 깊은 연못에 모여들고 짐승이 수풀에 모여들 듯이 그에게로 모여들었습니다.[52]'"라고 했는데, 두예의 「주」에 "천하에 죄를 짓고

---

50 춘추시대 송 양공(宋襄公)이 홍수(泓水) 부근에서 초(楚)나라와 싸우면서 패권을 다툴 때 초나라 군대가 강을 건널 때와 진(陣)을 치기 이전에 차마 공격하지 못하다가 초나라 군대가 전열을 가다듬기를 기다렸다가 오히려 대패한 이른바 송양지인(宋襄之仁)과 관련하여, 『춘추공양전』「희공」 22년에 "그래서 군자는 상대가 진을 치기 전에 공격하지 않은 그의 행동과 전쟁에 임해서도 큰 예법을 잊지 않은 그의 마음가짐을 크게 평가하는 한편, 양공과 같은 훌륭한 임금 밑에 훌륭한 신하가 없었던 것을 가슴 아프게 여기면서, 주 문왕(周文王)의 전쟁 역시 이에 지나지 않았을 것이라고 생각하는 것이다.[故君子大其不鼓不成列, 臨大事而不忘大禮, 有君而無臣, 以爲雖文王之戰, 亦不過此也.]"라고 했다.

51 『논어』「헌문(憲問)」: 공자가 위나라 영공(靈公)의 무도함을 말하자, 계강자(季康子)가 말했다. "이와 같은데도 어찌하여 임금의 지위를 잃지 않습니까?" 공자가 말했다. "중숙어(仲叔圉)는 빈객(賓客)을 다스리고, 축관인 타[祝鮀]는 종묘를 다스리며, 왕손가(王孫賈)가 군대를 다스립니다. 이와 같은데 어찌 그 지위를 잃겠습니까?"[子言衛靈公之無道也, 康子曰: "夫如是, 奚而不喪?" 孔子曰: "仲叔圉治賓客, 祝鮀治宗廟, 王孫賈治軍旅. 夫如是, 奚其喪?"]

도망한 자들이 모두 주를 연못과 수풀로 삼아 모여들어 그에게 귀의했다는 말이다."라고 했다. 『맹자』「등문공하」에 주의 신하 중에 비렴(飛廉)이 있다고 했고,[53] 『묵자』「명귀하」에 비중(費中)·악래(惡來)·숭후호(崇侯虎)가 있으며, 『회남자』「남명훈」에 좌강(左彊)이 있고, 「도응훈」에 굴상(屈商)이 있는데, 이들은 주왕 때의 악인으로 모두 그에게 귀의한 증거이다.

19-21

子貢曰: "君子之過也, 如日月之食焉: 過也, 人皆見之; 更也, 人皆仰之." 【注】 孔曰: "'更', 改也."

자공이 말했다. "'군자의 허물은 일식이나 월식과 같다. 허물이 있으면 사람들이 모두 보고, 고쳤을 때에는 사람들이 모두 우러러본다.'라고 한다." 【주】 공안국이 말했다. "경(更)'은 고침[改]이다."

원문 正義曰: 皇本"食焉"作"蝕也". 『釋名』「釋天」, "日月虧曰食. 稍稍侵虧, 如蟲食草木葉也." 凌氏曙『典故核』, "日月之行天上, 日居上, 月居下, 日

---

52 『서경(書經)』「주서·무성(武成)」: 이제 상왕(商王) 수(受)가 무도(無道)하여 하늘이 내린 물건을 함부로 버리며, 증민(烝民)들을 해치고 포학하게 하며, 천하(天下)에 도망한 자들의 주인이 되어 마치 못과 숲에 모이듯 한다.[今商王受無道, 暴殄天物, 害虐烝民 爲天下逋逃主, 萃淵藪.]

53 『맹자』「등문공하(滕文公下)」: 주공(周公)이 무왕(武王)을 도와 주왕을 죽이고, 엄(奄)나라를 정벌한 지 3년 만에 그 임금을 죽이고, 주왕의 신하인 비렴(飛廉)을 바다 모퉁이로 몰아내어 죽였다.[周公相武王, 誅紂, 伐奄三年, 討其君, 驅飛廉於海隅而戮之.]

爲月所揜, 故日食; 月在天上, 日乃在地下, 地球居中隔之, 日光爲地球所
掩, 不能耀月, 故月食. '人皆仰之'者, 言人皆仰戴之也. 『孟子』「公孫丑篇」
有此文, 當亦古語, 而二賢述之."

역문 정의에서 말한다.

　　황간본에는 "식언(食焉)"이 "식야(蝕也)"로 되어 있다. 『석명』「석천」에
"해와 달이 이지러지는 것을 식(食)이라 한다. 야금야금 침식되어 이지
러지는 것이 마치 곤충이 풀이나 나무 잎사귀를 먹는 것 같다."라고 했
다. 능서의 『사서전고핵』에 "해와 달이 하늘 위에서 운행하는데, 해가
위쪽에 위치하고 달이 아래쪽에 위치해서 해가 달에게 가려지기 때문에
일식이 일어나는 것이고, 달은 하늘에 떠 있고 해가 땅 아래로 졌을 때
지구가 가운데 가로막고 있어서 햇빛이 지구에 가로막혀 달을 비추지
못하기 때문에 월식이 일어나는 것이다. '사람이 모두 우러러본다'라는
것은 사람들이 모두 우러러 받든다는 말이다. 『맹자』「공손추하」에도
이 글이 있으니,[54] 역시 옛날부터 있었던 말이 당연하고 두 현자가 전술
한 것이다."라고 했다.

● 「注」, "更, 改也."

● 正義曰: 『說文』云: "更, 改也." 此常訓.

○ 「주」의 "경(更)은 고침[改]이다."

○ 정의에서 말한다.

　『설문해자』에 "경(更)은 고침[改]이다."[55]라고 했으니, 이것이 일반적인 뜻새김이다.

---

54 『맹자』「공손추하(公孫丑下)」: 옛날의 군자들은 그 잘못이 일식이나 월식과 같아서 백성들
　이 다 그것을 보고, 잘못을 고치면 백성들이 다 우러러본다.[古之君子, 其過也如日月之食,
　民皆見之, 及其更也, 民皆仰之.]

衛公孫朝【注】馬曰: "公孫朝, 衛大夫." 問於子貢曰: "仲尼焉學?"
子貢曰: "文·武之道, 未墜於地, 在人. 賢者識其大者, 不賢
者識其小者, 莫不有文·武之道焉, 夫子焉不學, 而亦何常師
之有?"【注】孔曰: "文·武之道, 未墜落於地, 賢與不賢, 各有所識, 夫子無
所不從學. 無所不從學, 故無常師."

위나라의 공손 조(公孫朝)가 【주】 마융이 말했다. "공손 조(公孫朝)는 위나
라 대부이다." 자공에게 물었다. "중니는 어디에서 배웠는가?" 자공
이 말했다. "문왕과 무왕의 도가 아직 땅에 떨어지지 않고 사람들
에게 있습니다. 그리하여 현명한 자는 그 큰 것을 기억하고 있고
현명하지 못한 자는 그 작은 것을 기억하고 있어서 문왕과 무왕
의 도를 가지고 있지 않음이 없으니, 선생님께서 어디에서인들
배우지 않으셨겠으며, 또한 어찌 일정한 스승이 있으셨겠습니
까?"【주】 공안국이 말했다. "문왕과 무왕의 도가 아직 땅에 떨어지지 않아, 현명
한 자와 현명하지 못한 자들이 각각 기억하고 있는 바가 있어서 공자가 좇아서 배우
지 않은 곳이 없다. 좇아서 배우지 않은 곳이 없기 때문에 일정한 스승이 없다는 것
이다."

원문 正義曰: 春秋時, <u>魯有成大夫公孫朝</u>, 見「昭」廿六年「傳」; <u>楚武城尹公</u>

---

55 『설문해자』권3: 경(更)은 고침[改]이다. 복(攴)으로 구성되었고 병(丙)이 발음을 나타낸다.
고(古)와 맹(孟)의 반절음이다.[更, 改也. 從攴丙聲. 古孟切.]

孫朝, 見「哀」十七年「傳」; 鄭子産兄公孫朝, 見『列子』「楊朱篇」. 及此凡
四人, 故『論語』稱衛以別之. 與公子荊書法同, 此翟氏灝『考異』說. 云“公
孫”者, 『白虎通』「姓名篇」, “諸侯之子稱公子, 公子之子稱公孫.”『史記』「弟
子傳」此章爲陳子禽問子貢, 蓋涉下章而誤.

역문 정의에서 말한다.

　　춘추시대에 노나라에 성읍(成邑)의 대부 공손 조(公孫朝)가 있는데, 『춘
추좌씨전』「소공」26년의 「전」에 보이고, 초나라 무성(武城)의 윤(尹)인
공손 조(公孫朝)가 「애공」17년의 「전」에 보이며, 정(鄭)나라 자산(子産)
의 형인 공손 조(公孫朝)가 『열자』「양주」에 보인다. 공손 조를 언급한
것이 모두 네 명이기 때문에 『논어』에서는 위(衛)라고 콕 집어서 구별한
것이다. 이렇게 쓴 것은 공자 형(公子荊)을 기록한 방법과 같은 것으로,[56]
이것은 적호의 『사서고이』의 설명이다. “공손(公孫)”이라고 한 것에 대
해서는 『백호통의』「성명」에 “제후의 아들을 공자(公子)라 칭하고, 공자
의 아들을 공손(公孫)이라 칭한다.”라고 했다. 『사기』「중니제자열전」에
는 이 장이 진 자금(陳子禽)이 자공에게 물은 것으로 되어 있는데, 아마
도 아래 문장과 연결되어서 잘못된 것인 듯싶다.

원문 “焉學”者, 焉所從受學也. 夫子學皆從周, 『中庸』云: “仲尼祖述堯舜, 憲
章文武.” “憲”者, 法也; “章”者, 明也. 大道之傳由堯舜, 遞至我周, 制禮作
樂, 於是大備, 故言“文王旣沒, 其文在玆.” 及此子貢言“道”, 亦稱文武也.

역문 “어디에서 배웠는가[焉學]”란, 좇아서 배운 곳이 어디냐는 말이다. 공
자의 학문은 모두 주(周)나라를 따른 것으로, 『중용』에 “중니는 요임금

56　『논어』「자로(子路)」에 “공자가 위나라의 공자 형(荊)을 평하였다.[子謂衛公子荊.]”라고 했
　　는데, 여기서 “衛”를 언급해서 구별한 것을 말한다.

과 순임금을 조종(祖宗)으로 삼아 전술(傳述)하였고, 문왕과 무왕을 본받아서[憲] 밝혔다[章].”라고 했는데, “헌(憲)”이란 본받는다[法]는 뜻이고, “장(章)”이란 밝힌다[明]는 뜻이다. 큰 도의 전함이 요임금과 순임금을 말미암아 주나라에 전해졌고, 예를 제정하고 음악을 만들어 이때에 크게 갖추어졌기 때문에 “문왕이 이미 돌아가셨으니 도가 여기에 있다”[57]고 했던 것이고, 여기에 이르러 자공이 “도”를 언급하면서 또 문왕과 무왕을 일컬은 것이다.

원문 『漢石經』“墜”作“隊”, “識”作“志”. 馮氏登府『考證』, “『荀子』「儒效篇」, ‘至共頭而山隊.’『漢西狹頌』, ‘數有顚覆賈隊之患.’『前漢』「王莽傳」, ‘不隊如髮.’ 竝與墜同. 『周官』「保章氏」「注」: ‘志, 古文識.’『漢書』「楚元王傳」劉歆引此文·『孟子』「尹士章」「章指」引竝作‘志’, 或出『古論』.”

역문 『한석경』에는 “추(墜)”가 “수(隊)”로 되어 있고, “지(識)”가 “지(志)”로 되어 있다. 풍등부의 『논어이문고증』에 “『순자』「유효편」에 ‘공두(共頭)에 이르자 공두산이 무너졌다[山隊].’라고 했고, 『한서협송』에 ‘여러 차례 뒤집히고 길에 떨어지는[賈隊] 환란 있었다.’라고 했으며, 『전한』「왕망전」에 ‘터럭처럼 떨어지지 않았다[不隊].’라고 했는데, 모두 추(墜)와 같은 뜻이다. 『주례』「춘관종백하·보장씨」의 「주」에 ‘지(志)는 지(識)의 고문(古文)이다.’라고 했고, 『전한서』「초원왕전」에 유흠(劉歆)이 문장을 인용한 것과 『맹자』「공손추하」‘윤사장(尹士章)’[58]의 「장지」에 인용한 것은

---

57 『논어』「자한(子罕)」.

58 『맹자』「공손추하」: 맹자가 제나라를 떠나자 제나라 사람 윤사(尹士)가 사람들에게 말하였다. “맹자가, 왕께서 탕왕(湯王)이나 무왕(武王) 같은 성군(聖君)이 될 수 없음을 모르고 왔다면 이는 지혜가 밝지 못한 것이고, 불가능한 줄 알면서도 왔다면 이는 은택을 바란 것이다. 천리 먼 길을 와서 왕을 만났으나 뜻이 맞지 않아서 떠나가되 사흘이나 묵은 뒤에 주 땅

모두 '지(志)'로 되어 있는데,[59] 아마도 『고논어』에서 나온 듯하다."라고
했다.

원문 "賢"與"不賢", 謂孔子同時人, 此與「大受小知章」"君子"·"小人", 皆以
才器言也. 賢者識其承天治人之大, 不賢者識其名物制度之細. 文·武之
道, 所以常存, 而夫子刪定贊修, 皆爲有徵之文獻可知. 書傳言"夫子問禮
老聃, 訪樂萇弘, 問官郯子, 學琴師襄, 其人苟有善言善行足取, 皆爲我
師." 此所以爲集大成也與!

역문 "현명함[賢]"과 "현명하지 않음[不賢]"은 공자와 동시대의 사람을 이르
니, 이들과 "대수소지(大受小知)"[60]장의 "군자"·"소인"은 모두 재기(才器)
를 가지고 말한 것이다. 현명한 자는 하늘을 계승해서 사람을 다스리는
큰 것을 기억하고 현명하지 않은 자는 명물(名物)과 제도의 세세한 것들
을 기억하니, 문왕과 무왕의 도가 그런 까닭에 항상 보존되어 있고, 공
자가 산정(刪定)하고 찬수(贊修)했으니, 모두 증거가 있는 문헌이 됨을 알
수 있다. 전해지는 기록 중에 "공자가 노담(老聃)에게 예를 물었고, 장홍
(萇弘)[61]에게 음악을 배웠으며, 담자(郯子)[62]에게 관제(官制)를 물었고, 사

을 벗어났으니, 어찌 이리도 지체한단 말인가? 나는 이것이 못마땅하다."[孟子去齊, 尹士語
人曰: "不識王之不可以爲湯·武, 則是不明也; 識其不可然且至, 則是干澤也. 千里而見王, 不
遇故去, 三宿而後出晝, 是何濡滯也? 士則玆玆不悅"].

59 『전한서』 권36, 「초원왕전제6(楚元王傳第六)·유흠(劉歆)」과 야마노이 가나에(山井鼎)의
『칠경맹자고문보유(七經孟子考文補遺)』 권190, 「맹자제4(孟子第四)·맹자거제지사성소인
야(孟子去齊至士誠小人也)」의 장지(章指)에 "賢者, 志其大者; 不賢者, 志其小者."로 되어
있다.

60 『논어』「위령공(衛靈公)」: 공자가 말했다. "군자는 작은 일로는 그를 알아볼 수 없지만 큰 직
책을 맡길 수 있고, 소인은 큰 직책을 맡길 수 없지만 작은 일로도 그를 알아볼 수 있다."[子
曰: "君子不可小知, 而可大受也; 小人不可大受, 而可小知也."]

양(師襄)에게 거문고를 배웠는데, 그 사람들은 진실로 충분히 취할 만한 훌륭한 말과 훌륭한 행실이 있으므로 모두 나의 스승으로 삼았다."라고 하니, 이러한 것이 공자가 집대성(集大成)이 된 까닭일 것이다!

19-23

叔孫武叔語大夫於朝【注】馬曰: "魯大夫叔孫州仇, 武, 諡." 曰: "子貢賢於仲尼." 子服景伯以告子貢. 子貢曰: "譬之宮牆, 賜之牆也及肩, 窺見室家之好. 夫子之牆數仞, 【注】包曰: "七尺曰仞." 不得其門而入, 不見宗廟之美, 百官之富. 得其門者或寡矣. 夫子之云, 不亦宜乎?"【注】 "夫子", 謂武叔.

---

61 장홍(萇弘, ?~기원전 492): 춘추시대 주나라 경왕(景王)과 경왕(敬王) 때 사람. 대부(大夫)를 지냈다. 장굉(萇宏)으로도 불리며, 자가 숙(叔)이라 장숙(萇叔)으로도 불린다. 공자(孔子)가 일찍이 그에게 악(樂)을 배웠다. 경왕 28년 진(晉)나라의 대부 범길사(范吉射)와 중행인(中行寅)이 난을 일으켰는데, 함께 일을 도모했다. 진나라 사람이 이 일로 주나라 왕실을 문책하자 촉(蜀) 땅에서 주나라 사람들에게 살해되었다. 또는 주영왕(周靈王) 때 사람으로, 천문에 밝았고 귀신에 관한 일을 잘 알았다고 한다. 일설에 따르면 그가 죽은 뒤 피가 흘러 돌 또는 벽옥(碧玉)으로 변했는데, 시신은 보이지 않았다고 한다.

62 담자(郯子, ?~?): 춘추시대 사람. 담국(郯國)의 군(君)으로 노(魯)에 조현(朝見)하였으며 공자가 그에게 관제(官制)에 대해서 물었다고 한다. 『춘추좌씨전』「소공」 17년의 기사에 따르면 노나라 소공(昭公) 때 그가 노나라에 와서 관직을 새의 이름으로 명명한 이유에 대한 질문을 받고는, 자신의 먼 조상인 소호씨(少皞氏)의 행적을 거론하며 자세히 설명하였는데, "중니가 이 말을 듣고 담자(郯子)를 찾아가 알현하고서 그에게 옛 관제를 배우고는, 이윽고 어떤 이에게 다음과 같이 말하였다. '내가 듣건대, 천자의 관직이 정당함을 잃었을 때에는 사방의 이족(夷族)에게 배울 수도 있다고 하였는데, 이 말은 역시 신빙성이 있어 보인다.'[仲尼聞之, 見於郯子而學之, 旣而告人曰: '吾聞之, 天子失官, 學在四夷, 猶信.']"라고 했다.

숙손 무숙(叔孫武叔)이 조정에서 대부들에게 【주】 마융이 말했다. "노나라 대부 숙손 주구(叔孫州仇)이다. 무(武)는 시호이다." 말했다. "자공이 중니보다 낫다." 자복 경백(子服景伯)이 이 말을 자공에게 일러 주자 자공이 말했다. "궁실의 담장에 비유하면 나의 담장은 어깨에 미치므로 집 안의 좋은 것들을 볼 수 있지만, 선생님의 담장은 여러 길이므로 【주】 포함이 말했다. "일곱 재[尺]를 한 길[仞]이라고 한다." 그 문을 열어서 들어가지 못하면 종묘의 아름다움과 백관의 풍부함을 볼 수 없는 것과 같다. 그 문을 열고 들어간 자가 적으니, 그 사람의 말이 또한 당연하지 않은가?" 【주】 "부자(夫子)"는 무숙(武叔)을 이른다.

원문 正義曰: 夫子歿後, 諸子切劘砥礪, 以成其學. 故當時以<u>有若</u>似聖人, <u>子夏</u>疑夫子, 而<u>叔孫武叔</u>・<u>陳子禽</u>皆以<u>子貢</u>賢於<u>仲尼</u>, 可見<u>子貢</u>晚年進德修業之功, 幾幾乎超賢人聖. 然<u>孟子</u>言<u>子貢</u>智足知聖人, 又<u>子貢</u>・<u>有若</u>皆言夫子生民未有, 故此及下兩章皆深致贊美. 『法言』「問明篇」, "<u>仲尼</u>, 聖人也. 或劣諸<u>子貢</u>, <u>子貢</u>辭而精之, 然後廓如也."

역문 정의에서 말한다.

공자가 죽고 난 뒤에 제자들은 절차탁마[切劘砥礪]해서 그들의 학문을 완성했다. 그러므로 당시에 유약(有若)을 성인과 같다 하기도 하고 자공을 공자인가 의심하기도 했는데, 숙손 무숙과 진 자금(陳子禽)도 모두 자공을 중니보다 현명하다고 여겼으니, 자공이 만년에 덕을 진작시키고 학업을 닦은 공로가 거의 성인을 뛰어넘을 정도였다는 것을 알 수 있다. 그러나 맹자는 자공의 지혜가 충분히 성인을 알아볼 수 있을 정도라고 했고,[63] 또 자공이나 유약 모두 사람이 생겨난 이래로 공자 같은 이는 없었다고 했으니,[64] 따라서 이 문장과 아래 두 문장은 모두 깊이 찬미함을 극진하게 한 것이다. 『법언』「문명」에 "중니는 성인이다. 어떤 자가 자공보다 못하다고 했지만, 자공이 말로 설명해서 정밀하게 밝힌 뒤에 환하게 밝아졌다."라고 했다.

원문 "宮牆"者, 室四周有牆, 凡寢廟皆居其中, 牆南面有門, 以通出入. 此制上下當同, 但高卑廣狹必有差別, 今無文以明之. 金氏鶚『禮說』謂"士·庶人垣牆不周", 未必然也. 『墨子』「辭過篇」, "故聖王作爲宮室, 宮牆之高, 足以辨男女之禮." 『說文』, "宋, 周垣也." "宋"當爲宮牆之名. 『漢石經』作"譬諸宮牆", 下"賜之牆"同. 皇本作"譬諸", 句末多"也"字.

역문 "궁장(宮牆)"이란 집 사방 둘레에 담장이 있는데, 무릇 침묘(寢廟)는 모두 그 안쪽에 있고, 담장 남쪽에 대문이 있어서 그리로 통하여 출입한다. 이 제도는 위아래가 당연히 같고, 다만 높낮이와 넓고 좁음은 반드시 차별이 있는데, 지금은 증명할 만한 문헌이 없다. 김악의 『예설』에

---

63 『맹자』「공손추상」: 맹자가 말했다. "재아(宰我)·자공(子貢)·유약(有若)은 지혜가 충분히 성인을 알아볼 수 있었으니, 이들의 지혜가 낮다 해도 자기가 좋아하는 사람에게 아첨하는 데에는 이르지 않았을 것이다."[曰: "宰我·子貢·有若智足以知聖人, 汙不至阿其所好."]

64 『맹자』「공손추상」: 자공이 말하길, "예(禮)를 보면 그 나라의 정치수준을 알 수 있고 음악을 들으면 그 왕의 덕(德)을 알 수 있으니, 백세(百世)의 뒤에서 백세의 왕들을 등급 매겨 보아도 군주 중에 이 기준을 어길 수 있는 사람은 없다. 그런데 사람이 있은 이래로 공자 같은 분은 계시지 않았다."라고 하였고, 유약이 말하길, "어찌 단지 사람만 그러하겠는가? 달리는 짐승 중에 기린(麒麟), 나는 새 중에 봉황(鳳凰), 언덕 중에 태산(泰山), 도랑 중에 하해(河海)가 같은 종류이고, 백성 중에 성인의 위치도 이와 같다. 같은 종류 중에서 빼어나고 같은 무리 중에서 빼어났으나, 사람이 있은 이래로 공자보다 더 훌륭한 분은 계시지 않았다."라고 했다.[子貢曰: "見其禮而知其政, 聞其樂而知其德, 由百世之後, 等百世之王, 莫之能違也. 自生民以來, 未有夫子也." 有若曰: "豈惟民哉? 麒麟之於走獸; 鳳凰之於飛鳥; 泰山之於丘垤; 河海之於行潦, 類也, 聖人之於民, 亦類也. 出於其類, 拔乎其萃, 自生民以來, 未有盛於孔子也."]

"사와 서인은 사방을 모두 담장으로 두르지 않는다"라고 했는데, 반드시 그런 것은 아니다. 『묵자』「사과」에 "그러므로 성왕이 궁실을 지을 때, 궁실 담장의 높이는 남녀의 예를 변별하기에 충분했다."라고 하였다. 『설문해자』에 "환(奐)은 사방을 둘러싼 담장[周垣]이다."[65]라고 했으니, "환(奐)"은 마땅히 궁장(宮牆)의 이름이 된다. 『한석경』에는 "비저궁장(譬諸宮牆)"이라고 되어 있고, 아래 "사지장(賜之牆)"은 같다. 황간본에는 "비저(譬諸)"라고 되어 있는데, 구 끝에 "야(也)" 자가 더 있다.

원문 "及肩"者, 『說文』, "肩, 髆也. 肩, 俗從戶." 言宮牆卑, 與人肩齊也. "窺", 『釋文』作閱, 皇本·『宋石經』同. 『說文』, "窺, 小視也. 闚, 閃也." 義別而音近, 故二字通用. 錢氏坫『後錄』, "王宮牆高五丈, 爲六仞四分仞 之一, 故曰數仞." 錢氏據仞爲八尺之說推之, 其義未審. 所據『釋文』, "仞, 一作刃." 魏李仲璿『孔子廟碑』·汲縣『太公碑』用此文竝作"刃", 當時傳本 用叚字也. 錢氏又曰: "「考工記」, '外有九室, 九卿朝焉.' 「注」, '"外", 路 門之表也. "九室", 如今朝堂諸曹治事處.' '百官之富', 卽指此."

역문 "급견(及肩)"은 『설문해자』에 "견(肩)은 어깨[髆]이다. 견(肩)은 견(肩)의 속체자인데 호(戶)로 구성되었다."[66]라고 했으니, 궁실의 담장[宮牆]이 낮아서 사람의 어깨와 나란하다는 말이다. "규(窺)"는 『경전석문』에 규(闚)

---

65 『설문해자』권7: 환(奐)은 사방을 둘러싼 담장[周垣]이다. 면(宀)으로 구성되었고 환(奐)이 발음을 나타낸다. 원(院)은 환(奐)의 혹체자인데 부(自)로 구성되었다. 호(胡)와 관(官)의 반절음이다. 또는 원(爰)과 권(眷)의 반절음이다.[奐, 周垣也. 從宀奐聲. 院, 奐或從自. 胡官 切. 又, 爰眷切.]

66 『설문해자』권4: 견(肩)은 어깨[髆]이다. 육(肉)으로 구성되었고, 상형(象形)이다. 견(肩)은 견(肩)의 속체자인데 호(戶)로 구성되었다. 고(古)와 현(賢)의 반절음이다.[肩, 髆也. 從肉, 象形. 肩, 俗肩從戶. 古賢切.]

로 되어 있고, 황간본과 『송석경』도 같다. 『설문해자』에 "규(窺)는 엿본다[小視]는 뜻이다.[67] 규(闚)는 언뜻 본다[閃]는 뜻이다.[68]"라고 했으니, 뜻은 구별되지만 발음이 가깝기 때문에, 두 글자는 통용된다. 전점의 『논어후록』에 "왕의 궁실의 담장 높이는 다섯 장(丈)으로 여섯 길[六仞] 하고도 1/4 길이므로 여러 길[數仞]이라고 한 것이다."라고 했는데, 전씨는 한 길이 여덟 자라는 설을 근거로 추정한 것인데, 그 뜻이 분명하지 않다. 『경전석문』에 의거해 본 바, "인(仞)은 어떤 판본에는 인(刃)으로 되어 있다."라고 했는데, 위(魏)나라 이중선(李仲璿)[69]의 『공자묘비』와 급현(汲縣)의 『태공비』에 이 문장을 썼는데, 모두 "인(刃)"으로 되어 있으니, 당시에 전해지던 판본에는 가차자를 썼던 것이다. 전씨는 또 『『주례』「동관고공기하·장인」에 '노문(路門)의 밖에 9개의 방이 있으니 구경이 여기에서 조회를 한다.'라고 했는데, 「주」에 "'밖[外]'은 노문(路門)의 밖이다. "아홉 개의 방[九室]"은 지금 조정의 여러 관아[曹]로서 정사를 다스리는 곳과 같은 것이다.'라고 했으니, '백관의 풍부함[百官之富]'이란 바로 이것을 가리키는 것이다."라고 했다.

원문 案, "及肩"之牆, 是士·庶人, 故以"室家"爲言; 數仞之牆, 指天子·諸侯, 故有宗廟百官. 此其美富, 惟得其門而入者見之. "門", 謂官牆之門及朝廟諸門也. 武叔未親聖敎, 本在門外, 而但自宮牆窺之, 故於士·庶人室

---

67 『설문해자』 권7: 규(䆕)는 엿본다[小視]는 뜻이다. 혈(穴)로 구성되었고 규(規)가 발음을 나타낸다. 거(去)와 휴(隓)의 반절음이다.[䆕, 小視也. 從穴規聲. 去隓切.]

68 『설문해자』 권12: 규(闚)는 언뜻 본다[閃]는 뜻이다. 문(門)으로 구성되었고 규(規)가 발음을 나타낸다. 거(去)와 휴(隓)의 반절음이다.[闚, 閃也. 從門規聲. 去隓切.]

69 이중선(李仲璿, ?~?): 후위(後魏) 사람. 돈(暾)의 사촌 동생. 벼슬은 홍농태수(弘農太守)를 지냈다.

家之好能見之, 於天子・諸侯宗廟・百官, 則不得見焉. 今但舉所見者稱之,
則謂子貢賢於夫子, 固其宜矣. 皇本作"夫夫子之牆", 又"入"下有"者"字,
"夫子云"無"之"字.

역문 살펴보니, "어깨에 미치는" 담장은 사와 서인이기 때문에 "집 안[室家]"
이라고 말한 것이고, "여러 길"의 담장은 천자와 제후를 가리키는 것이기
때문에 종묘(宗廟)와 백관(百官)이 있는 것이다. 이렇듯 그곳의 아름다움
과 풍부함은 오직 그 문으로 들어갈 수 있는 자만이 볼 수 있다. "문(門)"
은 궁실 담장의 문과 조묘(朝廟)의 여러 문들을 말하는 것이다. 무숙(武
叔)은 성인의 교화를 직접 받지 못해서 본래부터 문 밖에 있으면서 단지
궁실의 담장으로부터 엿보기만 했기 때문에 사와 서인의 집 안의 아름
다움이야 볼 수 있었겠지만, 천자나 제후의 종묘와 백관에 대해서는 보
지 못했던 것이다. 그래서 지금 단지 본 것만을 들어서 일컬은 것이니,
그렇다면 자공을 일러 공자보다 현명하다고 한 것도 참으로 당연한 노
릇이다. 황간본에는 "대저 선생님의 담장[夫夫子之牆]"이라고 되어 있고,
또 "입(入)" 아래 "자(者)" 자가 있으며, "부자운(夫子云)"에는 "지(之)" 자가
없다.

- 「注」, "魯大夫叔孫州仇."
- 正義曰: 邢「疏」云: "案『世本』, 州仇, 公子叔牙六世孫叔孫, 不敢子也. 『春秋』「定」十年,
  '秋, 叔孫州仇帥師圍郈.' 左「傳」, '武叔懿子圍郈.' 是知叔孫武叔卽州仇也."
- 「주」의 "노나라의 대부 숙손 주구(叔孫州仇)이다."
- 정의에서 말한다.

  형병의 「소」에 『세본』을 살펴보니, 주구(州仇)는 공자 숙아(公子叔牙)의 6세손인 숙손(叔
  孫)으로, 불감(不敢)의 아들이다. 『춘추』「정공」10년에, '가을에 숙손 주구(叔孫州仇)가 군
  사를 거느리고 가서 후(郈)를 포위했다.'라고 했는데, 좌씨의 「전」에 '무숙(武叔)과 맹의자

(孟懿子)가 후(郈)를 포위했다.'[70]라고 했으니, 이에 숙손 무숙(叔孫武叔)이 바로 주구(州仇)임을 알 수 있는 것이다."라고 했다.

- 「注」, "七尺曰仞."
- 正義曰: 鄭此「注」與包同, 高誘『呂氏春秋』「適威」「注」亦同. 趙岐注『孟子』 · 王逸注『楚辭』 · 樊光注『爾雅』及許氏『說文』竝云: "八尺曰仞." 應劭注『漢書』「食貨志」云: "五尺六寸曰仞." 「考工記」「匠人」「疏」引王肅說 · 『莊子』「庚桑楚釋文」引『小爾雅』「廣度」竝云: "四尺曰仞." 諸家不同.

o 「주」의 "일곱 재尺를 한 길仞이라고 한다."

o 정의에서 말한다.

정현의 이 문장에 대한 「주」는 포함과 같고, 고유의 『여씨춘추』「적위」의 「주」 역시 같다. 조기가 주석한 『맹자』와 왕일(王逸)이 주석한 『초사장구』, 번광이 주석한 『이아』 및 허씨(許氏)의 『설문해자』에 모두 "여덟 자를 한 길이라고 한다."라고 했고, 응소(應劭)가 주석한 『전한서』「식화지」에는 "다섯 자 여섯 치를 한 길이라고 한다."라고 했으며, 『주례』「고공기 하」「장인」의 「소」에 인용한 황숙의 설과 『장자』「경상초석문」에 인용한 『소이아』「광도」에는 모두 "네 척을 한 길이라고 한다."라고 했으니, 여러 연구가들의 설명이 같지 않다.

程氏瑤田『通藝錄』以七尺爲是. 其說曰: "揚雄『方言』云: '度廣曰尋.' 杜預『左傳』'仞溝洫', 「注」, '度深曰仞.' 二書皆言人伸兩手以度物之名. 而尋爲八尺, 仞必七尺者, 何也? 同一伸手度物, 而廣深用之, 其勢自不得不異. 人長八尺, 伸兩手亦八尺, 用以度廣, 其勢全伸而不屈, 而用之以度深, 則必上下其左右手而側其身焉. 身側則身與所度之物, 不能相摩, 於是兩手不能全伸, 而成弧之形. 孤而求其弦以爲仞, 必不能八尺, 故七尺曰仞, 亦其勢然也."

정요전의 『통예록』에는 일곱 자가 맞다고 했는데, 그의 설명에 따르면 "양웅의 『방언』에 '너비의 척도를 심(尋)이라 한다.'라고 했고, 두예의 『춘추좌씨전』에 '수로(水路)의 깊이를 계산

---

70 임요수(林堯叟)의 부주(附注)에 "구주(州仇)와 중손 하기(仲孫何忌)가 후범(侯犯)을 토벌하였으나 승리하지 못한 것이다.[州仇 · 仲孫何忌討侯犯, 不能勝.]"라고 했다.

했다[仞溝洫]'라고 한 것에 대한 「주」에 '깊이의 척도를 인(仞)이라 한다.'라고 했는데, 두 책은 모두 사람이 양쪽 팔을 벌려서 물건을 재는 명칭을 말한 것이다. 그런데 깊이로는 여덟 자가 되는데, 길로 따질 때는 굳이 일곱 자인 것은 어째서일까? 똑같이 팔을 벌려서 사물을 재서 너비와 깊이의 척도로 사용하니, 그 형세가 본래 다르지 않을 수 없다. 사람의 키가 여덟 자일 경우 양 팔을 벌렸을 때 역시 여덟 자인데, 이 자세를 이용해서 너비를 잴 경우 그 형세는 몸을 온전히 펴서 굽히지 않지만, 그 자세를 이용해서 깊이를 재면 반드시 그 왼손과 오른손을 올리고 내리면서 그 몸을 기울이게 된다. 몸을 기울이면 몸과 재야 하는 사물이 서로 밀착될 수가 없고, 이 때문에 두 팔은 온전히 펼 수가 없어서 활[弧]의 모양을 이루게 된다. 활 모양이 된 상태로 시위의 길이를 계산해서 한 길로 삼으니, 반드시 여덟 자가 될 수 없기 때문에 일곱 자를 한 길이라고 하니, 역시 그 형세가 그런 것이다."라고 했다.

19-24

叔孫武叔毀仲尼, 子貢曰: "無以爲也. 仲尼不可毀也. 他人之賢者, 丘陵也, 猶可踰也; 仲尼, 日月也, 無得而踰焉. 人雖欲自絕, 其何傷於日月乎? 多見其不知量也."【注】言人雖欲自絶棄於日月, 其何能傷之乎? 適足自見其不知量也.

숙손 무숙이 중니를 헐뜯자 자공이 말했다. "그러지 마시오. 중니는 헐뜯을 수 없습니다. 다른 사람 중에서 현명한 자는 구릉이어서 그래도 넘을 수 있지만, 중니는 해나 달이어서 넘을 수 없습니다. 사람들이 비록 스스로 단절하려 하지만 그런다고 해서 어찌 해와 달에 손상을 입힐 수 있겠습니까? 다만 자기의 역량을 알지 못함을 드러낼 뿐입니다."【주】 사람이 비록 스스로 해와 달을 끊어 버리려

하지만 그것이 어찌 해와 달을 손상시킬 수 있겠는가? 다만 스스로 자기의 역량을 알지 못함을 드러낼 뿐이다.

원문 正義曰: "毁"者, 謂非毁夫子, 以爲他人得賢之也. "無以爲"者, 言無以爲毁, 禁止之也. 『說文』, "丘, 土之高也, 非人所爲也. 陵, 大阜也." "猶可踰"者, 言於丘陵可過之也. "仲尼日月"者, 日月至高, 非人所得踰之也. 皇本 "日月"上有"如"字. 阮氏元『校勘記』, "『後漢書』「孔融傳」·「列女傳」二「注」引此文, 並有'如'字." 又皇本"絕"下有"也"字.

역문 정의에서 말한다.

"훼(毁)"란 공자를 비난하고 헐뜯었다는 말이니, 다른 사람들이 그를 현명하게 여긴다고 생각했기 때문이다. "무이위(無以爲)"란 헐뜯지 말라는 말이니, 금지시킨 것이다. 『설문해자』에 "구(丘)는 땅이 높은 곳인데, 사람이 만든 것이 아니다.[71] 능(陵)은 큰 언덕[大阜]이다."[72]라고 했다. "유가유(猶可踰)"는 구릉(丘陵)인지라 넘어갈 수 있다는 말이다. "중니는 해와 달이다[仲尼日月]"라는 말은, 해와 달은 지극히 높으니, 사람이 넘을 수

---

71 『설문해자』 권8: 구(𠈇)는 땅이 높은 곳인데, 사람이 만든 것은 아니다. 북(北)으로 구성되었고 일(一)로 구성되었다. 일(一)은 땅이다. 사람은 언덕의 남쪽에 살기 때문에 북(北)으로 구성된 것이다. 중방(中邦)의 거주지는 곤륜산 동남쪽에 있는데, 일설에 사방이 높고 중앙에 낮은 곳을 구(丘)라 한다고 한다. 상형(象形)이다. 모든 구(丘)부에 속하는 한자는 다 구(丘)의 뜻을 따른다. 지금의 예서체는 변해서 구(丘)로 쓴다. 구(坴)는 구(丘)의 고문인데 토(土)로 구성되었다. 거(去)와 구(鳩)의 반절음이다.[𠈇, 土之高也, 非人所爲也. 從北從一. 一, 地也. 人居在丘南, 故從北. 中邦之居, 在崑崙東南. 一曰四方高, 中央下爲丘. 象形. 凡丘之屬皆從丘. 坴, 古文從土. 去鳩切.]

72 『설문해자』 권14: 능(䧪)은 큰 언덕[大𨸏]이다. 부(𨸏)로 구성되었고 능(夌)이 발음을 나타낸다. 역(力)과 응(膺)의 반절음이다.[䧪, 大𨸏也. 從𨸏夌聲. 力膺切.]

있는 바가 아니라는 말이다. 황간본에는 "일월(日月)" 앞에 "여(如)" 자가 있다. 완원의 『십삼경주소교감기』에 "『후한서』「공융전」과 「열녀전」 두 곳의 「주」에 이 글을 인용했는데, 모두 '여(如)' 자가 있다."라고 했고, 또 황간본에는 "절(絶)" 아래 "야(也)" 자가 있다.

- 「注」, "言人"至"量也".
- 正義曰: "絶", 如"晉侯使呂相絶秦"之"絶". "絶棄於日月"者, "絶棄"卽謂"毀"也. 云"適足"者, "多"與祇同, 祇訓"適"也. 『左』「襄」廿九年「傳」, "多見疏也", 服本作"祇". 云"祇, 適也." 此證甚多, 不具引.
- ○「주」의 "언인(言人)"부터 "양야(量也)"까지.
- ○ 정의에서 말한다.
  "절(絶)"은 "진후(晉侯)가 여상(呂相)을 진(秦)나라에 보내어 절교를 통고했다."[73]고 할 때의 "절(絶)"과 같다. "해와 달을 끊어 버린다[絶棄於日月]"라고 했는데, "절기(絶棄)"는 바로 "헐뜯음[毀]"을 이르는 것이다.
  "적족(適足)."
  "다(多)"는 지(祇)와 같은 뜻이니, 지(祇)는 뜻풀이를 다만[適]이라고 새긴다. 『춘추좌씨전』「양공」29년의 「전」에 "다만 소원히 여기고 있다는 것을 드러냈을 뿐이다[多見疏也]"라고 했는데, 복건본(服虔本)에는 "다(多)"가 "지(祇)"로 되어 있고, "지(祇)는 다만[適]이라는 뜻이다."라고 했는데, 이러한 증거는 매우 많으니, 구구절절이 인용하지는 않는다.

---

73 『춘추좌씨전』「성공」13년.

陳子禽謂子貢曰: "子爲恭也, 仲尼豈賢於子乎?" 子貢曰: "君子一言以爲知, 一言以爲不知, 言不可不愼也. 夫子之不可及也, 猶天之不可階而升也.

진 자금(陳子禽)이 자공에게 말했다. "그대가 공경해서이지, 중니가 어찌 그대보다 더 현명하겠는가?" 자공이 말했다. "군자는 한마디 말로 지혜롭게 되기도 하고, 한마디 말로 지혜롭지 못하게 되기도 하니, 말은 삼가지 않아서는 안 된다. 공자에게 미칠 수 없는 것은 마치 하늘을 사다리로 오를 수 없는 것과 같다.

원문 正義曰: "爲恭"者, 言爲恭敬以尊崇其師也. 『公羊』「桓」元年, "鄭伯以璧假許田, 易之也. 易之則其言假之何? 爲恭也." 何休「注」, "爲恭遜之辭." 與此義同. 『釋文』, "爲知', 音智, 下同." 智者知人, 知人則無失言. 故君子於人之一言, 就其言之得失, 識其人之智與不智, 故言當極愼也. 「喪大記」, "虞人設階." 「注」, "階, 所乘以升屋者." 『說文』, "梯, 木階也." 子貢以夫子道高若天, 亦前章以日月爲喩之意.

역문 정의에서 말한다.

"위공(爲恭)"이란 공경(恭敬)으로써 그 스승을 존숭(尊崇)하기 때문이라는 말이다. 『춘추공양전』「환공」원년에 "정백(鄭伯)이 팽읍(祊邑)에 구슬[璧]을 더 얹어 주고서 허전(許田)을 빌렸는데, 교환한 것이다. 교환한 것이라면 그것을 '빌렸다'라고 한 것은 무엇 때문인가? 공경했기 때문이다."라고 했는데, 하휴의 「주」에 "공손한 것이기 때문이라는 말이다[爲

恭遜之辭].”라고 했으니, 이 뜻과 같다. 『경전석문』에 “‘위지(爲知)’는 지(智)로 발음해야 하고, 아래도 같다.”라고 했는데, 지혜로운 자는 사람을 알고, 사람을 알면 실수하는 말이 없다. 그러므로 군자는 사람의 한마디 말에서 그 말의 득실을 이루기도 하고 그 사람이 지혜로운지 지혜롭지 않은지도 알기 때문에 말이란 지극히 신중해야 함이 마땅한 것이다. 『예기』「상대기」에 “우인(虞人)이 사다리를 설치한다[設階].”[74]고 했는데, 「주」에 “계(階)는 타고서 지붕에 올라가는 도구이다.”라고 했고, 『설문해자』에 “제(梯)는 나무로 만든 층계[木階]이다.”[75]라고 했다. 자공이 공자의 도는 높기가 하늘과 같다고 했으니, 또한 앞장에서 해와 달을 가지고 비유를 한 뜻과도 같은 것이다.

夫子之得邦家者,【注】孔曰: “謂爲諸侯若卿大夫.” 所謂立之斯立,
道之斯行, 綏之斯來, 動之斯和, 其生也榮, 其死也哀, 如之何
其可及也?”【注】孔曰: “‘綏’, 安也. 言孔子爲政, 其立敎則無不立, 道之則
莫不興行, 安之則遠者來至, 動之則莫不和穆. 故能生則榮顯, 死則哀痛.”

선생님께서 나라나 집안을 얻으신다면【주】공안국이 말했다. “제후가 되거나 혹은 경(卿)이나 대부가 됨을 이른 것이다.” 이른바 ‘세우면 이에 서

---

74 『예기』「상대기(喪大記)」: 고복(皐復)을 할 때에 죽은 자가 산림을 소유했으면 우인(虞人)이 사다리를 설치해서 지붕에 올라가고, 산림이 없으면 적인[악리(樂吏)]이 사다리를 설치한다.[復, 有林麓, 則虞人設階; 無林麓, 則狄人設階.]

75 『설문해자』권6: 제(梯)는 나무로 만든 층계[木階]이다. 목(木)으로 구성되었고 제(弟)가 발음을 나타낸다. 토(土)와 계(雞)의 반절음이다.[梯, 木階也. 從木弟聲. 土雞切.]

고, 인도하면 이에 따르며, 편안하게 해 주면 이에 따라오고, 감동시키면 이에 화평하게 되어, 살아 계실 때에는 영광스럽고 돌아가시면 슬퍼한다.'라는 것이니, 어떻게 이런 분에게 미칠 수 있겠는가?"【주】공안국이 말했다. "수(綏)'는 편안함[安]이다. 공자가 정치를 해서 그가 교령(敎令)을 세우면 확립되지 않음이 없고, 인도하면 일어나 행하지 않는 자가 없으며, 편안하게 해 주면 멀리 있는 자들이 몰려오고, 감동시키면 화목하지 않음이 없기 때문에 살아 있을 때에는 영광으로 여기고 죽으면 애통해할 수 있다는 말이다."

원문 正義曰: "立"者, 以禮立之也. "之"指人言, 所謂"立人"也; "道", 猶導也, 所謂"達人"也. "達"者, 通也, 行也. "綏之"者, 言有仁政安集之也. "動之"者, 以禮樂興動之也. 『荀子』「儒效篇」云: "造父者, 天下之善御者也, 無興馬, 則無所見其能; 羿者, 天下之善射者也. 無弓矢, 則無所見其巧. 大儒者, 善調一天下者也. 無百里之地, 則無所見其功." 夫子未得大用, 故世人莫知其聖而或毀之. 然至誠必能動物, 存神過化, 理有不忒. 夫子仕魯未幾, 政化大行, 亦可識其略矣.

역문 정의에서 말한다.

"세운다[立]"라는 것은 예(禮)로써 서게 하는 것이다. "지(之)"는 사람을 가리키는 말이니, 이른바 "남을 서게 한다"[76]는 것이고, "도(道)"는 인도함[導]과 같으니, 이른바 "남을 통달하게 한다[達人]"라는 것이다. "달(達)"이란 통달함[通]이며, 행함[行]이다. "편안하게 해 줌[綏之]"은 인정(仁政)을 두어 편안히 모이게 한다는 말이다. "감동시킨다[動之]"라는 것은, 예악

---

76 『논어』「옹야(雍也)」: 자기가 서고자 하면 남을 서게 하고, 자기가 통달하고자 하면 남을 통달하게 한다.[己欲立而立人: 己欲達而達人.]

을 가지고 흥동(興動)시킨다는 뜻이다. 『순자』「유효편」에 "조부(造父)는 천하에 마차를 잘 모는 사람이지만 수레와 말이 없으면 그 재능을 드러낼 수 없고, 후예(后羿)는 천하에서 활을 잘 쏘는 사람이지만 활과 화살이 없으면 그 기교를 드러낼 수 없다. 대유(大儒)는 천하를 잘 조정하고 통일시키는 사람이지만 사방 백 리의 땅이 없다면 그 공을 드러낼 수 없다."라고 했으니, 공자는 크게 쓰임을 얻지 못했기 때문에 세상 사람들이 그의 성스러움을 알지 못해서 더러는 헐뜯기도 하는 것이다. 그러나 지극히 성실하면 반드시 남을 감동시킬 수 있고,[77] 마음에 간직하고 있으면 신묘해지고, 지나가면 교화되니,[78] 이러한 이치는 어긋나지 않는다. 공자가 노나라에서 벼슬한 지 얼마 되지 않아 정치 교화가 크게 유행했던 것에서도 또한 그 대략을 알 수 있을 것이다.

● 「注」, "綏, 安也."
● 正義曰: 『爾雅』「釋詁」文.
○ 「주」의 "수(綏)는 편안함[安]이다."
○ 정의에서 말한다.
　『이아』「석고」의 글이다.

77　『맹자』「이루상(離婁上)」: 지극히 성실하면서 남을 감동시키지 못하는 경우는 있지 않으니, 성실하지 못하면서 남을 감동시킬 수 있는 자는 있지 않다.[至誠而不動者未之有也, 不誠, 未有能動者也.]

78　『맹자』「진심상」: 군자가 지나가면 교화(敎化)되며, 마음에 간직하고 있으면 신묘(神妙)해진다. 그러므로 위아래로 천지(天地)와 함께 흐르니, 군자가 어찌 조금만 보탬이 있다고 하겠는가?[夫君子, 所過者化; 所存者神. 上下與天地同流, 豈曰小補之哉?]

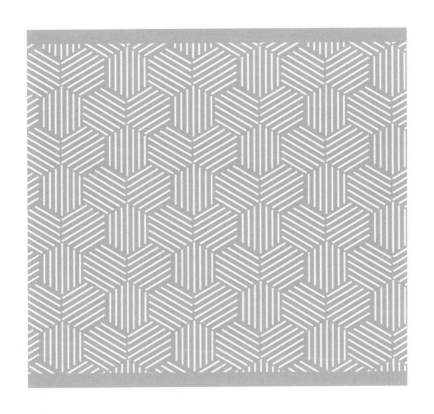

논어정의 권23

論語正義卷二十三

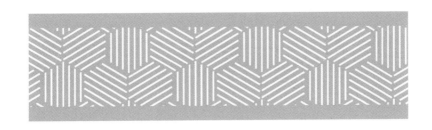

堯曰第二十 (요왈 제20)

원문 正義曰:『漢書』「藝文志」, "『論語』古二十一篇. 出孔子壁中, 兩「子張」." 何晏等「序」亦云: "『古論』分「堯曰」下章'子張問'以爲一篇, 有兩「子張」." 兩「子張」者, 前第十九篇是「子張」, 此"子張問從政"又爲「子張」, 故云 "兩"也. 如淳注『漢書』, 以此「子張篇」名「從政」. 金氏履祥『集注考證』以 此篇名「子張問」, 金說似爲得之也. 翟氏灝『考異』引毛奇齡說, 未有一章 可爲一篇者, 是必別有「子張」一篇, 未必是「從政章」, 此說似非.

역문 정의에서 말한다.

『전한서』「예문지」에 "『논어』는 옛날에는 21편이었다. 공자의 벽 안에서 나온 것은 「자장」이 두 편이다."라고 했다. 하안 등의 「서」에도 "『고논어』는 「요왈」 아래 '자장문(子張問)' 장을 나누어 한 편을 만들어서 두 개의 「자장」이 있다."라고 했으니, 두 「자장」은 앞의 제19편이 「자장」이고, 여기의 "자장문종정"이 또 「자장」이 되기 때문에 "둘[兩]"이라고 한 것이다. 여순(如淳)은 『전한서』를 주해하면서 이 「자장」의 명칭을 「종정(從政)」이라고 했다. 김이상(金履祥)의 『논어맹자집주고증』에는 이 편의 이름을 「자장문」이라고 했는데, 김이상의 말이 설득력이 있을 것 같다. 적호의 『사서고이』에는 모기령의 설을 인용하면서, 한 편이라고 할 만한 하나의 장구가 없으니, 이는 필시 별도로 있는 「자장」 한 편이 반드시 「종정장(從政章)」은 아니라고 했는데, 이 말은 틀린 것 같다.

원문 蓋『論語』自「微子篇」說夫子之言已訖, 故「子張篇」皆記弟子之言, 至此 更搜集夫子遺語, 綴於冊末. 而有兩篇者, 以『論語』非一人所撰, 兩篇皆更

待哀錄而未有所得, 故「堯曰」止一章, 「子張」止二章也. 此眞孔壁之舊,
其合竝爲一篇, 則『齊』·『魯』家學者爲之矣. 翟氏灝『考異』以「堯曰」云云
爲『論語』後序, 故專爲篇, 而文今不全, 歷引『周易』「序卦」及先秦·兩漢
諸子史後序皆居筴尾. 又以"堯曰"章及『孟子』"由堯·舜"章皆爲一書後序, "子
張問"以下古原別分爲篇, 蓋於書成後續得附編, 故又居後序之後. 此說尤
誤.『論語』之作, 非出一人, 此序果誰所作? 且「泰伯篇」末, 嘗論堯·舜·
文·武·禹矣, 亦將謂爲後序耶? 必不然矣. 篇內文有脫佚, 自昔儒者曾
言之.

역문 대체로『논어』는「미자」부터는 공자의 말을 설한 것이 이미 다했기
때문에「자장」은 모두 제자들의 말을 기록하였고,「요왈」에 이르러서
는 다시 공자의 남겨진 말들을 수집해서 책 끝에 이어 붙인 것이다. 그
런데도 두 편이 있는 것은,『논어』가 한 사람이 편찬한 것이 아닌데다
가, 두 편 모두 다시 부록(哀錄)을 기다려 보아도 아직은 얻는 바가 없기
때문에,「요왈」은 한 장에서 그치고「자장」이 두 장에서 그친 것이다.
이 진공(眞孔)의 벽에서 나온 구본(舊本)을 병합해서 한 편으로 만든 것은
『제논어』와『노논어』학파의 학자들이 그렇게 한 것일 것이다. 적호(翟
灝)의『사서고이』에서는「요왈」운운한 것을『논어』의 후서(後序)로 보
았기 때문에 온전한 한 편으로 만든 것인데, 문장이 지금은 온전하지 않
고.『주역』「서괘」및 선진(先秦)과 양한(兩漢) 제자(諸子)의 역사 후서(後
序)를 낱낱이 인용한 것은 모두 책 말미에 끼워 넣었다. 또 "요왈"장 및
『맹자』의 "유요순(由堯舜)"[1]장은 모두 한 책의 후서(後序)가 되니, "자장문

---

1 『맹자(孟子)』「진심하(盡心下)」: 맹자가 말했다. "요순(堯舜)으로부터 탕왕(湯王)에 이르기
   까지가 500여 년이니, 우왕(禹王)과 고요(皐陶)는 요순의 도를 직접 보고서 알았고, 탕왕은 들
   어서 알았다."[孟子曰: 由堯·舜至於湯, 五百有餘歲, 若禹·皐陶則見而知之; 若湯則聞而知之.]

(子張問)" 이하를 옛날에는 원래 나누어 별도로 편을 만든 것은 아마도 책이 완성된 뒤에 이어서 편을 부기했기 때문에 후서의 뒤에 놓이게 된 것인 듯싶다. 하지만 이 설은 더욱 잘못된 것이다. 『논어』의 저작은 한 사람에게서 나온 것이 아니니, 이 서문은 과연 누가 지은 것일까? 또 「태백」 끝에 일찍이 요(堯)・순(舜)・문(文)・무(武)・우(禹)를 논하였으니, 또한 후서(後序)가 된다고 할 수 있겠는가? 반드시 그렇지 않을 것이다. 편 내의 글 중에 빠지고 일실된 것이 있는데, 본래 옛날 유학자들이 일찍이 말했던 것이다.

○●○

集解(집해)

○●○

凡三章(모두 3장이다)

원문 正義曰: 翟氏灝『考異』, "『古論語』分此一篇爲二, 則'堯曰'凡一章, 「子張」凡二章. 『魯論』無'不知命'章, 則'堯曰'凡二章."

역문 정의에서 말한다.

적호의 『사서고이』에 "『고논어』는 이 한 편을 나누어 두 편으로 만들었으니, '요왈'은 다해서 한 장으로 되어 있고, '자장'은 모두 두 장으로 되어 있으며, 『노논어』에는 '부지명(不知命)'장이 없으니, '요왈'은 다해서 두 장으로 되어 있다."라고 했다.

堯曰: "咨! 爾舜, 天之曆數在爾躬, 【注】 "曆數", 謂列次也. 允執其中. 四海困窮, 天祿永終." 【注】 包曰: "'允', 信也; '困', 極也; '永', 長也, 言爲政信執其中, 則能窮極四海, 天祿所以長終." 舜亦以命禹. 【注】 孔曰: "舜亦以堯命己之辭命禹."

요가 말했다. "아! 너 순아! 하늘의 역수가 너의 몸에 있으니, 【주】 "역수(曆數)"는 나열된 순서[列次]를 이른다. 진실로 그 중(中)을 잡거라. 사해가 곤궁하면 하늘이 준 봉록[天祿]이 영원히 끊어질 것이다." 【주】 포함(包咸)이 말했다. "윤(允)은 성실함[信]이고, '곤(困)'은 극진(極盡)함이며, '영(永)'은 장구(長久)함이니, 정치를 함에 성실하게 그 중도(中道)를 굳게 지키면 사해(四海)의 끝까지 극진하게 할 수 있어서 하늘이 봉록[天祿]을 그대로 길이 마칠 수 있다는 말이다." 순도 또한 이 말을 가지고 우에게 명하였다. 【주】 공안국(孔安國)이 말했다. "순 또한 요가 자기에게 명한 말을 가지고 우에게 명한 것이다."

원문 正義曰: 『爾雅』 「釋詁」, "嗟, 咨嗟也." 『詩』 「文王」, "咨女殷商." 毛 「傳」, "咨, 嗟也." 堯有所重誠於舜, 故歎而後言也. 『書』 「堯典」云: "乃命羲・和, 欽若昊天, 曆象日月星辰, 敬授民時." "曆象"・"曆數"詞意竝同. 「洪範」, "五紀: 一曰歲, 二曰月, 三曰日, 四曰星辰, 五曰曆數." 曆數是歲・月・日・星辰運行之法.

역문 정의에서 말한다.

　　『이아』 「석고」에 "차(嗟)는 탄식(咨嗟)이다."라고 했고, 『시경』 「문왕」에 "아! 슬프다 너희 은상(殷商)아[咨女殷商]."라고 했는데, 모형(毛亨)의 「전」

에 "자(咨)는 탄식[嗟]이다."라고 했으니, 요가 순에게 중히 경계할 것이 있었기 때문에 탄식한 뒤에 말한 것이다. 『서경』「요전」에 "이에 희씨(羲氏)와 화씨(和氏)에게 명하여 경건한 마음으로 하늘을 따라서 해와 달과 별들의 운행을 책력으로 기록하고 관상(觀象)하는 기구로 관찰[曆象]하여 경건하게 백성들에게² 농사철을 알려 주게 하였다."라고 했는데, "역상(曆象)"과 "역수(曆數)"는 말뜻이 모두 같다. 『서경』「홍범」에 "오기(五紀)는 첫 번째는 해[歲]이고, 두 번째는 달[月]이고, 세 번째는 날[日]이고, 네 번째는 별[星辰]이고, 다섯 번째는 역수(曆數)이다."라고 했으니, 역수(曆數)는 해와 달과 별이 운행하는 법칙이다.

원문 「曾子天圓篇」, "聖人愼守日月之數, 以察星辰之行, 以序四時之順逆, 謂之曆." 『中論』「曆數篇」, "昔者聖王之造曆數也, 察紀律之行, 觀運機之動, 原星辰之迭中, 寤晷景之長短, 於是營儀以准之, 立表以測之, 下漏以考之, 布算以追之, 然後元首齊乎上, 中朔正乎下, 寒暑順序, 四時不忒. 夫曆數者, 先王以憲殺生之萌而詔作事之節也, 使萬國不失其業者也." 此曆數之義也.

역문 『대대례』「증자천원」에 "성인은 해와 달의 도수를 신중하게 지켜 별의 운행을 관찰해서 네 계절의 순행과 역행을 차례 지으니, 이것을 역(曆)이라 한다."라고 했고, 『중론』「역수」에 "옛날 성왕이 역수(曆數)를 지을 때 기율(紀律)의 운행을 자세히 살피고, 천지가 열릴 때 무엇이 언제 어떻게 되는지[運機]의 움직임을 관찰해서 별이 갈마드는 가운데를 근원해 보고, 햇빛과 그림자의 길고 짧음을 깨우쳐서, 이에 예의를 다스려 따르고, 말뚝을 세워 해의 길이를 재며, 누수(漏水)로 천체의 운행 도

2　『상서주소(尙書注疏)』와 『서경집전(書經集傳)』에는 "民"이 "人"으로 되어 있다.

수를 관측하고, 산가지를 펼쳐서 추측한 뒤에 원수(元首)가 위에서 가지
런해지고, 중삭(中朔)³이 아래에서 바르게 되어 추위와 더위가 순서에 맞
게 운행되고 네 계절이 어긋나지 않는다. 역수(曆數)라고 하는 것은 선왕
이 본받아 죽이고 살리는 싹이면서 일을 하도록 고하는 절도이니, 만국
으로 하여금 그 기업(基業)을 잃지 않게 하는 것이다."라고 했으니, 이것
이 역수(曆數)의 의의(義意)이다.

원문 『史記』「曆書」言, "黃帝考定星曆, 建立五行, 起消息, 正閏餘, 於是有
天地神祇物類之官." 又言, "堯復遂重‧黎之後, 立義‧和之官, 明時正度.
年耆禪舜, 申戒文祖云: '天之曆數在爾躬.' 舜亦以命禹. 由是觀之, 王者
所重也."

역문 『사기』「역서」에 "황제(黃帝) 때 천문역법[星曆]을 고찰해서 역법을 제
정하고, 오행(五行)의 차례를 세우며, 음양이 소멸되고 생성되는 규칙을
세워, 윤달을 두니, 이에 하늘과 땅의 신과 기타 물류(物類)를 관장하는
관직이 있게 되었다."라고 했고, 또 "요임금 때 다시 중(重)과 여(黎)의 후
손을 임용하고, 희씨(羲氏)와 화씨(和氏)라는 관직을 설립하니, 천시(天時)
의 변화가 바른 법도에 맞게 되었다. 요임금은 나이가 들어 노쇠해지자
순에게 선양(禪讓)했는데, 문조묘(文祖廟)에서 순에게 훈계하며 말하기
를, '하늘의 역수(曆數)가 너의 몸에 달려 있다.'라고 했고, 순 역시 이것
을 가지고 우에게 명했다. 이를 말미암아 살펴보면 역수(曆數)가 제왕들
에게 얼마나 소중한 것인지 알 수 있다."라고 했다.

원문 據『史記』之文, 則"咨舜"云云, 乃堯禪位語. 舜不陟帝位, 故當堯之世,

---

3 중삭(中朔): 사시의 가운데 달, 곧 2‧5‧8‧11월.

但攝政也. 王者, 天之子, 當法天而行, 故堯以天之曆數責之於舜. 『春秋繁露』「郊語篇」引此文釋之云, "言察身以知天也." 此董以"在"訓察, "躬"訓身也. 在之爲察, 見『爾雅』「釋詁」. "察身"者, 謂省察其身, 當止至善以承天之事, 受天之大福, 故天垂象而人主法焉, 天示異而人主懼焉.

역문 『사기』의 글에 근거해 보면, "아! 순아[咨舜]"라고 운운한 것은, 요가 제위를 선양할 때의 말이다. 순이 제위에 오르지 않았기 때문에 요임금의 세상을 당해서는 단지 섭정만 했던 것이다. 왕자(王者)는 하늘의 자식이니 하늘을 본받아 행함이 마땅하므로 요가 하늘의 역수를 가지고 순에게 책임을 지운 것이다. 『춘추번로』「교어」에는 이 문장을 인용해서 해석하기를, "몸을 살펴 하늘을 알라는 말이다."라고 했는데, 여기서 동중서는 "재(在)"를 살핀다[察]는 뜻으로 새기고, "궁(躬)"을 몸[身]이라는 뜻으로 새겼다. 재(在)가 살핀다[察]는 뜻이 되는 것은, 『이아』「석고」에 보인다. "찰신(察身)"이란 자기 자신을 성찰한다는 말로, 마땅히 지극히 선한데 머물러 하늘의 사업을 계승해야 하늘의 커다란 복을 받으니, 그러므로 하늘이 상(象)을 드리움에 임금은 그것을 본받아야 하고, 하늘이 재이(災異)를 보임에 임금은 그것을 두려워해야 하는 것이다.

원문 『書』「洪範」云: "王省惟歲." 『詩』「大明」云: "唯此文王, 小心翼翼. 昭事上帝, 聿懷多福." "翼翼"者, 敬也, 竝皆察身之義也. 鄭此「注」云: "曆數在汝身, 謂有圖籙之名." "圖籙"者, 帝王受命, 有符瑞之徵, 可先知也. 其書起於周末, 漢世儒者用以說經, 故康成據之, 實則於義非也.

역문 『서경』「홍범」에 "왕이 살필 것은 오직 해[歲]이다."라고 했고, 『시경』「대명」에 "이 문왕(文王)이 조심하고 공경하고 공경하시어[翼翼] 상제(上帝)를 밝게 섬기시어 많은 복을 오게 하셨다."라고 했는데, "익익(翼翼)"이란 공경함[敬]이니, 모두 다 몸을 살핀다는 뜻이다. 정현은 여기의 「주」

에서 "역수가 너의 몸에 있다[曆數在汝身]는 것은 도참설(圖讖說)의 책[圖錄]에 있는 명칭을 이른다."라고 했는데, "도록(圖錄)"이란, 제왕이 명을 받을 때 부명(符命)이나 서옥(瑞玉) 등 상서로운 징조가 있어서, 먼저 알 수 있는 것이다. 그 책은 주나라 말기에 유래되었는데, 한나라시대의 유학자들이 이 책을 이용해서 경전을 설명했기 때문에 강성(康成)이 이것을 근거했으니, 사실은 의리상 잘못된 것이다.

원문 "執中"者, 謂執中道用之. 『禮』「中庸」云: "子曰: '舜其大知也與! 執其兩端, 用其中於民.'" 執而用中, 舜所受堯之道也. 用中卽中庸, 故庸訓用也. 中庸之義, 自堯發之, 其後賢聖論政治學術, 咸本此矣.

역문 "집중(執中)"이란 중도(中道)를 잡아 사용한다는 말이다. 『예기』「중용」에 "공자가 말했다. '순은 크게 지혜로운 분이시로다! 그 양쪽 끝을 잡아 백성들에게 그 중도(中道)를 사용하셨다.'"[4]라고 했으니, 붙잡아 중도를 사용함이 순이 요에게 받은 도인 것이다. "용중(用中)"은 바로 중용(中庸)이기 때문에 용(庸)을 용(用)의 뜻으로 새기는 것이다. 중용(中庸)의 의리는 요임금으로부터 시작됐는데, 그 뒤로 현성(賢聖)이 정치와 학술을 논할 때면 모두 이것을 근본으로 삼는다.

원문 "四海困窮"者, 『孟子』「滕文公上」, "當堯之時, 天下猶未平, 洪水橫流, 氾濫於天下, 草木暢茂, 禽獸繁殖. 五穀不登, 禽獸偪人, 獸蹄鳥跡之道交於中國, 堯獨憂之, 擧舜而敷治焉." 又「滕文公下」, "當堯之時, 水逆行, 氾濫於中國, 蛇龍居之, 民無所定, 下者爲巢, 上者爲營窟. 『書』曰: '洚水警餘.' 洚水者, 洪水也." 是堯時四海困窮之徵. 堯擧舜敷治之, 故此"咨"告之

言, 當憂恤之也. 其後舜命禹亦言此者, 水土初平, 民猶艱食鮮食故也.

역문 "사해곤궁(四海困窮)"

『맹자』「등문공상」에 "요임금 때를 당하여 천하가 여전히 평정되지 못해서 홍수가 멋대로 흘러 천하에 범람하여 초목이 무성하고 금수(禽獸)가 번식하였다. 그리하여 오곡이 여물지 못하고 금수가 사람을 위협해 짐승의 발자국과 새의 발자국이 나라 안에 어지럽게 나 있었는데, 요가 이를 걱정하여 순을 등용해서 다스리게 하였다."라고 했고, 또「등문공하」에 "요임금 당시에는 물이 역류해서 나라 안에 범람하여 뱀과 용이 서식하니, 사람들이 정착할 곳이 없어서 낮은 지역에 사는 자들은 나무 위에 둥지를 만들었고, 높은 지역에 사는 자들은 굴을 파고 살았다. 『서경』「대우모」에 '홍수(洚水)가 나를 경계하였다.'라고 했는데, 홍수(洚水)란 홍수(洪水)이다."라고 했는데, 이것이 요임금 때 사해가 곤궁했던 증거이다. 요가 순을 등용해서 다스리도록 했기 때문에 이처럼 "아!" 하면서 말을 일러 준 것이니, 근심한 것에 해당한다. 그 뒤에 순이 우에게 명할 때도 역시 이것을 말한 것은 물과 대지가 처음에는 평치되었지만 백성들은 여전히 어렵게 농사지어 먹거나 날것을 그대로 먹었기 때문이다.[5]

원문 "天祿"者, 天子玉食萬方, 有祿食自天予之, 故言"天"也. 毛氏奇齡『稽求篇』, "閻潛丘云: '"四海困窮"是儆辭, "天祿永終"是勉辭.' 蓋四海當念其

---

5 간식선식(艱食鮮食):『서경(書經)』「우서(虞書)·익직(益稷)」에 "내가 구주(九州)의 냇물을 터놓아 사해(四海)에 이르게 하고 밭도랑[畎]이나 봇도랑[澮]을 깊이 파서 내에 이르게 하였으며, 직(稷)과 더불어 파종하여 모든 간식(艱食)과 선식(鮮食)을 장만했다.[予決九川, 距四海, 濬畎·澮, 距川, 暨稷播, 奏庶艱食鮮食.]"라고 했는데, 채침(蔡沈)의「주」에 "간(艱)은 어려움이니, 홍수가 다스려져 파종하는 초기에는 백성들이 여전히 어렵게 농사지어 먹은 것이다.[艱, 難也, 水平播種之初, 民尙艱食也.]"라고 했다.

困窮, 天祿當期其永終也." <u>江氏聲</u>『<u>尚書集注音疏</u>』疑此節爲「舜典」佚文,
<u>東晉古文入之「大禹謨」</u>.

역문 "천록(天祿)"

　천자는 만방으로부터 진귀한 음식을 수라로 받으니, 하늘로부터 주어
지는 녹식(祿食)이 있는 것이기 때문에 "천(天)"이라고 한 것이다. 모기령
의 『논어계구편』에 "염잠구(閻潛丘)[6]가 이르길, '"사해곤궁(四海困窮)"은
경계하는 말이고 "천록영종(天祿永終)"은 격려하는 말이다.'라고 했으니,
대체로 사해(四海)는 당연히 그 곤궁함을 염려하고, 천록은 당연히 길이
마쳐질 것을 기약하는 것이다."라고 했다. 강성(江聲)은 『상서집주음소』
에서 이 구절을 『서경』「순전」의 일문(佚文)이라고 의심해서, 동진(東晉)
의 고문(古文)에서 「대우모」에 편입시켰다.

- 「注」, "'曆數', 謂列次也."
- 正義曰: 『爾雅』「釋詁」, "曆, 數也." 曆卽是數, 故"曆數"連文. 『禮記』「郊特性」「注」, "'簡曆',
  謂算具陳列之也.""次"亦數也.

6　염잠구(閻潛丘, 1636~1704): 청나라 산서(山西) 태원(太原) 사람인 염약거(閻若璩)이다. 자
　는 백시(百詩)고, 호가 잠구거사(潛邱居士)이기 때문에 염잠구(閻潛丘)라고 한 것이다. 20세
　때 『상서』를 읽고 고문(古文) 25편(篇)에 이르렀을 때 위서(僞書)를 의심하고 30여 년을 연
　구해 의문점들을 모두 해결하고 『고문상서소증(古文尚書疏證)』을 완성했다. 고염무(顧炎
　武)의 학풍을 계승해 『상서』의 진위를 연구하여 동진(東晉) 때 매색(梅賾)이 바친 『고문상
　서(古文尚書)』와 『공안국상서전(孔安國尚書傳)』이 위작이라고 주장했다. 또 『맹자』와 『사
　기』를 참고하여 『맹자생졸년월고(孟子生卒年月考)』를, 지리학에도 뛰어나 『사서석지(四書
　釋地)』를 저술했다. 시 또한 아려(雅麗)했다. 그 밖의 저서에 『모주시설(毛朱詩說)』과 『상
　복이주(喪服異注)』, 『잠구잡기(潛邱雜記)』, 『잠구찰기(潛丘札記)』, 『일지록보정(日知錄補
　正)』 등이 있다.

○「주」의 "'역수(曆數)'는 나열된 순서[列次]를 이른다."

○ 정의에서 말한다.

『이아』「석고」에 "역(曆)은 수(數)이다."라고 했으니, 역(曆)이 바로 수(數)이기 때문에 "역수(曆數)"라고 말을 이어서 표현한 것이다. 『예기』「교특생」의 「주」에 "간역(簡曆)은 계산하고 갖추어 진열함을 이른다."라고 했다. "차(次)" 역시 수(數)이다.

● 「注」, "允信"至"長終".

● 正義曰: "允·信", "永·長", 皆『爾雅』「釋詁」文. 段氏玉裁『說文注』云: "困之本義爲止而不過, 引申之爲極盡. 『論語』'四海困窮'謂君德充塞宇宙, 與橫被四海之義略同." 段說卽包此「注」意, 然非經旨. "天祿所以長終"者, 言享天祿能終竟之也. 『易』「歸妹·象傳」, "君子以永終知敝." 『書』「金縢」, "惟永終是圖." 漢·魏人用此經語. 班彪『王命論』云: "福祚流於子孫, 天祿其永終矣." 雋不疑謂暴勝之曰: "樹功揚名, 永終天祿." "韋賢傳", "匡衡曰: '其道應天, 故天祿永終.'" 其他封策禪詔, 若漢武帝立子齊王閎策, 漢靈帝立皇後詔, 吳大帝卽位『告天文』, 漢禪位於魏冊, 魏使鄭沖奉冊于晉, 凡引此文, 皆作"永"長解.

○「주」의 "윤신(允信)"부터 "장종(長終)"까지.

○ 정의에서 말한다.

"윤(允)은 성실함[信]이다"와 "영(永)은 장구함[長]이다"라는 모두 『이아』「석고」의 글이다. 단옥재의 『설문해자주』에 "곤(困)의 본래 의미는 그치고 지나치지 않는다는 뜻인데 의미를 확대해서 극진(極盡)의 뜻이 된 것이다. 『논어』의 '사해곤궁(四海困窮)'은 군주의 덕이 우주에 가득함을 이르는 것이니, 사해를 두루 덮는다는 뜻과 대략 같다."라고 했는데, 단옥재의 해설은 바로 이 「주」의 뜻이나, 경문의 취지는 아니다. "하늘이 봉록[天祿]을 그대로 길이 마칠 수 있다[天祿所以長終]"라는 것은 천록을 누리는 것을 끝까지 다할 수 있다는 말이다. 『주역』「귀매괘」의 「상」에 "군자는 이 괘를 보고서 영원히 끝날 때까지 깨지고 부서질 것을 알 것이다[君子以永終知敝].”라고 했고, 『서경』「금등」에 "영원히 마침을 도모할 것이다[惟永終是圖].”라고 했는데, 한(漢)나라와 위(魏)나라 사람들은 이것을 경전의 말이라고 여긴 것이다. 반표(班彪)의 『왕명론』에 "복이 자손에게까지 흘러가서 천록이 영원히 마쳐질 것이다."라고 했으며, 준불의(雋不疑)[7]가 포승지(暴勝之)[8]에게 일러 말하기를, "공(功)을 세우고 이름을 드날려서 천록을 길이 마칠 수가 있다."[9]고 하였고, 「위현전」에 "광형(匡衡)[10]이 말했다. '그 도가 하늘에 응하였기 때문에 천록을 길이 마칠 것이다.'"라고 했다. 이 외의 봉책(封

7　준불의(雋不疑, ?~?): 전한 발해(渤海) 사람. 자는 만천(曼倩). 『춘추』를 연구하여 군문학(郡文學)이 되었다. 무제(武帝) 말에 청주자사(靑州刺史)가 되었다. 소제(昭帝) 초에 경조윤(京兆尹)에 발탁되었는데, 항상 유가경술(儒家經術)로 일을 처리했다. 시원(始元) 5년(기원전 82) 어떤 남자가 위태자(衛太子)를 모칭(冒稱)한 것을 승상어사(丞相御史)도 판별하지 못했는데, 그가 『춘추』에 근거해 관리를 질책하여 체포하고 투옥시켰다. 황제가 듣고 가상하게 여겼는데, 이때부터 명망(名望)이 조정에 떨치게 되었다.

8　포승지(暴勝之, ?~기원전 91): 전한 중기의 관료로, 자는 공자(公子)이며 하동군 사람. 한 무제 때 직지사자(直指使者) 겸 수의어사(繡衣御史)가 되어 각지를 돌며 도적 토벌을 감독하였으며, 도적을 막지 못한 태수들을 탄핵하고 현령 등을 주살하였다. 수의어사로서 각지를 시찰하던 중, 피양령(被陽令) 왕흔에게 책임을 물어 그를 죽이려 하였다. 하지만 왕흔이 자신을 설득하니, 이를 받아들여 친분을 맺고 조정으로 돌아가 그를 천거하였다. 또 발해에서 명성을 떨치던 준불의(雋不疑)를 무제에게 천거하였다. 광록대부가 되었다가 다시 어사대부로 승진하였다. 정화 2년(기원전 91년), 강충의 참소를 받은 여태자가 반란을 일으키자, 승상 유굴리가 반란 진압을 지휘하였는데, 승상사직 전인이 여태자를 놓아 주니 그를 죽이려 하였다. 하지만 포승지가 이를 만류하였다. 결국 유굴리는 전인을 풀어 주었으나 이 소식을 들은 무제는 크게 노하여 포승지를 힐책하였고, 포승지는 하옥되었다가, 결국 두려움에 스스로 목숨을 끊었다.

9　『전한서(前漢書)』 권71, 「준소우설평팽전(雋疏于薛平彭傳)」.

10　광형(匡衡, ?~?): 전한 동해(東海) 승(承) 사람. 자는 치규(稚圭). 집안은 가난했지만 공부하기를 좋아했고, 고용살이를 하면서 생계를 꾸렸다. 후창(後蒼)을 좇아 『제시(齊詩)』를 배웠고, 문학에 능했으며 『시(詩)』에 정통했다. 선제(宣帝) 때 사책갑과(射策甲科)에 합격하여 태상장고(太常掌故)에 제수되고, 평원문학(平原文學)에 올랐다. 원제(元帝) 초에 낭중(郎中)이 되었고, 박사(博士)와 급사중(給事中)으로 옮겼다. 글을 올려 시정(時政)을 논했는데, 경의(經義)와 잘 상부했다. 광록훈(光祿勳)과 어사대부(御史大夫)를 역임했다. 원제 건소(建昭) 3년(기원전 36) 승상(丞相)이 되어 낙안후(樂安侯)에 봉해졌다. 성제(成帝)가 즉위하자 왕존(王尊)에게 탄핵을 당했다. 성제 건시(建始) 3년(기원전 30) 봉국(封國)의 전조(田租)를 과다하게 거둔 죄로 면직되어 서인(庶人)이 되었다. 육경(六經) 외에도 『논어』와 『효경』을 숭상했으며, 특히 『시경』을 잘 해설했다. 사단(師丹)과 복리(伏理), 만창(滿昌) 등에게 학문을 전수하여 광씨제시학(匡氏齊詩學)을 개창했다.

策)이나 선양하는 조서[禪詔], 예를 들면 한 무제(漢武帝)가 아들 제왕 굉(齊王閎)을 세우는 조서와 한 영제(漢靈帝)[11]가 황후(皇後)를 세우는 조서, 오 대제(吳大帝)[12]가 즉위할 때의

---

11 한 영제(漢靈帝, 156~189): 기주(冀州) 하간(河間) 사람으로 본명은 유굉(劉宏)이다. 동한(東漢) 시기의 12대 황제(皇帝)로 한(漢)나라 장제(章帝) 유달(劉炟)의 현손이다. 부친의 작위를 이어받아 해독정후(解瀆亭侯)로 봉해졌다. 167년에 한환제(漢桓帝) 유지(劉志)가 붕어한 뒤에 외척(外戚) 두씨(竇氏)에 의해 선택되어 황제로 등극했다. 영제가 즉위했을 때 동한의 정치는 극도로 부패한 상태였으며 자연재해가 끊이지 않고 질병이 만연했다. 백성들의 원성은 높아 가고 국력은 나날이 쇠퇴하고 있었다. 게다가 환관과 외척의 권력투쟁이 환관의 승리로 끝나면서 두씨 일가는 몰락하고 두태후(竇太后, 장제의 황후)는 연금되었다. 환관 세력은 이응, 범방(範謗, 137~169) 등 태학생 100여 명을 죽이고 800여 명을 유배 보내거나 구속했다. 이들 대부분이 옥중에서 사망하는 2차 '당고의 화[黨錮之禍]'가 발생했다. 공개적으로 관직에 가격을 매겨 팔고 토지세를 늘리는 등 재원을 모아 궁실을 대대적으로 보수하고 환관들이 횡행했다. 환관들은 영제의 총애를 등에 업고 나쁜 짓을 일삼고 백성들의 재산을 강탈하여 부패가 극에 달했다. 환관에 대한 영제의 총애는 곧이어 일어난 환란의 도화선이 되었다. 조정의 부패와 자연재해가 한꺼번에 겹치자 여기저기서 반란이 일어났다. 장각이 백성을 선동하여 반란을 일으켰다. 그는 "창천(蒼天)은 이미 끝났으니 황천(黃天)이 서야 한다. 갑자년이 되면 천하가 대길할 것이다."라는 구호 아래 거사를 일으켰다. 이를 '황건적의 난'이라 한다. 이 난은 결국 평정되었으나 전 국토를 휩쓸었기 때문에 피해가 막심하여 동한은 멸망의 길로 접어들었다. 189년 영제는 34세의 나이로 숨을 거두었고, 시호는 효령황제(孝靈皇帝)이다. 22년 동안 재위했다. 재임 중에 희평석경(熹平石經)을 새기고, 홍도문학(鴻都門學; 서예를 배우는 교육기관)을 설치했다. 사부에 능하여 「황희편(皇羲篇)」, 「추덕부(追德賦)」, 「영의송(令儀頌)」, 「초상가(招商歌)」 등의 작품을 남겼다.

12 오 대제(吳大帝, 182~252): 삼국시대 오(吳)나라의 첫 번째 황제인 손권(孫權)의 시호(諡號). 오군(吳郡) 부춘(富春) 사람이고, 자는 중모(仲謀)다. 시호는 태황제(太皇帝)고, 손견(孫堅)의 둘째 아들이다. 건안(建安) 5년 형 손책(孫策)이 죽자 뒤를 이어 주유(周瑜) 등의 보좌를 받아 강남(江南) 육군(六郡) 경영에 힘썼다. 당시 형주(荊州)에는 유표(劉表)가 세력을 떨치고, 화북(華北)에는 조조(曹操)가 있어 남하할 기회를 엿보고 있었다. 13년 유표가 죽고 아들 유종(劉琮)이 조조에게 항복하자 조조의 압력은 더욱 강화되었다. 이에 촉(蜀)나라 유비(劉備)와 결탁하여 남하한 조조의 대군을 적벽(赤壁)에서 격파함으로써 강남에서의 지위가 확립되었다. 이릉(彛陵) 전투에서도 육손(陸遜)의 전술에 힘입어 유비의 촉나라 군대에게 대승을 거두었다. 위나라와 촉나라가 각각 칭제(稱帝)하자 황룡(黃龍) 원년 무창(武昌)에서 제위에 올라 연호를 황무(黃武)라 정하고 도읍을 건업(建業, 南京)으로 정했다. 재

『고천문』과 후한(後漢)의 헌제(獻帝)[13]가 위(魏)나라에 선위(禪位)하는 책문, 위(魏)나라가 정충(鄭沖)을 시켜 진(晉)나라에게 보낸 책문과 같은 경우, 모두 이 문장을 인용했는데, 모두 "영(永)"을 장구함으로 해석해서 썼다.

惟魏明帝青龍二年, 山陽公薨, 『魏志』「注」引「獻帝傳」有"山陽公深識天祿永終之運, 禪位文皇帝." 又曰: "惟山陽公昔知天命永終於己, 深觀曆數, 允在聖躬, 傳祚禪位." 是解"永終"爲"永絶", 在魏末晉初, 而嗣後宋·齊·梁·陳, 其文一轍, 皆曰: "敬禪神器, 授帝位于爾躬, 四海困窮, 天祿永終. 嗚呼! 王其允執厥中, 儀刑前典, 以副昊天之望." 于是皆以"天祿永終"繼"困窮"之後, 爲卻位絶天之辭, 於古義絶不相應. 此閻氏若璩·毛氏奇齡說.

오직 위 명제(魏明帝)[14] 청룡(青龍) 2년에, 산양공(山陽公)이 죽었을 때 『위지』의 「주」에

위할 때 선박을 바다로 보내 이주(夷洲, 臺灣)에 닿기도 했다. 또 산월(山越) 지구에 군현(郡縣)을 설치하는 등 강남 개발을 촉진시켰다. 농관(農官)을 배치하고 둔전(屯田)을 개간했다. 그러나 부역(賦役)이 과중했고, 형벌이 잔혹하여 백성 가운데 저항하는 무리가 많았다. 24년 동안 재위했다.

13 한 헌제(漢獻帝, 181~234): 유협(劉協). 후한의 황제. 영제(靈帝)의 둘째 아들이다. 영제가 죽고 소제(少帝)가 즉위했지만 불과 5개월 만에 동탁(董卓)에 의해 폐위되자, 9살로 진류왕(陳留王)에 옹립되었다. 수도를 장안(長安)으로 옮겼지만, 이미 한 왕실은 유명무실한 존재가 되어 갔다. 왕윤(王允)이 동탁을 주살하자 이각(李傕)의 위협을 당했다. 건안(建安) 원년(196) 조조(曹操)가 그를 허도(許都)로 맞으니, 권력은 조조에게로 돌아갔다. 건강(建康) 원년(220) 조조가 죽고 아들 조비(曹丕)가 한나라를 대신해 칭제(稱帝)하자 폐위되어 산양공(山陽公)이 되고, 후한은 멸망했다. 당시는 황건(黃巾)의 난을 비롯하여 농민 반란이 잇달았고, 환관과 관료, 외척, 지방호족의 세력다툼이 끊이지 않아, 수도인 낙양(洛陽)과 장안 사이를 방황했다. 31년 동안 재위했다.

14 위 명제(魏明帝, 205?~239): 중국 삼국시대 위(魏)나라의 2대 황제로 묘호(廟號)는 열조(烈祖), 시호(諡號)는 명황제(明皇帝)이다. 성명은 조예(曹叡)이며, 자(字)는 원중(元仲)으로 문제(文帝) 조비(曹丕)의 장남으로 태어났다. 생모(生母)는 원소(袁紹)의 아들 원희(袁熙)의 처였던 문소황후(文昭皇后) 견씨(甄氏)이다. 220년에 무덕후(武德侯)로, 221년에 제공(齊公)으로 봉해졌으며, 222년에는 다시 평원왕(平原王)으로 봉해졌다. 226년 아버지인 조비(曹丕)가 중병(重病)이 들면서 황태자(皇太子)가 되었고, 그해 6월(黃初 7년 5월 16일) 조비가 죽자 황위에 올랐다.

인용한 「헌제전」에 "산양공이 천록이 영원히 끊어질 운명을 깊이 알아 문황제(文皇帝)[15]에게 선위(禪位)하였다."라고 했고, 또 "산양공이 예전부터 자기에게서 천명이 영원히 끊어질 것을 알고, 역수(曆數)가 진실로 성궁(聖躬)[16]에 있음을 깊이 관찰하여 복을 전하여 선위하였다."라고 했는데, 이는 "영종(永終)"을 "영원히 끊어진다[永絶]"라고 해석한 것으로, 이렇게 해석한 것은 위나라 말기와 진(晉)나라 초기에 있었고, 그 뒤로 이어져 송(宋)·제(齊)·양(梁)·진(陳)나라에서도 이 글은 한결같이 모두 "공경히 신기(神器)를 봉선하여 제위를 네 몸에 주니, 사해가 곤궁하면 천록이 영원히 끊어질 것이다. 아! 왕은 진실로 그 중(中)을 잡고, 전대의 법칙을 본받아 하늘이 바라는 기대에 부응하라."라고 하였다. 이렇게 해서 모두 "천록영종(天祿永終)"을 "곤궁(困窮)"의 뒤에 이어서 제위를 물려주고 천록을 끊는 말로 삼았는데, 옛 뜻에는 절대로 상응하지 않는다. 이것은 염약거와 모기령의 설일 뿐이다.

日: "予小子履敢用玄牡, 敢昭告于皇皇后帝. 【注】孔曰: "履, 殷湯名. 此伐桀告天之文. 殷家尚白, 未變夏禮, 故用玄牡. '皇', 大. '后', 君也. '大', 大君. '帝', 謂天帝也. 『墨子』引「湯誓」, 其辭若此." 有罪不敢赦, 【注】包

---

15 문황제(文皇帝, 187~226): 위 문제(魏文帝)로서 삼국시대 위(魏)나라의 초대 황제인 조비(曹丕)이다. 패국초(沛國譙) 사람. 자는 자환(子桓)이고, 묘호는 세조(世祖)다. 조조(曹操)의 둘째 아들로, 동생 조식(曹植)을 추대하는 무리를 물리치고 태자가 되었다. 연강(延康) 원년(220) 조조가 죽자 조조의 벼슬과 직위를 계승하여 승상과 위왕(魏王)이 되었다. 후한의 헌제(獻帝)로부터 양위 받아 황제에 즉위했고, 기주(冀州)의 업(鄴)에서 낙양(洛陽)으로 옮겨가 그곳을 국도(國都)로 삼았다. 후한의 실패를 거울삼아 제왕(諸王)인 진창(陳彰)과 진식(陳植) 두 동생의 당파를 물리치는 등 종실제왕(宗室諸王)에게 권리를 주지 않고 유명무실하게 만들었다. 박문강식(博聞强識)하고 재예겸비(才藝兼備)하여 시부(詩賦)에 능했다. 『전론(典論)』을 저술했고, 문학의 독자적 가치를 선언했다. 또 제유(諸儒)들에게 최초의 유서(類書) 『황람(皇覽)』을 편집하게 했다. 시호는 문제(文帝)다. 제위 기간은 7년이다.

16 성궁(聖躬): 임금의 몸을 높여 부르는 말. 여기서는 조비(曹丕)를 가리킨다.

曰: "順天奉法, 有罪者不敢擅赦." 帝臣不蔽, 簡在帝心. 【注】言桀居帝臣之位, 罪過不可隱蔽, 以其簡在天心故. 朕躬有罪, 無以萬方; 萬方有罪, 罪在朕躬."【注】孔曰: "‘無以萬方’, 萬方不與也; ‘萬方有罪’, 我身之過."

탕왕이 말했다. "나 소자 이(履)는 감히 검은 수소의 희생물을 써서 감히 거룩하고 거룩하신 천제께 밝게 아룁니다.【주】공안국이 말했다. "이(履)는 은(殷)나라 탕왕(湯王)의 이름이다. 이것은 하(夏)나라 걸(桀)을 정벌하고서 하늘에 고한 글이다. 은나라는 흰색을 숭상하였으나, 아직 하나라의 예를 변경하지 않았기 때문에 검은 수소를 희생으로 쓴 것이다. ‘황(皇)’은 크다[大]는 뜻이고, ‘후(后)’는 임금이다. ‘대(大)’는 대군(大君)이고 ‘제(帝)’는 천제(天帝)를 이른다. 『묵자』에 인용된 「탕서」는 그 말이 이와 같다." 죄 있는 사람을 감히 용서하지 못하고,【주】포함이 말했다. "하늘의 뜻을 따라서 법을 봉행하므로, 죄가 있는 자라고 해서 감히 마음대로 용서하지 못하였다." 상제의 신하를 폐하지 못하니, 검열해서 판단함은 상제의 마음에 달려 있습니다.【주】천제의 신하의 지위에 있는 걸은 죄과를 숨길 수가 없으니, 검열해서 판단하는 것이 천제의 마음에 달렸기 때문이라는 말이다. 내 몸에 죄가 있는 것은 만방의 백성들 때문이 아니며, 만방의 백성들에게 죄 있는 것은 죄가 내 몸에 있는 것입니다."【주】공안국이 말했다. "‘무이만방(無以萬方)’은 만방의 백성들은 참여하지 않았다는 말이고, ‘만방의 백성들에게 죄가 있는 것[萬方有罪]’은 나 자신의 허물이라는 말이다."

원문 正義曰: "‘曰予’上當有‘湯’字. 稱‘小子’者, 王者父天母地, 爲天之子, 湯告天, 故謙言‘小子’也. 鄭「注」以此文爲舜命禹事, 則舜本不名履, 殊可疑.

<u>兪氏樾</u>『群經評議』謂"<u>鄭</u>本無'履'字", 或得之.

역문 정의에서 말한다.

"왈여(曰予)" 앞에 마땅히 "탕(湯)" 자가 있어야 한다. "소자(小子)"라고 일컬은 것은 왕자(王者)는 하늘을 아버지로 삼고 땅을 어머니로 삼으니, 하늘의 자식인 탕이 하늘에 고하는 것이기 때문에 "소자"라고 겸손하게 말한 것이다. 정현의 「주」에는 이 글을 순이 우에게 명한 일이라고 했는데, 그렇다면 순이 본래 이(履)라고 이름을 부르지 않았어야 하니, 자못 의심할 만하다. 유월의 『군경평의』에 "정현본에는 '이(履)' 자가 없다"라고 했는데, 어쩌면 맞는 듯싶다.

원문 "昭告"者, 『詩』「大明」, "昭事上帝." 「箋」云: "昭, 明也." 言明告上帝, 不敢有所隱飾也. <u>鄭</u>「注」云: "'皇皇后帝', 竝謂大微五帝, 在天爲'上帝', 分主五方爲'五帝'. '用玄牡'者爲<u>舜</u>命<u>禹</u>事, 於時總告五方之神, 莫適用, 用皇天大帝之牲." 案, 『周官』「司服」, "祀昊天上帝, 則服大裘而冕. 祀五帝亦如之."

역문 "소고(昭告)"란 『시경』「대아・문왕지십・대명」에 "상제를 밝게 섬긴다[昭事上帝]."라고 했는데, 「전(箋)」에 "소(昭)는 밝다[明]는 뜻이다."라고 했으니, 상제에게 분명하게 아뢰어 감히 숨기거나 꾸밈이 없다는 말이다. 정현의 「주」에 "'황황후제(皇皇后帝)'는 모두 태미원(太微垣)[17]의 오제

---

17 태미원(太微垣): 별자리 이름으로, 북두칠성의 남쪽, 진성(軫星)・익성(翼星)의 북쪽, 대각성(大角星)의 서쪽, 헌원성(軒轅星)의 동쪽에 있다. 자미원(紫微垣)・천시원(天市垣)과 함께 삼원(三垣)으로 불렸는데, 이 중에 태미원은 임금의 뜰에 대응하는 것으로 여겨졌다. 태미원에는 태미・좌집법・우집법・알자 등 모두 19개 별자리에 78개의 별이 있는데, 이는 조정의 천자와 천자를 보필하는 신하의 역할을 상징한다. 태미원은 현재의 사자좌(獅子座)의 서쪽 10성(星)에 해당한다.

(五帝)이니, 하늘에 있으면 '상제(上帝)'라 하고 나뉘어 오방(五方)을 주관할 때에는 '오제'라 한다. '검은 수소를 희생으로 쓴 것'은 순이 우에게 명한 일이 되는데, 이때 오방의 신에게 총괄해서 고하면서 딱 맞게 적용할 희생이 없었으므로 황천대제(皇天大帝)의 희생을 사용한 것이다."라고 했다. 살펴보니, 『주례』「춘관종백상·사복」에 "호천(昊天)의 상제에게 제사할 때에는 큰 갖옷[大裘]을 입고 면류관을 쓰고, 오제(五帝)에게 제사할 때에도 이와 같이 한다."라고 했다.

원문 「大宗伯」, "以蒼璧禮天, 以黃琮禮地, 以靑圭禮東方, 以赤璋禮南方, 以白琥禮西方, 以玄璜禮北方. 皆有牲幣, 各放其器之色." 「注」云: "此禮天以冬至, 謂天皇大帝在北極者也; 禮地以夏至, 謂神在昆侖者也; 禮東方以立春, 謂蒼精之帝; 禮南方以立夏, 謂赤精之帝; 禮西方以立秋, 謂白精之帶: 禮北方以立冬, 謂黑精之帝." 鄭不言中央之帝, 以經文不見, 故略之也.

역문 『주례』「춘관종백상·대종백」에 "창벽(蒼璧)으로 하늘에 예를 올리고, 황종(黃琮)으로 땅에 예를 올리며, 청규(靑圭)로 동방에 예를 올리고, 적장(赤璋)으로 남방에 예를 올리며, 백호(白琥)로 서방에 예를 올리고, 현황(玄璜)으로 북방에 예를 올린다. 모두 희생과 폐백이 있으니, 각각 그 기물의 색에 따른다."라고 했는데, 「주」에 "여기에 하늘에는 동지에 예를 올린다는 것은 천황대제(天皇大帝)로 북극에 있는 신을 이르고, 땅에는 하지에 예를 올린다는 것은 곤륜산에 있는 신을 이르고,[18] 동방에는 입춘에 예를 올린다는 것은 창정(蒼精)의 상제(上帝)를 이르고, 남방에는 입하에 예를 올린다는 것은 적정(赤精)의 상제를 이르고, 서방에는 입추

---

18 "禮地" 구절은 『논어정의(論語正義)』에는 빠져 있는데, 『주례(周禮)』를 근거로 보충한 것이다.

에 예를 올린다는 것은 백정(白精)의 상제를 이르고, 북방에는 입동에 예를 올린다는 것은 흑정(黑精)의 상제를 이른다.”라고 했는데, 정현이 중앙(中央)의 상제를 언급하지 않은 것은, 경문(經文)에 보이지 않기 때문에 생략한 것이다.[19]

원문 『史記』「天官書」, “南宮朱鳥, 權·衡. 衡, 太微, 三光之廷.” 又言, “掖門內五星, 五帝坐.” 是五帝屬太微, 故此「注」言太微五帝也. “在天爲上帝”, 卽謂昊天上帝, 亦卽「大宗伯」「注」所云“天皇大帝”也. 舜命禹總祭五帝, 卽是“受終文祖”也. 五帝分祭牲幣, 各有所尙, 今此是總祭, 故莫適用. 而以皇天爲主, 用玄牡, 故夏禮亦尙玄也. 『說文』, “牡, 畜父也.” 『廣雅』「釋獸」, “牡, 雄也.” 凡大祭, 牡用牛, 則此“玄牡”爲黑牛矣.

역문 『사기』「천관서」에 “남궁(南官)의 외형은 주작[朱鳥]과 비슷하며, 권(權)과 형(衡)으로 이루어져 있다. 형은 태미원(太微垣)을 지칭하는데, 해와 달과 다섯별을 뜻하는 삼광(三光)의 궁정이다.”라고 했고, 또 “액문(掖門)[20] 안에는 다섯별이 있는데, 오제좌(五帝坐)이다.”라고 했는데, 이 오제

---

19 『주례(周禮)』「춘관종백상(春官宗伯上)·대종백(大宗伯)」정현(鄭玄)의 「주」: 여기에 하늘에는 동지에 예를 올린다는 것은 천황대제(天皇大帝)로 북극에 있는 신을 이르고, 땅에는 하지에 예를 올린다는 것은 곤륜산에 있는 신을 이르고, 동방에는 입춘에 예를 올린다는 것은 창정(蒼精)의 상제(上帝)로 태호(太昊)와 구망(句芒)이 흠향함을 이르고, 남방에는 입하에 예를 올린다는 것은 적정(赤精)의 상제로 염제(炎帝)와 축융(祝融)이 흠향함을 이르고, 서방에는 입추에 예를 올린다는 것은 백정(白精)의 상제로 소호(少昊)와 욕수(蓐收)가 흠향함을 이르고, 북방에는 입동에 예를 올린다는 것은 흑정(黑精)의 상제로 전욱(顓頊)과 현명(玄冥)이 흠향함을 이른다.[此禮天以冬至, 謂天皇大帝, 在北極者也. 禮地以夏至, 謂神在昆侖者也. 禮東方以立春, 謂蒼精之帝, 而太昊·句芒食焉. 禮南方以立夏, 謂赤精之帝, 而炎帝·祝融食焉. 禮西方以立秋, 謂白精之帝, 而少昊·蓐收食焉. 禮北方以立冬, 謂黑精之帝, 而顓頊·玄冥食焉.]

(五帝)는 태미(太微)에 속하기 때문에 여기의 「주」에서 태미오제(太微五帝)를 말한 것이다. "하늘에 있으면 상제(上帝)라 한다"라는 것은 바로 호천(昊天)의 상제(上帝)를 이르는 것이니, 역시 바로 「대종백」「주」에서 말한 "천황대제(天皇大帝)"이다. 순이 우에게 명하면서 오제에게 총괄적으로 제사 지낸 것은 바로 문조묘(文祖廟)에서 제위를 우에게 인수인계 한 것이다.[21] 오제에게 나누 제사하는 희생과 폐백은 각각이 숭상하는 바가 있는데, 지금 여기서는 총괄해서 제사를 지낸 것이기 때문에 딱 맞게 적용할 희생이 없었으므로 황천(皇天)[22]을 위주로 해서 검은 수소를 사용했다. 따라서 하나라의 예는 역시 검은색을 숭상했던 것이다. 『설문해자』에 "모(牡)는 가축 중에 나이 든 수컷[畜父]이다."[23]라고 했고, 『광아』「석수」에 "모(牡)는 수컷[雄]이라는 뜻이다."라고 했으니, 대체로 큰 제사에서는 희생으로 소를 사용하니, 그렇다면 여기의 "현모(玄牡)"는 검은색 수소가 되는 것이다.

원문 如鄭之言, "有罪"謂四凶, "帝臣"卽謂禹. 其「注」云"簡閱在天心", 言天簡閱其善惡也. 『周官』「小宰」"二曰聽師田以簡稽", 鄭司農「注」・「遂大夫」"簡稼器"「注」並云: "簡, 閱也." 是"簡"有閱訓. "帝臣"爲善, "有罪"爲惡,

---

20 액문(掖門): 정문 옆에 따로 낸 작은 문.

21 『서경』「우서(虞書)・순전(舜典)」에 "정월(正月) 초하루에 문조(文祖)에서 종(終)을 받았다.[正月上日, 受終于文祖.]"라고 했는데, 채침의 「주」에 "수종(受終)은 요가 이때 제위(帝位)의 일을 마침에 순이 받은 것이다.[受終者, 堯於是終帝位之事, 而舜受之也.]"라고 했으니, 일종의 인수인계와 같은 것이다.

22 『논어정의』에는 "昊天"으로 되어 있는데, 정현의 「주」를 근거로 "皇天"으로 고쳤다.

23 『설문해자(說文解字)』 권2: 모(牡)는 가축 중에서 나이 든 수컷[畜父]이다. 우(牛)로 구성되었고 토(土)가 발음을 나타낸다. 막(莫)과 후(厚)의 반절음이다.[牡, 畜父也. 從牛土聲. 莫厚切.]

"帝心"承上二句, 言所擧黜, 皆本天心所簡閱也.

역문 정현의 말처럼, "죄 있는 사람[有罪]"이 사흉(四凶)[24]을 이르는 것이라면, "상제의 신하[帝臣]"는 바로 우를 이른다. 그의 「주」에 "일일이 검열해서 판단함[簡閱]이 하늘의 마음에 달려 있다"라는 것은 하늘이 그의 선과 악을 일일이 검열해서 판단한다는 말이다. 『주례』「천관총재상·소재」에 "둘째, 군대와 사냥에 관한 일을 살펴보는 것으로, 무기를 검열하고 인원수를 헤아린다[簡稽]"라고 한 문장의 정사농「주」와 「지관사도하·수대부」에 "농기구를 일일이 검열하고 살펴본다[簡稼器]"라고 한 문장의 「주」에 모두 "간(簡)은 검열함[閱]이다."라고 했으니, 이 "간(簡)"에는 검열한다[閱]는 뜻이 있다. "상제의 신하[帝臣]"는 선이 되고, "죄 있는 사람[有罪]"은 악이 되며, "상제의 마음[帝心]"은 앞의 두 구절에 이어지니, 등용함과 물리침이 모두 천심이 검열하고 판단하는 바에 근거한다는 말이다.

원문 「周語」王子晉言, "皇天嘉禹, 胙以天下." 韋昭「注」引『論語』"帝臣不蔽, 簡在帝心"爲證. 韋同鄭義, 而與『白虎通』及包·孔「注」以爲"湯伐桀告天"者異, 當亦經師相傳, 有此訓也.

역문 『국어』「주어」에서 왕자 진(王子晉)[25]이 "하늘이 우의 공적을 아름답게 여기어 복(福)으로 천하를 주었다."라고 했는데, 위소의 「주」에는 『논어』에서 "상제의 신하를 폐하지 못하니, 일일이 검열하고 판단하는 것은 상

---

24 사흉(四凶): 순임금 때의 네 사람의 악인(惡人)인 공공(共工)·환도(驩兜)·삼묘(三苗)·곤(鯀)을 일컫는다. 이 외에도 요임금 통치 시절, 네 개의 사악한 종족인 혼돈(渾沌)·도올(檮杌)·궁기(窮奇)·도철(饕餮)을 사흉이라고 일컫기도 한다.

25 왕자 진(王子晉, ?~?): 주(周)나라 영왕(靈王)의 태자. 이름을 교(喬)라고도 한다. 생황(笙簧)을 잘 불었는데 봉황의 소리를 본떠 「봉황곡(鳳凰曲)」을 만들었다. 이락간(伊洛間)을 놀러 다니다가 도인 부구생(浮丘生)의 인도로 선학(仙學)을 배워 신선이 되었다고 한다.

제의 마음에 달려 있다"라고 한 것을 인용해서 증거로 삼았다. 위소는 정현의 뜻에 동조하지만, 『백호통의』및 포함과 공안국의 「주」에서 "탕이 걸을 정벌하고 하늘에 고했다"라고 한 것과는 다르니, 역시 경사(經師)들이 서로 전하는 가운데 이러한 뜻풀이가 있는 것도 또한 당연한 것이다.

원문 "無以萬方", 『漢石經』"無"作毋. 又"萬方有罪"下不重"罪"字, 皇本亦不重. 『爾雅』「釋詁」, "朕, 我也." 郭「注」, "古者貴賤皆自稱朕, 至秦世始爲天子尊稱." 案, 此告天亦稱朕, 是朕未爲尊稱也. 東晉古文采此節文入「湯誥」.

역문 "만방의 백성들 때문이 아니다[無以萬方]"

『한석경』에는 "무(無)"가 무(毋)로 되어 있다. 또 "만방유죄(萬方有罪)" 아래 "죄(罪)" 자가 중복되지 않았고, 황간본 역시 중복되지 않았다. 『이아』「석고」에 "짐(朕)은 나[我]라는 뜻이다."라고 했는데, 곽박의 「주」에 "옛날에는 귀하든 천하든 모두 스스로를 일컬어 짐(朕)이라 하다가, 진(秦)나라시대에 이르러 비로소 천자의 존칭이 되었다."라고 했다. 살펴보니, 여기에서 하늘에 고하면서도 역시 짐(朕)이라고 했으니, 이때의 짐(朕)은 아직까지는 존칭이 아니었다. 동진(東晉)시대의 고문(古文)에는 이 구절의 문구를 따서 『서경』「상서 · 탕고」에 삽입시켰다.

- 「注」, "履殷"至"若此".
- 正義曰: 孫氏志祖『讀書脞錄』, "據『大戴禮』「少間篇」'商履代興', 『白虎通』「姓名篇」, '湯王後更名, 爲子孫法, 本名履也.' 則湯名天乙, 又名履, 自無可疑." 案, 『潛夫論』「五行志」亦稱子履, 是履爲湯名也. 「明堂位」, "夏后氏牲尙黑, 殷白牡." 是殷尙白. 於時湯甫伐桀, 仍用夏

禮爲玄牡也.

○「주」의 "이은(履殷)"부터 "약차(若此)"까지.

○ 정의에서 말한다.

손지조(孫志祖)의『독서좌록』에 "『대대례』「소간」의 '상(商)의 이(履)가 대신하여 일어났다'
라고 했고,『백호통의』「성명」에 '당왕(湯王)의 후손이 이름을 바꾸자 자손들이 이를 본받았
는데, 탕왕의 본명은 이(履)이다.'라고 했으니, 탕(湯)의 이름은 천을(天乙)이고 또 다른 이름
이 이(履)라는 것은 원래부터 의심할 만한 것이 없다."라고 했다. 살펴보니,『잠부론』「오행
지」에도 자리(子履)라고 칭했는데, 여기의 이(履)도 탕(湯)의 이름이다.『예기』「명당위」에
"하후씨(夏后氏)는 희생으로 검은색을 숭상했고, 은나라는 흰색 수소[白牡]를 숭상했다."라
고 했으니, 이는 은나라가 희색을 숭상한 것이다. 당시에 탕(湯)이 걸(桀)을 크게 정벌했지
만, 그래도 여전히 하나라의 예를 써서 검은색 수소를 희생으로 사용했던 것이다.

『說文』, "皇, 大也."『詩』「楚茨」"先祖是皇",「傳」亦云"大也".『爾雅』「釋詁」, "后, 君也."
『說文』, "后, 繼體君也. 象人之形." 天帝稱后者, 尊之, 故君之也.

『설문해자』에 "황(皇)은 크다[大]는 뜻이다."[26]라고 했고,『시경』「초자」에 "선조(先祖)가 이
에 크게 강림하셨다[先祖是皇]"라고 했는데,「전(傳)」에 역시 "크다[大]는 뜻이다"라고 했다.
『이아』「석고」에 "후(后)는 임금[君]이다."라고 했고,『설문해자』에 "후(后)는 정체(政體)를
이어 가는 군주[繼體君]라는 뜻이다. 사람의 모양을 상형하였다."[27]고 했으니, 천제(天帝)를

---

26 『설문해자』 권1: 황(皇)은 크다[大]는 뜻이다. 자(自)로 구성되었다. 자(自)는 시작[始]이다.
시황(始皇)은 복희씨·신농씨·수인씨의 삼황대군(三皇大君)이다. 자(自)는 비(鼻)의 뜻으
로 읽어야 하니, 지금 세속에서는 처음 태어난 아이를 비자(鼻子)라 한다. 호(胡)와 광(光)의
반절음이다.[皇, 大也. 從自. 自, 始也. 始皇者, 三皇, 大君也. 自, 讀若鼻, 今俗以始生子爲鼻
子. 胡光切.]

27 『설문해자』 권9: 후(后)는 정체(政體)를 이어 가는 군주[繼體君]라는 뜻이다. 사람의 모양을
상형하였다. 명령을 내려 사방에 알리기 때문에 그렇게 쓴 것이다. 일(一)과 구(口)로 구성
되었다. 호령을 발포하는 자는 군후(君后)이다. 모든 후(后)부에 속하는 한자는 다 후(后)의
뜻을 따른다. 호(胡)와 구(口)의 반절음이다.[后, 繼體君也. 象人之形. 施令以告四方, 故厂
之. 從一口. 發號者, 君后也. 凡后之屬皆從后. 胡口切.]

후(后)라고 칭하는 것은 높이는 것이기 때문에 임금으로 여기는 것이다.

『墨子』「兼愛下」, "夫兼相愛, 交相利, 不惟禹誓爲然, 雖湯說亦猶是也. 湯曰: '惟予小子履, 敢用玄牡, 告於上天后曰: "今天大旱, 卽當朕身履. 未知得罪于上下, 有善不敢蔽, 有罪不敢赦, 簡在帝心. 萬方有罪, 卽當朕身; 朕身有罪, 無及萬方.""『呂氏春秋』「順民篇」亦云: "湯克夏而天大旱, 湯以身禱于桑林曰: '余一人有罪, 無及萬夫; 萬夫有罪, 在餘一人.'" 然則此語爲因旱禱雨之辭.

『묵자』「겸애하」에 "아울러 서로 사랑하고, 모두가 서로 이롭게 하는 일은 오직 우의 맹세[誓]에서만 그랬던 것이 아니라, 탕(湯)의 축사[說] 역시 이와 같은 것이었다. 탕이 말했다. '나 소자 이(履)는 감히 검은 수소를 희생으로 써서 위에 계신 하늘님께 아룁니다. "지금 하늘에서는 큰 가뭄을 내리시니 즉시 제 자신 이(履)가 책임을 지겠습니다. 하늘과 땅에 죄를 지었는지는 모르겠사오나, 선(善)한 일이 있어도 감히 은폐할 수 없고, 죄가 있어도 감히 용서할 수 없으니, 일일이 검열하여 판단하는 것은 하늘님의 마음에 달려 있습니다. 만방의 백성들에게 죄가 있는 것은 바로 제 자신의 책임이오나, 제 몸에 죄가 있다 하더라도 만방의 백성들에게 그 벌이 미침이 없게 하소서""라고 했고, 『여씨춘추』「순민」에서도 "탕(湯)이 하나라를 이겼을 때 하늘이 큰 가문을 내리자, 탕이 몸소 상림(桑林)에서 다음과 같이 기도하였다. '나 한 사람에게 죄가 있으니, 그 벌이 만방의 백성[萬夫]에게 미침이 없게 하시고, 만방의 백성이 죄가 있음은, 그 책임이 나 한 사람에게 있습니다.'"라고 했으니, 그렇다면 이 말은 가문으로 인해 비가 내리기를 기도한 말이 된다.

『墨子』謂之"說"者, 『周官』「大祝」, "掌六祈以同鬼神示, 曰類, 曰造, 曰檜, 曰禜, 曰攻, 曰說." 又「詛祝」亦"掌類·造·攻·說·檜·禜之祝號". "說"謂以詞自解說也. 孔「注」本『墨子』, 而云"「湯誓」爲伐桀告天之辭", 與『墨子』不合, 作僞者之疏可知.

『묵자』에서 그것을 "축사[說]"라고 한 것은, 『주례』「춘관종백하·대축」에 "여섯 종류 제사의 축사[祝祈]를 관장하여 인귀(人鬼), 천신(天神), 지기(地祇)를 화합시키니, 첫째를 유(類)라 하고, 둘째를 조(造)라 하며, 셋째를 회(檜)라 하고, 넷째를 영(禜)이라 하며, 다섯째 공(攻)이라 하고, 여섯째를 설(說)이라고 한다."라고 했고, 또 「저축」에서도 역시 "유(類)·조

(造)・공(攻)・설(說)・회(檜)・영(榮)의 축호(祝號)를 관장한다"라고 했다. "설(說)"이란 말을 가지고 스스로 해설함을 이르는 것이다. 공안국의 「주」는 『묵자』를 근거로 한 것인데, 그러면서도 "「탕서」의 걸을 정벌하고 하늘에 고한 말"이라고 한 것은 『묵자』와는 부합하지 않으니, 위서를 지은 자의 주석이라는 것을 알 수 있다.

『白虎通』「三軍篇」, "王者受命, 質家先伐, 文家先改正朔何? 質家言天命己, 使己誅無道, 今誅得爲王, 故先伐. 故『論語』曰云云, 此湯伐桀告天, 用夏家之牲也." 與此包・孔「注」合. 「周語」內史過引「湯誓」, "餘一人有辠, 無以萬夫; 萬夫有辠, 在餘一人." 是「湯誓」亦有其 文. 疑伐桀告天及禱雨文略相同. 然禱雨在克夏後, 無爲仍用夏牲, 故白虎諸儒不用『墨子』 爲說也.

『백호통의』「삼군」에 "왕자(王者)가 천명을 받을 때, 실질을 중시하는 자[質家]가 정벌을 앞 세우는 반면, 문명을 중시하는 자[文家]가 역법의 개정[改正朔]을 앞세우는 것은 어째서인 가? 실질을 중시하는 자는 '하늘이 자기에게 명하여 무도한 자를 주벌하라고 시켰기에 이제 주벌을 통해 왕이 될 수 있다'라고 하기 때문에 정벌을 앞세우는 것이다. 그러므로 『논어』에 서 그렇게 말한 것인데, 이것은 탕이 걸을 정벌하고 하늘에 고할 때 하나라의 예법인 희생을 사용했다는 것이다."라고 했으니, 여기의 포함과 공안국의 「주」와 부합한다. 『국어』「주어」 에 내사 과(內史過)가 「탕서」를 인용해서 "나 한 사람[君主]에게 죄가 있는 것은 만백성 때문 이 아니고, 만백성에게 죄가 있는 것은 나 한 사람의 과오에 있다."라고 했는데, 이 「탕서」 역시 그 글이 있다.[28] 생각해 보건대, 걸을 정벌하고 하늘에 고한 것과 비가 내리기를 기도한 글이 대략 서로 같을 듯싶다. 그러나 비가 내리기를 기도한 것은 하나라를 이긴 뒤에 있었던 일이니, 그대로 하나라의 희생을 사용했을 리 없기 때문에 백호관(白虎觀)의 여러 유학자들 은 『묵자』를 이용해서 설명하지 않는 것이다.

---

28 『서경』「상서(商書)・탕서(湯誓)」를 말하는 것인 듯하나, 지금의 「탕서」에는 이런 내용이 없고, 「탕고(湯誥)」에는 "너희 만방(萬方)이 죄가 있음은 책임이 나 한 사람에게 있고, 나 한 사람이 죄가 있음은 너희 만방(萬方) 때문이 아니다.[其爾萬方有罪, 在予一人, 予一人有罪, 無以爾萬放.]"라고 해서 약간의 차이를 보인다.

伐桀所以告天者, 『繁露』「四祭篇」, "己受命而王, 必先祭天, 乃行王事, <u>文王之伐崇是也.</u>"
又「郊祭篇」, "是故天子每將興師, 必先郊祭以告天, 乃敢征伐, 行子道也. <u>文王先郊, 乃敢行</u>
事, 而興師伐<u>崇</u>." 下俱引『詩』「棫樸」證之, 是此告天亦郊祭也.

걸을 정벌하고서 하늘에 고한 까닭에 대해서는 『춘추번로』「사제」에 "이미 천명을 받고 왕
자가 되면 반드시 먼저 하늘에 제사를 드려야 이에 왕의 사업을 행할 수 있는 것이니, 문왕이
숭(崇)을 정벌했을 때가 그것이다."라고 했고, 또 「교제」에 "이런 까닭에 천자는 항상 군사
를 일으키려 할 때에는 반드시 먼저 교제(郊祭)로써 하늘에 고하여야 이에 감히 정벌을 할
수 있는 것이니, 이것이 출정하는 자의 도리인 것이다. 문왕은 먼저 교제를 지내고 나서야
감히 일을 거행하여 군사를 일으켜 숭(崇)을 정벌하였다."라고 했다. 아래는 모두 『시경』
「역복」을 인용해서 증명한 것으로 여기에서 하늘에 고한 것 역시 교제(郊祭)였던 것이다.

- ●「注」, "言桀"至"心故".
- ● 正義曰: 『墨子』云: "有善不敢蔽." 是帝臣謂善臣. 『呂氏春秋』「簡選篇」言"湯反<u>桀</u>之事, 遂
  其賢良"是也. 此「注」以帝臣爲<u>桀</u>, 與『墨子』不合. 又"簡在帝心", 承上"有罪"·"帝臣"言之,
  故鄭「注」謂"簡閱其善惡也". 此「注」單承<u>桀</u>言, 亦誤.
- ○「주」의 "언걸(言桀)"부터 "심고(心故)"까지.
- ○ 정의에서 말한다.

  『묵자』에 "선(善)한 일이 있어도 감히 은폐할 수 없다."라고 한 것은 천제의 신하가 선한 신
  하라는 말이니, 『여씨춘추』「간선」에서 "탕은 걸이 저지른 일을 되돌려 놓았고, 현명하고 어
  진 사람들의 말을 그대로 따랐다"라고 한 것이 이것이다. 여기의 「주」에서는 천제의 신하를
  걸이라고 했으니, 『묵자』와 부합하지 않고, 또 "일일이 검열하고 판단하는 것이 천제의 마음
  에 달려 있다[簡在帝心]"라고 한 것은, 앞의 "죄 있는 사람"과 "천제의 신하"에 이어서 말한
  것이기 때문에 정현의 「주」에서 "그 선과 악을 일일이 검열하고 판단하는 것이다"라고 했는
  데, 여기의 「주」에서는 걸만 연결해서 말했으니 역시 잘못이다.

- ●「注」, "'無以萬方', 萬方不與也."
- ● 正義曰: "以", 與也; "與", 預也. 世之治也, 在位者皆自引過, 以求盡乎治民之道; 世衰則君諉

罪於臣, 臣諉罪於民, 於是以民皆不肖, 而視之如仇讐. 欲民之治, 不可得已.

○ 「주」의 "'無以萬方'은 만방의 백성은 참여하지 않았다는 말이다."

○ 정의에서 말한다.

"이(以)"는 여(與)이고, "여(與)"는 참여함[預]이다. 세상이 다스려질 때에는 지위에 있는 자들이 모두 스스로 잘못을 끌어와 자신에게 돌려서 백성을 다스리는 도리를 극진히 할 것을 추구하고, 세상이 쇠하면 군주는 죄를 신하의 탓으로 돌리고 신하는 죄를 백성의 탓으로 돌이니, 이렇게 백성들을 모두 불초하다고 탓하면서 보기를 원수처럼 하는 것이다. 백성이 다스려지기를 바란들 불가능할 따름이다.

周有大賚, 善人是富. 【注】 "周", 周家. "賚", 賜也. 言周家受天大賜, 富於善人, "有亂臣十人"是也.

주나라는 큰 베풂이 있어서 선한 사람이 이에 부유해진 것이다. 【주】 "주"는 주가(周家)이다. "뇌(賚)"는 하사함[賜]이다. 주가(周家)가 하늘이 주는 커다란 하사를 받아 선한 사람을 부유하게 해 주었다는 말이니, "다스리는 신하 열 사람이 있다"[29]고 한 것이 바로 이것이다.

● 「注」, "周周"至"是也".

● 正義曰: 『爾雅』「釋詁」, "賚, 賜也." 『說文』, "賜, 予也." 『詩』「周頌」「序」云: "「賚」, 大封於廟也. 賚, 予也, 言所以錫予善人也." 鄭「注」, "'大封', 武王伐紂時, 封諸臣有功者." 是"大賚"

---

29 『논어(論語)』「태백(泰伯)」.

謂武王所賚. 此「注」言"周家受天"者, 當謂受天命, 因大賜也.

○ 「주」의 "주주(周周)"부터 "시야(是也)"까지.

○ 정의에서 말한다.

『이아』「석고」에 "뇌(賚)는 하사함[賜]이다."라고 했고, 『설문해자』에 "사(賜)는 준다[予]는 뜻이다."[30]라고 했으며, 『시경』「주송」의 「서」에 "「뇌(賚)」는 사당에서 공신(功臣)들을 크게 봉해 주는 시(詩)이다. 뇌(賚)는 준다[予]는 뜻이니, 선인에게 작위(爵位)와 토지(土地)를 주는 것을 말한다."라고 했는데, 정현의 「주」에 "'크게 봉해 줌[大封]'은 무왕(武王)이 주(紂)를 정벌할 때 공을 세운 여러 신하들을 봉해 준 것이다."라고 했으니, "대뢰(大賚)"는 무왕이 준 것을 말한다. 이 「주」에서 "주가(周家)가 하늘로부터 받았다"라는 것은, 당연히 하늘이 명하고 그에 따라 크게 하사함을 받았다는 말이다.

孔氏『詩』「疏」云: "「樂記」說武王克殷, 未及下車而封薊·祝·陳, 下車而封杞·宋. 又言'將率之士, 使爲諸侯.' 是'大封'也. 昭二十八年『左傳』曰: '昔武王克商, 光有天下, 其兄弟之國者十有五人, 姬姓之國四十人.'" 皆是武王大封之事. 此「注」擧"十亂"者, 以十亂中若周公·太公·畢公, 皆封國爲諸侯, 餘亦畿內諸侯也. "亂臣", "臣"字當衍, 此後人所加, 說見前疏.

공씨(孔氏)의 『시경』「소」에 "'예기』「악기」에 '무왕(武王)이 은나라를 정복했을 때 수레에서 내리기도 전에 황제(黃帝)와 당우(唐虞)의 후손을 계(薊)와 축(祝)과 진(陳)에 봉하였으며, 수레에서 내리자마자 하나라와 은나라의 후손을 기(杞)와 송(宋)에 봉해 주었다'라고 했으며, 또 '장수가 거느리던 무사들은 제후로 삼았다'라고 했으니, 이것이 '크게 봉했다'라는 것이다. 『춘추좌씨전』「소공」 28년에 '옛날에 무왕(武王)이 상(商)나라를 이기고 빛나게 천하를 소유하였을 때 그 형제로서 봉국(封國)을 받고 간 자가 15인이었고, 희성(姬姓)으로 봉국을 받고 간 자가 40인이었다.'라고 했다."라고 하였으니, 모두 무왕이 크게 봉해 준 일이다. 여기의 「주」에서 "열 명의 다스리는 신하"를 거론한 것은 열 명의 다스리는 신하 중에 주공(周公)과 태공(太公)과 필공(畢公) 같은 경우는 모두 나라를 봉해 주어 제후로 삼았고, 나

---

30 『설문해자』 권6: 사(賜)는 준다[予]는 뜻이다. 패(貝)로 구성되었고 역(易)이 발음을 나타낸다. 사(斯)와 의(義)의 반절음이다.[賜, 予也. 從貝易聲. 斯義切.]

머지도 역시 기내(畿內)의 제후로 삼았다. "난신(亂臣)"에서 "신(臣)" 자는 당연히 연문(衍文)이니, 이는 후대의 사람들이 첨가한 것으로 자세한 설명은 앞 「태백」의 주석에 보인다.

"雖有周親, 不如仁人.【注】孔曰: "親而不賢不忠則誅之, 管・蔡是也. 仁人謂箕子・微子, 來則用之." 百姓有過, 在予一人."

무왕이 말했다. "비록 지극히 가까운 친척이 있다 하여도, 인(仁)한 사람이 있는 것만 못하니,【주】 공안국이 말했다. "비록 친척이라도 어질지 못하고 충성하지 않으면 죽여야 하니, 관숙(管叔)과 채숙(蔡叔)이 그러한 친척이다. 인한 사람은 기자(箕子)와 미자(微子)를 이르니, 무왕에게 오자 그들을 등용했다." 백성들에게 허물이 있는 것은 책임이 나 한 사람에게 있는 것이다."

원문 正義曰: 『墨子』「兼愛中」, "昔者武王將事泰山隧, 傳曰: '泰山! 有道曾孫周王有事. 大事既獲, 仁人尚作, 以祇商夏, 蠻夷醜貉. 雖有周親, 不若仁人. 萬方有過, 維予一人.'" 宋氏翔鳳說, "'周親'四語, 蓋封諸侯之辭也. 武王封大公於齊, 在泰山之陰, 故將事泰山, 而稱'仁人尚', 爲封大公之辭也."

역문 정의에서 말한다.

『묵자』「겸애중」에 "옛날 무왕이 태산(泰山)에 제사 지내러 갔는데, 다음과 같은 말이 전한다. '태산이시여! 올바른 도를 지키신 분의 증손인 주나라의 왕이 큰일이 있었습니다. 큰일은 이미 이루었으나 인(仁)한 사람인 강태공(姜太公) 여상(呂尙)이 일어나 상나라와 하나라, 만맥(蠻夷)과 여러 맥족(貊族) 등의 백성들을 도와주기를 바라옵니다. 비록 지극히 가까운 친척이 있더라도 인(仁)한 사람이 있는 것만은 못하옵니다. 만방의 백성들이 허물이 있다면 오직 저 한 사람에게 책임이 있습니다.'"라고 했다. 송상봉은 말하길, "'주친(周親)' 구절의 네 마디 말은 제후를 봉해 주던 말이다. 무왕이 태공(太公)을 제(齊)나라에 봉할 때 태산의 북쪽에 있었기 때문에 태산으로 제사 지내러 가서 '인(仁)한 사람인 강태공(姜太公) 여상(呂尙)'이라고 한 것이니, 태공을 봉해 주던 말이 되는 것이다."라고 했다.

원문 今案, 『說苑』「貴德篇」, "武王克殷, 問周公曰: '將奈其士衆何?' 周公曰: '使各宅其宅, 田其田, 無變舊親, 惟仁是親, 百姓有過, 在予一人.'" "舊親", 『韓詩外傳』作"舊新", 彼爲誓衆之辭, 與此封諸侯略同. "周"者, 至也, 見『逸周書』「諡法解」. 『毛詩』「鹿鳴」「傳」, "親者, 近也, 密也." "周親"兼"舊新"言之. "百姓有過, 在予一人." 言凡諸國百姓有不虞, 天性不迪率典者, 皆我一人之責. 所以然者, 百姓有過, 亦由所封諸侯未得其人, 故引以自責也. 「曲禮」云: "君天下曰天子, 朝諸侯, 分職・授政・任功, 曰予一人." "分職"卽謂封諸侯也. 『白虎通』「號篇」, "王者自謂'一人'者, 謙也, 欲言己材能當一人耳." 東晉古文采諸文入「泰誓」.

역문 이제 살펴보니, 『설원』「귀덕편」에 "무왕이 은나라를 정복하고 나서 주공에게 물었다. '앞으로 은나라의 사대부와 백성을 어떻게 처리해야 되겠는가?' 주공이 말했다. '그들이 각자 자기 집에서 살고 자기의 농토에서 농사짓게 하며 옛 백성과 새 백성을 변함없이 대하여, 오직 인(仁)으로 친근히 하며 백성에게 허물이 있거든 나에게 책임이 있다고 여기십시오.'"라고 했는데, "구친(舊親)"은 『한시외전』에는 "구신(舊新)"으로 되어 있으니, 앞에서 대중들에게 맹세하던 말과 여기서 제후를 봉해 주는 말이 대략 같다. "주(周)"란 지극하다는 뜻이니, 『일주서』「시법해」에 보인다. 『모시』「녹명」의 「전(傳)」에 "친(親)이란 가깝다는 뜻이며 밀접하다는 뜻이다."라고 했으니, "주친(周親)"은 "구신(舊新)"을 겸해서 한 말이다. "백성에게 허물이 있거든 나에게 책임이 있다고 여기라"라는 말은, 여러 제후국의 백성들이 예기치 못한 허물이나, 천성적으로 법도를 무시하는 자가 있으면 모두 나 한 사람의 책임으로 여기라는 말이다. 왜냐면 백성에게 허물이 있는 것은 또한 봉해 준 제후가 봉해 줄 만한 사람이 아님을 말미암아 그런 것이니, 따라서 백성들의 허물을 끌어다가 자기의 책임으로 삼아야 하는 것이다. 『예기』「곡례하」에 "임금 노릇하는 자를 천자(天子)라고 하는데, 제후의 조회를 받고, 벼슬자리를 나누어 주고 정치를 맡기고 일을 맡길 때에는 자신을 '나 한 사람'이라고 말한다."라고 했는데, "벼슬자리를 나누어 준다"라는 것은 바로 제후로 봉한다는 말이다. 『백호통의』「호」에 "왕자(王者)가 스스로를 일러 '한 사람'이라고 하는 것은 겸손함이니, 자기의 재능이 한 사람만 당할 수 있을 뿐임을 말하려고 한 것일 뿐이다."라고 했다. 동진(東晉)시대의 고문에는 여러 문구를 따서 『서경』「주서·태서」에 삽입시켰다.

- 「注」, "親而"至"用之".
- 正義曰: 「注」不解"周"字, 而以管·蔡當"周親", 是以"周"爲周家也. 管·蔡作亂被誅, 在成王時. 「注」言此者, 欲見管·蔡是周親, 其封當亦在武王時, 是不如仁人也. 『呂氏春秋』「離謂篇」, "周公·召公以此疑." 高誘「注」, "以管·蔡流言, 故疑也. 『論語』曰: '雖有周親, 不如仁人.' 此之謂." 亦以管·蔡當"周親", 與此「注」意同.
- ○ 「주」의 "친이(親而)"부터 "용지(用之)"까지.

○ 정의에서 말한다.

「주」에서는 "주(周)" 자를 해석하지 않고, 관숙과 채숙을 "주친(周親)"에 해당시켰는데, 이는 "주(周)"를 주가(周家)로 보았기 때문이다. 관숙과 채숙이 난을 일으켜 주살당한 것은 주나라 성왕(成王) 때 있었던 사건이다. 「주」에서 이것을 말한 것은, 관숙과 채숙이 주나라의 친족이고, 그들을 봉한 것은 당연하게도 또한 무왕 때에 있었으니, 이것이 인(仁)한 사람만 못하다는 것을 드러내고자 해서이다. 『여씨춘추』「이위」에 "주공과 소공(召公)이 이것 때문에 의심했다."라고 했는데, 고유의 「주」에 "관숙과 채숙이 유언비어를 퍼뜨렸기 때문에 의심했던 것이다. 『논어』에 '비록 주나라의 친족이 있더라도 인한 사람만 못하다'라고 했으니, 이것을 이르는 것이다."라고 했으니, 역시 관숙과 채숙을 "주친(周親)"에 해당시킨 것으로, 여기의 「주」와 뜻이 같다.

『史記』「宋世家」, "<u>周武王克殷</u>, <u>微子乃造於軍門</u>, 肉袒面縛, 左牽羊, 右把茅, 膝行而前以告. 於是<u>武王乃釋微子</u>, 復其位如故." 又曰: "<u>武王乃封箕子於朝鮮而不臣也</u>." 是"<u>箕子·微子來則用之</u>"也.

『사기』「송세가」에 "무왕이 은나라를 정복하자 미자(微子)는 바로 군문(軍門)으로 가서 윗도리 한쪽을 벗어 어깨를 드러내고, 두 손을 등 뒤로 결박해서 얼굴만 보이게 하고는, 사람을 시켜 왼편으로는 양을 끌고 오른편으로는 소꼬리로 장식한 깃발을 쥐게 하고서 무릎으로 기어 앞으로 나아가 아뢰었다. 이에 무왕은 미자를 석방하고 전과 같이 자리를 회복시켰다."라고 했고, 또 "무왕은 이에 기자를 조선(朝鮮)에 봉하였지만 신하로 삼지는 않았다."라고 했으니, 이것이 "기자와 미자가 무왕에게 오자 그들을 등용했다"라는 것이다.

謹權量, 審法度, 修廢官, 四方之政行焉. 【注】包曰: "'權', 秤也; '量', 斗斛."

> 저울과 도량형을 신중히 하고 법도를 살피며 폐지된 관직을 중수
> (重修)하니, 사방의 정치가 제대로 행해졌다. 【주】 포함이 말했다. "'권
> (權)'은 저울[秤]이고, '양(量)'은 말[斗]이나 휘[斛]이다."

원문 正義曰:『漢書』「律曆志」, "「虞書」'乃同律度量衡', 所以齊遠近·立民
信也. 自伏羲畫八卦, 由數起, 至黃帝·堯·舜而大備. 三代稽古, 法度章
焉. 周衰官失, 孔子陳後王之法曰: '謹權量, 審法度, 修廢官, 擧逸民, 四方
之政行矣.'" 據「志」此文, 是"謹權量"云云以下, 皆孔子語. 故何休『公羊』
「昭」三十二年「注」引此節文, 冠以"孔子曰".

역문 정의에서 말한다.

　『전한서』「율력지」에 "『서경』「우서」에 '율(律)·도(度)·양(量)·형
(衡)을 통일시켰다'라고 했는데 이는 원근의 거리를 고르게 하고 백성들
의 신뢰를 확립하기 위한 것이다. 복희가 팔괘를 그린 이래로 수(數)가
따라서 일어나서, 황제(黃帝)와 요·순에 이르러 크게 완비되었다. 하·
은·주 삼대(三代)를 고증해서 관찰해 보면 법도가 찬란하게 갖추어져
있다. 주나라가 쇠하매 관직이 폐지되자, 공자가 후왕(後王)의 법도를 다
음과 같이 진술하였다. '저울과 도량형을 신중히 하고 법도를 살피며 폐
지된 관직을 중수(重修)하고 은둔한 현자를 등용하니, 사방의 정치가 제
대로 행해졌다.'"라고 했으니,「율력지」의 이 글에 근거해 보면 "도량형
을 신중히 한다[謹權量]"라고 운운한 이하는 모두 공자의 말이다. 그러므
로 하휴의『춘추공양전』「소공」 32년의「주」에 이 구절의 글을 인용해
서 제일 첫머리에 "공자왈(孔子曰)"이라고 한 것이다.

원문 『說文』云: "宷, 悉也, 知宷諦也. 審, 篆文從番."「考工記·弓人」「注」,

"審, 猶定也." <u>成氏蓉鏡</u>『經史騈枝』曰: "法度與權量, 相對爲文, 當爲二事. 法謂十二律, 度謂五度也. 「舜典」, ‘同律度量衡.’ <u>馬融</u>「注」, ‘律, 法也.’ 量·衡卽『論語』之‘權量’, 則律·度亦卽『論語』之‘法度’矣. 『漢書』「律曆志」引「虞書」及『論語』此文, 又云: ‘<u>元始</u>中, 義和<u>劉歆</u>等言之最詳, 一曰備數, 二曰和聲, 三曰審度, 四曰嘉量, 五曰權衡. 聲者, 宮·商·角·徵·羽也. 五聲之本, 生於黃鍾之律.’ 十有二律, 卽法也."

역문 『설문해자』에 "심(宋)은 끝까지 궁구한다[悉]는 뜻이니, 진리를 끝까지 궁구해서 알아낸다는 뜻이다. 심(審)은 심(宋)의 전문(篆文)인데 번(番)으로 구성되었다."[31]라고 했고 『주례』「동관고공기하·궁인」의 「주」에 "심(審)은 정함[定]과 같다."라고 했다. 성용경(成蓉鏡)[32]의 『경사변지』에 "법도(法度)와 권량(權量)은 서로 상대해서 문장을 쓴 것이니 당연히 서로 다른 두 가지 일이 된다. 법(法)은 12율(十二律)을 이르고 도(度)는 5도(五度)를 이르는 것이다. 「순전」에 ‘율(律)·도(度)·양(量)·형(衡)을 통일시켰다.’라고 했는데, 마융의 「주」에 ‘율(律)은 법(法)이다.’라고 했다. 양(量)과 형(衡)은 바로 『논어』의 ‘권량(權量)’이니, 그렇다면 율(律)과 도(度)

---

31 『설문해자』 권2: 심(宋)은 끝까지 궁구한다[悉]는 뜻이니, 진리를 끝까지 궁구해서 알아낸다는 뜻이다. 면(宀)으로 구성되었고 변(釆)으로 구성되었다. 심(審)은 심(宋)의 전문(篆文)인데 번(番)으로 구성되었다. 식(式)과 임(荏)의 반절음이다.[宋, 悉也. 知宋諦也. 從宀從釆. 審, 篆文宋從番. 式荏切.]

32 성용경(成蓉鏡, ?~?): 청나라 강소(江蘇) 보응(寶應) 사람. 이름을 유(孺)라고도 하며, 자는 부경(芙卿)이고, 자호는 심소(心巢)다. 부생(附生)으로 효심이 아주 깊어서 어머니를 60년 동안 돌보았다. 경학(經學) 외에도 상위(象緯)와 여지(輿地), 성운(聲韻), 훈고(訓詁)에도 조예가 깊었고, 특히 금석(金石)을 평가하는 일에는 아주 정확했다. 저서에 『주역석문례(周易釋文例)』와 『상서역보(尚書曆譜)』, 『우공반의술(禹貢班義述)』, 『춘추일남지보(春秋日南至譜)』, 『절운표(切韻表)』, 『아사록(我師錄)』, 『국조학안비망록(國朝學案備忘錄)』, 『심소문록(心巢文錄)』 등이 있다.

역시 바로 『논어』의 '법도(法度)'인 것이다. 『전한서』「율력지」에 「우서」
및 『논어』의 이 글을 인용했고, 또 '원시(元始)[33] 중엽에 희화(羲和)[34]인 유
흠(劉歆) 등의 말이 가장 상세하니, 첫째를 비수(備數)라 하고 둘째를 화
성(和聲)이라 하며, 셋째를 심도(審度)라 하고 넷째를 가량(嘉量)이라 하
며, 다섯째를 권형(權衡)이라 한다. 소리[聲]는 궁(宮)・상(商)・각(角)・치
(徵)・우(羽)이다. 5성(聲)의 근원은 황종률(黃鍾律)에서 나온다.'라고 했
으니, 12율(律)이 바로 법(法)인 것이다."라고 했다.

원문 案, 成說是也. "律"者, 聲之所出. 聲正而後數可明, 數明而後萬物可正,
故黃鍾爲萬物根本也. "度"者, 『漢』「志」云"分・寸・尺・丈・引也". "謹"・
"審"之本, 在於正律. 故 『漢』「志」引劉歆曰: "五聲之本, 生於黃鍾之律. 九
寸爲宮, 或損或益, 以定商・角・徵・羽. 九六相生, 陰陽之應也." 又云:
"度本起黃鍾之長, 以子穀秬黍中者, 一黍之廣, 度之九十分, 黃鍾之長. 一
爲一分, 十分爲寸, 十寸爲尺, 十尺爲丈, 十丈爲引, 而五度審矣. 量本起
于黃鍾之龠, 用度數審其容, 以子穀秬黍中若千有二百實其龠, 以井水准
其概. 十龠爲合, 十合爲升, 十升爲斗, 十斗爲斛, 而五量嘉矣. 權本起于
黃鍾之重. 一龠容千二百黍, 重十二銖. 兩之爲兩, 二十四銖爲兩, 十六兩
爲斤, 三十斤爲鈞, 四鈞爲石, 而五權謹矣."

역문 살펴보니, 성용경의 말이 옳다. "율(律)"이란 소리가 나오는 곳이다.
소리가 올바른 뒤에 수(數)가 분명해지고, 수가 분녕해진 뒤에 만물이
올바를 수 있기 때문에 황종(黃鍾)이 만물의 근본이 되는 것이다. "자[度]"

---

33 원시(元始): 한 평제(漢平帝)의 연호.
34 희화(羲和): 원래는 요임금의 신하인 희씨(羲氏)와 화씨(和氏)로, 천문(天文)과 역법(曆法)
     을 담당했다. 여기서는 한나라 때의 천문과 역법을 관장하는 관직명으로 쓰였다.

라는 것은 『전한서』「율력지」에 "분(分)·촌(寸)·척(尺)·장(丈)·인(引)이다"라고 했다. "신중함[謹]"과 "살핌[審]"의 근본은 율(律)을 바르게 하는데 달려 있다. 그러므로 『전한서』「율력지」에 유흠(劉歆)을 인용하여 "5성(聲)의 근본은, 황종률(黃鍾律)에서 나온다. 아홉 치[寸]가 궁(宮)이 되고, 혹은 덜기도 하고 혹은 더하기도 해서 상(商)과 각(角)과 치(徵)와 우(羽)를 정한다. 노양(老陽)과 노음(老陰)[九六]이 상생(相生)하는 것은 음양(陰陽)이 응하는 것이다."라고 했고, 또 "자[度]라는 것은 본래 황종(黃鍾)의 길이에서 나오는데, 곡식 씨앗 중에 중간 크기인 검은 기장[秬黍]을 사용하니, 기장 낱알 한 개의 넓이로 90개를 재어서 황종의 길이로 한다. 낱알 하나가 1분(分)이 되고, 10분이 1촌(寸)이 되며, 10촌이 1척(尺)이 되고, 10척이 1장(丈)이 되고, 10장이 1인(引)이 되어서 다섯 가지 자[五度]가 자세하게 된다. 양(量)은 본래 황종(黃鍾)의 약(龠)에서 나오는데, 도수(度數)를 이용해 그 용량을 살피는 것으로 곡식 씨앗 중에 중간 크기인 검은 기장 1,200개를 약(龠)에다 채우고 우물물[井水]로 수평을 맞춘다. 10약(龠)이 1홉(合)이 되고, 10홉이 1승(升)이 되며, 10승이 1두(斗)가 되고, 10두가 1곡(斛)이 되어, 다섯 단계의 양(量)이 훌륭하게 정해진다. 권(權)은 본래 황종의 중(重)에서 나온다. 1약(龠)은 1,200개의 기장이 담기고 그 무게는 12수(銖)이다. 양(兩)을 배로 한 것, 즉 24수(銖)가 1양(兩)이 되고, 16양이 1근(斤)이 되며, 30근이 1균(鈞)이 되고, 4균이 1석(石)이 되어 다섯 단계의 권(權)이 신중하게 정해진다."라고 하였다.

원문 包氏愼言『溫故錄』, "『漢』「志」引此文云云, 顏氏不解, '修廢官'者, 意蓋以官卽職此'權量'·'法度'者. 「志上」云'周衰官失, 孔子陳後王之法.' 下乃引『論語』, 明繼周而起者, 惟修此數官爲急耳. 「志」下又引劉歆「鍾律篇」分敍權·量·法·度云: '權者, 所以稱物平施, 知輕重也. 職在大行人, 鴻

臚掌之. 量者, 所以量多少也. 職在太倉, 大司農掌之. 度者, 所以度長短也. 職在內官, 廷尉掌之.' 以'修廢官'爲修此數官, 故劉氏每敍一事, 而結云'某職在某官, 某官掌之.'" 案, 包說是也.

포신언의 『논어온고록』에 "『전한서』「율력지」에서 이 글을 인용해서 운운했는데, 안씨[顏氏: 안사고(顏師古)]는 해설하지 않았다. '폐지된 관직을 중수(重修)했다[修廢官]'라는 것은, 아마도 관직으로써 이 '권량(權量)'과 '법도(法度)'를 맡게 한 것인 듯싶다. 「율력지상」에 '주나라가 쇠하매 관직이 폐지되자, 공자가 후왕(後王)의 법도를 진술하였다.'라고 하고는 그 아래 바로 『논어』를 인용했으니, 주나라를 계승해서 일어나는 자는 오직 이 몇 가지 관직을 다시 설치하는 것을 급선무로 삼아야 함을 밝힌 것일 뿐이다. 「율력지」에서는 그 아래 또 유흠의 「종률편」을 인용해서 권(權)·양(量)·법(法)·도(度)를 나누어 순서대로 서술했는데, '권(權)이란 물건을 저울질해서 공평하게 베풀기 위한 것으로, 경중을 아는 것이다. 직책은 대행인(大行人)에 있고, 홍려(鴻臚)가 관장한다. 양(量)이란 많고 적음을 헤아리기 위한 것이다. 직책은 태창(太倉)에 있고 대사농(大司農)이 관장한다. 도(度)란 길고 짧음을 재기 위한 것이다. 직책은 내관(內官), 정위(廷尉)가 관장한다.'라고 했으니, '폐지된 관직을 중수한 것'을 이 몇 관직을 중수한 것으로 보았기 때문에 유씨(劉氏)는 한 가지 일을 서술할 때마다 '어떤 직책은 어디에 있고, 어떤 관직이 관장한다'라고 하면서 결론을 맺은 것이다."라고 했다. 살펴보니, 포신언의 말이 옳다.

據成君義, 法訓律, 當據「志」補云: "聲所以作樂者, 職在大樂, 太常掌之." 昔舜一歲四巡守, 皆同律度量衡. 「月令」春秋分, 皆"同度量, 正權概". 『周官』「大行人」, "十有一歲, 同度·量, 同數·器." 蓋奸民貿易, 積久弊生, 古帝王特設專官以審察之. 其官歷代皆未廢, 至周衰而或失耳. 趙氏佑

『溫故錄』“或有職而無其官, 或有官而不擧其職, 皆曰廢”是也. “四方之政
行焉”, 謂凡所以治四方者, 其政皆擧而行之也. 皇本“焉”作“矣”.

역문 성군(成君)의 뜻에 의거하면 법(法)을 율(律)의 뜻으로 새겼으니, 마땅
히 「율력지」를 근거로 보충해서 “성(聲)은 음악을 제작하기 위한 것이
니, 직책은 태악(大樂)에 있고 태상(太常)이 관장한다.”라고 했어야 한다.
옛날 순임금은 일 년에 네 번 순수를 하여, 모두 율(律)・도(度)・양
(量)・형(衡)을 통일시켰다. 『예기』「월령」에서는 춘분과 추분에는 모두
“도(度)와 양(量)을 통일시키고, 권(權)과 개(槪)를 바로잡았다.”라고 했다.
『주례』「추관사구하・대행인」에 “11년마다 도(度)와 양(量)을 통일시키
고, 저울 눈금과 기물을 통일시켰다.”라고 했으니, 아마도 민간의 매매
가 오래 쌓이다 보면 폐단이 생겨남으로 인해 옛날의 제왕이 특별히 전
담 관직을 설치해서 자세하게 살필 것을 요구한 것인 듯싶다. 그 관직이
대대로 내려오면서 모두 폐지되지 않았었는데, 주나라가 쇠함에 이르러
더러 없어졌을 뿐이었다. 조우의 『온고록』에 “혹은 그 직책은 있는데,
관원이 없거나, 혹은 관원은 있는데 그 직책에 거용하지 않는 것 모두를
폐지했다고 한다.”라고 한 것이 바로 이것이다. “사방의 정치가 제대로
행해졌다”라는 것은 사방을 다스리는 모든 것을 그 정치에서 다 들어서
시행했다는 말이다. 황간본에는 “언(焉)”이 “의(矣)”로 되어 있다.

- 「注」, “‘權’, 秤也; ‘量’, 斗斛.”
- 正義曰: 『說文』無“秤”字, “稱”下云“銓也”, 謂銓量多少也. 『周易』「象傳」, “君子以稱物平
  施.”「左傳」, “地平天成, 稱也.” 稱所以平物, 故俗作“秤”. 『廣韻』, “秤, 昌孕切. 俗稱字.” 是
  也. 『漢』「志」云: “權, 重也, 衡所以任權而均物平輕重也.” 又云: “權者, 銖・兩・斤・鈞・
  石也.” “權”・“衡”皆統名“稱”, 故此「注」以“秤”釋權也. 「志」又云: “量者, 龠・合・升・斗・

斛也, 所以量多少也." 又云: "合者, 合龠之量也; 升者, 登合之量也; 斗者, 聚升之量也; 斛者, 角斗平多少之量也." 此「注」擧"斗"‧"斛"二者, 以槪其餘.

○ 「주」의 "'권(權)'은 저울[秤]이고, '양(量)'은 말[斗]이니 휘[斛]이다."

○ 정의에서 말한다.

『설문해자』에는 "칭(秤)" 자가 없고, "칭(稱)" 아래 "저울[銓]이다"[35]라고 했으니, 저울로 많고 적음을 헤아린다는 말이다. 『주역』「겸괘」의 「상」에 "군자가 이 괘를 보고서 물건을 저울질 하여 베품을 공평하게 한다."라고 했고, 『춘추좌씨전』「희공」24년에 "「하서」에 '대지가 평정되고 상천(上天)이 온전함을 이루었다.'라고 하였으니 상하(上下)가 서로 균형을 이룬[稱] 것이다."라고 하였으니, 칭(稱)이란 만물을 균평하게 하기 위한 것이기 때문에 민간에서는 "평(秤)"으로 쓰는 것이다. 『광운』에서 "평(秤)은 창(昌)과 잉(孕)의 반절음이다. 민간의 '칭(稱)' 자이다."라고 한 것이 이것이다. 『전한서』「율력지」에 "권(權)은 무게[重]이고, 형(衡)은 권(權)에 맡겨 물건의 경중을 균평하게 하는 것이다."라고 했고, 또 "권(權)이란 수(銖)‧양(兩)‧근(斤)‧균(鈞)‧석(石)이다."라고 했으니, "권(權)"과 "형(衡)"은 모두 총괄해서 "저울[稱]"이라고 하기 때문에 여기의 「주」에서 "칭(秤)" 자를 가지고 권(權)을 해석한 것이다. 「율력지」에 또 "양(量)이란 약(龠)‧홉(合)‧승(升)‧두(斗)‧곡(斛)이니, 많고 적음을 헤아리는 것이다."라고 했고, 또 "홉(合)이란 약(龠)을 합한 것을 잰 것이고, 승(升)이란 홉을 더한 것을 잰 것이며, 두(斗)는, 승(升)이 모인 것을 잰 것이고, 곡(斛)은 두(斗)를 비교해서 많고 적음을 고르게 한 것을 잰 것이다."라고 했는데, 여기의 「주」에서는 "두(斗)"와 "곡(斛)" 두 가지만 거론하여 그 나머지를 개괄한 것이다.

---

35 『설문해자』 권7: 칭(稱)은 저울[銓]이다. 화(禾)로 구성되었고 칭(冉)이 발음을 나타낸다. 춘분이 되면 벼가 자라나고, 하지가 되면 해그림자를 잴 수 있다. 벼에 까끄라기가 생기다가 추분이 되면 까끄라기가 고정된다. 율의 수는 12초(秒)가 1분(分)에 해당되고, 10분이 1촌(寸)에 해당된다. 무게로 사용할 때는 12속(粟)이 1분이 되고, 12분이 1수(銖)가 된다. 그러므로 물품을 재는 글자들은 다 화(禾)로 구성된다. 처(處)와 능(陵)의 반절음이다.[稱, 銓也. 從禾冉聲. 春分而禾生, 日夏至, 晷景可度. 禾有秒, 秋分而秒定. 律數: 十二秒而當一分, 十分而寸. 其以爲重: 十二粟爲一分, 十二分爲一銖. 故諸程品皆從禾. 處陵切.]

興滅國, 繼絶世, 擧逸民, 天下之民歸心焉.

멸망한 나라를 일으켜 주고 끊어진 대를 이어 주고 은둔한 현자를 등용하니, 천하의 백성들이 그에게 마음을 주었다.

원문 正義曰:『爾雅』「釋詁」, "滅, 絶也."『公羊』「僖」五年「傳」, "滅者, 亡國之善辭也." 許氏『五經異義』解此文云: "國謂諸侯, 世謂卿大夫."『白虎通』「封公侯篇」, "王者受命而作, 興滅國, 繼絶世何? 爲先王無道, 妄殺無辜, 及嗣子幼弱, 爲强臣所奪, 子孫皆無罪囚而絶, 重其先人之功, 故復立之.『論語』曰云云." 據此是"興滅國"爲無罪之國, 若有罪當滅者, 亦不興之也.

역문 정의에서 말한다.

『이아』「석고」에 "멸(滅)은 끊어짐[絶]이다."라고 했고,『춘추공양전』「희공」5년의 「전」에 "멸(滅)이란 멸망한 나라를 순화시킨 말이다."라고 했다. 허씨(許氏)는『오경이의』에서 이 문장을 해석하기를, "국(國)은 제후를 이르고 세(世)는 경대부를 이른다."라고 했다.『백호통의』「봉공후」에 "왕자(王者)가 천명을 받고 일어나 멸망한 나라를 일으켜 주고 끊어진 대를 이어 주는 것은 어째서일까? 선왕이 무도해서 무고한 사람을 함부로 죽이고, 급기야 후사가 어리고 유약해서 강포한 신하에게 권력을 침탈당하면 자손들이 모두 죄 없이 갇혔다가 대가 끊어지는데, 그 선조의 공업을 중시하기 때문에 다시 그를 옹립하는 것이다.『논어』에서 그렇게 운운했다."라고 했는데, 여기에 의거해 보면 "멸망한 나라를 일으켜 줌"은 죄가 없는 나라이기 때문이니, 만약 죄가 있어서 멸망시킴이 당연한 나라라면 역시 일으켜 주지 않는 것이다.

원문 『尙書大傳』, "古者諸侯始受封, 則有采地, 百里諸侯以三十里, 七十里
諸侯以二十里, 五十里諸侯以十五里. 其後子孫, 雖有罪黜, 其采地不黜,
使其子孫賢者守之, 世世以祠其始受封之人. 此之謂'興滅國, 繼絶世.'『書』
曰: '玆予大享于先王, 爾祖其從與享之.' 此之謂也."『韓詩外傳』同. 此言
平時立國, 不以有罪黜其采地, 亦興滅繼絶之義, 凡封國當有此制也. 漢成
帝「詔」曰: "蓋聞褒功德, 繼絶統, 所以重宗廟, 廣聖賢之路也." 又曰: "夫
善善及子孫, 古今之通義也."

역문 『상서대전』에 "옛날에 제후가 처음 봉작(封爵)을 받게 되면 채지(采地)
를 갖게 되는데, 봉토가 사방 100리의 제후는 30리의 채지를 소유하고,
70리의 제후는 20리를 소유하며, 50리의 제후는 15리를 소유한다. 그
뒤의 자손들은 비록 죄를 지어 쫓겨나더라도 채지만큼은 쫓아내지 않
고, 자손 중의 현명한 자로 하여금 지키게 해서 대대로 처음 봉작 받은
사람에게 제사를 지내게 하니, 이것을 일러 '멸망한 나라를 일으켜 주고
끊어진 대를 이어 준다'라고 하는 것이다. 『서경』「상서·반경상」에 '이
에 내가 선왕께 크게 제사를 드리니, 너의 조상도 따라 제사를 받으리
라.'라고 한 것이 이것을 이르는 것이다."라고 했고, 『한시외전』에도 같
으니, 이것은 평상시의 입국(立國)을 말한 것이고, 죄가 있다고 해서 그
채지에서 내쫓지 않는 것도 역시 멸망한 나라를 일으켜 주고 끊어진 대
를 이어 준다는 뜻이니, 무릇 나라를 봉해 줌에는 마땅히 이러한 제도가
있는 것이다. 한 무제(漢成帝)의 「조칙」에 "대체로 듣자 하니, 공덕을 표
창함에 끊어진 혈통을 이어 주는 것은 종묘를 중히 하고 성현의 길을 높
이는 것이라고 한다."[36]고 했고, 또 "선(善)을 칭찬하여 자손에게까지 미

---

36 『전한서』 권74, 「위상병길전(魏相丙吉傳)」.

침이 고금의 공통된 의리이다."라고 했다.

원문 『五經異義』按, "『公羊』·『穀梁』說云: 卿大夫世, 則權竝一姓, 防賢塞路, 『經』譏尹氏·崔氏是也. 古『春秋左氏』說: 卿大夫得世祿, 不世位, 父爲大夫死, 子得食其故采地, 如有賢才, 則復升父故位." 許愼謹案, "『易』爻位三爲三公. '食舊德', 謂食父故祿. 『尙書』云: '世選爾勞, 予不絶爾善.' 『論語』'興滅國, 繼絶世.' 『詩』云: '凡周之士, 不顯, 亦世.' 『孟子』云: '文王之治岐也, 仕者世祿.' 故周世祿也." 從『左氏』義, 鄭氏無駁, 與許同.

역문 『오경이의』를 살피니, "『춘추공양전』과 『춘추곡량전』의 설을 따르면 경(卿)과 대부(大夫)의 지위가 세습되면 권력이 모두 한 가지 성(姓)에 집중되어 현자를 방해해서 길을 막는다고 했는데, 『경』에서 윤씨(尹氏)[37]와 최씨(崔氏)[38]를 비난한 것이 그것이다. 옛날 『춘추좌씨전』의 설에 따르면 경과 대부는 녹은 세습할 수 있었지만 지위는 세습할 수 없었으니, 아버지가 대부가 되어서 죽으면 자식은 아버지의 옛 채지를 먹을 수 있고, 만일 훌륭한 재능이 있으면 다시 아버지의 옛 지위를 계승할 수

---

37 윤씨(尹氏): 윤(尹) 땅에 봉해진 윤어(尹圉, ?~?)를 가리킨다. 윤문공(尹文公)이라고도 한다. 주나라 때 사람. 경대부(卿大夫)를 지냈다. 선왕(宣王) 때 윤길보(尹吉甫)가 대부가 된 뒤부터 세습해 경대부가 되었다. 『춘추공양전(春秋公羊傳)』 「은공(隱公)」 3년에 "여름 4월 신묘일에 윤씨가 죽었다. 윤씨란 누구인가? 천자의 대부이다. 윤씨라 칭한 것은 무엇 때문인가? 폄한 것이다. 어찌하여 폄했는가? 경을 세습한 것을 비판한 것이니, 경을 세습하는 것은 예가 아니다.[夏, 四月, 辛卯, 尹氏卒, 尹氏者何. 天子之大夫也. 其稱尹氏何. 貶. 曷爲貶. 譏世卿, 世卿, 非禮也.]"라고 했다.

38 최씨(崔氏): 춘추시대 제나라 사람 최저(崔杼, ?~기원전 546)를 가리킨다. 최무자(崔武子) 또는 최자(崔子)로도 불린다. 영공(靈公) 때 정(鄭)나라와 진(秦)나라 등의 정벌에 공을 세웠다. 자신의 처와 사통한 장공(莊公)을 시해하고 경공(景公)을 세워 전권을 휘둘렀지만 집안의 불화를 틈탄 경봉(慶封)에 의해 멸문을 당했다.

있다."라고 했다. 허신이 삼가 살펴보니, "『주역』 효(爻)의 자리 중에서 세 자리는 삼공(三公)이 된다.[39] '옛 덕을 간직한다[食舊德]'[40]는 것은 아버지의 옛 봉록을 먹는다는 말이다. 『서경』「상서·반경」에 '대대로 너희들의 공로를 뽑아 기록하고 있으니, 나는 너희들의 선(善)함을 가리거나 폐기[掩蔽]하지 않을 것이다.'라고 했고, 『논어』에 '멸망한 나라를 일으켜 주고 끊어진 대를 이어 준다.'라고 했으며, 『시경』「대아·문왕」에 '모든 주나라의 선비들도 드러나지 않을까 또한 대대로 하리로다.'라고 했고 『맹자』「양혜왕하」에 '문왕께서 기주(岐周)를 다스리실 때에 벼슬하는 자들에게는 대대로 녹(祿)을 주었다.'라고 했으니, 따라서 주나라는 녹을 세습했었던 것이다."라고 했는데, 이는 『춘추좌씨전』의 의리를 따른 것이고, 정씨는 논박한 것이 없으니, 허신과 뜻이 같은 것이다.[41]

所重: 民·食·喪·祭.【注】孔曰: "重民, 國之本也; 重食, 民之命也; 重喪, 所以盡哀; 重祭, 所以致敬."

소중하게 여겼던 것은 백성과 먹을 것과 상례와 제례였다.【주】공안국이 말했다. "백성을 소중하게 여긴 것은 나라의 근본이기 때문이고, 먹을 것을 중시한 것은 백성의 생명이기 때문이며, 상례를 중시한 것은 슬픔을 다하기 위함이

---

39 정현(鄭玄)의 『박오경이의보유(駁五經異義補遺)』「경득세(卿得世)」에 "『주역』 효의 자리 중에서 세 자리는 3공이 되고, 두 자리는 경이 된다.[『易』爻位三爲三公, 二爲卿.]"라고 했다.

40 『주역(周易)』「송(宋)·육삼(六三)」.

41 정현의 『박오경이의보유』「경득세」에 "『춘추좌씨전』의 의리를 따른다.[從『左氏』義.]"라고 했는데, 「주」에 "살펴보니 정현이 『춘추공양전』을 논박한 것은 설명이 앞 권에 보이는데, 허씨의 설과 같다.[按鄭駁『公羊』, 說見前卷, 同許氏說.]"라고 했다.

원문 正義曰: 東晉古文采此文入「武成」.

역문 정의에서 말한다.

　　동진(東晉)시대의 고문(古文)에서는 이 문장을 따다가 『서경』「주서 ·
무성」에 삽입시켰다.

- 「注」, "重民"至"致敬".
- 正義曰:「夏書」曰: "衆非元后, 何戴? 后非衆, 無與守邦." 『孟子』「盡心下」, "民爲貴." 又言
  "諸侯之寶"有"人民". 『周官』「大宰」, "以九兩繫邦國之民." "大司徒", "掌人民之數." 「司
  民」, "掌登萬民之數, 自生齒以上, 皆書於版, 異其男女, 歲登下其死生. 及三年大比, 以萬民
  之數詔司寇, 司寇獻其數於王, 王拜受之, 登於天府, 內史 · 司會 · 塚宰貳之, 以贊王治." 是
  民爲國之本也.
- 「주」의 "중민(重民)"부터 "치경(致敬)"까지.
- 정의에서 말한다.

　　『서경』「우서 · 대우모」[42]에 "민중은 군주[元后]가 아니면 누구를 받들며, 군주는 민중이 아
니면 함께 나라를 지킬 사람이 없다."라고 했고, 『맹자』「진심하」에 "백성이 가장 귀하다."

---

[42] 『논어정의』에는 "「夏書」"로 되어 있으나, 이 내용은 『서경』「우서(虞書) · 대우모(大禹謨)」
에 보이므로, 『서경』을 근거로 「虞書」로 고쳤다. 위소(韋昭)는 '「하서(夏書)」는 일서(逸書)'
라 하였다. 『국어(國語)』「주어상(周語上)」에 "「하서」에 '민중은 군주가 있지 않으면 누구를
받들며, 군주는 민중이 있지 않으면 함께 나라를 지킬 사람이 없다.'[「夏書」有之曰: '衆非元
后, 何戴, 后非衆, 無與守邦.']라고 했는데, 이를 동증령(董增齡)은 "지금 전하는 「대우모」는
동진(東晉) 때 처음으로 세상에 나왔으니, 위소는 삼국시대에 태어나 이 책을 보지 못했기
때문에 일서라고 했다." 하였다.

하였고, 또 "제후의 보배" 중에 "인민(人民)이 있다"라고 했다. 『주례』「천관총재상·태재」에 "아홉 가지 방법으로 나라의 백성들을 짝지어 연결시킨다."라고 했고, 「지관사도상·대사도」에 "인민의 수를 관장한다."라고 하였으며, 「추관사구상·사민」에 "만민의 수효를 등록하는 일을 관장하는데, 태어나서 이가 나기 시작한 아이 이상부터는 모두 호적에 기록하는데, 남녀를 구별하고, 해마다 그 죽고 난 것을 올리고 삭제한다. 3년마다 크게 결산(大比)해서, 만민의 인구 수를 사구(司寇)에게 보고하였는데, 그러면 사구는 그 인구 수를 왕에게 바쳤고 왕은 절하고 받은 뒤 이를 천부(天府)에 올리고, 내사(內史)와 사회(司會)와 총재(塚宰)가 그것의 사본을 가지고 왕의 정치를 돕는다."라고 했는데, 이것이 백성이 나라의 근본이 된다는 것이다.

『書』「洪範」, "八政: 一曰食." 伏生「傳」, "食者, 萬物之始, 人事之所本." 故八政先食. 『周官』「大宰」, "以九職任萬民. 一曰三農, 生九穀. 二曰園圃, 毓草木." 「大司徒」, "辨十有二壤之物, 而知其種, 以敎稼穡樹藝." 又云: "頒職事十有二于邦國都鄙, 使以登萬民. 一曰稼穡, 二曰樹藝." 是食爲民命, 當重之也.

『서경』「주서·홍범」에 "팔정(八政)은 첫 번째는 먹을 것[食]이다."라고 했는데, 복생(伏生)의 「전」에 "먹을 것[食]은, 만물의 시작이고 인사(人事)의 근본이다."라고 했다. 그러므로 팔정(八政) 가운데 먹을 것을 최우선으로 삼은 것이다. 『주례』「천관총재상·태재」에 "아홉 가지 직업을 백성에게 맡기는데, 첫째는 삼농(三農)으로 아홉 가지 곡물을 생산하게 하고, 둘째는 원포(園圃)로 채소와 나무를 기르게 한다."라고 했고, 「지관사도상·대사도」에, "12 지역의 토양에 맞는 작물을 판별해서 거기에 맞는 종자를 알아내어 심고 거두며 농사짓고 가꾸는 재배법을 가르친다."라고 했으며, 또 "열두 가지의 직업과 일을 온 나라와 제후국, 지방의 도(都)와 비(鄙)에 반포하고 만민을 등록하게 했으니, 첫째는 곡식을 심고 거두게 하는 것이며, 둘째는 작물을 심고 재배하는 것이다."라고 했으니, 이것이 먹을 것이 백성의 목숨이 된다는 것으로, 마땅히 소중하게 여겨야 하는 것이다.

喪以哀爲主, 祭以敬爲主. 喪祭者, 所以敎民反本追孝也. 『禮記』「經解」云: "喪·祭之禮廢, 則臣·子之恩薄: 臣·子之恩薄, 則背死忘生者衆矣."

초상은 애통함을 위주로 하고 제사는 공경을 위주로 한다. 상례와 제례란 백성들로 하여금 근본을 돌이키고 효를 추구하게 하는 것이다. 『예기』「경해」에 "초상과 제사의 예가 폐지되면 신하와 자식의 은정이 각박해진다. 신하와 자식의 은정이 각박해지면 죽은 이를 저버리고 산 사람을 망각[43]하는 자들이 많아질 것이다."[44]라고 했다.

寬則得衆, 信則民任焉, 敏則有功, 公則說. 【注】孔曰: "言政教公平, 則民說矣. 凡此二帝·三王所以治也, 故傳以示後世."

너그러우면 민중의 마음을 얻고, 미더우면 민중들이 일을 맡기며, 민첩하면 공이 있고, 공정하면 기뻐한다. 【주】공안국이 말했다. "정치(政治)와 교화(教化)가 공평하면 백성들이 기뻐할 것이라는 말이다. 대체로 이것은 이제(二帝)와 삼왕(三王)이 천하를 다스리던 방법이었기 때문에, 전하여 후세에 보여 준 것이다."

원문 正義曰: 『漢石經』無 "信則民任焉" 句, 皇本·足利本·高麗本亦無. 翟氏灝 『考異』·阮氏元 『校勘記』竝疑爲 "子張問仁" 章誤衍. 又 "公則說", 皇本 "說" 上有 "民" 字.

43　『논어정의』에는 "亡"으로 되어 있다. 『예기(禮記)』「경해(經解)」를 근거로 "忘"으로 고치고 해석했다.

44　『예기』「경해」에는 "초상과 제사의 예가 폐지되면 신하와 자식의 은정(恩情)이 박해져서 죽은 이를 저버리고 산 사람을 잊는 자가 많아질 것이다.[喪·祭之禮廢, 則臣子之恩薄, 而倍死忘生者衆矣.]"라고 되어 있다.

역문 정의에서 말한다.

『한석경』에는 "신즉민임언(信則民任焉)" 구가 없고, 황간본과 아시카가본[足利本], 고려본(高麗本)에도 없다. 적호의 『사서고이』와 완원의 『십삼경주소교감기』에는 모두 "자장문인(子張問仁)"장이 잘못 붙어난 것으로 생각한다. 또 "공즉열(公則說)"은 황간본에 "열(說)" 앞에 "민(民)" 자가 있다.

원문 『考異』又云: "按, 四語與上文絶不蒙. 與前'論仁'章文, 惟'公說'二字, 殊疑'子張問仁'一章原在『古論』「子張篇」首, 而此爲脫亂不盡之文. 古書簡盡則止, 不以章・節分簡, 故雖大半脫去, 猶得餘其少半連絡於下章也. 下章子張問政, 孔子約數以示, 俟張請目, 然後詳晰言之, 與'問仁'章文勢畫一, 顯見其錄自一手. 又二十篇中, 唯此二章以子答弟子之言, 加用'孔'字. 蓋古分「堯曰」'子張問'以下別爲一篇, 與前「季氏篇」爲別一記者所錄, 稱'孔子'是其大例. 故'知命'章首舊本亦有'孔'字. 今以'問仁章'亂入「陽貨」之篇, 旣嫌其體例不符, 而公山・佛肸連類竝載之間, 橫隔以比, 亦頗不倫." 又云: "恭實寬・信・敏・惠之本, 獨舍此句, 未足該歷代帝王爲治之體要也."

역문 『사서고이』에 또 "살펴보니, 여기의 네 마디 말은 앞의 문장과는 절대로 연결되지 않는다. 앞에서 인(仁)을 논한 장의 글과 '공열(公說)' 두 글자, 특히 '자장문인(子張問仁)' 1장(章)은 원래 『고논어』「자장(子張)」의 첫머리에 있다가 여기에서 끝없이 탈간(脫簡)되어 뒤섞인 문장인지 의심스럽다. 옛날의 책은 죽간이 다하면 그치는 것이지, 장(章)이나 절(節)을 가지고 죽간을 나누지 않기 때문에 비록 태반이 빠져 버려도 반도 안 되게 남은 죽간을 아래에 연결할 수 있다. 아래 장에서 자공이 정치를 묻자 공자가 몇 가지로 요약해서 가르쳐 주고 자장이 조목을 질문할 것을 기

다린 뒤에 자세하게 분석해서 말해 준 것과 '문인(問仁)' 장의 문세가 직
선을 긋듯 한 사람의 손에서 기록된 것이 분명하게 드러난다. 또 20편
중에서 오직 이 두 장만이 스승이 제자에게 대답한 말에 '공(孔)' 자를 덧
붙여서 썼다. 아마도 옛날에는 「요왈」의 '자장문(子張問)' 이하를 나누어
별도로 한 편을 만든 것 같으니, 앞의 「계씨」가 별도의 어떤 기록자가
기록한 것과 '공자(孔子)'라고 일컬은 것이 그 큰 예이다. 그러므로 '지명
(知命)'장 첫머리는 옛 판본에도 역시 '공(孔)' 자가 있는 것이다. 이제 '문
인(問仁)' 장을 어지럽게 「양화」에 삽입했으니 이미 그 체제와 범례가 부
합하지 않는 혐의가 있고, 공산불요(公山弗擾)와 필힐(佛肹)을 종류별로
연결해서 간격을 띄고 나란히 기록해서 가로질러 비교를 해 놓았으니,
또한 자못 순서에 맞지 않다."라고 했고, 또 "공손함[恭]은 사실 너그러움
[寬]·미더움[信]·민첩함[敏]·은혜로움[惠]의 근본인데,[45] 유독 이 구절을
버려두었으니, 충분히 역대 제왕이 정치를 행하던 요체를 갖추지 못한
것이다."라고 했다.

- 「注」, "言政敎公平, 則民說矣."
- 正義曰: 『呂氏春秋』 「貴公篇」, "昔先聖王之治天下也, 必先公, 公則天下平矣, 平得於公. 嘗

---

45 『논어』 「양화(陽貨)」: 자장이 공자에게 인에 대해서 묻자, 공자가 말했다. "다섯 가지를 천하
에서 행할 수 있으면, 인을 행하는 것이다." 다섯 가지에 대해 질문을 청하자 다음과 같이 대
답했다. "공손함, 너그러움, 미더움, 민첩함, 은혜로움이다. 공손하면 업신여김을 당하지 않
고, 너그러우면 민중의 마음을 얻으며, 미더우면 남들이 일을 맡기고, 민첩하면 공이 있으
며, 은혜로우면 충분히 남들을 부릴 수 있다."[子張問仁於孔子. 孔子曰: "能行五者於天下, 爲
仁矣." "請問之." 曰: "恭·寬·信·敏·惠. 恭則不侮, 寬則得衆, 信則人任焉, 敏則有功, 惠
則足以使人."]

試觀於上志, 其得之以公, 其失之必以偏. 故「洪範」曰: '無偏無黨, 王道蕩蕩; 無偏無頗, 遵王之義. 無或作好, 遵王之道, 無或作惡, 遵王之路.' 天下非一人之天下也, 天下之天下也. 陰陽之和, 不長一類. 甘露時雨, 不私一物, 萬民之主, 不阿一人." 是言政敎宜公平也. 公平則擧措刑賞皆得其宜, 民服於上, 故說也.

○ 「주」의 "정치(政治)와 교화(敎化)가 공평하면 백성들이 기뻐할 것이라는 말이다."

○ 정의에서 말한다.

『여씨춘추』「귀공」에 "옛날 선대 성왕(聖王)이 천하를 다스릴 때 반드시 공정함을 앞세웠으니, 공정하면 천하가 화평해지니, 화평함은 공정함에서 얻어지는 것이다. 그 실례로 옛날의 기록을 살펴보면 얻는 것은 공정함 때문이었고, 잃음은 반드시 사사로움에 편벽되었기 때문이었다.[46] 그러므로 『서경』「홍범」에 '편벽(偏僻)됨이 없고 편당함이 없으면 왕(王)의 도(道)가 넓고 원대하며[蕩蕩], 편벽됨이 없고 기욺이 없어 왕의 의(義)를 따른다. 혹시라도 뜻에 사사로이 좋아함을 없게 해서 왕의 도를 따르며, 혹시라도 뜻에 사사로이 미워함을 없게 해서 왕의 길을 따르라.'라고 한 것이다. 천하는 한 사람의 천하가 아니고 천하 모든 사람의 천하이다. 음양의 조화는 어느 한 종류만 사사롭게 편애해서 자라게 하지 않고, 단 이슬과 때에 맞게 내리는 비는 어느 한 사물에만 사사롭게 편애해서 내리지 않는다. 천하 만민의 군주는 어느 한 사람만을 사사롭게 편애하지 않는다."라고 했으니, 이는 정치와 교화는 마땅히 공평해야 함을 말한 것이다. 공평하면 등용해서 쓰거나 내버려 두거나 형벌을 가하거나 상을 주는 것이 모두 그 마땅함을 얻을 수 있어서 백성들이 윗사람에게 복종할 것이기 때문에 그렇게 말한 것이다.

---

[46] 『여씨춘추(呂氏春秋)』「귀공(貴公)」에는 "천하를 얻은 자가 많이 있었는데, 천하를 얻은 것은 공정함 때문이었고, 천하를 잃은 것은 반드시 사사로움에 편벽되었기 때문이었다.[有得天下者衆矣, 其得之以公, 其失之必以偏.]"라고 되어 있다.

子張問於孔子曰: "何如斯可以從政矣?" 子曰: "尊五美, 屏四惡, 斯可以從政矣." 【注】孔曰: "'屏', 除也." 子張曰: "何謂五美?" 子曰: "君子惠而不費, 勞而不怨, 欲而不貪, 泰而不驕, 威而不猛." 子張曰: "何謂惠而不費?" 子曰: "因民之所利而利之, 斯不亦惠而不費乎? 【注】王曰: "利民在政, 無費於財." 擇可勞而勞之, 又誰怨? 欲仁而得仁, 又焉貪? 君子無衆寡, 無小大, 無敢慢, 斯不亦泰而不驕乎? 【注】孔曰: "言君子不以寡小而慢也." 君子正其衣冠, 尊其瞻視, 儼然人望而畏之, 斯不亦威而不猛乎?"

자장이 공자에게 물었다. "어떻게 해야 정사에 종사할 수 있습니까?" 공자가 말했다. "다섯 가지 아름다움을 숭상하고 네 가지 악함을 물리치면 곧 정사에 종사할 수 있느니라." 【주】 공안국이 말했다. "'병(屏)'은 물리침[除]이다." 자장이 말했다. "무엇을 다섯 가지 아름다움이라고 합니까?" 공자가 말했다. "군자가 '은혜롭되 허비하지 않고, 수고롭더라도 원망하지 않으며, 하고자 하면서도 탐욕 내지 않고, 느긋하되 태만하지 않으며, 위엄이 있으면서도 사납지 않은 것'이니라." 자장이 말했다. "무엇을 은혜롭되 허비하지 않는다고 말하는 것입니까?" 공자가 말했다. "백성들이 이롭게 여기는 것에 따라 그들을 이롭게 해 주니, 이것이 또한 은혜롭되 허비하지 않는 것이 아니겠느냐? 【주】 왕숙(王肅)이 말했다. "백성을 이롭게 하는 것은 정치에 달렸으니, 재물을 허비함이 없다." 수고할 만한 것을 골라서 수고롭게 하니 또한 누구를 원망하겠느냐? 인을 하고자 해서

인을 얻으니 또 무엇을 탐하겠느냐? 군자는 많거나 적거나 크거
나 작거나 관계없이 감히 태만하게 대함이 없으니 이것이 또한
느긋하면서도 태만하지 않은 것이 아니겠느냐? 【주】 공안국이 말했
다. "군자는 적거나 작은 사람이라고 해서 태만하게 대하지 않다는 말이다." 군자
는 의관을 바르게 하고 외모를 존엄하게 유지해서 근엄하여 사람
들이 우러러보고 경외(敬畏)하니, 이것이 또한 위엄이 있으면서
도 사납지 않은 것이 아니겠느냐?"

원문 正義曰: 皇本"問"下有"政"字. "尊"者, 崇尙之意, 或作"遵". 『漢平都相蔣
君碑』, "遵五迸四." 『後漢』「祭遵傳」, "遵美屛惡." 洪適『隸釋』以"遵"·
"迸"爲『魯論』異文. 『方言』, "遵, 行也." 此義亦通.

역문 정의에서 말한다.

황간본에는 "문(問)" 아래 "정(政)" 자가 있다. "존(尊)"이란 숭상(崇尙)한
다는 뜻인데, 더러 "준(遵)"으로 쓰기도 한다. 『한평도상장군비』에 "다섯
가지를 숭상하고 네 가지를 물리친다[遵五迸四]."라고 되어 있고, 『후한서』
「제준전」에 "아름다움을 숭상하고 악함을 물리친다[遵美屛惡]."라고 되어
있으며, 홍적(洪適)[47]의 『예석』에는 "준(遵)"과 "병(迸)"『노논어』의 이문
(異文)이라고 했다. 『방언』에 "준(遵)은 행함[行]이다."라고 했는데, 이 뜻
역시 통한다.

---

47 홍적(洪適, 1117~1184): 자는 경백(景伯)이고, 호는 반주(盤洲). 송(宋)나라시대 요주(饒州)
파양(鄱陽) 사람이다. 시호는 문혜(文惠)이다. 금석(金石)을 수집해서 보관하기를 좋아했
고, 아울러 이것을 통해 역사 전기의 착오를 바로잡았다. 저서에 『예석(隸釋)』과 『예속(隸
續)』, 『반주집(盤洲集)』 등이 있다.

원문 "貪"者, 『說文』云: "欲物也." 『呂覽』 「愼大」 「注」, "求無厭, 是爲貪." 阮氏元 『校勘記』, "「益卦」 「注」, 「旅」·「師」 「疏」 及 『文選』 「洞簫賦」 「注」 引此文, 並作 '因民所利而利之', 皇 「疏」 兩述經文, 皆無上 '之' 字, 疑後人妄增." 又皇本 "擇" 下有 "其" 字.

역문 "탐(貪)"이란 『설문해자』에 "물건을 바란다[欲物]는 뜻이다."48라고 했고, 『여씨춘추』 「신대」의 「주」에 "갈구하기를 싫어함이 없는 것이 탐(貪)이 된다."라고 했다. 완원의 『십삼경주소교감기』에 "『주역』 「익괘」의 「주」와 「여괘」와 「사괘」의 「소」 및 『문선』 「동소부」의 「주」에 이 문장을 인용했는데, 모두 '인민소리이리지(因民所利而利之)'라고 되어 있고, 황간(皇侃)의 「소」에 두 번 경문(經文)을 진술했는데, 모두 앞쪽의 '지(之)' 자가 없으니, 아마도 후대의 사람들이 함부로 더해 놓은 글자인 듯싶다."라고 했다. 또 황간본에는 "택(擇)" 아래 "기(其)" 자가 있다.

원문 案, "擇可勞而勞之" 以下, 皆因子張問而答之. 不言 "子張問" 者, 統於首句 "何謂惠而不費", 凡諸問辭皆從略也. 勞民, 如治溝洫及耕斂之類. 又農隙講武事, 興土功, 並是擇而勞之. 『荀子』 「富國篇」 言, "古人使民, 夏不宛暍, 冬不凍寒, 急不傷力, 緩不後時, 事成功立, 上下俱富. 而百姓皆愛其上, 人歸之如流水, 親之歡如父母, 爲之出死斷亡而愉者, 無它故焉, 忠信調和均辨之至也." 是言勞民而民不怨也.

역문 살펴보니, "수고할 만한 것을 골라서 수고롭게 하니[擇可勞而勞之]"이하는 모두 자장의 질문에 따라서 대답한 것이다. "자장이 물었다[子張問]"라고 하지 않은 것은, 제일 첫 구절인 "무엇을 은혜롭되 허비하지 않는

---

48 『설문해자』 권6: 탐(貪)은 물건을 바란다[欲物]는 뜻이다. 패(貝)로 구성되었고 금(今)이 발음을 나타낸다. 타(他)와 함(含)의 반절음이다.[貪, 欲物也. 從貝今聲. 他含切.]

다고 말하는 것입니까[何謂惠而不費]"라고 한 구절에 총괄적으로 걸어서 문장을 쓴 것으로, 무릇 질문하는 말들이 많을 때에는 모두 생략을 따른다. 백성을 수고롭게 한다는 것은 도랑을 다스리는 것 및 밭 갈고 거두는 따위와 같은 것이다. 또 농한기에 무예를 강습하는 일과 흙을 일구는 일은 모두 골라서 수고롭게 하는 것이다. 『순자』「부국편」에 "옛사람은 백성들로 하여금 여름이면 더위를 먹지 않게 해 주고, 겨울이면 추위에 떨지 않도록 하였으며, 일이 긴급하더라도 백성들의 힘을 손상시키지 않았고 일이 여유가 있는 때라도 농사철을 그르치지 않아, 마침내 하는 일이 완성되고 공적이 이루어져 위아래가 모두 풍족해졌다. 그리하여 백성들은 모두 그 윗사람을 사랑하여 흐르는 물이 바다로 돌아가듯 그를 심복하고 그를 친애하여 자기 부모를 대하듯이 기뻐하였으며, 그를 위하여 생명의 위험을 무릅쓰면서도 달가워하는 것은 다른 까닭이 아니라, 군주의 성실하고 조화롭고 공정한 행위가 지극하였기 때문이다."라고 했으니, 이는 백성을 수고롭게 해도 백성이 원망하지 않음을 말한 것이다.

원문 "欲仁得仁", 謂欲施仁政於民, 卽可施行, 故易得仁也.

역문 "인(仁)을 하고자 해서 인을 얻었다[欲仁得仁]"는 것은 백성들에게 인정(仁政)을 베풀고자 하는 즉시 시행할 수 있었기 때문에 쉽게 인을 얻었다는 말이다.

원문 皇「疏」云: "君子正其衣冠'者, 衣無撥, 冠無免也." 『中論』「法象篇」, "夫法象立, 所以爲君子. 法象者, 莫先乎正容貌・愼威儀. 是故先王之制禮也, 爲冕服采章以旌之, 爲佩玉鳴璜以聲之, 欲其尊也, 欲其莊也, 焉可懈慢也? 夫容貌者, 人之符表也. 符表正, 故情性治; 情性治, 故仁義存; 仁

義存, 故盛德著: 盛德著, 故可以爲法象. 斯謂之君子矣. 故孔子曰: '君子威而不猛, 泰而不驕.'『詩』云: '敬爾威儀, 惟民之則.'"

역문 황간의 「소」에 "'군자는 의관을 바르게 한다'라는 것은 옷을 펄럭이지 않고 관을 벗지 않는다는 것이다."라고 했다. 『중론』「법상」에, "법상(法象)을 세우는 것은, 군자가 되기 위한 것이다. 법상(法象)이라는 것은 용모를 바르게 하고, 위의(威儀)를 삼가는 것보다 먼저인 것이 없다. 이런 까닭에 선왕이 예를 제정함에 면복(冕服)에 채색으로 무늬를 그리거나 수놓은 것을 정기(旌旗)로 삼고, 패옥(佩玉)과 소리 나는 서옥[鳴璜]을 만들어 소리를 내는 것은 존엄하고자 하는 것이며 장엄함을 위한 것이니 어찌 게으르고 태만할 수 있겠는가? 용모라는 것은 사람의 부표(符表)이다. 부표가 바르기 때문에 마음과 본성[情性]이 다스려지는 것이며, 마음과 본성이 다스려지기 때문에 인의(仁義)가 보존되는 것이고, 인의가 보존되기 때문에 성대한 덕이 드러나는 것이고, 성대한 덕이 드러나기 때문에 법의 상징이 될 수 있다. 성대한 덕이 드러나기 때문에 본보기의 상징[法象]이 될 수 있으니. 이래서 군자라고 하는 것이다. 그러므로 공자가 말하길, '군자는 위엄은 있지만 사납지 않고 태연하면서도 교만하지 않다'라고 하였고, 『시경』「대아·억」에 이르길. '너의 위의(威儀)를 공경하라. 백성들의 본보기이니라.'[49]라고 한 것이다."라고 했다.

- 「注」, "屛, 除也."
- 正義曰: 『穀梁』「宣」九年「傳」, "放, 猶屛也." 『廣雅』「釋詁」, "摒, 除也." 摒與屛同.
- ○「주」의 "병(屛)은 물리침[除]이다."

---

[49] 『시경』「대아(大雅)·억(抑)」에는 "敬爾威儀"까지만 있고, "惟民之則"은 없다.

○ 정의에서 말한다.

『춘추곡량전』「선공」9년의 「전」에 "방(放)은 물리침[屏]과 같다."라고 했고, 『광아』「석고」에 "병(摒)은, 물리침[除]이다."라고 했으니, 병(摒)과 병(屏)은 같은 뜻이다.

● 「注」, "利民在政, 無費於財."

● 正義曰:『左氏傳』云: "上思利民, 忠也." "利民在政"者, 政在養民, 故當順民之性, 使之各遂其生. 邢「疏」云: "民居五土, 所利不同. 山者利其禽獸; 渚者利其魚鹽; 中原利其五穀, 人君因其所利, 使各居其所安, 不易其利, 則是惠愛利民在政, 且不費於財也."『說文』, "費, 散財用也."『廣雅』「釋言」, "費, 耗也. 費, 損也."

○ 「주」의 "백성을 이롭게 하는 것은 정치에 달렸으니, 재물을 허비함이 없다."

○ 정의에서 말한다.

『춘추좌씨전』「환공」6년에 "윗사람이 백성을 이롭게 하기를 생각하는 것이 충(忠)이다."라고 했으니, "백성을 이롭게 하는 것은 정치에 달렸다[利民在政]"라는 것은 정치는 백성을 기르는 데 달려 있기 때문에 당연히 백성들의 성품에 따라 각각 그들의 삶을 이루도록 해야 한다. 형병의 「소」에 "백성들은 다섯 종류의 지역에서 거주하니 이익으로 여기는 것이 각기 다르다. 산중에 사는 자들은 금수(禽獸)를 이익으로 여기고, 물가에 사는 자들은 어류와 소금을 이익으로 여기며, 중원(中原)에 사는 자들은 오곡을 이익으로 여기고, 인군은 그들이 이롭게 여기는 바에 따라 각각 자기들이 편안한 곳에 살면서 그 이로움을 바꾸지 않게 하니, 이것이 바로 은혜와 사상으로 백성을 이롭게 함이 정치에 달려 있다는 것이고, 또 재물을 허비하지 않는다는 것이다."라고 했다. 『설문해자』에 "비(費)는 재용(財用)을 소비한다는 뜻이다."[50]라고 했고, 『광아』「석언」에 "비(費)는 소비함[耗]이다. 비(費)는 덜어냄[損]이다."라고 했다.

● 「注」, "言君子不以寡小而慢也."

---

50 『설문해자』 권6: 비(費)는 재용(財用)을 소비한다는 뜻이다. 패(貝)로 구성되었고 불(弗)이 발음을 나타낸다. 방(房)과 미(未)의 반절음이다.[費, 散財用也. 從貝弗聲. 房未切.]

- 正義曰: "寡小", 人所易慢. 經意所主, 故「注」別言之. 『書』「無逸」, "至于小大, 無時或怨." 鄭「注」, "'小大', 謂萬民, 上及群臣." 『詩』「泮水」, "無小無大, 從公于邁." 皆與此稱"小大"同. 皇「疏」引殷仲堪曰: "君子處心以虛, 接物以敬, 不以眾寡異情, 大小改意, 無所敢慢, 斯不驕也." 卽此「注」意. 『說文』, "慢, 惰也, 一曰不畏也." 二義相近.

○「주」의 "군자는 덕이 적거나 도가 작다고 해서 무시하지 않는다는 말이다."

○ 정의에서 말한다.

"적거나 작은 사람[寡小]"은 사람들이 쉽게 태만하게 여긴다. 경전의 뜻이 주장하는 바이기 때문에 「주」에서 특별하게 언급한 것이다. 『서경』「주서·무일」에 "작고 큰 사람에 이르기까지 이에 혹시라도 원망하는 이가 없었다.[至于小大, 無時或怨.]"라고 했는데, 정현의 「주」에 "'소대(小大)'는 만민(萬民)을 이르는 것이니 위로는 군신(群臣)에게까지 미친다."라고 했고, 『시경』「반수」에 "작은 사람 큰 사람 없이 그대[公]를 따라간다."라고 했는데, 모두 여기에서 일컬은 "대소(小大)"와 같다. 황간의 「소」에는 은중감(殷仲堪)을 인용해서 "군자는 마음자리를 텅 비우고, 경건하게 만물을 접하며, 많거나 적다고 해서 다른 마음을 품거나 크거나 작다고 해서 뜻을 바꾸지 않아 감히 태만하게 대함이 없으니, 이것이 교만하지 않은 것이다."라고 했으니, 바로 이 「주」의 뜻이다. 『설문해자』에 "만(慢)은 게으름[惰]이다. 일설에는 두려워하지 않는다는 뜻이라고 한다."[51]고 했는데, 두 가지 뜻이 서로 비슷하다.

子張曰: "何謂四惡?" 子曰: "不教而殺謂之虐, 不戒視成謂之暴, 【注】馬曰: "不宿戒而責目前成, 爲'視成'." 慢令致期謂之賊, 【注】孔曰: "與民無信, 而虛刻期." 猶之與人也, 出納之吝, 謂之有司." 【注】孔曰: "謂財物俱當與人, 而吝嗇於出納惜難之, 此有司之任耳, 非人君之道."

---

51 『설문해자』 권10: 만(慢)은 게으름[惰]이다. 심(心)으로 구성되었고 만(曼)이 발음을 나타낸다. 일설에는 "만(慢)은 두려워하지 않는다는 뜻이다."라고 한다. 모(謀)와 안(晏)의 반절음이다.[慢, 惰也. 從心曼聲. 一曰: "慢, 不畏也." 謀晏切.]

자장이 말했다. "무엇을 네 가지 악함이라고 말합니까?" 공자가 말했다. "가르치지 않고 죽이는 것을 학대[虐]라 하고, 미리 경계하지 않고 성과를 요구하는 것을 포악함[暴]이라 하며, 【주】 마융(馬融)이 말했다. "거듭 경계하지 않고서 눈앞에 성과를 보여 줄 것을 요구하는 것이 '시성(視成)'이다." 명령을 게을리하고서 기한을 재촉하는 것을 해침[賊]이라 하고, 【주】 공안국이 말했다. "백성을 대함에 신의가 없으면서 공연히 기한만 각박하게 구는 것이다." 오히려 남에게 주어야 하는 것인데도 출납을 인색하게 구는 것을 유사(有司)라고 한다."【주】 공안국이 말했다. "모든 것이 마땅히 남에게 주어야 하는 재물임에도 출납에 인색하여 아까워하고 어려워하는 것은 이는 유사(有司)의 임무일 뿐이지 군주의 도리가 아니라는 말이다."

원문 正義曰: "不敎而殺", 謂未以禮義敎民, 民犯於法, 則以罪殺之, 此爲虐也. 『說文』, "虐, 殘也." 今從隸省作虐. 京房『易傳』, "不敎而誅兹謂虐." 義本此. 『毛詩』「終風」「傳」, "暴, 疾也." 高誘『淮南』「天文訓」「注」, "暴, 虐也."

역문 정의에서 말한다.

"가르치지 않고 죽인다"라는 것은 아직 예의로써 백성을 가르치지 않은 상태에서 백성들이 법을 범하면 죄를 물어 죽인다는 말이니, 이것이 학대[爲虐]가 된다는 것이다. 『설문해자』에 "학(虐)은 해친다[殘]는 뜻이다."[52]라고 했는데, 지금은 예서(隸書)의 생략된 자형인 학(虐)으로 쓴다.

---

52 『설문해자』 권5: 학(虐)은 해친다[殘]는 뜻이다. 호(虍)로 구성되었는데, 범의 다리가 사람을 반쯤 덮치고 있는 모양이다. 학(虐)은, 학(虐)의 고문을 이와 같이 썼다. 어(魚)와 약(約)의 반절음이다.[虐, 殘也. 從虍, 虎足反爪人也. 虐, 古文虐如此. 魚約切.]

경방의 『역전』에 "가르치지 않고 죽이는 것, 이것을 학(虐)이라 한다."라고 했는데, 뜻이 여기에 근거한 것이다. 『모시』「종풍」의 「전」에 "폭(暴)은 빠름[疾]이다."라고 했고, 고유의 『회남자』「천문훈」의 「주」에 "포(暴)는, 해친다[虐]는 뜻이다."라고 했다.

원문 "戒"者, 『說文』, "戒, 警也." 『儀禮』「士冠禮」, "主人戒賓." 「注」, "戒, 警也, 告也." 言上於民當先告戒之, 而後責成功也.

역문 "계(戒)"란, 『설문해자』에 "계(戒)는 경계한다[警]는 뜻이다."[53]라고 했고, 『의례』「사관례」에 "주인이 손님을 경계시킨다[主人戒賓]."라고 했는데, 「주」에 "계(戒)는 경계함이며 일러 줌이다."라고 했으니, 윗사람은 백성들에 대해 마땅히 먼저 일러 주고 경계시킨 뒤에 성공을 요구해야 한다는 말이다.

원문 "慢令"者, 『新序』「雜事篇」, "緩令急誅, 暴也." "緩令"卽"慢令". 『說文』訓慢爲惰, 凡怠惰, 則致緩也. 王氏樵『紹聞編』, "視成, 如今官府之受成; 致期, 如今官府之立限. 周公之營洛邑也, 賦工命役, 咸勤誥治, 戒之如此其至也, 然後視其成焉, 而不恣於素. 若但曰'吾知責其成而已', 而無夙戒之道, 則卒遽無漸, 而人難於效功矣. 「費誓」魯公之令衆也, '甲戌, 我惟征徐戎', '甲戌, 我惟築', 期會明審如此: 芻糧之不備, 楨幹之不供, 則有某刑, 其令之嚴又如此. 孰敢不依期而集哉? 今也慢其令於先, 而刻期於後, 以誤其民, 而必刑之, 則是賊之而已."

---

53 『설문해자』 권3: 계(戒)란 경계한다[警]는 뜻이다. 두 손[廾]으로 창을 잡고 예기치 못한 상황을 경계하고 있는 모양으로 구성되었다. 거(居)와 배(拜)의 반절음이다.[戒, 警也. 從廾持戈, 以戒不虞. 居拜切.]

역문 "명령을 게을리함[慢令]"이란 『신서』「잡사」에 "느슨하게 명령하고 급히 죽임을 포(暴)라 한다."라고 했으니, "느슨하게 명령함[緩令]"이 바로 "명령을 게을리함[慢令]"이다. 『설문해자』에는 만(慢)을 게으름[惰]으로 뜻풀이를 했으니, 게으르면 느슨해지는 것이다. 왕초(王樵)[54]의 『소문편』에 "시성(視成)은 지금 관부(官府)의 수성(受成)[55]과 같은 것이고, 치기(致期)는 지금 관부에서 기한을 확정하는 것과 같은 것이다. 주공이 낙읍(洛邑)을 만들면서 백관을 불러 모아 사역을 명하면서 모두 수고한다 하여 크게 다스림을 고하였으니,[56] 경계하기를 이처럼 지극하게 한 뒤에 성공을 요구해야 처음 계획한 날짜를 어기지 않는 것이다.[57] 만약 단지 '나는 그 성공만을 요구할 줄 알 뿐이다'라고 하면서 먼저 경계시키는 도리가 없다면 졸지에 느닷없이 사람들은 공을 바치느라 곤란을 겪게 될 것이

---

54 왕초(王樵, 1521~1599): 명나라 진강부(鎭江府, 강소성) 금단(金壇) 사람. 자는 명원(明遠)이고, 호는 방록(方麓)이며, 시호는 공간(恭簡). 가정(嘉靖) 26년(1542) 진사(進士)가 되고, 행인(行人)에 임명되었다. 형부원외랑(刑部員外郞)을 지냈다. 『독률사전(讀律私箋)』을 지었는데, 아주 정확했다. 만력(萬曆) 초에 장거정(張居正)이 그의 능력을 알고 절강첨사(浙江僉事)에 임명했고, 상보경(尙寶卿)에 발탁되었다. 서거정이 탄핵한 언관(言官)을 처벌하는 것에 반대하여 그의 눈 밖에 나 남경홍려경(南京鴻臚卿)으로 나갔다가 얼마 뒤 파직되었다. 다시 기용되어 우도어사(右都御史)까지 올랐다. 저서에 『방록거사집(方麓居士集)』과 『주역사록(周易私錄)』, 『상서일기(尙書日記)』와 『춘추(春秋)』에 관한 설(說)이 있다.

55 수성(受成): 미리 정해 놓은 전략을 받는 일.

56 『서경』「주서(周書)・강고(康誥)」: 3월 재생백(哉生魄)[16일]에 주공이 처음 터전을 잡아 새로운 대읍(大邑)을 동국(東國)인 낙(洛)에 만드니, 사방(四方)의 백성들이 크게 화합하여 모이자, 후(侯)・전(甸)・남(男)・방(邦)・채(采)・위(衛)와 백공[百工: 백관(百官)]들이 인화(人和)를 전파하여 주나라에 와서 보고 일하더니, 주공이 모두 수고한다 하여 크게 다스림을 고하였다.[惟三月哉生魄, 周公初基, 作新大邑于東國洛, 四方民大和會, 侯甸男邦采衛百工, 播民和, 見士于周, 周公咸勤, 乃洪大誥治.]

57 『춘추좌씨전』「선공」 11년: 30일 만에 일이 끝나 처음 계획한 날짜를 어기지 않았다.[事三旬而成, 不愆于素.]

다. 『서경』「주서·비서」에서 노공(魯公)이 민중들에게 명하길, '갑술일(甲戌日)에 나는 서융(徐戎)을 정벌할 것이다.'라고 하였고, 또 '갑술일에 나는 성을 쌓을 것이다.'라고 했으니, 기회를 분명하게 살핌이 이와 같았고, 꼴과 양식이 갖추어지지 않고, 판축(板築)하는 나무가 준비되지 않으면, 어떠어떠한 형벌을 가했으니,[58] 그 명령의 엄격함이 또한 이와 같았던 것이다. 누가 감히 기간에 의거해서 모이지 않을 수 있겠는가? 지금엔 먼저 그 명령부터 게을리하고 나중에 기한을 각박하게 해서 그 백성들을 잘못에 빠뜨린 다음에 굳이 형벌을 주려 하니, 이는 백성을 해치는 것일 따름인 것이다."라고 했다.

원문 『荀子』「宥坐篇」, "魯有父子訟者, 拘之三月, 其父請止, 孔子舍之. 季孫不說. 孔子曰: '嫚令謹誅, 賊也; 今生也有時, 斂也無時, 暴也; 不敎而責成功, 虐也. 已此三者, 然後刑可卽也.'"『韓詩外傳』, "孔子曰: '不戒責成, 害也; 慢令致期, 暴也; 不敎而誅, 賊也, 君子爲政, 避此三者.'" 又子貢謂季孫曰: "託法而治謂之暴, 不戒致期謂之虐, 不敎而誅謂之賊, 以身勝人謂之責. 責者失身, 賊者失臣, 虐者失政, 暴者失民." 文皆略同.

역문 『순자』「유좌편」에 "노나라에 아버지와 아들이 송사를 하는 자가 있

---

58 『서경』「주서·비서(費誓)」: 갑술일(甲戌日)에 나는 서융(徐戎)을 정벌할 것이니, 네 구량(糗糧)을 준비하되 감히 미치지 못함이 없도록 하라. 너는 큰 형벌이 있을 것이다. 노(魯)나라 백성들의 3교(郊)와 3수(遂)야! 네 판축하는 나무[楨榦]를 준비하라. 갑술일에 내가 성을 쌓을 것이니, 감히 공급하지 못하는 일이 없도록 하라. 너는 남은 형벌이 없을 것이나 죽이지는 않을 것이다. 노나라 백성들의 3교(郊)와 3수(遂)야! 네 꼴과 건초[芻茭]를 준비하되 감히 많지 않게 하지 말라. 너는 큰 형벌이 있을 것이다.[甲戌, 我惟征徐戎, 峙乃糗糧, 無敢不逮, 汝則有大刑. 魯人三郊三遂, 峙乃楨榦, 甲戌, 我惟築, 無敢不供, 汝則有無餘刑, 非殺. 魯人三郊三遂, 峙乃芻茭, 無敢不多. 汝則有大刑.]

었는데, 둘 다 구속시킨 지 3개월 만에 그 아버지가 소송을 중지할 것을 청하자 공자가 풀어 주었다. 그러자 계손이 기뻐하지 않기에 공자가 말했다. '명령을 느슨하게 해 놓고 처형을 엄격하게 하는 것은 사람을 해치는 것[賊]이고, 지금 살리는 것은 때가 있고 목숨을 거두어들이는 것은 때가 없으니, 포악함[暴]이며, 가르치지 않고 성공을 요구하는 것은 학대[虐]이다. 이 세 가지를 중지시킨 후에야 형벌로 나아갈 수 있는 것이다.'"라고 하였고, 『한시외전』에 "공자가 말했다. '경계시키지 않고 성공을 요구하는 것은 해침[害]이고, 명령을 느슨하게 해 놓고 기한을 각박하게 재촉하는 것은 포악함[暴]이며, 가르치지 않고 죽이는 것은, 사람을 해치는 것[賊]59이니, 군자는 정치를 함에 이 세 가지를 피해야 한다.'" 했고, 또 자공이 계손에게 이르기를, "법을 핑계로 다스림을 포악함이라 하고, 경계시키지 않고 기한을 각박하게 재촉하는 것을 학대[虐]라 하며, 가르치지 않고 죽이는 것을 사람을 해침[賊]이라 하고, 자기 자신을 가지고 남을 이기는 것을 책망[責]이라고 한다. 책망하는 자는 자신을 잃고, 사람을 해치는 자는 신하를 잃으며, 학대하는 자는 정권을 잃고, 포악한 자는 민중을 잃는다."라고 했는데, 문장이 모두 대략 같다.

원문 "出納"者, 『說文』, "納, 絲濕納納也." 別一義. "內, 入也. 從冂自外而入也." 經傳多叚納爲內. 此處皇本·『釋文』本皆作內, 唯邢本作納. 『公羊』「桓」二年「傳」, "納者, 入辭也."

역문 "출납(出納)"은 『설문해자』에 "납(納)은 실이 축축해서 눅눅한 모양이다."60라고 했으니, 일반적인 뜻과는 다르다. "내(內)는 들어간다[入]는 뜻

---

59 『논어정의』에는 "責"으로 되어 있다. 『한시외전(韓詩外傳)』을 근거로 "賊"으로 고쳤다.
60 『설문해자』 권13: 납(納)은 실이 축축해서 눅눅한[納納] 모양이다. 사(糸)로 구성되었고 내

이다. 경(冂)으로 구성되었고 밖으로부터 들어간다는 뜻이다."[61]라고 했다. 경전에서는 납(納)을 가차해서 내(內)의 뜻으로 쓰는 경우가 많다. 이 문장은 황간본과 『경전석문』본에는 모두 내(內)로 되어 있고, 오직 형병본에만 납(納)으로 되어 있다. 『춘추공양전』「환공」 2년의 「전」에 "납(納)이란, 들인다[入]는 말이다."라고 했다.

원문 上句言"與人", 此言"出"又言"納"者, 兪氏樾『平議』, "因出納爲人之恒言, 故言出而竝及納. 『史記』「刺客傳」, '多人不能無生得失.' 言失而竝言得也. 「遊俠傳」, '緩急人之所時有也.' 言急而竝言緩也. 此言出納亦猶是矣." 案, 兪說是也.

역문 앞 구절에 "남에게 준다[與人]" 하고, 여기에서 "내어 줌[出]"을 말하고 또 "받아들임[納]"을 말한 것은, 유월의 『군경평의』에 "출납(出納)은 사람들이 항상 하는 말이기 때문에 출(出)을 말하면서 아울러 납(納)까지 언급한 것이다. 이는 『사기』「자객전」에 '사람이 많으면 득실(得失)이 없을 수 없다.'라고 했는데, 실(失)을 말하면서 아울러 득(得)을 말한 것과 같은 표현이며, 「유협전」에 '완급(緩急)은 사람이 언제든 있을 수 있는 것이다.'라고 했는데, 급(急)을 말하면서 아울러 완(緩)을 언급한 것과 같은 표현이다. 여기에서 출납(出納)이라고 말한 것 역시 이와 같은 것이다."라고 했다. 살펴보니, 유월의 말이 옳다.

원문 胡氏紹勳『拾義』, "納亦主與人. 凡財物出於己, 必入於人, 亦謂之納."

(內)가 발음을 나타낸다. 노(奴)와 답(荅)의 반절음이다.[納, 絲溼納納也. 從糸內聲. 奴荅切.]
61 『설문해자』 권5: 내(內)는 들어간다[入]는 뜻이다. 경(冂)으로 구성되었고, 밖으로부터 들어간다는 뜻이다. 노(奴)와 대(對)의 반절음이다.[內, 入也. 從冂, 自外而入也. 奴對切.]

引「禹貢」"納總·納銍·納秸", 「昏義」"納采·納吉·納征", 「曲禮」"納女於天子"諸文爲據, 其說亦通. 「夏小正」, "納卵蒜." 「傳」云: "納者何也? 入之君也." 亦一證.

역문 호소훈의『사서습의』에 "납(納) 역시 남에게 주는 것을 위주로 한다. 무릇 자기에게서 나간 재물은 반드시 남에게 들어가니, 역시 납(納)이라고 하는 것이다."라고 하면서『서경』「우공」의 "납총(納總)·납질(納銍)·납갈(納秸)"[62]과 『예기』「혼의」[63]의 "납채(納采)·납길(納吉)·납징(納徵)"[64]과, 「곡례하」의 "천자에게 딸을 바친다"[65]라고 한 여러 문장을 인용해서 근거로 삼았는데, 이 말 역시 통한다. 『대대례』「하소정」에, "난산(卵蒜)을 들인다."라고 했는데, 「전」에 "납(納)이란 무엇인가? 임금에게 들인다는 뜻이다."[66]라고 했는데, 역시 하나의 증거이다.

---

62 『서경』「하서·우공(禹貢)」: 5백 리는 전복(甸服)이니, 백 리는 부세(賦稅)를 총(總)[모두]을 바치고, 2백 리는 낫으로 벤 것을 바치고, 3백 리는 갈(秸)을 바치고, 수송하는 일을 겸하며 4백 리는 곡식을 바치고, 5백 리는 쌀을 바친다.[五百里甸服, 百里賦納總, 二百里納銍, 三百里納秸服, 四百里粟, 五百里米.]

63 『논어정의』에는 "昏禮"로 되어 있는데, 살펴보니, 『예기』「혼의(昏義)」의 내용이다. 『예기』「혼의」를 근거로 "昏義"로 고쳤다.

64 『예기』「혼의」: 혼례는 장차 두 성(姓)의 우호를 합하여 위로는 종묘를 섬기고 아래로는 후대를 잇는 것이다. 그러므로 군자가 이것을 중히 여긴 것이다. 이 때문에 혼례에 납채(納采), 문명(問名), 납길(納吉), 납징(納徵), 청기(請期)를 모두 주인이 사당에 자리를 펴고 궤(几)를 진열한 다음 문밖에서 절하고 맞이하며, 들어와 읍하고 사양하고 올라가 사당에서 명을 들으니, 혼례를 공경하고 삼가며 중히 여기고 바르게 하는 것이다.[昏禮者, 將合二姓之好, 上以事宗廟, 而下以繼後世也, 故君子重之. 是以昏禮納采, 問名, 納吉, 納徵, 請期, 皆主人筵几於廟, 而拜迎於門外, 入揖讓而升, 聽命於廟, 所以敬愼重正昏禮也.]

65 『예기』「곡례하(曲禮下)」: 천자에게 딸을 바칠 때에는 "백성을 위해 대비한다."라고 하고, 국군에게 바칠 적에는 "술과 장을 만드는 것에 대비한다."라고 하고, 대부에게 바칠 적에는 "물 뿌리고 청소하는 데 대비한다."라고 한다.[納女於天子曰: "備百姓." 於國君曰: "備酒漿." 於大夫曰: "備埽灑."]

- 「注」, "不宿戒而責目前成, 爲'視成'."

- 正義曰:「公食大夫」「記」, "不宿戒."「注」, "申戒爲宿." 又「鄕飮酒」「注」, "再戒爲宿戒."

○ 「주」의 "거듭 경계하지 않고서 눈앞에 성과를 보여 줄 것을 요구하는 것이 '시성(視成)' 이다."

○ 정의에서 말한다.

『의례』「공사대부례」의 「기」에 "숙계(宿戒)를 하지 않는다."라고 했는데, 「주」에 "거듭 경계 함을 숙(宿)이라 한다."라고 했고, 또 「향음주례」의 「주」에 "재차 알리는 것을 '숙계(宿戒)' 라 한다."라고 했다.

- 「注」, "與民無信, 而虛刻期."

- 正義曰:「注」謂令旣出, 而行之有違, 是虛刻期, 爲無信也, 此說雖通, 究非經旨.

○ 「注」, "백성을 대함에 신의가 없으면서 공연히 기한만 각박하게 구는 것이다."

○ 정의에서 말한다.

「주」는 명령을 이미 내렸지만 시행에 차질이 있으면 공연히 기한을 각박하게 해서 신의가 없게 된다는 말인데, 이 말이 비록 통하기는 하지만 궁극적으로는 경문의 취지는 아니다.

- 「注」, "俱當"至"之道".

- 正義曰:『方言』, "莉·汝·江·湘之郊, 凡貪而不施, 或謂之悋." 虞翻『易注』, "坤爲吝嗇." 皇「疏」云: "有司, 謂主典物者也, 猶庫吏之屬也. 庫吏雖有官物而不得自由, 故物應出入者, 必有所諮問, 不敢擅易. 人君若物與人而吝, 卽與庫吏無異, 故云'謂之有司'也." 案, 夫子言 從政之道, 而人君爲政亦不異此, 故「注」廣言之.

○ 「주」의 "구당(俱當)"부터 "지도(之道)"까지.

○ 정의에서 말한다.

---

66 『대대례(大戴禮)』「하소정(夏小正)」에는 "納之君也."로 되어 있으나, 문맥을 위해 고치지 않 았다.

『방언』에 "형주(荊州)와 여주(汝州)와 강주(江州)와 상주(湘州)의 교외지역은 탐하기만 하고 베풀지 않으니, 어쩌면 그것을 일러 인색하다[悋]고 하는 것인 듯싶다."라고 했다. 우번의 『역주』에 "곤(坤)은 인색(吝嗇)함이 된다."라고 했다. 황간의 「소」에 "유사(有司)는 전당물[典物]을 주관하는 자이니, 창고의 아전[庫吏]과 같은 등속이다. 창고의 아전은 비록 관리하는 물건이지만 스스로 어찌할 수 없기 때문에 응당 물건을 나고 드는 물건을 대할 때 반드시 묻는 곳이 있으니, 감히 멋대로 쉽게 처리할 수 없다. 임금이 만약 물건을 남에게 주면서 인색하게 군다면 창고의 아전과 다를 것이 없기 때문에 '유사(有司)라 한다'라고 한 것이다."라고 했다. 살펴보니, 공자는 정치에 종사하는 도리를 말한 것이지만 인군이 정치하는 것 역시 이것과 다를 것이 없기 때문에 「주」에서 넓게 말한 것이다.

20-3

子曰, "不知命, 無以爲君子也, 【注】孔曰: "'命', 謂窮達之分." 不知禮, 無以立也; 不知言, 無以知人也." 【注】馬曰: "聽言而別其是非."

공자가 말했다. "천명을 알지 못하면 군자가 될 수 없고, 【주】 공안국이 말했다. "'명(命)'은 궁핍과 영달의 분수를 이른다." 예를 모르면 설 수 없으며, 말을 모르면 사람을 알 수 없다." 【주】 마융이 말했다. "말을 듣고서 그 옳고 그름을 분별함이다."

원문 正義曰: 『釋文』本·皇·邢本, 『唐·宋石經』竝作"孔子", 唯『集注』本無 "孔"字, 當是誤脫. 『釋文』云: "『魯論』無此章, 今從『古』." 此亦出鄭「注」.

역문 정의에서 말한다.

『경전석문』본과 황간본·형병본, 그리고 『당석경』과 『송석경』에는 모두 "공자(孔子)"라고 되어 있고, 오직 『논어집주』본에만 "공(孔)" 자가 없으니, 당연히 잘못해서 빠진 것이다. 『경전석문』에 "『노논어』에는 이 장이 없으니, 지금은 『고논어』를 따른다."라고 했는데, 이 역시 정현의 「주」에서 나온 것이다.

원문 『韓詩外傳』, "子曰: '不知命, 無以爲君子.' 言天之所生, 皆有仁·義·禮·智·順·善之心. 不知天之所以命生, 則無仁·義·禮·智·順·善之心, 謂之小人." 又曰: "「大雅」曰: '天生烝民, 有物有則; 民之秉彝, 好是懿德.' 言民之秉德以則天也, 不知所以則天, 又焉得爲君子乎?"

역문 『한시외전』에, "공자가 말하길, '천명을 모르면 군자가 될 수 없다.'라고 했는데, 하늘이 낳은 것은 모두 인(仁)·의(義)·예(禮)·지(智)·순(順)·선(善)의 마음을 가지고 있는데, 하늘이 명해서 태어난 것을 모르면 인(仁)·의(義)·예(禮)·지(智)·순(順)·선(善)의 마음이 없으니, 그러한 사람을 일러 소인(小人)이라 한다는 말이다."라고 했고, 또 "『시경』「대아」에 '하늘이 많은[^67] 백성을 내시니 사물이 있음에 법이 있도다. 백성이 떳떳한 성품을 갖고 있는지라 이 아름다운 덕을 좋아하도다.'라고 했는데, 백성들이 덕을 잡고서 하늘을 따른다는 말이니, 하늘을 본받을 줄 모른다면 또한 어찌 군자가 될 수 있겠는가?"라고 했다.

원문 『漢書』「董仲舒傳」對策曰: "天令之謂命. 人受命於天, 固超然異於群生, 貴於物也. 故曰: '天地之性人爲貴.' 明於天性, 知自貴於物, 然後知仁·義·禮·智, 安處善, 樂循理, 謂之君子. 故孔子曰: '不知命, 無以爲

---

[^67] 『논어정의』에는 "蒸"으로 되어 있다. 『시경』「대아·증민(烝民)」을 근거로 "烝"으로 고쳤다.

君子.' 此之謂也." 二文皆言德命, 其義極精. 蓋言德命可兼祿命也, 說詳
前疏.

역문 『전한서』「동중서전」의 대책(對策)에 "하늘이 명령한 것을 명(命)이라
합니다. 사람은 하늘로부터 명(命)을 받았으니, 본래 여러 생물과는 초
연(超然)히 달라서 만물 중에 가장 귀한 존재입니다. 그러므로 공자께서
말씀하시길 '천지가 낳은 것 중에 사람이 가장 귀하다.'라고 하셨으니,
천성(天性)을 밝게 알아서 스스로 만물보다 귀함을 안 뒤에야 인(仁)·의
(義)·예(禮)·지(智)를 알아, 선(善)에 처하기를 편안히 여기고, 이치를
따르기를 좋아하니, 이를 군자라 하는 것입니다. 그러므로 공자께서 말
씀하시길 '천명을 알지 못하면 군자가 될 수 없다.'라고 하셨으니, 이것
을 이르는 것입니다."라고 했는데, 두 글은 모두 덕명(德命)을 말한 것으
로, 그 뜻이 지극히 정밀하다. 대체로 덕명(德命)을 말했으면 녹명(祿命)
은 겸할 수 있는 것이니, 자세한 설명은 앞의 주석에서 보인다.

- 「注」, "聽言而別其是非."
- 正義曰: 言者心聲. 言有是非, 故聽而別之, 則人之是非亦知也. 『易』「繫辭傳」, "將叛者其辭
  慙, 中心疑者其辭枝, 吉人之辭寡, 躁人之辭多, 誣善之人其辭遊, 失其守者其辭屈." 此孔子
  知言卽知人之學. 孟子自許"知言"云: "詖辭知其所蔽, 淫辭知其所陷, 邪辭知其所離, 遁辭知
  其所窮." 亦謂"知言"卽可知人也.
- 「주」의 "말을 듣고서 그 옳고 그름을 분별함이다."
- 정의에서 말한다.
  말[言]이란 마음의 소리이다. 말에는 옳고 그름이 있기 때문에 듣고서 구별하면 사람의 옳고
  그름 역시 알게 된다. 『주역』「계사하」에 "장차 배반할 자는 그 말이 부끄럽고, 속마음이 의
  심스러운 자는 그 말이 산만하며, 길한 사람의 말은 적고, 조급한 사람의 말은 많으며, 선(善)
  을 모함하는 사람은 그 말이 왔다 갔다 하고, 그 지킴을 잃은 자는 그 말이 굽어 있다."라고

했으니, 이것이 공자의 "지언(知言)"으로 바로 사람을 아는 학문인 것이다. 맹자도 스스로 "지언(知言)"을 인정하면서 "편벽된 말[詖辭]에서 말하는 사람의 가려진 바를 알고, 방탕한 말[淫辭]에서 말하는 사람이 빠져 있는 바를 알며, 부정한 말[邪辭]에서 말하는 사람이 도에서 괴리된 바를 알고, 회피하는 말[遁辭]에서 말하는 사람이 논리(論理)가 궁한 것을 알 수 있다."[68]라고 했으니, 역시 말을 알면 사람을 알 수 있음을 말한 것이다.

---

68 『맹자』「공손추상(公孫丑上)」.

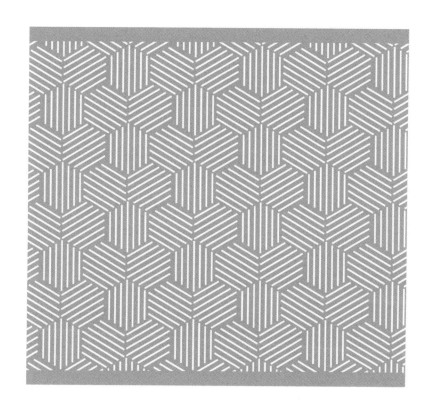

논어정의 권24

論語正義卷二十四

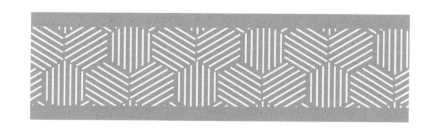

論語序(논어 서)

원문 正義曰: 『經典釋文』・『唐石經』標題如此, 必是何晏等原式. 皇「疏」本作「論語集解敍」, 邢「疏」本, 則每篇首行題 "論語註疏解經卷第幾", 此序首行題"論語註疏解經序", 次行題"序解疏"三字. 案, 何晏等作「序」時 止有「序」, 未有疏也. 今竟稱"註「疏」序", 此自作疏時妄題, 其後失檢, 逐仍之也.

역문 정의에서 말한다.

『경전석문』과 『당석경』의 표제(標題)가 이와 같으니 필시 하안 등의 원래 형식이었을 것이다. 황간(皇侃)의 「소」본에는 「논어집해서(論語集解敍)」라고 되어 있고, 형병의 「소」본에는 각 편 머리에 "논어주소해경(論語註疏解經) 권 제몇[卷第幾]"이라고 되어 있는데, 이 서문의 첫머리에는 "논어주소해경서(論語註疏解經序)"라고 제목을 달고, 다음으로 "서해소(序解疏)" 세 글자를 제목으로 달았다. 살펴보니, 하안 등이 「서」를 지을 때에는 단지 「서」만 있었고, 아직 소(疏)는 있지 않았던 것이다. 이제 끝으로 "주「소」서(註「疏」序)"라고 칭하니, 이것은 본래 소를 지을 당시에 아무렇게나 지은 제목이었는데, 그 뒤에 검수를 하지 못하는 바람에 마침내 그대로 쓰게 되었다.

序曰: "漢中壘校尉劉向言『魯論語』二十篇, 皆孔子弟子記諸善言也, 太子大傅夏侯勝・前將軍蕭望之・丞相韋賢及子玄成等傳之."

다음과 같이 서술한다.
한(漢)나라 중루교위(中壘校尉) 유향(劉向)이 말하기를, "『노논어』
20편은 모두 공자의 제자들이 여러 선한 말들을 기록한 것인데,
태자태부(太子太傅) 하후승(夏侯勝)과 전장군(前將軍) 소망지(蕭望
之), 승상(丞相) 위현(韋賢)과 그의 아들 위현성(韋玄成) 등이 전하
였다."라고 하였다.

원문 正義曰: "序", 皇「疏」本作"敍". 『爾雅』「釋詁」, "敍, 緒也." 孫炎「注」,
"敍, 謂端緒也." 『說文』, "敍, 次第也." 凡紀錄一篇訖, 述其大義竝傳授源
流, 令人識而知之, 故謂之"序". 『周易傳』有「序卦」, 此稱"序"之始. 序者,
東西牆之名, 蓋假借也.

역문 정의에서 말한다.

"서(序)"는 황간의 「소」본에는 "서(敍)"로 되어 있다. 『이아』「석고」에
"서(敍)는 실마리[緒]이다."라고 했고, 손염(孫炎)의 「주」에 "서(敍)는 단서
(端緒)를 이른다."라고 했으며, 『설문해자』에 "서(敍)는 차례[次第]이다."[1]
라고 했으니, 무릇 한 편의 기록을 마치고 나서 그 대의와 아울러 전수
된 원류를 기술하여 사람들로 하여금 기억하고 알게 했기 때문에 "서
(序)"라고 하는 것이다. 『주역전』에 「서괘」가 있는데, 이것이 "서(序)"라

---

1 『설문해자(說文解字)』 권3: 서(敍)는 차례[次弟]이다. 복(攴)로 구성되었고 여(余)가 발음을
나타낸다. 서(徐)와 여(呂)의 반절음이다.[敍, 次弟也. 從攴余聲. 徐呂切.]

일컬은 시작이다. 서(序)란 동쪽 담장과 서쪽 담장의 명칭인데, 아마도 가차한 것인 듯싶다.

원문 "漢"者, 水名. 高祖初爲漢王, 王巴蜀·漢中, 後因以爲有天下之號.

역문 "한(漢)"이란 물 이름이다. 고조(高祖)는 처음에 한왕(漢王)이 되었는데, 파촉(巴蜀)과 한중(漢中)의 왕이 되었다가, 뒤에 이를 따라서 천하를 소유한 호칭으로 삼게 되었다.

원문 "中壘校尉"者, 『漢書』「百官公卿表」, "中壘校尉掌北軍壘門內, 外掌西域." 顔師古「注」, "掌北軍壘門之內, 而又外等西域." 案, "壘"者, 軍所立營壘以爲固也. "校尉", 官名, 若司隷·城門·屯騎·越騎·胡騎·射聲·虎賁·經車, 皆有校尉, 秩皆二千石.

역문 "중루교위(中壘校尉)"란 『전한서』「백관공경표」에 "중루교위는 북군(北軍)의 군문[壘門] 안을 관장하고, 밖으로 서역(西域)을 관장한다."라고 했는데, 안사고의 「주」에 "북군의 누문(壘門) 안의 일을 관장하고 또 밖으로 서역의 일을 관장한다."라고 하였다." 살펴보니, "누(壘)"란 군대에서 성체를 세워 견고하게 만든 것이다. "교위(校尉)"는 관직의 이름이니, 사예(司隷)·성문(城門)·둔기(屯騎)·월기(越騎)·호기(胡騎)·사성(射聲)·호분(虎賁)·경거(經車)와 같은 경우에는 모두 교위(校尉)를 두는데, 녹봉은 모두 2천 석(二千石)이다.

원문 劉向官終中壘校尉, 故此擧爵稱之. 邢「疏」云: "劉向者, 高祖少弟楚元王之後, 辟彊之孫, 德之子, 字子政, 本名更生, 成帝卽位 更名向. 數上疏言得失, 以向爲中壘校尉. 向爲人簡易, 專精思於經術. 成帝詔校經傳諸子詩賦, 每一書已, 向輒條其篇目, 撮其指意, 錄而奏之, 著『別錄』·『新序』.

此言‘『魯論語』二十篇, 皆孔子弟子記諸善言也’, 蓋出於彼. 故何晏引之."
案, 此言出向『別錄』, 刑氏連言『新序』耳.

역문 유향(劉向)은 중누교위에서 관직을 마쳤기 때문에 여기에서 작위를 들어서 칭한 것이다. 형병의 「소」에 "유향은 한 고조(漢高祖)의 아우 초 원왕(楚元王)의 후예로 벽강(辟彊)의 손자이고 덕(德)의 아들이다. 자(字)는 자정(子政)이고 본명은 경생(更生)이었는데, 성제(成帝)가 즉위한 뒤에 이름을 '향(向)'으로 바꾸었다. 자주 상소하여 득실을 말하니 성제가 유향을 중누교위로 삼았다. 유향은 사람됨이 대범하고 까다롭지 않아[簡易] 오로지 경학만을 정밀하게 연구하였다. 성제가 조서를 내려 경전(經傳)과 제자(諸子) 및 시부(詩賦)를 교감(校勘)하게 하니, 한 책의 교감을 마칠 때마다 유향은 번번이 그 책의 편목(篇目)을 조목별로 나누어 열기(列記)하고 그 취지와 뜻을 요약해 기록하여 상주(上奏)하고서 『별록(別錄)』과 『신서(新序)』를 지었다. 이 서문에 '『노논어』 20편은 모두 공자의 제자들이 선한 말들[善言]을 기록한 것이다.'라고 한 말은 유향에게서 나온 것인 듯하다. 그러므로 하안이 인용한 것이다."라고 했다. 살펴보니, 이 말은 유향의 『별록』에서 나온 것인데, 형씨(刑氏)가 『신서』를 이어서 말한 것일 뿐이다.

원문 "『魯論語』二十篇"者, 言魯人所傳『論語』有此篇. 『漢書』「藝文志」, "漢興, 有『齊』·『魯』之說." 明齊人·魯人所傳『論語』始於漢興時也. 『釋名』「釋典藝」, "『論語』, 紀孔子與諸弟子所語之言也. 論, 倫也; 有倫理也. 語, 敍也, 敍己所欲說也."

역문 "『노논어』 20편"이란, 노나라 사람이 전한 『논어』에 20편이 있다는 말이다. 『전한서』「예문지」에 "한나라가 일어났을 때 『제논어』와 『노논어』의 설이 있었다."라고 했으니, 제나라 사람과 노나라 사람이 전한 『논어』가 한나라가 흥기하던 때에 시작되었다는 것이 분명하다. 『석명』「석전예」에 "『논어』는 광자와 제자들이 이야기한 말을 기록한 것이다. 논(論)은 윤(倫)이니, 윤리(倫理)가 있다는 것이고, 어(語)는 서(敍)이니, 자기가 하고 싶은 말을 서술했다는 것이다."라고 했다.

원문 案, "論"・"倫"字皆從"侖". 『說文』「侖部」云: "侖, 理也." 倫理之訓, 實爲至當. 故皇侃「序疏」首列其義. 其下二途, 則經綸今古, 輪轉無窮, 均爲傅會, 通人所不取也. 「藝文志」云: "『論語』者, 孔子應答弟子時人及弟子, 相與言而接聞於夫子之語也. 當時弟子各有所記, 門人相與輯而論篡, 故謂之『論語』." 此謂夫子及弟子之語, 門人論之.

역문 살펴보니, "논(論)" 자와 "윤(倫)" 자는 모두 "윤(侖)"으로 구성되었다. 『설문해자』「약(侖)부」에 "윤(侖)은 조리를 세운다[理]는 뜻이다."[2]라고 했으니, 윤리(倫理)라고 뜻을 새기는 것이 진실로 지당하다. 그러므로 황간의 「서소」에서 그 의의를 가장 먼저 열거한 것이다. 그 아래 두 길은 고금(古今)을 경륜(經綸)하고 끊임없이 돌고 돌면서 골고루 부회(傅會)하는 가운데 박람다식(博覽多識)한 인물이 취한 것이다. 「예문지」에 "『논어』란 공자가 제자들과 응답하던 당시의 사람 및 제자들이 서로 함께 이야기하고 공자에게 접하여 들은 말이다. 당시에 제자들이 각각 기록한 것이 있었는데, 문인들이 서로 함께 수집하고 논찬했기 때문에 『논어』라고 한 것이다."라고 했는데, 이는 공자 및 제자의 말을 문인들이 논했다

2　『설문해자』 권2: 약(侖)은 악기 중에서 대나무로 된 관악기인데, 세 개의 구멍을 가지고 여러 소리의 화음을 맞춘다. 품(品)과 윤(侖)으로 구성되었다. 윤(侖)은 조리를 세운다[理]는 뜻이다. 모든 약(侖)부에 속하는 한자는 다 약(侖)의 뜻을 따른다. 이(以)와 작(灼)의 반절음이다.[龠, 樂之竹管, 三孔, 以和衆聲也. 從品侖. 侖, 理也. 凡龠之屬皆從龠. 以灼切.]

는 말이다.

원문 何異孫『十一經問對』, “『論語』有弟子記夫子之言者, 有夫子答弟子問者, 有弟子自相答問者, 又有時人相言者, 有臣對君問者, 有師弟子對大夫之問者, 皆所以討論文義, 故謂之『論語』.” 案, 如何說, 是夫子與弟子時人各有討論之語, 非謂夫子弟子之語門人始論之也. 此則視『漢』「志」爲得也.

역문 하이손의 『십일경문대』에 “『논어』에 제자들이 공자의 말을 기록한 것이 있고, 공자가 제자들의 질문에 대답한 것이 있으며, 제자들 간에 서로 질문에 대답한 것이 있고, 또 당시 인물들이 서로 이야기를 나눈 것도 있고, 신하가 군주의 질문에 대답한 것도 있고, 스승과 제자가 공자의 질문에 대답한 것이 있는데, 모든 것이 문의(文義)를 토론한 것이기 때문에 『논어』라고 한 것이다.”라고 했다. 살펴보니, 하이손의 말과 같은 경우는 공자가 제자 및 당시 사람들과 각각 토론한 말이 있었다는 것이지, 공자와 제자 사이의 문인들이 비로소 논했음을 이르는 것이 아니다. 이것은 『전한서』「예문지」를 보면 알 수 있다.

원문 「藝文志」又云: “『論語』, 『魯』二十篇, 『魯王駿說』二十篇.” 是二十篇爲『魯論』也. 『漢書』「武帝記」, “著之于篇.” 顔師古「注」, “‘篇’, 謂竹簡也.” 竹簡用以寫書, 故『說文』訓“篇”爲書. 實則書成, 竹簡編連之, 方名篇也.

역문 「예문지」에는 또 “『논어』는 『노(魯)』20편에, 『노왕준설(魯王駿說)』20편이다.”라고 했는데, 이 20편이 『노논어』이다. 『전한서』「무제기」에 “편(篇)에 적었다.”라고 했는데, 안사고의 「주」에 “‘편(篇)’은 죽간(竹簡)을 이른다.”라고 했으니, 죽간을 이용해서 책을 썼기 때문에 『설문해자』에서는 “편(篇)”의 뜻을 책[書]이라고 새긴 것이다.[3] 사실 책이 완성되면 죽간을 엮어서 이어야 비로소 책[篇]이라고 부르는 것이다.

원문 "皆孔子弟子記諸善言也"者,『說文』, "皆, 俱詞也." 言孔子弟子不止一人也. 『史記』「孔子世家」云: "孔子生魯昌平鄕陬邑. 其先宋人也, 曰孔防叔. 防叔生伯夏, 伯夏生叔梁紇. 紇禱於尼丘, 得孔子. 生而首上圩頂, 故因名曰丘, 字仲尼, 姓孔氏." 此言孔子者, 弟子稱其師曰"子", 尊者之名, 不敢斥言也. "弟子"是對兄與父之稱, 當時弟子事夫子比於父兄, 故自稱 "弟子", 若公西華言"弟子不能學"是也. 弟子亦稱門人者, 言爲夫子門內受業之人也.

역문 "모두 공자의 제자들이 여러 선한 말들을 기록한 것이다."

『설문해자』에 "개(皆)는 모든 말[俱詞]이라는 뜻이다."[4]라고 했으니, 공자의 제자가 한 사람에 그치지 않는다는 말이다. 『사기』「공자세가」에 "공자는 노(魯)나라 창평향(昌平鄕) 추읍(陬邑)에서 태어났다. 그의 선조는 송(宋)나라 사람으로, 공방숙(孔防叔)이라고 한다. 공방숙이 백하(伯夏)를 낳았고, 백하가 숙량흘(叔梁紇)을 낳았다. 숙량흘이 니구산(尼丘山)에 빌어서 공자를 얻었다. 공자는 태어날 때 머리 꼭대기 정수리가 오목하게 꺼져 있었기 때문에 이름을 구(丘)라 하였고, 자는 중니(仲尼)이며 성은 공씨(孔氏)이다."라고 했다. 여기에서 공자(孔子)라고 말한 것은 제자가 그 스승을 부를 때 "선생님[子]"이라고 칭하는 존자(尊者)에 대한 명호이니, 감히 곧바로 지적해서 말하지 못한 것이다. "제자(弟子)"란 형과 아버지를 상대해서 부르는 호칭이니, 당시에는 제자가 선생을 아버지나 형에 견주어 섬겼기 때문에 스스로를 "제자"라고 일컬은 것이니, 예를

---

3 『설문해자』 권5: 편(篇)은 책[書]이다. 일설에는 "관서(關西) 이역에서는 방(榜)을 '책[篇]'이라 한다."라고 했다. 죽(竹)으로 구성되었고 편(扁)이 발음을 나타낸다. 방(芳)과 (連)의 반절음이다.[篇, 書也. 一曰: "關西謂榜曰'篇'." 從竹扁聲. 芳連切.]

4 『설문해자』 권4: 개(皆)는 모든 말[俱詞]이라는 뜻이다. 비(比)로 구성되었고 백(白)으로 구성되었다. 고(古)와 해(諧)의 반절음이다.[皆, 俱詞也. 從比從白. 古諧切.]

들면 공서화(公西華)가 "저희 제자들이 배울 수 없는 것입니다[弟子不能學]"⁵라고 한 것이 그것이다. 제자란 또 문인(門人)을 일컫는 것이기도 하니, 공자의 문 안에서 수업을 받는 사람이 되었다는 말이다.

원문 『釋名』「釋典藝」: "記, 紀也, 紀識之也." 言恐有遺忘, 故識於策也. "諸" 者, 不一之辭. 『廣雅』「釋言」, "善, 佳也." 『漢書』「匡衡傳」, "『論語』・『孝經』, 聖人言行之要." 趙岐『孟子題辭』, "『論語』者, 五經之錧轄, 六藝之喉衿." 楊泉『物理論』, "『論語』者, 聖人之至論, 王者之大化." 是『論語』所言爲善言也.

역문 『석명』「석전예」에 "기(記)는 기록함[紀]이니, 알고 있는 것을 계통을 세워 적는다는 뜻이다."라고 했으니, 빠뜨리거나 잊는 것이 있을까 두렵기 때문에 책에다가 기록한다는 말이다. "제(諸)"는 하나가 아니라는 말이다. 『광아』「석언」에 "선(善)은 아름다움[佳]이다."라고 했다. 『전한서』「광형전」에 "『논어』와 『효경』은 성인의 언행의 요체이다."라고 했고, 조기의 『맹자제사』에 "『논어』는 오경(五經)의 비녀장[錧轄]⁶이며 6예(六藝)의 요해처[喉衿]이다."라고 했으며, 양천(楊泉)의 『물리론』에 "『논어』는 성인의 지론(至論)이며 왕자(王者)의 커다란 교화이다."라고 했으니, 이것이 『논어』에서 말한 것이 선한 말이 된다는 것이다.

원문 『漢書』「百官公卿表」, "太子太傅, 古官, 秩二千石. 前後左右將軍, 皆周末官, 秦因之, 位上卿. 漢不常置, 或有前後, 或有左右, 皆掌兵及四夷. 相國・丞相, 皆秦官, 掌丞天子助理萬機, 有左右. 高帝卽位, 置一丞相, 十

---

5 『논어(論語)』「술이(述而)」.

6 관할(錧轄): 수레의 비녀장. 사물의 가장 중요한 부분의 비유.

一年更名相國. 孝惠·高后置左右丞相, 文帝二年復置一丞相." 是"太子太傅"·"前將軍"·"丞相"皆漢官名也.

역문 『전한서』「백관공경표」에 "태자태부(太子太傅)는 고대의 관명(官名)으로 녹봉이 2천 석이다. 전장군(前將軍)·후장군(後將軍)·좌장군(左將軍)·우장군(右將軍)은 모두 주(周)나라 말기의 관명인데, 진(秦)나라가 그 관명을 그대로 인습하였으니, 지위는 상경(上卿)이다. 한나라는 이 관직을 항상 두지는 않고, 혹은 전·후의 장군만을 두기도 하고 혹은 좌·우의 장군만을 두기도 하였는데, 모두 병사와 사이(四夷)의 일을 관장하였다. 상국(相國)과 승상(丞相)은 모두 진(秦)의 관명인데, 천자를 받들어 모시며 정무를 보좌해 처리하는 일을 맡았는데, 좌상국과 우상국, 좌승상과 우승상이 있었다. 한나라는 고제(高帝)가 즉위하면서부터 한 승상만을 두었다가, 고제 11년(기원전 196)에 이름을 상국(相國)으로 바꾸었다. 효혜제(孝惠帝)와 고후(高后) 때 좌·우의 승상을 두었는데, 문제(文帝) 2년(기원전 178)에 다시 한 승상만을 두었다."라고 했으니, "태자태부"와 "전장군"과 "승상"은 모두 한나라 때의 관직명이다.

원문 邢「疏」引『漢書』「傳」云: "夏侯勝, 字長公, 東平人. 少好學, 爲學精熟, 善說禮服, 徵爲博士. 宣帝立, 太后省政, 勝以『尙書』授太后, 遷長信少府, 坐議廟樂事下獄. 繫再更冬, 會赦, 出爲諫大夫. 上知勝素直, 復爲長信少府, 遷太子太傅. 受詔撰『尙書』·『論語說』, 賜黃金百斤. 年九十卒官, 賜冢塋, 葬平陵. 太后賜錢三百萬, 爲勝素服五日, 以報師傅之恩, 儒者以爲榮. 始, 勝每講授, 常謂諸生曰: '士病不明經術. 經術苟明, 其取靑紫如俛拾地芥耳. 學經不明, 不如親耕.'

역문 형병의 「소」에 『전한서』「하후승전」을 인용해서 "하후승(夏侯勝)[7]은 자가 장공(長公)이고 동평인(東平人)이다. 젊어서부터 학문을 좋아하여 학문이 정밀하면서도 자세[精熟]하고 예복(禮服)에 대해 강설을 잘하니, 조정이 불러들여 박사(博士)로 삼았다. 〈곽광(郭光)과 장안세(張安世)가 창읍왕(昌邑王)을 폐출(廢黜)하고〉 선제(宣帝)가 즉위하매, 태후가 정무를 살폈는데, 하후승이 태후에게 『상서』를 가르치면서 장신소부(長信少府)로 천거되었으나 묘악(廟樂)을 의논한 일에 연좌되어 옥에 갇혔다. 두 해 겨울을 보내고 사면을 받아 벼슬에 나아가 간대부(諫大夫)가 되었다. 선제(宣帝)는 하후승이 본디 잘못이 없었음을 알고서 다시 장신소부로 삼았다가 태자태부(太子太傅)로 천거시켰다. 조서를 받들어 『상서』와 『논어설』을 지으니, 황금 100근(斤)을 하사하였다. 나이 90세에 태자태부로 죽으니, 나라에서 묘지를 내려 평릉(平陵)에 장사 지냈다. 태후가 300만

---

7 하후승(夏侯勝, 기원전 152~기원전 61): 전한 동평(東平) 사람. 자는 장공(長公)이고, 하후 시창(夏侯始昌)의 족자(族子)다. 하후시창에게 『상서(尚書)』와 『홍범오행전(洪範五行傳)』을 배웠고, 또 예관(倪寬)의 제자인 간경(簡卿)과 구양씨(歐陽氏)에게도 배웠다. 소제(昭帝) 때 박사(博士)를 거쳐 광록대부(光祿大夫)를 지냈다. 음양재이(陰陽災異)로 시정(時政)의 득실을 추론했다. 선제(宣帝)가 즉위하자 장신소부(長信少府)로 옮겼다. 선제가 무제(武帝)를 높이는 것을 비난했는데, 무제는 전쟁에서는 비록 공이 있지만 많은 사졸들이 죽거나 부상당했고, 천하의 재화를 소모시켰으니 묘악(廟樂)을 세우는 것은 옳지 않다고 주장했다. 승상장사(丞相長史) 황패(黃霸)가 그 말을 따랐다. 마침내 황패와 함께 투옥되었다. 옥중에서 황패가 그에게 배웠다. 나중에 사면을 받은 뒤 간대부급사중(諫大夫給事中)이 되었다가 장신소부로 복직하고 태자태부(太子太傅)로 옮겼다. 금문상서대하후학(今文尚書大夏侯學)의 개창자로, "대하후(大夏侯)"로 일컬어졌다. 『노논어(魯論語)』와 『춘추곡량전(春秋穀梁傳)』에 뛰어났다. 선제에게 『춘추곡량전』의 부흥을 진언했는데, 황제의 명으로 『상서설(尚書說)』과 『논어설(論語說)』을 편찬했다. 제자로 하후건(夏侯建), 황패, 소망지(蕭望之), 공패(孔霸) 등이 있다. 저서에 『전한서(前漢書)』 예문지(藝文志)에 보이는 『상서대소하후장구(尚書大小夏侯章句)』와 『상서대소하후해고(尚書大小夏侯解故)』, 『논어노하후설(論語魯夏侯說)』이 있었지만 지금은 전하지 않는다. 그 밖의 저서에 옥함산방집일서에 수록된 『상서대하후장구(尚書大夏侯章句)』와 황청경해속편(皇淸經解續編)에 수록된 『상서구양하후유설고(尚書歐陽夏侯遺說考)』가 있다.

전(錢)을 내리고 하후승을 위하여 5일 동안 소복(素服)을 입어 사부의 은혜에 보답하니, 유자(儒者)들이 이를 영광으로 여겼다. 당초에 하후승은 경전을 강설하여 전수할 때마다 항상 제생들에게 '선비는 경학(經學)에 밝지 못한 것을 근심해야 한다. 경술이 진실로 밝아지면 청자(靑紫: 공경 公卿)를 취하는 것이 허리를 굽혀 땅에 떨어진 지푸라기를 줍는 것처럼 쉽다. 경전을 배우고도 경학에 밝지 못하면 직접 농사를 짓는 것만 못하다.'라고 했다.

원문 蕭望之, 字長倩, 東海蘭陵人也. 好學『齊詩』, 事同縣后倉, 又從夏侯勝問『論語』·禮服. 以射策甲科爲郎, 累遷諫大夫, 後代丙吉爲御史大夫, 左遷爲太子太傅. 及宣帝寢疾, 選大臣可屬者, 引至禁中, 拜望之爲前將軍. 元帝卽位, 爲弘恭·石顯等所害, 飮鴆自殺. 天子聞之驚, 拊手爲之卻食, 涕泣, 哀動左右. 長子伋嗣爲關內侯.

역문 소망지(蕭望之)는 자가 장천(長倩)이고 동해(東海) 난릉(蘭陵) 사람이다. 『제시(齊詩)』 배우기를 좋아하여 같은 고을의 후창(后倉)[8]을 사사하고, 또 하후승에게 『논어』와 예복(禮服)을 물었다. 사책(射策)[9]으로 과거에

---

8 후창(后倉, ?~?): 전한 동해(東海) 담현(郯縣, 산동성 郯縣) 사람. 후창(後倉)이라고도 한다. 자는 근군(近君)이다. 무제(武帝) 때 명경(明經)으로 박사가 되었고, 본시(本始) 2년(기원전 72년) 소부(少府)에 이르렀다. 맹경(孟卿)에게 예학(禮學)과 『춘추』를 배웠고, 하후시창(夏侯始昌)에게 『제시(齊詩)』 및 오경(五經)을 익혔다. 익봉(翼奉)과 소망지(蕭望之), 광형(匡衡), 백기(白奇) 등에게 시를 전수하여 제시익씨학(齊詩翼氏學), 제시광씨학(齊詩匡氏學), 제시사씨학(齊詩師氏學), 제시복씨학(齊詩伏氏學)이 형성되었다. 문인통한(聞人通漢)과 대덕(戴德), 대성(戴聖), 경보(慶普) 등에게 예를 가르쳐 대대례학(大戴禮學), 소대례학(小戴禮學), 경씨예학(慶氏禮學)이 있게 되었다. 저서에 『제후씨고(齊后氏故)』와 『제후씨전(齊后氏傳)』, 『후씨곡대기(后氏曲臺記)』가 있었지만 전하지 않고, 옥함산방집일서에 『제시전(齊詩傳)』과 『효경후씨설(孝經后氏說)』만이 집록되어 있다.

응시해 갑과(甲科)에 합격하여 낭(郎)이 되고, 누차 승진하여 간대부(諫大夫)가 되었다. 뒤에 병길(丙吉)¹⁰의 뒤를 이어 어사대부(御史大夫)가 되었다가 태자태부로 좌천되었다. 선제(宣帝)가 병이 깊어 대신 중에 후사를 부탁할 만한 자들을 선발해 궁중으로 불러들일 때에 미처 소망지를 전장군으로 제수하였다. 원제(元帝)가 즉위한 뒤에 홍공(弘恭)¹¹ · 석현(石顯)¹² 등의 박해를 받아 짐독(鴆毒)을 마시고 자살하였다. 천자는 그가 죽었단 말을 듣고 놀라 손을 치며 음식을 물리치고 눈물을 흘리니 애통해 하는 모습이 좌우를 감동시켰다. 장자 소급(蕭伋)이 뒤를 이어 관내후(關內侯)가 되었다.

---

9 사책(射策): 한나라 때 과거의 한 과목. 사책(射策)과 대책(對策)이 있는데, 사책은 의의(疑義)를 책(策)에 써서 함봉해 두고 응시하는 자로 하여금 하나씩 가져다 연역해서 바치게 하는 것이고, 대책은 정사(政事) 경의(經義)를 미리 내걸고 응대하게 하는 것이다.

10 병길(丙吉, ?~기원전 55): 중국 한나라 선제(宣帝) 때의 명신. 자 소경(少卿). 노나라 사람. 처음에는 옥리(獄吏)였으나, 뒤에 정위우감(廷尉右監)이 되었다. 기원전 91년 무고(巫蠱)의 옥사 때 크게 활약하여 여태자(戾太子)의 손자인 유순(劉詢: 뒤의 宣帝)의 목숨을 구하였다. 유순이 제위에 오르자 태자태부(太子太傅) · 어사대부(御史大夫)를 거쳐, 기원전 67년 승상이 되었다. 항상 대의예양(大義禮讓)을 중히 여겨, 길에서 불량배들이 싸우는 것을 단속하는 일은 시장(市長)의 직분이므로 재상이 관여할 바가 아니지만, 수레를 끄는 소가 숨을 헐떡이는 것은 계절의 변조 탓일지도 모르므로, 음양(陰陽)을 가리고 자연의 조화를 꾀하는 것은 재상의 직분이라고 하였다.

11 홍공(弘恭, ?~기원전 47): 전한 패현(沛縣) 사람. 어릴 때 죄에 연좌되어 부형(腐刑)을 당하고 중황문(中黃門)이 되었다. 이어 중상서(中尙書)에 올랐다. 선제(先帝) 때 중서령(中書令)에 발탁되었다. 법령과 고사(故事)에 밝았고, 주청을 잘해 총애를 받았다. 나중에 원제(元帝)를 옹립하여 석현(石顯)과 함께 신임을 얻어 정권을 마음대로 좌우했다. 전장군(前將軍) 소망지(蕭望之) 등을 모함해 죽였다. 나중에 병사했다.

12 석현(石顯, ?~?): 한나라 때의 환관(宦官). 원제(元帝)가 즉위하자 홍공(弘恭)을 대신하여 중서령(中書令)이 되었는데, 원제가 병이 들자 대소 정사(政事)를 모두 결정하는 등 권세가 높았음. 이후 성제(成帝)가 즉위하자 실권(失權)하였고 고향으로 돌아가던 길에 병사(病死)하였음.

원문 韋賢, 字長孺, 魯國鄒人也. 賢爲人質朴少欲, 篤志於學, 兼通『禮』·『尙書』, 以『詩』敎授, 號稱鄒魯大儒. 徵爲博士·給事中, 進授昭帝『詩』, 稍遷光祿大夫. 及宣帝卽位, 以先帝師, 甚見尊重. 本始三年, 代蔡義爲丞相, 封扶陽侯. 年七十餘, 爲相五歲, 地節三年以老病乞骸骨, 賜黃金百斤, 罷歸, 加賜第一區. 丞相致仕自賢始. 年八十二薨, 諡曰節侯. 少子玄成字少翁, 復以明經歷位至丞相, 鄒·魯諺曰: '遺子黃金滿籯, 不如一經.' 玄成爲相七年, 建昭三年薨, 諡曰共侯. 此四人皆傳『魯論語』."

역문 위현(韋賢)은 자가 장유(長孺)이고 노나라 추현(鄒縣) 사람이다. 위현은 사람됨이 질박하여 욕심이 적었다. 학문에 뜻을 돈독히 하였고, 아울러 『예』와 『상서』에 정통하였으며 『시경』을 가르치니, 사람들은 그를 '추노대유(鄒魯大儒)'라고 부르며 칭송하였다. 부름을 받고 조정으로 들어가 박사(博士)와 급사중(給事中)이 되어 소제(昭帝)에게 나아가 『시경』을 가르쳤고, 점차 승진하여 광록대부(光祿大夫)가 되었다. 선제(宣帝)가 즉위하여서는 선제의 사부라 하여 매우 존경받았다. 본시(本始) 3년(기원전 71)에 채의(蔡義)[13]의 뒤를 이어 승상이 되고, 부양후(扶陽侯)에 봉해졌다. 이때 위현의 나이 70여 세이고, 승상이 된 지 5년이었다. 지절(地節) 3년(기원전 67)에 늙어서 질병이 많다는 이유로 사직을 청하니 황금 100근을

---

13 채의(蔡義, 기원전 150?~기원전 71): 하내군 온현 사람. 명경으로 대장군의 막부에서 일했다. 집이 가난하여 항상 걸어다녔다. 막부에서 주는 보수가 다른 관청보다 적었다. 사람들이 돈을 추렴하여 채의를 위하여 자그마한 달구지를 사서 이를 타게 하였다. 수년 후 복앙성문의 문후로 승진했다. 이윽고, 칙명이 있어 한시를 지을 수 있는 이를 찾았다. 채의가 부름을 받아 임관을 기다렸으나, 아무리 기다려도 배알할 기회가 오지 않자 상소문을 올려 무제에게 불려가 『시경』을 강의하였다. 광록대부 급사중이 되어 소제에게도 강의하였다. 수년이 지나 소부에 임명되고 기원전 75년 어사대부가 되었다가, 기원전 75년 승상이 되었으며, 양평후(陽平侯)에 봉해졌다. 기원전 75년 병으로 죽었으며, 시호는 절(節)이다.

하사하고 물러나 돌아가게 하고는 가옥(家屋) 한 채를 내렸다. 승상이 70세가 되면 벼슬을 사양하고 물러나는 제도[致仕]는 위현으로부터 비롯하였다. 82세에 죽으니, 시호를 내려 '절후(節侯)'라고 하였다. 위현의 막내 아들 위현성(韋玄成)은 자가 소옹(少翁)인데, 그도 경학에 밝아 여러 관직을 거쳐 승상의 지위에 오르니, 추노(鄒魯)의 속담에 '자식에게 황금을 광주리 가득 물려주는 것이 한 경전을 물려주는 것만 못하다.'라는 말이 생겼다. 위현성이 승상이 된 지 7년째 되는 건소(建昭) 3년(기원전 36)에 죽으니, 시호를 내려 '공후(共侯)'라고 하였다. 이상의 네 사람은 모두 『노논어』를 전하였다."라고 했다.

원문 案, 『漢』「藝文志」, "『魯夏侯銳』二十一篇." 此當卽夏侯勝受詔所作說也.「志」載韋賢不及玄成, 然「韋賢傳」言"玄成復以明經位至丞相", 且遺子一經, 著於時諺, 是玄成固傳其父之學.「張禹傳」言"韋玄成說『論語』", 故此「序」及陸德明『釋文敍錄』竝載之. 東平・蘭陵・鄒皆屬魯, 故『韓』「儒林・瑕丘江公傳」言"韋賢・夏侯勝皆魯人也." 又『漢』「志」『魯論語』家"傳十九篇", 當是傳『魯論語』者所作. 翟氏灝『考異』謂"古人釋經, 經與傳說俱各篇兩行, 故經二十篇, 而傳說之篇或十九, 或二十一也."

역문 살펴보니, 『전한서』「예문지」에 "『노하후설(魯夏侯銳)』이 21편이다."라고 했는데, 이는 당연히 하후승이 조서를 받고 지은 설이다. 「예문지」에는 위현은 언급했지만 그의 아들 위현성은 언급하지 않았다. 그러나 「위현전」에 "현성은 다시 경전에 밝아 지위가 승상에 까지 이르렀다"라고 했고, 또 자식에게 한 경전을 물려준 것이 당시의 속담에 유명했으니, 이는 위현성이 분명하게 그의 아버지의 학문을 전수한 것이다. 「장우전」에 "위현성이 『논어』를 강설했다."라고 했기 때문에 여기의 「서」및 육덕명(陸德明)의 『경전석문서록』에 아울러 기록한 것이다. 동평(東

平)과 난릉(蘭陵)과 추(鄒)는 모두 노나라에 속하기 때문에 『전한서』「유림전·하구강공전」에 "위현과 하후승은 모두 노나라 사람이다."라고 한 것이고, 또 『전한서』「예문지」의 『노논어』학파에서 "19편을 전했다"라고 했으니, 『노논어』를 전한 자들이 지은 것이 마땅하다. 적호의 『사서고이』에 "옛사람들은 경을 해석할 때, 경과 전의 설을 합쳐서 각각 두 줄로 엮었기 때문에 경이 20편이고, 전에서 말한 편이 혹은 19편이기도 하고 혹은 20편이기도 한 것이다."라고 했다.

원문 至『漢』「志」復有"常山都尉龔奮·魯扶卿", 又"『王駿說』二十篇", 師古曰: "王吉子." 據「王吉傳」, 吉子駿從梁丘臨學『易』, 左曹陳咸薦駿賢父子, 經明行修. 是駿亦經生. 然王吉本傳『齊論』, 而駿傳『魯論』者, 蓋父子異學. 若孟卿爲『禮』·『春秋』, 而使子孟喜從田王孫受『易』; 劉向受『穀梁』, 而劉歆獨好『左氏春秋』也. 龔奮·魯扶卿·王駿不載此「序」, 皆所遺也. 又『敍錄』復有太子少傅夏侯建, 亦「敍」所遺.

역문 심지어 『전한서』「예문지」에는 다시 "상산(常山)의 도위(都尉)인 공분(龔奮)과 노나라 사람 부경(扶卿)이 전한 『노논어』"가 있고, 또 "『왕준설』 20편"이 있는데, 안사고가 말하길, "왕준은 왕길(王吉)의 아들이다."라고 했는데, 「왕길전」에 의거해 보면 왕길의 아들 왕준은 양구임(梁丘臨)으로부터 『주역』을 배웠고, 좌조(左曹) 진함(陳咸)은 왕준을 현부자(賢父子)로서 경학에 밝고 행실이 바르다고 천거했다. 따라서 왕준 역시 경학가인 것이다. 그러나 왕길은 본래 『제논어』를 전하였는데, 왕준이 『노논어』를 전한 것은 아마도 아버지와 아들이 다른 판본을 배웠기 때문인 듯싶다. 예를 들면 맹경(孟卿)은 『예』와 『춘추』를 전공하고, 아들인 맹희(孟喜)에게는 전왕손(田王孫)으로부터 『주역』을 전수받게 한 것이나, 유향(劉向)은 『춘추곡량전』을 전수받았는데, 아들인 유흠(劉歆)은 유독 『좌씨춘추』를 좋아한 것과 같은 경우이다. 공분(龔奮)·노나라의 부경(扶卿)·왕준(王駿)은 이 「서」에 기록하지 않았으니, 모두 남겨 두는 바이다. 또『서록』에 다시 태자소부(太子少傅) 하후건(夏侯建)[14]이 있으나, 역시 「서」에는 빠져 있다.

『齊論語』二十二篇, 其二十篇中, 章句頗多於魯論. 琅邪王卿及膠東庸生 · 昌邑中尉王吉, 皆以敎授.

『제논어』는 22편인데, 그 20편 중에도 장구가 『노논어』보다 자못 많다. 낭야(琅邪)의 왕경(王卿)과 교동(膠東)의 용생(庸生)과 창읍(昌邑)의 중위(中尉)인 왕길(王吉)이 모두 『제논어』를 가지고 학도들을 가르쳤다.

원문 正義曰: "『齊論語』"者, 齊人所傳, 與『魯』不同, 故多二篇. "章句"者, 『說

---

14 하후건(夏侯建, ?~?): 전한 동평(東平) 사람. 성은 하후(夏侯)씨고, 이름은 건(建)이며, 자는 장경(長卿)이다. 선제(宣帝) 때 의랑박사(議郎博士)가 되고, 태자소부(太子少傅)에 이르렀다. 금문상서소하후학(今文尙書小夏侯學)의 개창자로, "소하후(小夏侯)"로 불린다. 하후승(夏侯勝)과 구양고(歐陽高)를 사사하여『상서(尙書)』를 배웠다. 감로(甘露) 3년(기원전 51) 석거각회의(石渠閣會議)에서 그의 상서학(尙書學)을 학관(學官)에 세우기로 했다. 또한 석거각회의에 참가하여 경전을 토론했다. 장구(章句)를 중시해서 하후승에게 장구소유(章句小儒)란 비난을 들었다. 그 역시 하후승의 학문이 소략하다고 평가했다. 이 때문에『상서』에 대소하후(大小夏侯)의 학문이 나뉘지게 되었다. 이름난 재전제자(再傳弟子)로 정관중(鄭寬中)과 장무고(張無故), 이심(李尋), 진공(秦恭), 가창(假倉) 등이 있다.

文』云: "章, 樂竟爲一章. 從音從十. 十, 數之終也." 本言樂竟, 故文字每節已終則謂之章. 『說文』云: "句, 曲也." 『詩』「關雎」「疏」云: "句者, 局也, 聯字分疆, 所以局言者也." 『東觀漢紀』徐防上疏曰: "試『論語』本文章句, 但通度, 勿以射策." 趙岐「孟子敍」言, "『論』四百八十六章."

역문 정의에서 말한다.

"『제논어』"는 제(齊)나라 사람이 전한 것으로 『노논어』와는 같지 않기 때문에 2편이 더 많은 것이다. "장구(章句)"는 『설문해자』에 "장(章)은 음악 연주[樂]가 끝나는 것이 1장(章)이 된다. 음(音)으로 구성되었고 십(十)으로 구성되었다. 10(十)은 수의 끝이다."[15]라고 했으니, 원래는 음악 연주가 끝나는 것을 말하는 것이므로 문자가 마디마다 마치고 나면 장(章)이라고 하는 것이다. 『설문해자』에 "구(句)는 굽었다[曲]는 뜻이다."[16]라고 했고, 『시경』「관저」의 「소」에 "구(句)란 국한[局]이라는 뜻이다. 글자를 이어 가다가 경계를 나누니, 말을 국한 지우는 것이다."라고 했다. 『동관한기』[17]에 서방(徐防)이 상소하기를, "『논어』본문(本文)의 장구(章句)를 시험해 보았사온데, 다만 도에 통할 뿐이니 과거시험[射策]에는 쓰지 마소서."라고 했고, 조기의 「맹자서」에 "『논어』는 모두 486장(章)이

---

15 『설문해자』권3: 장(章)은 음악 연주[樂]가 끝나는 것이 1장(章)이 된다. 음(音)으로 구성되었고 십(十)으로 구성되었다. 10(十)은 수의 끝이다. 제(諸)와 양(良)의 반절음이다.[章, 樂竟爲一章. 從音從十. 十, 數之終也. 諸良切.]

16 『설문해자』권3: 구(句)는 굽었다[曲]는 뜻이다. 구(口)로 구성되었고 규(丩)가 발음을 나타낸다. 모든 구(句)부에 속하는 한자는 다 구(句)의 뜻을 따른다. 고(古)와 후(疾)의 반절음이다. 또는 구(九)와 우(遇)의 반절음이다.[句, 曲也. 從口丩聲. 凡句之屬皆從句. 古疾切. 又, 九遇切.]

17 『동관한기(東觀漢紀)』: 후한(後漢) 명제(明帝) 때 반고(班固)·유진(劉珍)·채옹(蔡邕) 등이 지었다는 일종의 잡기. 원래 143권이었으나 지금은 24권만 전해지고 있다. 진(晉)나라 때에는 『사기(史記)』·『한서(漢書)』와 함께 3사(史)라 하고 많이 읽혀졌다고 한다.

다."라고 했다.

원문 『漢石經』·『釋文』「敍錄」每篇亦載章數, 自是漢經師所傳有之. 惟不言句數, 或久失傳, 或但有章, 連言句耳. 今惟『毛詩』有章句, 舊題也. 『漢書』「張禹傳」, "始魯扶卿及夏侯勝·王陽·蕭望之·韋玄成皆說『論語』篇第或異." 王陽是傳『齊論』, 餘皆傳『魯論』. 『齊』·『魯』篇第旣有或異, 則『齊論』章句, 容亦增多. 馮椅『論語解』以"子張問仁於孔子", 稱"孔子", 爲『齊論』.

역문 『한석경』과 『경전석문』「서록」에도 매 편마다 역시 장수(章數)를 기록했으니, 한나라시대 경사(經師)가 전하면서부터 있게 된 것이다. 구절의 수를 언급하지 않은 것은 혹 오래되어 실전(失傳)했거나, 혹은 단지 장수(章數)만 있어서 구절을 이어서 말했을 뿐이기 때문인 듯싶다. 지금은 오직 『모시』만 장구의 수가 있는데, 옛 표제 방식이다. 『전한서』「장우전」에 "당초에 노의 부경(扶卿) 및 하후승(夏侯勝)·왕양(王陽)·소망지(蕭望之)·위현성(韋玄成) 등이 모두 『논어』를 해설하였는데, 편차가 조금 달랐다."라고 했는데, 왕양은 『제논어』를 전하였지만, 나머지는 모두 『노논어』를 전하였다. 『제논어』와 『노논어』의 편제(篇第)가 이미 혹 차이가 있었으니, 『제논어』의 장구도 어쩌면 또한 더 불어난 것일 수도 있다. 풍의(馮椅)[18]의 『논어해』에는 "자장문인어공자(子張問仁於孔子)"[19]에

---

18 풍의(馮椅, ?~?): 송나라 남강(南康) 도창(都昌) 사람. 자는 기지(奇之) 또는 의지(儀之)고, 호는 후재(厚齋)다. 광종(光宗) 소희(紹熙) 4년(1193) 진사(進士)가 되고, 강서운사간판공사(江西運司幹辦公事)와 상고현령(上高縣令) 등을 지냈다. 이후 사직하고 강학(講學)과 연구에 전념했다. 주희(朱熹)에게 수학했고, 역학(易學)에 정밀했다. 저서에 『후재역학(厚齋易學)』과 『주역집설명해(周易輯說明解)』, 『경설(經說)』, 『서명집설(西銘輯說)』, 『효경장구(孝經章句)』, 『상례소학(喪禮小學)』, 『공자제자전(孔子弟子傳)』, 『속사기(續史記)』, 『시문지

서 "공자(孔子)"라고 칭한 것을 『제논어』라고 했다.

원문 盧氏文弨『鍾山札記』以"陳成子弑簡公", 不稱"齊", 亦爲『齊論』, 洪興祖
『論語說』引或說, 以「季氏篇」爲『齊論』, 或當是也. 竊又疑此文所云"章
句", 專指訓釋之詞, 若下言"周氏・包氏章句"者也. "章句"聯綴於本文, 故
言"二十篇中章句"也. 『漢』「志」於『魯論』載「傳」十九篇", 而於『齊論』載
"說二十九篇", 則多『魯論』十篇. 「齊說」卽此「序」所言"章句"也, 二十九
篇之說爲『齊論』章句, 則十九篇之「傳」亦爲『魯論』章句矣. 『魯傳』・『齊
說』不著作者姓氏, 明是諸儒相傳之義, 非一人也.

역문 노문초는 『종산찰기』에서 "진성자시간공(陳成子弑簡公)"[20]에서 "제(齊)"
를 일컫지 않은 것 때문에 역시 『제논어』라고 했고, 홍흥조(洪興祖)[21]는
『논어설』에서 혹자의 설을 인용해 「계씨」를 『제논어』라고 했는데, 혹
자의 설이 당연히 옳다. 조심스레 또 생각해 보니, 이 글에서 말한 "장구
(章句)"는 오로지 훈석(訓釋)한 말만 가리키는 것 같으니, 아래에서 언급

록(詩文志錄)』 등이 있다.

19 『논어』 「양화(陽貨)」.

20 『논어』 「헌문(憲問)」.

21 홍흥조(洪興祖, 1090~1155): 남송 진강(鎭江) 단양(丹陽) 사람이다. 자는 경선(慶善)이고,
호는 연당(練塘)이다. 휘종(徽宗) 정화(政和) 8년(1118) 진사가 되었다. 고종(高宗) 초에 비
서성정자(秘書省正字)가 되었다가 태상박사(太常博士)로 옮겼다. 소흥(紹興) 4년(1134) 황
명에 응해 상서(上書)했는데, 조정의 기강 문란을 논해 재상의 미움을 사 태평관(太平觀)을
관리하게 되었다. 광덕군(廣德軍)을 맡아 다스리다가 제점강동형옥(提點江東刑獄)을 거쳐
진주(眞州)와 요주(饒州)의 지주(知州)를 지냈는데, 가는 곳마다 혜정을 베풀었다. 진회(秦
檜)의 눈 밖에 나서 소주(昭州)로 쫓겨났다가 그곳에서 죽었다. 저서에 『주역통의(周易通
義)』와 『좌역고이(左易考異)』, 『고금역총지(古今易總志)』, 『논어설(論語說)』, 『좌씨통해
(左氏通解)』, 『고경서찬(考經序贊)』, 『노장본지(老莊本旨)』, 『초사보주(楚辭補注)』, 『초사
고이(楚辭考異)』 등이 있다.

한 "주씨(周氏)·포씨(包氏)의 장구(章句)"와 같은 것이다. "장구"는 본문에 연결해 놓기 때문에 "20편 중의 장구[二十篇中章句]"라고 하는 것이다. 『전한서』「예문지」에는 『노논어』에 대해 "「전」19편[傳]十九篇]"이라고 기록했고, 『제논어』에 대해서는 "설이십구편(說二十九篇)"이라고 기록해 놓았으니, 『노논어』보다 10편이 많다. 『제논어』「설(齊說)」이 바로 이 「서」에서 말한 "장구"인데, 29편의 설(說)이 『제논어』의 장구가 된다는 것이니, 그렇다면 19편의 「전」역시 『노논어』의 장구가 되는 것이다. 『노논어』의 「전」과 『제논어』의 「설」은 작자의 성씨를 밝히지 않았으니, 여러 유학자들이 서로 뜻을 전수한 것으로 한 사람이 아님이 분명하다.

원문 "琅邪", 郡名; "膠東", 國名. "昌邑"屬山陽郡, 武帝天漢四年, 更山陽爲曰昌邑國, 竝見『漢』「地理志」. 邢「疏」云: "王卿, 天漢元年, 由濟南太守爲御史大夫. 庸生名譚生, 蓋古謂有德者也." 案, 翟氏灝『考異』引『七略』曰: "『論語』家近有琅邪王卿, 不審名, 蓋卿非王氏名." 據『七略』, 此文不言王卿居何官. 又『漢』「志」及『釋文』「敍錄」亦不詳庸生之名. 邢「疏」云云, 當別有所本.

역문 "낭야(琅邪)"는 군명(郡名)이고 "교동(膠東)"은 국명(國名)이다 "창읍(昌邑)"은 산양군(山陽郡)에 속해 있었는데 무제(武帝) 천한(天漢) 4년(기원전 97)에 산양을 고쳐서 창읍국(昌邑國)이라고 했으니, 모두 『전한서』「지리지」에 보인다. 형병의 「소」에 "왕경(王卿)은 천한 원년(元年: 기원전 100)에 제남태수(濟南太守)를 거쳐 어사대부(御史大夫)가 되었다. 용생(庸生)은 이름이 담(譚)이니, 생(生)은 아마도 옛날에 덕을 갖춘 자를 지칭하는 말이었던 듯하다."라고 했다. 살펴보니, 적호의 『사서고이』에 『칠략』을 인용해서 "『논어』의 학자들 중에는 근래에 낭야(琅邪)의 왕경(王卿)이 있으나, 이름이 자세하지 않으니, 경(卿)은 왕씨(王氏)의 이름이 아닌 듯싶다.”라고 했는데, 『칠략』에 근거해 보면, 이 글에서 왕경이 어떤 관직에 있었는지 언급하지 않았다. 또 『전한서』「예문지」 및 『경전석문』「서록」에도 용생(庸生)의 이름이 자세하지 않다. 형병의 「소」에서 운운한 것은 별도로 근거한 것이 있음이 마땅하다.

원문 “中尉”者, 「百官公卿表」云: “中尉, 秦官, 掌徼循京師.” 又云: “諸侯王掌治其國, 有中尉掌武職. 成帝綏和元年, 令中尉如郡都尉.” 此“倡邑中尉”, 卽昌邑國所置之中尉也.

역문 “중위(中尉)”는 「백관공경표」에 “중위(中尉)는 진(秦)나라의 관직으로, 경사(京師)의 순찰을 관장한다.” 했고, 또 “제후왕(諸侯王)은 자기 나라를 다스리는 일을 맡고, 중위(中尉)를 두어 무관(武官)을 다스리는 일을 맡게 했는데, 성제(成帝) 수화(綏和) 원년(기원전 9)에 중위(中尉)를 군(郡)의 도위(都尉)와 같게 하였다.”라고 했으니, 여기의 “창읍중위(倡邑中尉)”란 바로 창읍국(昌邑國)에서 설치한 중위(中尉)인 것이다.

원문 『漢書』「王吉傳」, “王吉, 字子陽, 琅邪皇虞人也. 少好學明經, 以郡吏擧孝廉爲郎, 補若盧右丞, 遷雲陽令. 擧賢良爲昌邑中尉.” 此三人皆傳『齊論』. 其見於「王吉傳」, 若“臣聞高宗諒闇, 三年不言”, “天不言, 四時行焉, 百物生焉”, “舜·湯不用三公九卿之世, 而擧皐陶·伊尹”, 皆『齊論』也. 王卿所敎授, 今無可考.

역문 『전한서』「왕길전」에 “왕길(王吉)은 자가 자양(子陽)이고 낭야 고우(皐虞) 사람이다. 어려서부터 학문을 좋아하여 경학에 밝았다. 군리(郡吏)로서 효렴(孝廉)에 천거되어 낭(郎)이 되어, 약로우승(若盧右丞)에 보임되었다가 형양령(熒陽令)으로 승진하였다. 현량(賢良)에 천거되어 창읍국(昌邑國)의 중위(中尉)가 되었다.”라고 했는데, 이 세 사람은 모두 『제논어』를 전했다. 「왕길전」에서 보이는 것 중에서 "신이 듣자 하니 고종(高宗)이 양암(諒闇)에서 3년 동안 말하지 않았다고 합니다"라고 한 것과, "하늘이 말하지 않아도 사계절이 운행되고 만물이 자라난다"라고 한 것, "순(舜)과 탕(湯)은 삼공(三公)과 구경(九卿)을 등용하지 않던 세상에서 고요(皐陶)와 이윤(伊尹)을 등용했다"라고 한 것은 모두 『제논어』이다. 왕경(王卿)이 학도를 가르친 것은, 지금은 상고할 수 없다.

원문 「王吉傳」, "初, 吉兼通五經, 能爲『騶氏春秋』, 以『詩』・『論語』敎授." 「張禹傳」, "禹先事王陽, 後從庸生." 王陽卽王吉, 是庸生・王吉皆以『齊論』敎授於人也. 『漢』「志」云: "傳『齊論』者, 昌邑中尉王吉, 少府宋畸, 御史大夫貢禹・尙書令五鹿充宗・膠東庸生, 惟王陽名家." 『釋文』「敍錄」同. 此「序」不及宋畸・貢禹・五鹿充宗, 亦所遺也.

역문 「왕길전」에 "애초에 왕길은 오경(五經)에 아울러 통달해서, 『추씨춘추(騶氏春秋)』에 능통했으며, 『시경』과 『논어』를 가지고 학도를 가르쳤다."라고 했고, 「장우전」에 "장우는 먼저 왕양(王陽)에게서 배우다가 뒤에 용생(庸生)을 따랐다."라고 했는데, 왕양(王陽)이 바로 왕길(王吉)이니, 용생(庸生)과 왕길(王吉)은 모두 『제논어』를 가지고 사람들에게 가르쳐 주었던 것이다. 『전한서』「예문지」에 "『제논어』를 전한 자는 창읍(昌邑)의 중위(中尉)인 왕길(王吉)과 소부(少府)인 송기(宋畸)와 어사대부(御史大夫) 공우(貢禹), 상서령(尙書令) 오록충종(五鹿充宗), 교동(膠東)의 용생(庸生)이었는데, 유독 왕양(王陽)만이 명가(名家)가 되었다."라고 했는데, 『경전석문』「서록」에도 같다. 여기의 「서」에서 송기(宋畸)・우공(貢禹)・오록충종(五鹿充宗)을 언급하지 않은 것은 역시 빠뜨린 것이다.

故有『魯論』·有『齊論』.

그러므로『노논어』와『제논어』가 있게 되었다.

원문 正義曰:『論語』亦單稱"論", 故有『魯論』·『齊論』及『古論』之名. 董仲舒『春秋繁露』·趙岐『孟子章句』凡引『論語』, 多直稱『論』, 史游『急就章』"宦學諷誦『孝經』·『論』", 「張禹傳」"欲爲『論』, 念張文"是也. 亦有單稱"語"者,『後漢書』「邳肜傳」引『語』曰: '一言可以興邦.'「橋玄傳」引『語』曰: '三軍可奪帥, 匹夫不可奪志.'」「崔駰傳」引『語』曰: '不患無位, 患所以立.'"是也. 又有稱"經"者,『漢書』「於定國傳」引『經』曰: '萬方有罪, 罪在朕躬.'"是也.

역문 정의에서 말한다.

『논어』는 또 "논(論)"이라고 단칭(單稱)하기도 하기 때문에『노논』·『제논』및『고논』이라는 명칭이 있는 것이다. 동중서의『춘추번로』와 조기의『맹자장구』에는 모두『논어』라고 인용했고, 대부분은 다만『논』이라고만 일컬었으니, 사유(史游)[22]의『급취장』에 "벼슬하고 학문하는 데는『효경』과『논』을 암송하고 외어야 한다"라고 했고, 「장우전」에 "『논』을 배우고자 한다면, 장우(張禹)의 글을 염송해야 한다"라고 한 것이 바로 그 예이다. 또 "어(語)"라고만 단칭한 것도 있는데,『후한서』「비

---

22 사유(史游, ?~?): 전한 때 사람. 원제(元帝) 때 황문령(黃門令)을 지냈다. 서예에 밝았고, 예서체의 틀을 고쳐 초서의 초기 형태인 장초서(章草書)를 개발했다. 초서의 창시자로 알려져 있다. 저서에『급취편(急就篇)』이 있는데, 아동들을 위한 글자 학습서다.

동전」에서 인용한 “『어』에서 말했다, ‘한마디 말로 나라를 일으킬 수 있
다.’”²³라고 한 것과, 「교현전」에서 인용한 “『어』에서 말했다 ‘삼군으로
부터 장수는 빼앗을 수 있지만, 필부로부터 뜻은 빼앗을 수 없다.’”²⁴라
고 한 것, 「최인전」에서 인용한 “『어』에서 말했다. ‘작록의 지위가 없음
을 근심하지 말고 작록의 지위에 설 방법을 근심하라.’”²⁵라고 한 것이
바로 그 예이다. 또 “경(經)”이라고 칭한 것도 있으니, 『전한서』「어정국
전」에서 인용한 “『경』에서 말했다 ‘만방의 백성들에게 죄 있는 것은 죄
가 내 몸에 있는 것입니다.’”²⁶라고 한 것이 그 예이다.

원문 又有稱“傳”者, 『漢書』「魯共王傳」, “得古文經·傳.” “傳”謂『論語』, 其
他見於史者甚多, 「揚雄傳」「贊」所謂“傳莫大於『論語』”是也. 又有稱“記”
者, 『後漢書』「趙咨傳」引“記曰: ‘喪, 與其易也寧戚’.” 是也. 又有稱“說”
者, 『前漢書』「郊祀志」引“『論語說』曰: ‘子不語怪神’”是也.

역문 또 “전(傳)”이라고 칭한 것이 있는데, 『전한서』「노공왕전」에서 “고문
경과 전을 얻었다[得古文經·傳].”라고 했는데, 이때의 “전(傳)”은 『논어』
를 이르는 것으로 이 외에도 사서(史書)에서 보이는 것들이 매우 많으니,
『전한서』「양웅전」「찬」의 이른바 “전(傳)은 『논어』보다 더 위대한 것이
없다”라고 한 것이 그것이다. 또 “기(記)”라고 칭한 것도 있으니, 『후한
서』「조자전」에서 인용한 “기(記)에서 말했다. ‘초상은 지나친 예(禮)를
차리기보다는, 차라리 슬퍼하는 것이 더 낫다.’”²⁷라고 한 것이 그것이

---

23 『논어』「자로(子路)」.
24 『논어』「자한(子罕)」.
25 『논어』「이인(里仁)」.
26 『논어』「요왈(堯曰)」.

다. 또 "설(說)"이라고 칭한 것이 있는데, 『전한서』「교사지」에서 인용한 "『논어설(論語說)』에서 말했다 '공자는 괴이함과 귀신을 말하지 않았다.'"[28]라고 한 것이 그것이다.

魯共王時, 嘗欲以孔子宅爲宮, 壞, 得『古文論語』.

노공왕(魯共王) 때에 일찍이 공자의 구택(舊宅)에 궁(宮)을 지으려고 구택을 허물다가 『고문논어』를 얻었다.

원문 正義曰: 邢「疏」云: "「傳」曰: '魯共王餘, 景帝子, 程姬所生. 以孝景前二年, 立爲淮陽王, 前三年, 徙王魯, 二十八年薨. 諡曰共王. 初好治宮室, 壞孔子舊宅以廣其宮, 聞鍾磬琴瑟之音, 遂不敢復壞. 於其壁中得古文經傳.' 卽謂此『論語』及『孝經』爲傳也."

역문 정의에서 말한다.

　형병의 「소」에 "『전한서』「경십삼왕전」에 '노공왕(魯共王) 유여(劉餘)는 경제(景帝)의 아들로 정희(程姬)의 소생이다. 효경제(孝景帝) 전원(前元) 2년(기원전 155)에 회양왕(淮陽王)으로 봉해졌다가 전원 3년(기원전 154)에 노왕(魯王)으로 옮기고 봉해진 지 28년이 되던 해에 죽었다. 시호는 공왕(共王)이라 하였다. 공왕은 애초에 궁실 짓기를 좋아해서, 공자의 구택을

---

27 『논어』「팔일(八佾)」.
28 『논어』「술이」: 공자는 괴이함과 완력과 환란과 귀신을 말하지 않았다.[子不語怪·力·亂·神.]

철거해서 궁실을 확장하다가 종과 경쇠, 거문고와 비파 소리를 듣고서
는 마침내 감히 더 이상 철거하지 못하였다. 그 벽 속에서 고문(古文)으
로 쓰인 경(經)과 전(傳)을 얻었다.'라고 했는데, 바로 이 『논어』와 『효경』
을 전(傳)이라 한 것이다."라고 했다.

원문 酈道元『水經』「泗水」「注」言, "曲阜武子臺南四里許, 則孔廟, 卽夫子之
故宅也. 宅大一頃, 所居之堂, 後世以爲廟." 又云: "孔廟東南五百步, 有雙
石闕, 卽靈光之南闕. 北百餘步, 卽靈光殿基, 是魯恭王之所造也." 據此
文, 夫子宅東南三‧四百步外, 卽近靈光, 則共王所居之宮, 與夫子宅相毗
連可知. 故欲壞孔子宅以廣其宮也.

역문 역도원(酈道元)[29]의 『수경』「사수」「주」에 "곡부(曲阜)의 무자대(武子臺)
에서 남쪽으로 4리(里)쯤이 공자의 사당[孔廟]이니, 바로 공자의 고택(故
宅)이다. 집의 크기는 1경(頃)인데, 거처하던 당(堂)을 후세에 사당으로
만든 것이다."라고 했고, 또 "공자의 사당 동남쪽 5백 보 되는 곳에 한
쌍의 석궐(石闕)이 있으니, 바로 영광[靈光: 노공왕(魯恭王)]의 남쪽 궁궐이
다. 북쪽으로 백여 보 되는 곳이 바로 영광전(靈光殿)[30] 터인데, 이것이

---

29 역도원(酈道元, 466(472)~527): 북위(北魏) 범양(范陽) 탁현(涿縣) 사람. 자는 선장(善長)이
고, 역범(酈範)의 아들이다. 효문제(孝文帝) 태화(太和) 연간에 치서시어사(治書侍御史)가
되었다. 선무제(宣武帝) 때 기주진동부장사(冀州鎭東府長史)와 동형주자사(東荊州刺史)를
역임했지만 통치가 너무 가혹함으로 인해 면직되었다. 오랜 뒤에 하남윤(河南尹)으로 재기
하여 안남장군(安南將軍)과 어사중위(御史中尉)를 지냈다. 법을 집행하는 데 있어서 엄격하
기로 이름이 나서 권문귀족들의 증오의 대상이 되었다. 만년에 시중성양(侍中城陽) 왕휘(王
徽)의 참언으로 관우대사(關右大使)로 내쫓겼다가 옹주자사(雍州刺史) 소보인(蕭寶寅)에게
살해되었다. 학문을 좋아했고 기서(奇書)를 두루 보았다. 북쪽 지역을 널리 여행하면서 물
길이나 산세 등의 지리 형세를 자세히 관찰했는데, 그 산물로 『수경주(水經注)』 40권을 써
냈다. 이 책은 고대 지리학의 명저일 뿐만 아니라 문체 또한 수려하기 그지없다.

바로 노공왕(魯恭王)이 지은 것이다."라고 했다. 이 글에 의거해 보면 공자의 구택 동남쪽으로 3~4백 보 밖이 바로 영광전과 가까우니, 그렇다면 노공왕이 거처하던 궁궐과 공자의 구택이 서로 연접해 있었음을 알수 있다. 그러므로 공자의 구택을 철거해서 그 궁궐을 확장하려 했던 것이다.

원문 其"孔子壁中有經傳"者,『孔叢子』「獨治篇」, "陳餘謂子魚曰: '秦將滅先王之籍, 而子書籍之主, 其危矣乎?' 子魚曰: '顧有可懼者, 必或求天下之書焚之, 書不出則有禍, 吾將先藏之以待其求, 求至無患矣.'"『孔叢』雖僞書, 然此言當得其眞. 顔師古注『漢書』「藝文志」引"『漢紀』「尹敏傳」云: '孔鮒所藏.'" 鮒卽子魚也. 若『家語』以爲孔騰所藏, 今文『書』「序」以爲孔惠所藏, 則異說矣.

역문 "공자의 벽 안에 있던 경과 전"에 대해『공총자』「독치」에 "진여(陳餘)[31]가 자어(子魚)[32]에게 말하길, '진(秦)나라가 장차 선왕의 서적을 없앨

---

30 영광전(靈光殿): 전한(前漢)시대 때 경제(景帝)의 아들로 노왕(魯王)이었던 공왕(恭王)이 산서성(山西省) 곡부현(曲阜縣)에 세운 궁전 이름이다. 공왕은 궁전 짓기를 몹시 좋아하여 옛노나라의 궁전 터에 이 궁전을 지었는데, 한나라 중엽에 도적들이 일어나서 미앙궁(未央宮)이나 건장궁(建章宮) 등 모든 궁전이 불타 버렸는데도 이 궁전만은 우뚝이 남아 있었다고 한다. 전하여 혼탁한 세상에도 꿋꿋하게 버티는 사람을 뜻하는 말로 쓰인다.

31 진여(陳餘, ?~기원전 205): 진(秦)나라 말기 장이(張耳, ?~기원전 202)의 부하 장수. 두 사람은 전국시대 말기의 유생으로, 진여가 장이를 아버지로 섬길 정도로 친밀한 정을 나누었다. 두 사람은 진(秦)나라 말기에 대의를 명분으로 일어난 진섭(陳涉) 밑에 들어가 조(趙)나라의 장상(將相)을 새로 세우는 등 세력을 확장하였으나, 진나라와 한나라의 대립이 깊어지자 두 사람은 친분을 나누던 사이에서 원수 관계가 되어, 장이는 한나라로 가고 진여는 초(楚)나라를 도왔다. 처음에는 진여가 장이를 깨뜨려 조나라에서 대왕(代王)이 되었다. 그러나 뒤에 장이가 한나라에 투항하여 조나라를 멸망시키고 진여를 죽여 그 공로로 조나라 왕에 봉해졌다.

모양인데, 그대가 서적의 주인이니, 위태롭지 않겠소?'라고 하자, 자어가 말했다. '그러고 보니 두려워할 만한 자인지라, 필시 혹시라도 천하의 모든 책을 구하여 불사르다가 책이 나오지 않으면 재앙이 닥칠 것이니, 내 우선 깊이 감추어 두고서 구하는 자를 기다릴 터이니, 구하는 자가 오더라도 걱정할 것이 없을 것이오.'"라고 했는데, 『공총자』가 비록 위서(僞書)이기는 하지만, 그래도 이 말은 진질에 합당할 만하다. 안사고는 『전한서』「예문지」를 주석하면서 "『동관한기』「윤민전」에 '공부(孔鮒)의 소장(所藏)이다.'라고 했다."라는 내용을 인용했는데, 공부(孔鮒)가 바로 자어(子魚)이다. 『공자가어』에서 공등(孔騰)의 소장(所藏)이라고 한 것과, 금문의 『상서』의 「서」에서 공혜(孔惠)의 소장(所藏)이라고 한 것과 같은 것은 다른 학설이다.

원문 『論衡』「佚文篇」, "恭王壞孔子宅以爲宮, 聞絃歌之聲, 懼復封塗, 上言武帝. 武帝遣吏發取古經『論語』." 然則恭王始壞孔宅而復封塗, 未竟壞也. 武帝乃更毀壁發取古文, 則古文非共王所得, 此「序」以壞宅得『論語』屬之共王者, 本以共王始事故也. 『漢』「藝文志」言, "武帝末, 魯恭王壞孔子宅."

역문 『논형』「일문」에 "노공왕이 공자의 구택을 철거하고 궁궐을 짓다가 현가(絃歌) 소리를 듣고는 두려워하며 다시 흙을 덮고 무제에게 상주하였다. 무제가 관리를 보내어 발굴해서 고경(古經)의 『논어』를 취득했다."라고 했으니, 그렇다면 노공왕은 공자의 구택을 철거하다가 다시 흙

---

32 자어(子魚, 기원전 264~기원전 208): 전국시대 말기 때 사람인 공부(孔鮒)이다. 자는 갑(甲)이며, 또 다른 자가 자어(子魚)이다. 공자의 9세손이다. 진시황이 분서갱유(焚書坑儒)를 하기 전에 『논어(論語)』와 『효경(孝經)』, 『상서(尙書)』 등의 책을 숨기고 은(魏)나라에 은거했는데, 뒤에 진승(陳勝)의 부름을 받고 나아가 박사(博士)가 되었다. 저서에 『공총자(孔叢子)』가 있는데, 근래에는 후인(後人)들이 위탁(僞託)한 것으로 본다.

을 덮어 버렸으니, 철거를 끝낸 것은 아니었다. 무제가 이에 다시 벽을 허물고 고문(古文)을 발굴해서 취하였으니, 고문(古文)은 노공왕이 얻은 것이 아닌데, 여기의 「서」에서 구택을 철거해서 『논어』를 얻은 것을 노공왕에게 귀속시킨 것은 본래 노공왕이 일을 시작했기 때문이다. 『전한서』「예문지」에 "무제 말년에 노공왕이 공자의 구택을 철거했다."라고 하였다.

원문 案, 恭王初封淮陽, 後封魯, 在位二十八年薨, 當元朔元年, 其壞孔子宅事又在其前, 則爲武帝初年, 『漢』「志」以爲武帝末, 未審也. 「志」又云: "得『古文尙書』及『禮記』·『論語』·『孝經』凡數十篇, 皆古字也." 『魏書』「江式傳」, "亡新居攝, 使大司空甄豐校文字之部, 時有六書: 一曰古文, 孔子壁中書也. 魯恭王壞孔子宅, 而得『禮』·『尙書』·『春秋』·『論語』·『孝經』也."

역문 살펴보니, 노공왕은 처음에 회양(淮陽)에 봉해졌다가, 뒤에 노(魯)에 봉해졌으며 재위 28년 만에 사망했으니, 원삭(元朔) 원년(元年: 기원전 128년)에 해당하는 해로, 그가 공자의 구택을 철거한 일은 또 그전에 있었으니, 무제의 초년이 되는데, 『전한서』「예문지」에서는 무제 말년이라고 했으니, 자세히 살피지 않은 것이다. 「예문지」에는 또 "『고문상서』 및 『예기』와 『효경』 등 모두 수십 편을 얻었는데 모두 옛 글자로 되어 있었다."라고 했고, 『위서』「강식전」에 "왕망이 섭정할 때[亡新居攝],33 대사공(大司空) 견풍(甄豐)으로 하여금 문자(文字)의 부분을 개정하게 했는데,34 당시에 육서(六書)가 있었으니, 첫째는 고문(古文)으로 공자의 구택

---

33 망신거섭(亡新居攝): "망신(亡新)"은 이미 멸망한 신국(新國)으로 곧 왕망(王莽)을 가리킨다.
34 허신(許愼)의 『설문자서(說文自敍)』에 "망신(亡新)이 섭정할 때에 대사공(大司空) 견풍(甄

벽 속의 글자이다. 노공왕 공자의 구택을 철거하다가『예』와『상서』와 『춘추』와『논어』와『효경』을 얻은 것이다."라고 했다.

원문 許愼『說文自敍』云: "倉頡之初作書, 蓋依類象形, 故謂之文, 其後形聲 相益, 卽謂之字. 及周宣王太史籒著『大篆』十五篇, 與古文或異. 至孔子書 『六經』, 左丘明述『春秋傳』皆以古文." 是古文爲倉頡所作. 言"古"者, 依 後世今文別之也.『晉書』「衛恒傳」, "漢武時, 魯恭王壞孔子宅, 得『尙書』・ 『春秋』・『論語』・『孝經』. 時人以不復知有古文, 謂之科斗書. 漢世祕藏, 希得見之."

역문 허신의『설문자서』에 "창힐(倉頡)이 처음 글자를 제작할 때, 유형에 의하여 형상을 나타내기 때문에 그것을 문(文)이라 했고, 그 뒤에 모양 과 소리가 서로 도움을 주는 것을 자(字)라 했다. 그러다가 주나라 선왕 (宣王) 때 태사(太史) 주(籒)가『대전』15편을 저술하게 되면서부터 고문 (古文)과 간혹 다르게 되었다. 공자가 쓴『육경』과 좌구명(左丘明)이 전술 한『춘추전』에 이르기까지 모두 고문(古文)으로 쓴 것이다."라고 했으 니, 고문(古文)은 창힐(倉頡)에 의해 제작된 것이다. "고(古)"라고 말한 것 은 후세의 금문(今文)에 의거해서 구별한 것이다.『진서』「위항전」에 "한 무제 때 노공왕이 공자의 구택을 철거하다가『상서』와『춘추』와『논어』 와『효경』을 얻었다. 당시의 사람들은 다시 고문(古文)이 있다는 것을 알지 못하고 그것을 과두서(科斗書)라고 했다. 한나라 시대에는 깊이 감 추어져 있었기 때문에 볼 수 있는 경우가 드물었다."라고 했다.

豊) 등으로 하여금 문서의 부분을 교정하게 하였다.[亡新居攝, 使大司空甄豊等, 校文書之 部.]"라고 했다.

원문 段氏玉裁『說文序』「注」云: "古文出‘於壁中’, 故謂之壁中書, 晉人謂之 ‘科斗’文. 王隱曰: ‘科斗文者, 周時古文也. 其字頭麤尾細, 似科斗之蟲, 故 俗名之焉.’" 又『說文自敍』稱『論語』亦爲古文, 此古文據段說兼有『大篆』. 今其著者惟"荷𠔉"字爲古文, 其餘所引, 則段氏謂"所說字形・字音・字義, 皆合『倉頡』・『史籒』", 非謂皆用壁中古文也.

역문 단옥재의 『설문서』「주」에 "고문(古文)은 벽 안에서 나왔기 때문에 그 것을 ‘벽중서(壁中書)’라 하고, 진(晉)나라 사람들은 그것을 ‘과두문(科斗 文)’이라고 한다. 왕은(王隱)[35]이 말했다. ‘과두문(科斗文)이란 주나라 시대 의 고문(古文)이다. 그 글자의 머리는 거칠고 꼬리가 가늘어서 마치 올챙 이처럼 생겼기 때문에 민간에서 그렇게 불렀다.’"라고 했고, 또 『설문자 서』에서 『논어』를 일컬어 역시 고문(古文)이라고 했으니, 이 고문은 단 옥재의 말에 의거하면 『대전』을 겸하고 있는 것이다. 지금에는 그 분명 한 것 중에 오로지 "하궤(荷𠔉)"[36]자만 고문이고, 그 나머지 인용된 것은 단씨(段氏)가 "말한 자형(字形)과 자음(字音)과 자의(字義)는 모두 『창힐 편』・『사주편』과 부합한다"라고 했으니, 모두 벽 안에 있던 고문을 썼 음을 이르는 것은 아니다.

---

35 왕은(王隱, ?~?): 중국 서진(西晉)부터 동진(東晉) 때까지의 역사가. 진군(陳郡) 진현(陳縣) 사람. 자는 처숙(處叔). 아버지는 왕전(王銓), 형은 왕호(王瑚), 왕호는 자(字)는 처중(處仲) 이라 하고, 왕은과는 달리 무(武)를 중히 여겼다. 태흥(太興) 초기에 곽박(郭璞)과 함께 저작 랑(著作郎)이 되었다. 성도왕 사마영의 거병에 따라 참군이 되어 공적을 쌓고 유격장군이 되었다. 상관이 전횡을 심하게 했고, 이를 배제하려 했으나 오히려 주살당했다. 평소 진(晉) 왕조의 역사 사실에 관심이 있었으므로, 『진서(晉書)』를 편찬했다.

36 『설문해자』 권1: 궤(𦾕)는 풀로 만든 그릇[艸器]이다. 초(艸)로 구성되었고 귀(貴)가 발음을 나타낸다. 궤(𠔉)는 궤(𦾕)의 고문(古文)인데 상형자(象形字)이다. 『논어』에 "삼태기를 메고 공씨(孔氏)의 문을 지나가던 자가 있었다."라고 했다. 구(求)와 위(位)의 반절음이다.[𦾕, 艸 器也. 從艸貴聲. 𠔉, 古文𦾕, 象形. 『論語』曰: "有荷𠔉而過孔氏之門." 求位切.]

원문 翟氏灝『四書考異』云: "按, 魏正始中立三字石經, 嘗倣效孔壁古文, 備
爲一書. 又晉咸寧時汲郡人發古冢, 得竹冊十餘萬言, 其間具有『論語』."
又云: "魏所立石,『隋志』僅錄其『尙書』・『春秋』, 未定『論語』之曾刊否
也. 汲冢所出群書, 隨復散棄, 存於後者, 惟『周書』・『魏史』・『穆天子傳』・
『瑣語』數種, 其『論語』自六朝皆絶口不稱, 恐已旋滅之矣."

역문 적호의『사서고이』에 "살펴보니, 위(魏)나라 정시(正始)[37] 연간에 삼자
석경(三字石經)을 세웠는데, 일찍의 공벽(孔壁)의 고문(古文)을 흉내 내어
한 권의 책으로 갖추어 만들었다. 진(晉)나라 함녕(咸寧)[38] 때 급군(汲郡)
사람이 옛 무덤을 발굴하다가, 죽간 10여 만 마디를 얻었는데, 그사이에
『논어』가 온전하게 갖추어져 있었다."라고 했고, 또 "위(魏)가 세운 비석
과『수지』에 그『상서』와『춘추』를 조금 기록했는데, 일찍이『논어』를
간행했는지 아닌지는 정하지 않았다. 급군(汲郡)의 무덤에서 나온 여러
책들은 곧 다시 흩어지고 버려져 뒤에 보존된 것이라곤 오직『주서』・
『위사』・『목천자전』・『쇄어』 몇 종뿐이고,『논어』는 육조시대부터 모
두 입에서 끊어져 일컫지 않으니, 아마도 이미 곧바로 없어진 듯싶다."
라고 했다.

원문 據此, 則『論語』古文久已無傳, 而郭忠恕『汗簡』錄『古論語』字, 如"郁"
作"𣟀", "糾"作"𥾨", "甯"作"𤲟", "昆"作"𥊽", "備"作"𤰔", "奪"作"𡥉", "羿"作

---

37 정시(正始): 중국 삼국시대 위(魏)의 제3대 황제인 소제(少帝) 조방(曹芳, 재위 239~254)
때의 첫 번째 연호(240~249년). 240년 음력 1월부터 249년 음력 4월까지 10년 동안 사용되
었다.

38 함녕(咸寧): 중국 위진남북조시대 서진(西晉)의 제1대 황제인 무제(武帝) 사마염(司馬炎, 재
위 266~290) 때의 두 번째 연호이다. 275년 음력 1월부터 280년 음력 3월까지 6년 동안 사
용되었다.

"弓", "訒"作"◌", "舉"作"◌", "虐"作"◌", "勃"作"◌", "慈"作"◌", "貉"作"◌", "又"作"◌", "綽"作"◌", "篤"作"竺", "廄"作"◌". <u>朱雲</u>『金石韻府續錄』「古論語」如"弟"作"◌", "斄"作"中", "媚"作"◌", "柙"作"◌", "藝"作"◌". 凡所載古文, 疑皆後人依放鐘鼎及『說文』爲之, 未必及見<u>孔</u>壁古文也.

역문 이에 의거해 보면 『논어』의 고문은 오래전에 이미 전해지는 것이 없고, 곽충서(郭忠恕)의 『한간』에 『고논어』의 글자를 기록했으니, 예를 들면 "욱(郁)"을 "◌"로 쓴다든가, "규(糾)"를 "◌"로 쓴다든가, "영(寗)"을 "◌"으로 쓴다든가, "곤(昆)"을 "◌"으로, "비(備)"를 "◌"로, "탈(奪)"을 "◌"로, "예(羿)"를 "弓"로, "인(訒)"을 "◌"으로, "거(舉)"를 "◌"로, "학(虐)"을 "◌"으로, "발(勃)"을 "◌"로, "사(慈)"를 "◌"로, "맥(貉)"을 "◌"으로, "우(又)"를 "◌"로, "작(綽)"을 "◌"으로, "독(篤)"을 "竺"으로, "구(廄)"를 "◌"로 쓴 것과 같은 것이며, 주운(朱雲)의 『금석운부속록』「고논어」에 "제(弟)"를 "◌"로 쓰고, "도(斄)"를 "中"로 쓰며, "미(媚)"를 "◌"로, "압(柙)"을 "◌"으로, "설(藝)"을 "◌"로 쓴 것과 같은 것이다. 여기에 실려 있는 모든 고문들은 아마도 모두 후대의 사람들이 종이나 솥[鐘鼎] 및 『설문해자』를 근거로 모방해서 만든 것으로, 반드시 공벽의 고문을 본 것은 아닌 듯싶다.

『齊論』有「問王」·「知道」, 多於『魯論』二篇. 『古論』亦無此二篇, 分「堯曰」下章"子張問"以爲一篇, 有兩「子張」, 凡二十一篇. 篇次不與『齊』·『魯論』同.

『제논어』에는 「문왕」과 「지도」가 있으니 『노논어』보다 두 편이

더 많다. 『고논어』에도 이 두 편이 없으나 「요왈」 아래 장의 "자장문(子張問)"을 나누어 한 편을 만들어서 두 「자장」이 있으니 모두 21편이다. 편차(篇次)도 『제논어』·『노논어』와 같지 않다.

원문 正義曰: 『漢』「藝文志」, "『齊』二十二篇. 多「問王」·「知道」." 如淳曰: "「問王」·「知道」, 皆篇名也." 晁公武『郡齋讀書志』, "詳其名, 當是內聖之道, 外王之業." 朱氏彝尊『經義考』斥晁說爲附會, 謂"今『逸論語』見於『說文』. 『初學記』·『文選注』·『太平御覽』等書, 其詮'玉'之屬特詳. 竊疑『齊論』所逸二篇, 其一乃「問玉」, 非「問王」也. 考之篆文, 三畫正均者爲'王', 中畫近上者爲'玉', 初無大異, 因譌'玉'爲'王'耳. 王伯厚亦云: '「問王」疑卽「問玉」.' 亶其然乎!"

역문 정의에서 말한다.

『전한서』「예문지」에 "『제논어』는 22편이다. 「문왕」·「지도」가 더 있다."라고 했다. 여순(如淳)이 말하길, "「문왕」과 「지도」는 모두 편명(篇名)이다."라고 했고, 조공무(晁公武)는 『군재독서지』에서 "그 명칭을 자세히 살펴보니, 마땅히 내성(內聖)의 도이며, 외왕(外王)의 일이다."라고 했다. 주이존(朱彝尊)[39]은 『경의고』에서 조공무(晁公武)의 설을 견강부

---

39 주이존(朱彝尊, 1629~1709): 청나라 절강(浙江) 수수(秀水) 사람. 자는 석창(錫鬯), 호는 죽타(竹垞) 또는 행십(行十), 소장로조어사(小長蘆釣魚師), 금풍정장(金風亭長). 젊어서 명나라가 망한 것을 애통하게 여기면서 왕조의 회복에 뜻을 두었다. 얼마 뒤 천하를 떠돌면서 명성이 점점 높아지자 강희(康熙) 18년(1679) 박학홍사과(博學鴻詞科)에 선발되었다. 고학(古學)에 힘써 금석고증(金石考證) 및 고문시사(古文詩詞)에 밝았다. 『명사(明史)』편찬에 참여했고, 『문원(文苑)』과 『영주도고록(瀛洲道古錄)』, 『일하구문(日下舊聞)』등을 편찬했으며, 『오대사(五代史)』에 주를 달기도 했다. 경학 관련 저술로는 한나라 때부터 명나라 때까

회라고 배척하고 "지금 『일논어』는 『설문해자』에 보인다. 『초학기』·『문선주』·『태평어람』 등의 책은 '옥(玉)'을 설명한 글이 특별히 상세하다. 가만히 생각해 보건대, 『제논어』에서 일실(逸失)된 것이 두 편인데, 그중 하나는 바로 「문옥(問玉)」이지, 「문왕(問王)」이 아니다. 전문(篆文)에 상고해 보아도, 세 획[三畫]이 바르고 고르게 그어진 것이 '왕(王)'이고, 가운데 획이 위의 획에 가까운 것은 '옥(玉)'이니, 당초에는 큰 차이가 없다가 '옥(玉)'을 잘못 쓰는 바람에 '왕(王)'이 된 것일 뿐이다. 왕백후[王白厚: 왕응린(王應麟)의 자] 역시 '「문왕(問王)」은 아마도 곧 「문옥(問玉)」인 듯싶다.'라고 했는데, 참으로 맞는 말인 듯싶다!"라고 했다.

원문 案, 『說文』引『逸論語』, "玉粲之瑟兮, 其璯猛也. 如玉之瑩." 段氏玉裁「注」云, "張禹『魯論』所無, 則謂之『逸論語』, 如十七篇之外爲『逸禮』, 二十九篇之外爲『逸尙書』也." 其『初學記』所引"璠璵", 魯之寶玉也, 孔子曰: "美哉璠璵! 遠而望之, 煥若也; 近而視之, 瑟若也. 一則理勝, 一則孚勝." 又『初學記』及『御覽』所引, "玉十謂之區, 治玉謂之琢, 又謂之雕. 瑳, 玉色鮮白也. 瑩, 玉色也. 瑛, 玉光也. 瓊, 赤玉也. 璿瑾瑜, 美玉也. 璊, 三采玉也. 玲·瓏·瑲·瑣·瑝, 玉聲也. 璬, 玉佩也. 瑱, 充耳也. 璪, 玉飾以水藻也." 凡所詮"玉"之辭, 與『說文』所引『逸論語』文全不類. 朱氏不當竝數之, 今『家語』亦有「問玉篇」, 當是依用『論語』篇名. 然則「問王」之爲「問

지의 경설(經說)을 모두 수집하여 편찬한 『경의고(經義考)』가 있는데, 존(存), 일(佚), 궐(闕), 미견(未見) 등으로 자료마다 주석을 달아 목록학의 발전에 크게 공헌했다. 시문(詩文)과 사(詞)에도 일가를 이루어, 시는 왕사진(王士禎)과 이름을 나란히 했고, 사는 진유숭(陳維崧)과 함께 "주진(朱陳)"으로 불렸다. 그 밖의 저서에 수수(秀水) 지방의 장고(掌故)를 기록한 『화록(禾錄)』, 염정(鹽政)을 기록한 『차록(鹺錄)』 및 『폭서정집(曝書亭集)』, 『명시종(明詩綜)』, 『사종(詞綜)』 등이 있다.

玉」, 其說信不誣也. 宋氏翔鳳『師法表』以「問王」爲『春秋』素王之事, 備其問答. 又合「知道」爲發揮『堯曰篇』之義蘊. 此曲說, 不可從.『漢石經』「論語碑」末記諸家有無不同之說, 有"蓋肆乎其肆也"句, 不知何篇之文, 則亦逸文之僅存也.『漢』「志」云: "『論語』: 『古』二十一篇.' '出孔子壁中, 有兩「子張」.'" 蓋『古論』分「堯曰」下章"子張問從政"別爲一篇, 而題以「子張問」, 與第十九篇之「子張」篇題略同, 故有兩「子張」. 如氏「注」以爲"篇名從政", 殆未然也.

역문 살펴보니,『설문해자』에『일논어』를 인용해서 "선명한 옥(玉) 찬란하고 깨끗함이여, 찬란하고 아름답게 벌여져 있도다. 옥처럼 밝다."[40]라고 했는데, 단옥재의「주」에 "장우(張禹)의『노논어』에는 없는바 이것을『일논어』라고 하는 것은, 지금 전하는『의례(儀禮)』17편 이외의 것을『일례』라 하고, 지금 전하는『상서』29편 이외의 것을『일상서』라고 하는 것과 같다."라고 했다.『초학기』에 인용된 "번여(璠璵)"는 노나라의 보옥(寶玉)인데, 공자가 말하길, "아름답도다, 번여(璠璵)여! 멀리서 바라보면 광채가 찬란하고, 가까이서 살펴보면 곱고도 깨끗하구나. 한편으로는 결이 아름답고, 또 한편으로는 빛나는 모습이 아름답도다."라고 했고, 또『초학기』및『태평어람』에 인용된바 "옥(玉) 10개 되는 것을 구(區)라 하고, 옥을 다스리는 것을 탁(琢)이라 하고 또 조(雕)라고도 한다. 차(瑳)는 옥의 색이 선명하고 흰색이다. 형(瑩)은 옥의 빛깔[玉色]이다. 영(瑛)은 옥의 광택[玉光]이다. 경(瓊)은 붉은 옥[赤玉]이다. 선근유(璿瑾瑜)는 아름다운 옥[美玉]이다. 무(璑)는 세 가지 광채가 나는 옥이다. 영(玲)·농(瓏)·창(瑲)·쇄(瑣)·황(瑝)은 옥의 소리[玉聲]이다. 격(檄)은 패옥[玉佩]이다. 전

---

40 『설문해자(說文解字)』에 인용한『일논어(逸論語)』는 "玉粲之瑟兮, 其璊猛也."까지고, "如玉之瑩"은 주이존의『경의고(經義考)』에 따르면『문선(文選)』의「주」 내용이라고 한다.

(瑱)은 귀막이 옥[充耳]이다. 조(璪)는 물마름[水藻] 무늬로 꾸민 옥이다."라고 했는데, 모두 "옥(玉)"을 설명한 말로, 『설문해자』에 인용된 『일논어』의 글과는 전혀 유사하지도 않다. 주씨(朱氏: 주이존)는 당연히 나란히 하나하나 열거하지 않았으나, 지금 『공자가어』에도 「문옥」이 있으니, 당연히 『논어』의 편명을 따라 쓴 것이다. 그렇다면 「문왕」을 「문옥」이라 하는 것은 그 설이 참으로 허언이 아닌 것이다. 송상봉의 『사법표』에서는 「문왕」을 『춘추』의 소왕(素王)의 일이라고 하면서 그 문답을 갖추었다. 또 「지도」를 합해서 「요왈」의 온축된 뜻을 드러내고 나타냈다. 하지만 이것은 왜곡된 설로 따를 수 없다. 『한석경』「논어비」의 끝에 여러 학파의 있느니 없느니 하는 서로 다른 설들을 기록했는데, 그중에 "개사호기사야(蓋肆乎其肆也)"라는 구절이 있는데, 어느 편의 문장인지 알 수 없으니, 그렇다면 역시 일문(逸文) 중에 겨우 보존된 것일 뿐이다. 『전한서』「예문지」에 "『논어』: 『고논어』는 21편이다.' '공자의 벽 안에서 나온 것으로 두 편의 「자장」이 있다.'"[41]라고 했으니, 아마도 『고논어』는 「요왈」 아래 장을 나누어 "자장문종정(子張問從政)"을 별도의 한 편으로 만들고 「자장문」이라고 제목을 붙인 듯한데, 19편의 「자장」과 편 제목이 대략 같기 때문에 두 편의 「자장」이 있다는 것이다. 여씨(如氏)의 「주」에서는 "편명이 종정(從政)이다"라고 했는데, 사뭇 그렇지는 않은 것 같다.

원문 『論衡』「正說篇」, "漢興失亡, 至武帝發取孔子壁中古文, 得二十一篇, 共『齊』·『魯』·『河間』九篇, 本三十篇. 至昭帝女讀二十一篇, 宣帝下太常博士. 時尙稱書難曉, 後更隸寫傳誦." 又云: "今時稱『論語』二十篇, 又失『齊』·『魯』·『河間』九篇. 本三十篇, 分布亡失, 或二十一篇, 目或多

---

41 "出孔子"부터 "「子張」"까지는 「주」의 내용이다.

或少, 文讚或是或誤." 案, 『齊』・『魯』・『河間』九篇, 不知何篇.

역문 「논형」「정설편」에 "한나라가 흥기한 뒤에 망실되었다가 무제(武帝) 때 공자의 벽 안에서 고문을 발굴해서 21편을 얻었다. 여기에 『제논어』・『노논어』・『하간논어』[42] 9편을 합하면 본래는 30편이었다. 소제(昭帝)의 딸에 이르러서도 21편만 읽혔는데, 선제(宣帝) 때 이것을 태상박사(太常博士)에게 내려 주었다. 당시에는 오히려 글이라고는 하지만 이해하기 어려웠는데, 후에 다시 예서로 써서 전수해 읽고 외우게 했다." 하였고, 또 "지금 일컫는 『논어』는 20편인데, 또 『제논어』・『노논어』・『하간논어』 9편을 잃어버렸다. 본래는 30편이었던 것이, 분포(分布)하면서 망실되어 단지 21편만 남았는데, 목차가 혹은 많아지기도 하고 혹은 적어지기도 했으며, 자구가 혹은 옳기도 하고 혹은 착오가 생기기도 했다."라고 하였는데, 살펴보니, 『제논어』・『노논어』・『하간논어』 9편은 어떤 편인지 알지 못하겠다.

원문 翟氏灝『考異』以「藝文志」『論語』十二家, 有『燕傳說』三篇, 河間趙地, 偏近於燕, 『燕傳』疑卽『論衡』所云『河間』者也. 案, 翟說亦是存疑, 不足爲據. 『魯論』・『齊論』已見前「志」, 不得別有『齊』・『魯』合『河間』爲九篇,

---

42 『하간논어(河間論語)』: 전한의 황족 하간왕(河間王) 유덕(劉德, ?~기원전 130)이 간직하고 있던 『논어』. 하간(河間)은 하간헌왕(河間獻王)의 약칭으로 한 경제(韓景帝)의 셋째 아들로, 하간왕(河間王)에 봉해지고 죽은 뒤의 시호가 헌(獻)이기 때문에 하간헌왕이라고 부른다. 고서를 수집하고 정리하는 일을 좋아했는데, 때문에 많은 문인들이 진 시황(秦始皇) 이전의 책들을 헌상하거나 함께 수집하고 연구하기도 하였다. 한 무제(武帝)가 즉위하자 유덕은 경성에 올라가 황제를 비롯한 많은 학자들과 함께 학문을 토론, 연구하여 사람들로부터 칭송을 받았다. 이때 사람들이 유덕을 가리켜 "학문을 닦고 옛것을 좋아하며, 실사구시를 하였다.[修學好古, 實事求是.]"라고 하였다.

出於『漢』「志」之外, 又合『古論』爲三十篇也.

역문 적호는 『사서고이』에서 「예문지」에서 소개한 『논어』12가(家) 중에 『연전설』 3편이 있는 것을 근거로, 하간(河間)은 조(趙)나라 지역이지만 연(燕)나라와 매우 근접해 있으니, 『연전설』은 어쩌면 바로 『논형』에서 말한 『하간논어』일 것이라고 생각했다. 살펴보니, 적호의 설 역시 의심 스러운 점이 있기 때문에 족히 근거할 만한 것이 못 된다. 『노논어』와 『제논어』는 이미 앞서 「예문지」에 보이니, 다시 『제논어』와 『노논어』 를 『하간논어』와 합해서 9편을 만든 것이 있을 수 없고, 『전한서』「예문 지」 이외에서 나온 것도 또 『고논어』와 합해서 30편이 된 것이다.

원문 『史記』「孔子世家」, "時魯共王壞孔子舊宅, 壁中得古文「虞」·「夏」· 「商」·「周」之書, 及傳『論語』·『孝經』, 悉還孔氏." 『漢』「藝文志」亦言, "武帝末, 魯共王壞孔子宅, 得『古文尙書』及『禮記』·『論語』·『孝經』, 凡 數十篇. 孔安國者, 孔子後也, 悉得其書." 則『古文論語』久入孔氏, 昭帝女 何由得讀? 旣帝女能讀, 而宣帝時博士轉難曉耶? 此皆無稽之說, 不足與 深辨也.

역문 『사기』「공자세가」에 의하면 "당시에 노공왕이 공자의 구택을 철거하 다가 벽 속에서 고문(古文)으로 된 「우서」·「하서」·「상서」·「주서」· 및 『논어』·『효경』 등의 전(傳)을 얻었는데, 모두 공씨(孔氏: 공안국)에게 돌려주었다."라고 했고, 『전한서』「예문지」에서도 "무제(武帝) 말년에 노 공왕이 공자의 구택을 철거하다가 『고문상서』 및 『예기』·『논어』· 『효경』 등 모두 수십 편을 얻었다. 공안국(孔安國)은 공자의 후손인데 나 중에 그 책을 모두 돌려받았다."라고 했으니, 그렇다면 『고문논어』는 오래전에 공씨에게 들어 왔는데, 소제(昭帝)의 딸이 어떤 연유로 읽을 수 있었겠는가? 이미 소제의 딸이 읽을 수 있었는데도 선제(宣帝) 때의 박사가 오히려 이해하기 어려웠겠는가? 이것은 모두 자세히 살펴보지 않은 설로서 족히 더불어 심도 있게 변론할 만한 것이 못 된다.

원문 皇侃『義疏敍』曰: "『古論』篇次, 以「鄕黨」爲第二篇, 「雍也」爲第三篇, 內倒錯, 不可具說." 是『古論』篇次不與『齊』·『魯論』同. 然皇本多爲異域人所改, 此等說他處未見, 恐難據也. 『隋書』「經籍志」, "『古論語』章句煩省, 與『魯論』不異." 然「學而篇」"未若貧而樂", 『古論』"樂"下有"道"字; 「鄕黨篇」"車中內顧", 『古論』作"不內顧"; 「衛靈公篇」"子曰: '父在觀其志, 父沒觀其行.'" 鄭云"『古』皆無此章". 「堯曰篇」"知命"章, 鄭云"『魯論』無此章", 則謂『古』·『齊』有此章也. 『古』·『齊』·『魯』章句本有不同, 而『隋』「志」謂其"煩省不異", 亦大略言之爾. 『經典敍錄』引桓譚『新論』說『古論』云: "文異者四百餘字." 今略見『史記』·『說文』竝鄭「注」中.

역문 황간의 『논어집해의소서』에 "『고논어』의 편차는 「향당」을 제2편으로 하고, 「옹야」를 제3편으로 했으니, 차례가 이리저리 뒤섞여 다 말할 수가 없다."라고 했는데, 이는 『고논어』의 편차가 『제논어』·『노논어』와는 같지 않다는 말이다. 그러나 황간본은 대부분 다른 지역의 사람들이 고친 것으로, 이러한 등의 말은 다른 곳에서는 보이지 않으니, 근거로 삼기에는 어려울 듯싶다. 『수서』「경적지」에 "『고논어』는 장구(章句)가 번거롭고 생략된 것이 『노논어』와 다르지 않다."라고 했다. 그러나 「학이」의 "가난하면서도 즐거운 것만 못하다[未若貧而樂]"는 『고논어』에는 "낙(樂)" 아래 "도(道)" 자가 있고, 「향당」의 "거중내고(車中內顧)"는 『고논어』에는 "불내고(不內顧)"로 되어 있으며, 「위령공」에서 "공자가 말했다. '아버지가 살아 있을 때는 그 아들의 뜻을 보고, 아버지가 죽은 뒤에야 그 아들의 행실을 보아야 한다.'라고 했다."라고 했는데, 이에 대해 정현은 "『고논어』에는 모두 이 장이 없다"라고 했다. 「요왈」의 "지명(知

命)” 장에 대해서도 정현은 “『노논어』에는 이 장이 없다”라고 했으니, 그렇다면 『고논어』와 『제논어』에는 이 장이 있다는 말이다. 『고논어』와 『제논어』와 『노논어』의 장구는 본래가 같지 않은 점이 있는데, 『수서』 「경적지」에서 “『고논어』는 장구(章句)가 번거롭고 생략된 것이 『노논어』와 다르지 않다.”라고 한 것은 또한 대략적으로 말한 것일 뿐이다. 『경전서록』에서는 환담(桓譚)[43]의 『신론』에서 『고논어』를 설명한 것을 인용하여 “글자가 다른 것이 4백여 자나 된다[文異者四百餘字].”라고 했는데, 지금은 『사기』와 『설문해자』와 아울러 정현의 「주」 중에 보인다.

安昌侯張禹本受『魯論』, 兼講『齊說』, 善者從之, 號曰『張侯論』, 爲世所貴.

안창후(安昌侯) 장우(張禹)[44]는 본래 『노논어』를 수학했는데, 『제

---

43 환담(桓譚, 기원전 24~56): 후한 초기 패국(沛國) 상현(相縣) 사람. 자는 군산(君山)이다. 음률을 좋아했고, 거문고에 능했으며, 오경(五經)에 밝았다. 고학(古學)을 좋아하여 유흠(劉歆)과 양웅(楊雄)을 따라 의심스럽고 이상한 일들을 변별해서 분석[辯析]하는 방법을 배웠고, 속유(俗儒)들을 비판하는 일을 좋아했다. 문장에도 능했다. 왕망이 천하를 찬탈했을 때 장락대부(掌樂大夫)를 지냈고, 유현(劉玄) 때는 중대부(中大夫)가 되었다. 광무제 때 불려 의랑급사중(議郞給事中)에 발탁되었다. 그러나 광무제가 참언(讖言)을 이용하여 정치를 하자 저지하려다 노여움을 사 거의 죽임을 당할 뻔하다가 육안군승(六安郡丞)으로 좌천되어 부임하던 중에 죽었다. 저서에 『신론(新論)』 29편이 있었지만, 지금은 없어졌다. 현재 남아 있는 「형신(形神)」은 촛불을 형신에 비유하여 정신은 형체에서 이탈하여 독립적으로 존재할 수 없다는 사실과 형체가 멸하면 정신도 없어져 생장과 사망은 자연 법칙임을 인식한 내용이다. 그 밖의 잔편(殘篇)이 청나라 사람이 편집한 책에 남아 있다.

44 장우(張禹, ?~기원전 5): 전한 하내(河內) 지현(軹縣) 사람. 자는 자문(子文)이고, 시호는 절

설(齊說)』(『제논어』)까지 겸강(兼講)해서 잘된 것을 취해 책으로 엮어 『장후논(張侯論)』이라 부르니, 세상 사람들이 귀중하게 여겼다.

원문 正義曰: "安昌", 據『漢』「地理志」屬汝南郡. 『漢書』「傳」云: "張禹字子文, 河內軹人也. 從沛郡施讐受『易』, 琅邪王陽·膠東庸生問『論語』, 既皆明習, 有徒衆, 擧爲郡文學. 甘露中, 諸儒薦禹, 有詔太子太傅蕭望之問, 禹對『易』及『論語』大義, 望之善焉, 奏禹經學精習, 有師法, 可試事. 奏寢, 罷歸故官, 久之, 試爲博士.

역문 정의에서 말한다.

"안창(安昌)"은 『전한서』「지리지」에 근거해 보니 여남군(汝南郡)에 속한다. 『전한서』「장우전」에 "장우(張禹)는 자가 자문(子文)이고 하내(河內)의 지현(軹縣) 사람이다. 패군(沛郡)의 시수(施讐)에게 『주역』을 수학하고, 낭야(琅邪)의 왕양(王陽)과 교동(膠東)의 용생(庸生)에게 『논어』를 배웠다. 배운 것을 다 밝게 익힌 뒤에 여러 무리들 가운데서 뛰어나 천거로 군문학(郡文學)이 되었다. 감로(甘露)⁴⁵ 연간에 제유(諸儒)들이 장우를

후(節侯). 경학을 익혀 박사(博士)가 되었다. 원제(元帝) 초원(初元) 중에 불려 태자에게 『논어』를 가르쳐 광록대부(光祿大夫)가 되고, 관내후(關內侯)와 영상서사(領尙書事) 등을 지냈다. 시수(施讐)에게 『주역』을 배웠고, 제논어(齊論語) 전수자인 왕양(王陽)과 공안국의 제자 용생(庸生)에게 『논어』를 배웠다. 역학을 전수 받은 이름난 제자로는 팽선(彭宣), 대숭(戴崇) 등이 있다. 『노론(魯論)』에 근본하고 『제론(齊論)』을 가미한 『논어장구(論語章句)』를 저술했는데, 『장후논(張侯論)』이라 부르기도 한다. 현존하는 『논어』는 정현(鄭玄)이 『장후논』과 『고논어』를 혼합한 것이다. 그 밖의 저서에 『논어노안창후설(論語魯安昌侯說)』과 『효경안창후설(孝經安昌侯說)』 등이 있었지만 모두 없어졌다.

천거하자, 태자태부(太子太傅) 소망지(蕭望之)에게 조서를 내려 질문하게 했는데, 장우가 『주역』 및 『논어』의 대의를 대답하니 소망지가 훌륭하게 여기고, 장우가 경학을 정밀하게 익혀 사법(師法)이 있으니 우선 일을 시킬 만하다고 아뢰었다. 여러 번 아뢰었으나 파직하고 옛 관직으로 돌려보내니, 오래 지나서야 응시하여 박사가 되었다.

원문 初元中, 立皇太子, 而博士鄭寬中以『尙書』授太子, 薦言禹善『論語』. 詔令<u>禹</u>授太子『論語』, 由是遷光祿大夫. 數歲, 出爲<u>東平</u>內史. <u>成帝</u>卽位, 徵<u>禹</u>·<u>寬中</u>, 皆以師賜爵關內侯, 給事中, 領尙書事. <u>河平</u>四年, 代<u>王商</u>爲丞相, 封<u>安昌侯</u>. 爲相六歲, <u>鴻嘉</u>元年以老病乞骸骨, 就第. <u>建平</u>二年薨, 諡曰<u>節侯</u>.

역문 초원(初元)[46] 연간에 황태자(皇太子)를 세웠는데, 박사 정관중(鄭寬中)이 『상서』를 태자(太子)에게 전수하고 장우가 『논어』에 뛰어나다고 천거했다. 조서를 내려 장우로 하여금 태자에게 『논어』를 전수하게 하니, 이를 연유로 광록대부(光祿大夫)로 승진하였다. 몇 해 뒤에 외직으로 나가 동평내사(東平內史)가 되었다. 성제(成帝)가 즉위하여 장우(張禹)와 정관중(鄭寬中)을 불러들여 모두 사부로 삼고서 관내후(關內侯)의 작위를 내리고 급사중(給事中)에 임명하여 상서(尙書)의 일을 관장하게 하였다. 하평(河平) 4년(기원전 25)에 왕상(王商)의 뒤를 이어 승상이 되고 안창후(安昌侯)에 봉해졌다. 승상이 된 지 6년째 되던 해인 홍가(鴻嘉)[47] 원년(기원전

---

45 감로(甘露): 중국의 전한의 제10대 황제인 선제(宣帝) 유순(劉詢, 재위 기원전 73~48) 때의 여섯 번째 연호이다. 기원전 53년 음력 1월부터 기원전 50년 음력 12월까지 4년 동안 사용되었다.

46 초원(初元): 전한의 제11대 황제인 원제(元帝) 유석(劉奭, 재위 기원전 48~33) 때의 첫 번째 연호이다. 기원전 48년부터 기원전 44년까지 5년 동안 사용되었다.

20)에 노환을 핑계로 사직을 청하여 집으로 돌아갔다. 건평(建平)⁴⁸ 2년 (기원전 5)에 죽으니 '절후(節侯)'라는 시호를 내렸다.

원문 始魯扶卿及夏侯勝·王陽·蕭望之·韋玄成皆說『論語』, 篇第或異. 禹先事王陽, 後從庸生, 采獲所安, 最後出而尊貴. 諸儒爲之語曰: '欲爲『論』, 念張文.' 由是學者多從張氏, 餘家寢微."

역문 당초에 노나라 사람인 부경(扶卿) 및 하후승(夏侯勝)·왕양(王陽)·소망지(蕭望之)·위현성(韋玄成) 등이 모두 『논어』를 해설했는데, 편차가 조금 달랐다. 장우(張禹)는 먼저 왕양[王陽: 왕길(王吉)]을 사사하고 뒤에 용생(庸生)에게 수학하고서 타당하고 완전히 좋은 것만을 채록하니, 가장 뒤에 나온 책이어서 존귀하게 여겨져 제유들이 말하기를, '『논어』를 배우려면 장우의 글을 염송하라.'라고 하였다. 이로 인해 많은 학자들이 장씨의 『논어』를 취하니, 나머지 사람들의 『논어』는 점차 쇠미해졌다."라고 하였다.

원문 『釋文敍錄』云: "安昌侯張禹受『論語』於夏侯建, 又從庸生·王吉受『齊論』, 擇善而從, 號曰『張侯論』." 據『敍錄』是禹受『魯論』於夏侯建, 而「禹傳」不及建, 蓋所遺也. 宋氏翔鳳『師法表』, "『張論』合『齊』·『魯』兩家之學, 特其篇章與『魯論』同, 故多以『張論』爲『魯論』. 後漢熹平『石經』卽用『張論』." 案, 「藝文志」, "『魯安昌侯說』二十一篇." 師古曰: "張禹也."

---

47 홍가(鴻嘉): 전한의 제12대 황제인 성제(成帝) 유오(劉驁, 재위 기원전 33~7) 때의 네 번째 연호이다. 기원전 20년부터 기원전 17년까지 4년 동안 사용되었다.

48 건평(建平): 전한의 제13대 황제인 애제(哀帝) 유흔(劉欣, 재위 기원전 7~1) 때의 첫 번째 연호이다. 기원전 6년부터 기원전 3년까지 모두 4년 동안 쓰였다.

역문 『경전석문서록』에 "안창후(安昌侯) 장우(張禹)는 하후건(夏侯建)에게서 『논어』를 수업하고, 용생(庸生)과 왕길(王吉)에게서 『제논어』를 수학하고서 완전히 좋은 것만을 가려서 채록했는데, 이것을 『장후논(『張侯論』)』이라고 한다."라고 했다. 『경전석문서록』에 의거하면 장우는 하후건에게서 『노논어』를 배웠는데 「장우전」에서는 하후건을 언급하지 않았는데, 아마도 빠뜨린 것인 듯싶다. 송상봉(宋翔鳳)의 『사법표』에 "『장논』은 『제논어』와 『노논어』 두 학파의 학설을 합한 것으로, 특히 그 편장(篇章)이 『노논어』와 같기 때문에 대부분 『장논어』를 『노논어』라고 한다. 후한의 『희평석경(熹平石經)』은 바로 『장논』을 이용한 것이다."라고 했다. 살펴보니, 「예문지」에 "『노안창후설』 20편이다."라고 했는데, 안사고가 말하길, "장우(張禹)이다."라고 했다.

원문 考「禹傳」云 "初, 禹爲師, 以上難數對己問經, 爲 『論語章句獻之』"意, 此卽二十一篇說也. 『隋書』「經籍志」, "張氏晩講 『齊論』, 後遂合而考之, 刪其繁惑, 除去 「問王」·「知道」二篇, 從 『論語』二十篇爲定." 是 『張論』本二十篇. 而 『漢』「志」言 "禹有二十一篇", 說者疑 "一"字誤衍, 或是經二十篇, 「說」一篇, 「志」連經言之, 得有二十一篇也. 又「禹傳」云: "禹成就弟子尤著者, 淮陽彭宣至大司空, 沛郡戴崇至少府九卿." 當亦傳 『論語』之學者, 此「序」未之及也.

역문 「장우전」에서 "처음에 장우가 스승이 되었을 때 임금이 헤아리기 어려울 만큼 자기에게 경전에 대하여 질문하자 『논어장구』를 지어 바쳤다"라는 의미 살펴보니, 이것이 바로 21편 설이다. 『수서』「경적지」에 "장씨(張氏)는 만년에 『제논어』를 강의하다가 뒤에 마침내 『고논어』와 합해서 살펴보고 그 번거롭거나 미심쩍을 것을 삭제하고 「문왕」·「지도」 두 편을 제거해서 『논어』 20편을 엮어 확정지었다."라고 했는데, 이

것이 『장논』본 20편이다. 그러나 『전한서』 「예문지」에 "장우는 21편이 있다"라고 했으니, 말하는 사람이 어쩌면 "일(一)" 자를 잘못 연문(衍文) 했거나, 혹은 경(經) 20편에 「설」이 1편인데, 「예문지」에서는 경을 「설」과 연결해서 말하다 보니 21편이 있게 된 것일 수도 있다. 또 「장우전」에 "장우가 성취시킨 제자들 중에서 더욱 두드러진 자[49] 중에 회양(淮陽)의 팽선(彭宣)은 대사공(大司空)에 올랐고, 패군(沛郡)의 대숭(戴崇)은 소부(少府)의 구경(九卿)에 올랐다."라고 했으니, 역시 『논어』를 전한 학자들이 당연하겠으나, 여기의 「서」에서는 언급하지 않았다.

包氏 · 周氏章句出焉.

포씨(包氏)와 주씨(周氏)의 장구(章句)가 나왔다.

원문 正義曰: 『後漢』 「儒林傳」, "包咸字子良, 會稽曲阿人也. 少爲諸生, 受業長安, 師事博士右師細君, 習 『魯詩』 · 『論語』. 王莽末, 去歸鄕里. 光武卽位, 擧孝廉, 除郞中. 建武中, 入授皇太子 『論語』, 又爲其章句. 拜諫議大夫, 永平五年, 遷大鴻臚. 經傳有疑, 輒遣小黃門就舍卽問. 年七十二卒於官. 子福拜郞中, 亦以 『論語』 入授和帝."

역문 정의에서 말한다.

---

49 『논어정의(論語正義)』에는 "書"로 되어 있으나, 『전한서(前漢書)』 권81, 「광장공마전(匡張孔馬傳)」을 근거로 "者"로 고쳤다.

『후한서』「유림전」에 "포함(包咸)은 자가 자량(子良)이고, 회계(會稽) 곡아(曲阿) 사람이다. 젊어서 제생(諸生)이 되어 장안(長安)에서 수업하고 박사(博士) 우사세군(右師細君)에게 사사하여 『노시』와 『논어』를 익혔다. 왕망 말년에 벼슬을 떠나 고향으로 돌아갔다. 광무제(光武帝)가 즉위하자 효렴(孝廉)으로 천거되어 낭중(郎中)에 제수되었다. 건무(建武)[50] 중에 황궁으로 들어가 황태자에게 『논어』를 가르치고, 또 『논어장구』를 지었다. 간의대부(諫議大夫)에 제수되었다가, 영평(永平)[51] 5년(62)에 대홍려(大鴻臚)로 승천(升遷)하였다. 경을 전수할 때 의심나는 부분이 있으면 문득 어린 환관[小黃門]을 보내어 숙사로 나아가 즉시 질문하게 했다. 향년 72세로 임지에서 죽었다. 아들 복(福)은 낭중(郎中)에 제수되었으며, 역시 황궁에 들어가 화제(和帝)에게 『논어』를 전수했다."라고 하였다.

원문 邢「疏」云: "周氏, 不詳何入. 不言名而言氏者, 蓋爲章句之時, 義在謙退, 不欲顯題其名, 但欲傳之私族, 故直云氏而已. 或曰: '以何氏諱咸, 故沒其名, 但言包氏, 連言周氏耳.'"『釋文敍錄』云: "後漢包咸 · 周氏竝爲章句, 立於學官."

역문 형병의 「소」에 "주씨(周氏)는 어떤 사람인지 자세하지 않다. 이름을 말하지 않고 씨(氏)만을 말한 것은 아마도 장구를 지을 때에 겸양의 뜻으로 그 이름을 드러내지 않고 이 장구를 사족(私族)에게만 전하려 했기 때문에 단지 그 씨(氏)만을 말한 것인 듯하다. 혹자는 '하씨[何氏: 하안(何

---

50 건무(建武): 중국 후한의 제1대 황제인 광무제(光武帝) 유수(劉秀, 재위 25~57) 때의 연호이다. 25년 음력 6월부터 56년 음력 4월까지 32년 동안 사용되었다.

51 영평(永平): 중국 후한의 제2대 황제인 명제(明帝) 유장(劉莊, 재위 57~75) 때의 연호이다. 58년 음력 1월부터 75년 음력 12월까지 18년 동안 사용되었다.

晏)는 아버지의 이름이 함(咸)이기 때문에 그 이름자는 쓰지 않고 다만 포씨(包氏)라고만 말하다 보니, (주씨까지 이름을 말하지 않고) 연이어 주씨 (周氏)라고 말했을 뿐이다.'라고 했다."라고 하였다. 『경전석문서록』에 는 "후한의 포함과 주씨(周氏)가 모두 장구(章句)를 지어 학관(學官)을 세 웠다."라고 했다.

원문 宋氏翔鳳『師法表』云: "謂立石大學, 非『張論』曾立博士也." 案, 宋說似 誤. 趙崎『孟子題辭』, "孝文欲廣遊學之路, 『論語』・『孝經』・『孟子』・『爾 雅』, 皆置博士." 劉歆『移讓太常書』, "孝文時, 『尙書』初出屋壁, 『詩』始 萌芽, 天下衆書往往頗出, 皆諸子傳說, 猶立於學官, 爲置博士." 時所稱 "傳", 卽『論語』・『孟子』類也. 『唐書』「薛放傳」, "漢時『論語』首立於學官." 則『論語』西漢時已立. 至『後漢』「百官志」太常博士凡十四人, 不及『論語』, 然『後漢』「徐防傳」云: "防疏謂'博士及甲乙試策, 宜從其家章句, 開五十 難以試之, 『五經』各取上第六人, 『論語』不宜射策. 雖所失或久, 差可矯 革.' 詔書下公卿, 皆從防言."

역문 송상봉의 『사법표』에 "대학이라는 비석을 세웠다는 말이지, 『장논』 을 위해 일찍이 박사를 세웠다는 것이 아니다."라고 했는데, 살펴보니, 송상봉의 말은 잘못인 것 같다. 조기의 『맹자제사』에 "효문제(孝文帝)는 유학(遊學)의 길을 넓히고자 해서 『논어』・『효경』・『맹자』・『이아』를 위해 모두 박사를 설치했다."라고 했고, 유흠(劉歆)의 『이양태상박사서 (移讓太常博士書)』에 "효문제(孝文帝) 때에 『상서』가 처음으로 옥벽(屋壁) 에서 나오고, 『시경』이 비로소 나오기 시작하면서 천하의 뭇 책들이 이 따금씩 제법 출현했는데 모두 제자전(諸子傳)의 말이었지만 그래도 학관 을 세우고 그것을 위해 박사를 설치했다."라고 했는데, 당시의 이른바 "전(傳)"이란 바로 『논어』・『맹자』 따위였다. 『당서』「설방전」에 "한나라시대 때 『논어』를 위해 처음으로 학관을 세웠다."라고 했으니,『논어』
는 서한(西漢)시대에 이미 학관이 세워진 것이다. 『후한서』「백관지」에
보게 되면 태상박사(太常博士)가 모두 14명이었는데,『논어』를 언급하지
는 않았지만, 그러나『후한서』「서방전」에 "서방이 상소하기를, '박사와
갑과(甲科) 을과(乙科)의 시책(試策)은 마땅히 그 제가(諸家)의 장구(章句)를
따라서 50항목의 어려운 문제를 열어 시험을 보아, 오경은 각각 위로부
터 6명까지를 취하되,『논어』는 과거시험으로 선발함이 마땅치 않습니
다. 그렇게 하면 비록 잃는 바가 혹 오래일지라도 잘못된 점을 바로잡을
수 있습니다.'라고 하자, 공경에게 조서를 내리니 모두 서방의 말을 따
랐다."라고 했다.

원문 翟氏灝『考異』云: "據『通典』載漢小郡都尉博士督郵板狀曰: '通『易』·
『尙書』·『詩』·『禮』·『春秋』·『孝經』·『論語』, 兼綜載籍, 窮微闡奧.'
都尉博士猶講授『論語』, 太常博士詎轉不講授與? 此正可與徐防事互爲發
明. 蓋其時諸經皆兼『論語』, 故不復設專官耳."

역문 적호의 『사서고이』에 "『통전』에 실린 한나라 때 소군(小郡) 도위(都尉)
나 박사(博士) 독우(督郵)의 장계에 의거해 보면 '『주역』·『상서』·『시
경』·『예』·『춘추』·『효경』·『논어』를 통틀어 아울러 모아서 전적에
기록하고 은미한 것까지 궁구하고 그윽한 것까지 천명한다.'라고 했으
니, 도위(都尉)와 박사(博士)가 오히려 『논어』를 강설하고 전수했는데,
태상박사(太常博士)가 어찌 도리어 『논어』를 강설하고 전수하지 않았겠
는가? 이는 참으로 서방의 일과 서로 발명이 될 만하다. 아마도 그 당시
에는 모든 경들이 다『논어』를 겸하고 있었기 때문에 다시 전담관을 설
치하지 않은 것일 뿐이다."라고 했다.

원문 案, 翟氏甚是. 『論語』惟立博士, 故得立石大學. 洪适『隸釋』載『殘字石經』「堯曰篇」, 末云"而在於蕭蔣之內, 盍·毛·包·周無於此", 以諸家校『論語』之異同. 宋氏翔鳳『師法表』云: "盍氏·毛氏, 不知與包·周孰爲先後, 又不知爲『齊』爲『魯』."

역문 살펴보니, 적씨(翟氏)가 매우 옳다. 『논어』에만 박사를 세웠기 때문에 대학이라는 비석을 세울 수 있었던 것이다. 홍괄(洪适)[52]의 『예석』에 실린 『잔자석경(殘字石經)』「요왈」 끝에 "소장(蕭蔣)의 안에 있었는데, 합(盍)·모(毛)·포(包)·주(周)는 여기에 없었다"라고 했으니, 여러 학파를 참고해서 『논어』의 동이(同異)를 교정한 것이다. 송상봉의 『사법표』에 "합씨(盍氏)·모씨(毛氏)는 포함과 주씨가 누가 선후가 되는지 몰랐고, 또 『제논어』가 되는지 『노논어』가 되는지도 몰랐다."라고 했다.

『古論』唯博士孔安國爲之訓解, 而世不傳. 至順帝時, 南郡大守馬融, 亦爲之訓說.

『고논어』는 오직 박사 공안국만이 훈해(訓解)를 지었으나 세상에 전해지지 않는다. 순제(順帝) 때에 이르러 남군태수(南郡太守) 마융(馬融)이 또 『고논어』의 훈설(訓說)을 지었다.

---

52 홍괄(洪适, 1117~1184): 중국 송나라 때 요주(饒州) 파양(鄱陽) 사람으로, 원명은 "조(造)"였는데, 뒤에 괄(适)로 바꿨다. 자는 경백(景伯)이고, 또 다른 자는 온백(溫伯) 또는 경온(景溫)이며, 호는 반주(盤州)이다. 만년에 요주(饒州) 파양(鄱陽)에 거주하였기 때문에 자호를 반주노인(盤州老人)이라고 했다. 금석학 방면에 조예가 매우 깊어 구양수(歐陽修)·조명성(趙明誠)과 함께 송대 금석 삼대가라고 불렸다. 저서에 『예석(隸釋)』·『예속(隸續)』 등이 있다.

원문 正義曰: "古論"者, 古字『論語』也.『史記』「孔子世家」, "安國, 孔子十一世孫, 爲武帝博士."『漢書』「孔光傳言, "安國, 爲武帝博士, 至臨淮太守." 「世家」但言"博士"者, 當是史公就目見時言之. 此「序」本「世家」, 故亦祇言"博士", 未詳其後所居之官耳. 「世家」又云: "時魯共王壞孔子舊宅, 壁中得古文「虞」·「夏」·「商」·「周」之書, 及傳『論語』·『孝經』, 悉還孔氏."『漢書』「藝文志」云: "魯共王壞孔子宅, 而得『古文尙書』及『禮記』·『論語』·『孝經』凡數十篇, 皆古字也. 孔安國者, 孔子後也, 悉得其書." 是『古文論語』爲安國所得也.

역문 정의에서 말한다.

　"고논(古論)"이란 옛글자로 쓰여진[古字]『논어』이다.『사기』「공자세가」에 "공안국은 공자의 11대 자손으로 한 무제(漢武帝) 때 박사가 되었다."라고 했고,『전한서』「공광전」에 "공안국은 무제 때 박사가 되었다가 임회군(臨淮郡)의 태수(太守)에 올랐다."라고 했다. 「세가」에서 단지 "박사"라고만 말한 것은, 당연히 태사공이 직접 눈으로 본 것에 대해서만 말했기 때문이다. 이「서」는「세가」에 근거했기 때문에 역시 다만 "박사"라고만 해서 그 후에 있었던 관직에 대해서는 자세하지 않은 것일 뿐이다. 「세가」에서는 또 "당시에 노공왕이 공자의 구택을 철거하다가 벽 속에서 고문(古文)으로 된「우서」·「하서」·「상서」·「주서」·및『논어』·『효경』등의 전(傳)을 얻었는데, 모두 공씨(孔氏)에게 돌려주었다."라고 했고,『전한서』「예문지」에 "노공왕이 공자의 구택을 철거하다가『고문상서』및『예기』·『논어』·『효경』등 모두 수십 편을 얻었는데, 모두 옛 글자[古字]였다. 공안국은 공자의 후손인데 나중에 그 책을 모두 돌려받았다."라고 했으니, 이것이 공안국이『고문논어』를 습득하게 된 경위이다.

然『漢』「志」不言安國注『論語』, 而此『序』謂安國爲『古論』訓解者, 王肅『家語後序』云: "魯恭王得壁中書, 以歸夫子十一世孫子國. 子國乃考論古今文字, 撰衆師之義, 爲『古文論語訓』二十一篇, 『尙書傳』五十八卷. 其後孝成帝詔劉向校定衆書, 都記錄, 名『古文尙書』·『論語別錄』. 子國孫衍爲博士, 上書辨之, 略曰: '『古文尙書』·『論語』, 世人莫有能言者, 臣祖安國爲之今文, 讀而訓傳. 其義旣畢, 會値巫蠱事起, 遂各廢, 不行於時, 然其典雅正實, 與世所傳者不同日而語也. 光祿大夫向以爲其時所未施行之故, 『尙書』則不記于『別錄』, 『論語』則不使名家也. 臣竊惜之, 臣愚以爲宜皆記錄別見.' 奏上, 天子許之, 未卽論定, 而遇帝崩, 向又病亡, 遂不果立."

그러나 『전한서』 「예문지」에는 공안국이 『논어』를 주석한 것에 대해서는 언급하지 않았고, 여기의 『서』에 공안국이 『고논어』를 훈해(訓解)한 자라고 했으며, 왕숙의 『가어후서』에 "노공왕이 벽중서(壁中書)를 얻어 공자의 11세손인 자국(子國)에게 돌려주었다. 자국이 이에 고금의 문자들을 고증하여 논하고 중사(衆師)들의 뜻을 편찬해서 『고문논어훈』 21편과 『상서전』 58권을 지었다. 그 뒤에 효성제(孝成帝)가 유향(劉向)에게 조서를 내려 여러 책들을 교정하고 모두 기록하게 해서 『고문상서』와 『논어별록』이라 부르게 되었다. 자국(子國)의 손자 연(衍)이 박사가 되어 글을 올려 변론을 했는데, 대략 '『고문상서』와 『논어』는 세상 사람들이 능란하게 말하는 자가 없어서 신의 조부인 안국이 금문(今文)으로 만들어 구두를 정하고 뜻을 새겨 전하였습니다. 그 뜻을 이미 마쳤으나, 마침 무고(巫蠱)의 일이 일어남을 만나, 결국엔 각각 폐기되어 당시에는 간행되지 않았지만, 정확하고 바르면서도[典雅] 바르고 진실한 것만큼은 세상에 전하는 것들과는 동시에 말할 수 없는 것입니다. 광록대부(光祿大夫) 유향(劉向)은 그 당시에 간행되지 못한 까닭에 대해 『상서』

는『별록』에 기록되지 않았고,『논어』는 학자의 명성이 드러나지 않게 했기 때문이라고 했습니다. 신은 삼가 애석하게 여겨 신의 어리석음을 무릅쓰고 마땅히 모두 기록하여 특별히 드러내야 한다고 생각합니다.' 라고 했다. 임금에게 아뢰자, 천자가 허락하였지만 즉시 의론을 정하지 못하고 있다가 임금이 붕어하고 유향 또한 병으로 죽음을 맞이하매 결국에는 마침내 간행되지 못하였다."라고 했다.

원문 案,『漢』「藝文志」列『論語』十二家, 於『齊』·『魯論』「傳」·「說」皆備載之, 而於『古論』不言有孔氏「說」, 劉向雅博, 爲世通儒, 倘及見典雅正實之安國古文訓, 豈有廢置之不使名家乎? 安國以今文讀古文, 而司馬遷正從安國問故, 其「孔子世家」·「弟子列傳」所載『論語』文, 必是安國之學. 今校之孔「注」, 如"在陳絶糧", 敍孔子去衛如曹, 又之宋之陳, 佛肸爲趙簡子邑宰, 顯與『史記』不合. 其他差謬, 遠失經旨者甚多, 是此「注」必非安國所作. 今所傳『尙書傳』·『孝經傳』, 往時儒者皆知其僞, 而『論語』因爲『集解』所采, 無敢異議. 近陳氏鱣箸『論語古訓』,『自序』疑其不類; 沈氏濤箸『論語孔注辨僞』,『自序』譏其詮義膚淺, 徵典舛誤, 疑爲平叔所作. 丁氏晏箸『論語孔注證僞』, 以爲王肅所作. 蓋王肅好與鄭難, 故論者以『尙書傳』爲肅作, 則此『論語注』必亦出肅之手, 而特於『家語序』互證成之. 丁氏此說, 較沈氏爲得.

역문 살펴보니,『전한서』「예문지」에『논어』12가(家)를 열거해 놓았는데,『제논어』와『노논어』의「전」과「설」은 모두 갖추어서 기록했지만,『고논어』에 대해서는 공씨(孔氏)의「설」이 있음을 언급하지 않았고, 유향(劉向)은 바르고 폭넓어 세상에서 모든 방면에 통달한 유학자가 되었으니, 혹시라도 정확하고 바르면서도 바르고 진실한 공안국의 고문훈(古文訓)을 보았다면 어찌 폐기해 두고서 학파의 명성이 드러나지 않게 함이 있었겠는가? 공안국이 금문으로 만들어 고문을 읽으매 사마천이 바로 공안국을 좇아 까닭을 물었으니, 그의 「공자세가」와 「제자열전」에 실려 있는 『논어』의 글은 필시 공안국의 학문인 것이다. 이제 공안국의 「주」에서 따져 보면 "진(陳)나라에 있을 때 식량이 떨어진 것"[53] 같은 경우, 공자가 위(衛)나라를 떠나 조(曹)나라로 갔다가 또 송나라로 가고 진(陳)나라로 갔다고 서술한 것이라든가, 필힐(佛肸)이 조간자(趙簡子)의 읍재(邑宰)가 되었다는 것 같은 경우에는 현격하게 『사기』와 부합하지 않는다. 이 외에도 어긋나거나 그릇되어 경의 취지를 크게 잃은 것들이 매우 많은데, 이러한 「주」는 필시 공안국이 지은 것이 아니다. 지금 전해지는 『상서전』과 『효경전』은 과거에 이미 유학자들이 모두 그것이 위서임을 알았고, 『논어』는 『집해』에 채록됨으로 인해 감히 이의가 없었다. 근래에는 진전이 『논어고훈』을 저술했는데, 『자서』에서 그것이 유사하지 않음을 의심하였고, 심도(沈濤)는 『논어공주변위』를 저술했는데, 『자서』에서 그 뜻을 설명한 것이 부박하고 천근하며 경전을 증명한 것이 잘못된 것을 비판하고 평숙[平叔: 하안(何晏)의 자]이 지은 것이라고 의심했다. 정안(丁晏)[54]은 『논어공주증위』를 지어서 왕숙(王肅)의 저작이

---

53 『논어』 「위령공(衛靈公)」.

54 정안(丁晏, 1794~1875): 청나라 강소(江蘇) 산양(山陽, 淮安) 사람. 자는 검경(儉卿) 또는 자당(柘堂). 도광(道光) 원년(1821) 거인(擧人)이 되었다. 함풍(咸豊) 연간에 재적지(在籍地)에서 단련(團練)을 맡아 내각중서(內閣中書)에서 삼품함(三品銜)이 더해졌다. 한학(漢學)을 경학의 종주로 삼아 평생 정현의 학문을 좋아했고, 한학과 송학(宋學)의 융합을 주장했다. 학문은 청나라 환파경학(皖派經學)에 일정한 영향을 받았다. 일생 동안 교정하고 저술한 책이 대단히 많았다. 정현의 모시주(毛詩注)를 고증하여 『모정시석(毛鄭詩釋)』을, 『모시보(毛詩譜)』를 고증하여 『정씨시보고증(鄭氏詩譜考證)』을, 정현의 설에 근거하여 송나라 왕응린(王應麟)의 『삼가시고(三家詩考)』를 시정한 『시고보주(詩考補注)』와 『유보(遺補)』를, 정현의 예기주(禮記注)를 증명한 『삼례석주(三禮釋注)』를 각각 편찬했다. 그 밖의 저서에

라고 했다. 아마도 왕숙이 정현을 몹시 힐난했기 때문에 논자들이 『상서전』을 왕숙의 저작으로 여긴 것이라면 이 『논어주』도 분명 왕숙의 손에서 나왔을 것이므로 특별히 『공자가어서』에서 번갈아 가며 증명을 끝낸 것이다. 정씨(丁氏)의 이 말이 심씨(沈氏)보다는 비교적 타당하다.

원문 『論衡』「正說篇」謂"安國以敎魯人扶卿, 官至荊州刺史, 始曰『論語』." 案, 扶卿爲『魯論』之學, 見『漢』「藝文志」, 不傳『古論』, 且『漢志』及「張禹傳」·『經傳敍錄』皆言魯扶卿, 是魯爲其姓. 『論衡』獨言"魯人扶卿", 與『漢志』諸文不同. 又荊州刺史似謂扶卿所居之官, 『論衡』此言, 未知所本. 至『論語』之名, 早見「坊記」, 豈至安國及扶卿時始有其名? 王忠於經術頗疎, 此等說終是不可據也.

역문 『논형』「정설편」에 "공안국은 『전』이라 부르는 것을 노나라 사람 부경(扶卿)에게 전수했고, 부경이 형주자사(荊州刺史)로 승진하자 비로소 『논어』라고 불렀다."라고 했는데, 살펴보니, 부경(扶卿)은 『노논어』의 학문을 배웠고, 『전한서』「예문지」를 보면 『고논어』를 전하지 않았으며, 또 『전한서』「예문지」 및 「장우전」과 『경전서록』에는 모두 노부경(魯扶卿)이라고 했으니, 노(魯)는 그의 성(姓)이 된다. 『논형』에서 유독 "노나라 사람 부경"이라고 한 것은 『전한서』「예문지」의 여러 글들과 같지 않다. 또 형주자사(荊州刺史)는 부경이 맡았던 관직을 이르는 것 같은데, 『논형』의 이 말은 무엇을 근거로 한 것인지 알 수 없다. 심지어 『논어』라는 명

『주역해고(周易解故)』와 『주역술전(周易述傳)』, 『주역상류(易經象類)』, 『주역송괘천설(周易訟卦淺說)』, 『상서여론(尙書餘論)』, 『우공집석(禹貢集釋)』, 『시집전부석(詩集傳附釋)』, 『주례석주(周禮釋注)』, 『예기석주(禮記釋注)』, 『독경설(讀經說)』, 『추지정오(錐指正誤)』 등이 있다. 그의 저술은 모두 47종으로, 간행된 것은 『이지재총서(頤志齋叢書)』로 묶여졌다.

칭은 일찍이 『예기』 「방기」에 보이니, 어찌 공안국 및 부경 때에 이르러 비로소 그 이름이 있게 된 것이겠는가? 왕충(王忠)은 경학에 대해서는 자못 서투르니, 이러한 등의 설은 끝내 근거로 삼을 수가 없다.

원문 邢「疏」云: "案『後漢』「記」, '孝順皇帝諱保, 安帝之子也.'「地理志」云: '南郡, 秦置, 高帝元年更爲臨江郡, 五年復故. 景帝二年復爲臨江郡, 中二年復故, 屬荊州.'「表」云: '郡守, 秦官, 掌治其郡, 秩二千石. 景帝中二年, 更名太守.'『後漢書』「傳」云: '馬融, 字季長, 扶風茂陵人也, 有俊才. 初, 京兆摯恂以儒術敎授, 隱於南山, 融從其遊學, 博通經籍. 永初四年, 拜爲校書郎中, 詣東觀典校秘書. 陽嘉二年, 拜議郎, 大將軍梁商表爲從事中郎, 轉武都太守. 三遷, 桓帝時爲南郡太守. 融才高博洽, 爲世通儒, 註『孝經』·『論語』·『詩』·『易』·『三禮』·『尙書』. 年八十八, 延熹九年卒於家.'"

역문 형병의 「소」에 "『후한서』「효순황제기」를 살펴보니, '효순황제(孝順皇帝)는 휘(諱)가 보(保)이니 안제(安帝)의 아들이다.'라고 하였다. 『전한서』「지리지」에 '남군(南郡)은 진(秦)나라 때 설치한 고을인데, 고제(高帝) 원년(기원전 206)에 군명(郡名)을 임강군(臨江郡)으로 바꾸었다가 5년에 옛이름으로 회복시켰고, 경제(景帝) 2년(기원전 155)에 다시 임강군으로 바꾸었다가, 중원(中元) 2년(기원전 148)에 옛 이름으로 회복시키고 형주(荊州)에 소속시켰다.'라고 했다. 『전한서』「백관공경표」에 '군수(郡守)는 진(秦)나라 때의 관명인데, 그 군을 다스리는 일을 관장하고 녹봉이 2천 석이다. 경제(景帝) 중원(中元) 2년에 그 이름을 태수로 바꾸었다.'라고 하였다. 『후한서』「마융전」에 이르길, "마융은 자가 계장(季長)이고 부풍(扶風) 무릉(茂陵) 사람이다. 재주가 뛰어났다. 처음에, 경조(京兆) 땅의 지순(摯恂)[55]이 유술(儒術)을 가르치면서 남산(南山)에 은거하고 있었는데,

마융이 그를 좇아 유학(遊學)하면서 경적(經籍)에 널리 통달했다. 영초(永初) 4년(110)에 교서랑(校書郎)에 제수되어 동관전교비서(東觀典校秘書)에 나아갔다. 양가(陽嘉) 2년(133)에 의랑(議郎)에 제수되었는데, 대장군 양상(梁商)이 표문(表文)을 올려 종사중랑(從事中郎)으로 삼았다가 무도태수(武都太守)로 전직(轉職)시켰다. 세 번 옮겨 환제(桓帝) 때 남군태수(南郡太守)가 되었다. 마융은 재주가 높고 학덕이 넓고 넉넉해서 세상에서 모든 방면에 통달한 유학자가 되었으며, 『효경』·『논어』·『시경』·『주역』·삼례·『상서』에 주를 달았다. 연희(延熹) 9년(166)에 88세의 나이로 집에서 죽었다.'라고 했다."라고 하였다.

원문 據「融傳」, 但言註『論語』, 而此「序」以爲『古論』者, 以融注他經多爲古文, 故意所注『論語』亦是『古論』. 其後康成取『古論』校正『魯論』, 當亦受之融者也. 皇侃「疏」·『隋』「經籍志」謂"馬融亦注『論語』", 似未然.

역문 「마융전」에 의거하면, 단지 『논어』에 주를 달았다고만 했는데, 여기의 「서」에서 『고논어』라고 한 것은, 마융이 주를 단 다른 경서들이 대부분 고문이었기 때문에 마융이 주를 단 『논어』 역시 『고논어』일 것이라고 생각한 것이다. 그 뒤에 정강성(鄭康成)이 『고논어』를 가져다 『노논어』를 교정했는데, 역시 당연히 마융에게서 전수받은 것이다. 황간의 「소」와 『수서』「경적지」에 "마융 역시 『논어』에 주를 달았다"라고 했는데, 그렇지는 않은 것 같다.

---

55 지순(摯恂, ?~?): 후한 경조(京兆) 사람. 자는 계직(季直)이다. 글을 잘 지었고, 『예기』와 『주역』에 밝았다. 위수(渭水) 강가에 은거하며 마융과 환린(桓驎) 등 많은 제자를 가르쳤다. 영화(永和) 연간에 조정에서 국석보(國碩輔)에 천거했지만 나가지 않았다. 마융의 재능이 뛰어난 것을 알고 사위로 삼았다.

漢末, 大司農鄭玄就『魯論』篇章, 考之『齊』・『古』, 爲之註.

한나라 말기에 대사농(大司農) 정현이 『노논어』의 편장(篇章)에 의거해 『제논어』와 『고논어』를 참고하여 주석(註釋)을 내었다.

원문 正義曰: 康成生當靈・獻時, 故曰"漢末". "大司農"者, 『漢書』「百官公卿表」云: "治粟內史, 秦官, 掌穀貨, 有兩丞. 景帝後元年更名大農令, 武帝太初元年更名大司農." 司馬彪「百官志」, "大司農卿一人, 中二千石."

역문 정의에서 말한다.

강성은 후한의 영제(靈帝) 때부터 헌제(獻帝) 때까지 생존했기 때문에 "한말(漢末)이라고 한 것이다." "대사농(大司農)"이란 『전한서』「백관공경표」에 "치속내사(治粟內史)는 진(秦)의 관직인데 곡식과 재화를 관장하고 두 승(丞)을 둔다. 경제(景帝) 후원년(後元年)[56]에 명칭을 대농령(大農令)으로 바꾸었다가 무제(武帝) 태초(太初) 원년(기원전 104)에 다시 대사농(大司農)으로 이름을 바꾸었다."라고 했다. 사마표(司馬彪)의 『후한서』「백관지」에 "대사농(大司農)은 경이 1인(人)이고 봉록은 중이천석(中二千石)[57]이

---

56 후원년(後元年): 뒤에 다시 왕위에 등극하여 원년으로 삼는다는 뜻이다. 후한 경제(景帝)의 후원년은 기원전 143년이며 연호 역시 후원(後元)으로 사용 기간은 기원전 143~기원전 141년이다.

57 중이천석(中二千石): 한대(漢代)의 관리 등급으로, 봉록(俸祿)의 다과로 정한 명칭인데 비이천석(比二千石)・이천석(二千石)・중이천석 등으로 구분된다. 중이천석은 월 180곡(斛)을 받으며, 사례(司隸)부터 호분 교위(虎賁校尉)가 이천석에 해당된다. 『漢書』 권19, 「百官公卿表」 후세에는 지방장관 즉 지부(知府) 등을 이천석이라 하였다.

다."라고 했다.

원문 『後漢書』「傳」云: "鄭玄, 字康成, 北海高密人也. 受業, 師事京兆第五
元先, 始通『京氏易』・『公羊春秋』・『三統曆』・『九章算術』. 又從東郡張
恭祖受『周官』・『禮記』・『左氏春秋』・『韓詩』・『古文尙書』. 以山東無足
問者, 乃西入關, 因涿郡盧植, 事扶風馬融. 融素驕貴, 玄在門下, 三年不
得見, 乃使高業弟子傳受於玄. 玄日夜尋誦, 未嘗怠倦. 會融集諸生考論圖
緯, 聞玄善算, 乃召見於樓上. 玄因從質諸疑義, 問畢辭歸. 融喟然謂門人
曰: '鄭生今去, 吾道東矣.' 玄自遊學, 十餘年乃歸鄕里. 家貧, 客耕東萊,
學徒相隨已數百千人. 及黨事起, 乃與同郡孫嵩等四十餘人俱被禁錮, 遂
隱脩經業, 杜門不出.

역문 『후한서』「정현전」에 "정현은 자가 강성(康成)이고 북해(北海)의 고밀
현(高密縣) 사람이다. 학업을 전수받기로는 경조(京兆)의 제오원선(第五元
先)[58]을 사사하여 비로소 『경씨역』・『공양춘추』・『삼통력』・『구장산
술』에 정통하게 되었다. 또 동군(東郡)의 장공조(張恭祖)로부터 『주관』・
『예기』・『좌씨춘추』・『한시』・『고문상서』를 전수받았다. 산동(山東)
에 충분히 질문할 만한 자가 없게 되자 이에 서쪽으로 가서 관중(關中)에
들어가 탁군(涿郡)의 노식(盧植)[59]을 통해 부풍(扶風)의 마융을 스승으로

---

58 제오원선(第五元先, ?~?): 후한 경조(京兆, 섬서성 西安) 사람. 정현의 스승이다. 정현이 태
　학(太學)에 들어갔을 때 스승으로 섬겨 경씨역학(京氏易學)과 『춘추공양전(春秋公羊傳)』,
　『삼통력(三統曆)』, 『구장산술(九章算術)』에 정통하게 되었다.

59 노식(盧植, 159?~192): 후한 탁군(涿郡) 탁현(涿縣) 사람. 자는 자간(子幹)이다. 영제(靈帝)
　건녕(建寧) 연간에 박사(博士)가 되고, 구강태수(九江太守)를 지냈다. 다시 의랑(議郎)이 되
　어 채옹 등과 동관(東觀)에서 오경(五經)을 교정하고 『한기(漢記)』를 보완했다. 황건(黃巾)
　의 반란이 일어나자 북중랑장(北中郞將)으로 장각(張角)과 광종(廣宗)에서 싸웠다. 소황문

섬겼다. 마융은 평소 성품이 교만하고 신분이 귀하여 정현이 문하에 있은 지 3년이 되도록 만나 볼 수 없었는데, 그제서야 학업이 높은 제자로 하여금 정현에게 학문을 전수하게 하였다. 정현은 밤낮으로 진리를 탐구하고 경전을 암송하여 일찍이 태만하거나 게으르지 않았다. 마침 마융이 제생들을 모아 놓고 하도(河圖)와 위서(緯書)를 연구하고 토론하다가 정현이 산술에 뛰어나다는 말을 듣고 그제서야 정현을 불러 누대 위에서 만나 보았다. 정현은 이 기회로 인해 좇아가 모든 의심스러운 뜻을 질문하였고, 질문이 끝나자 하직인사를 하고 돌아갔다. 그러자 마융이 탄식하며 문인들에게 말하길, '정생(鄭生)이 이제 떠나가니, 나의 도가 이제 동쪽(정현은 동쪽 산둥성 사람)으로 옮겨 가려나 보다.'라고 했다. 정현은 유학을 떠난 뒤로부터 10여 년 만에 고향으로 돌아왔다. 집안이 가난하여 동래(東萊)에서 남의 땅을 빌려 농사를 지었지만 학도들이 서로 따라 이미 수백, 수천 명이나 되었다. 당쟁에 휘말려 용사하는 일이 일어남에 미쳐 결국은 같은 군의 손숭(孫嵩) 등 40여 명과 함께 금고를 당하니,[60] 마침내 은둔하여 경업(經業)을 닦고 두문불출하였다.

원문 建安元年, 自徐州還高密. 玄後嘗疾篤, 自慮, 以書戒子益恩云云. 時大

(小黃門) 좌풍(左豊)의 눈 밖에 나 모함 때문에 처벌받았지만, 다시 상서(尙書)가 되었다. 나중에 동탁(董卓)이 소제(少帝)를 폐위할 것을 거론하자 홀로 반대하다 면직되어 귀향했다. 이후 상곡(上谷)에 은거했다. 젊어서 정현과 함께 마융에게 경전을 배워 고금의 문학에 통했고, 정밀하게 연구하되 장구(章句)의 해석에 얽매이지 않았다. 고문경학(古文經學)을 숭상하여 학관(學官)에 세울 것을 주장했다. 저서에 『상서장구(尙書章句)』와 『삼례해고(三禮解詁)』가 있었지만 전하지 않고, 『소대례기주(小戴禮記注)』만 청나라 왕모(王謨)의 한위유서초(漢魏遺書鈔)에 전한다.

60 이를 당고지화(黨錮之禍)라 한다.

將軍袁紹總兵冀州, 遣使邀玄, 舉玄茂才, 表爲左中郞將, 皆不就. 公車徵
爲大司農, 給安車一乘, 所過長吏送迎. 乃以病自乞還家. 卒年七十四. 自
郡守以下嘗受業者, 縗絰赴會千餘人. 凡玄所注『周易』·『尙書』·『毛
詩』·『儀禮』·『禮記』·『論語』·『孝經』·『尙書大傳』·『中候』·『乾象
曆』, 又著『天文七政篇』·『魯禮禘祫義』·『六藝論』·『毛詩譜』·『駁許愼
五經異義』·『答臨孝存周禮難』, 凡百餘萬言. 玄質於辭訓, 通人頗譏其
繁, 至於經傳洽, 孰稱爲純儒, 齊·魯間宗之."

역문 건안(建安) 원년(196)에 서주(徐州)에서 고밀현으로 되돌아왔다. 정현의
후손이 일찍이 질병이 위독한 적이 있었는데, 스스로 염려가 되어 편지
를 써서 아들 익은(益恩)에게 훈계를 운운했다. 당시에 대장군 원소(袁紹)
가 기주(冀州)에서 병사를 거느리고 있었는데, 사람을 보내 정현을 맞이
하여 정현을 무재(茂才)[61]로 천거해서, 좌중랑장(左中郞將)으로 표출하려
했지만 모두 나아가지 않았다. 공거(公車)로 불러다가 대사농(大司農)으
로 삼고 안거(安車) 1승(乘)을 주자 지나가는 곳마다 지방의 관리들이 환
송하고 환영하였다. 병 때문에 스스로 집으로 돌아갈 것을 청하였고, 나
이 74세에 사망했다. 군수(郡守)로부터 그 이하 일찍이 정현에게서 수업
을 받은 자들 중에 상복 차림으로 달려와 모인 사람이 천여 명에 달하였
다. 모두해서 정현이 주석한 책은 『주역』·『상서』·『모시』·『의례』·
『예기』·『논어』·『효경』·『상서대전』·『중후』·『건상력』이고, 또
『천문칠정편』·『노례체협의』·『육예론』·『모시보』·『박허신오경이
의』·『답임효존주례난』을 저술했으니, 무려 백여 만언(百餘萬言)이나
된다. 정현이 말뜻의 새김을 바로잡은 것에 대해서 박람다식한 사람들

---

61 무재(茂才): 한대(漢代) 이후 관리 등용의 과목(科目) 이름. 원래 수재(秀才)라 하였는데, 후
한 때에는 광무제(光武帝)의 이름을 피하여 무재(茂才)라 하였다.

은 사뭇 그 번거로움을 비난하기도 하지만 경전을 윤택하게 한 것에 이르면 누구나 순유(純儒)라 칭송을 하니 제(齊)와 노(魯) 사이에서는 그를 종주로 삼는다."라고 했다.

원문 "就『魯論』篇章"云云者,『隋書』「經籍志」,"鄭以『張侯論』爲本, 參校『齊』·『古』而爲注."『張論』即『魯論』. 陸氏「音義」云: "鄭校周之本, 以『齊』·『古』讀正, 凡五十事." 宋氏翔鳳『師法表』云:"周之本, 即周氏之出於『張侯』者, 蓋『張論』出而三家逐微, 鄭學興而『齊』·『古』差見, 是康成雖就『魯侯』, 實兼通『齊』·『古』, 而於『古論』尤多徵信. 故注中從『古』讀正『魯論』者不一而足. 其從『齊』讀已不可考, 然尋兩家之學, 可以得其一二."

역문 "『노논어』의 편장(篇章)에 의거해"라고 운운한 것은,『수서』「경적지」에 "정현은『장후논』을 저본으로 삼았는데,『제논어』와『고논어』를 참교(參校)해서 주를 달았다."라고 했는데,『장후논』은 바로『노논어』이다. 육씨(陸氏: 육덕명)는『경전석문』「논어음의」에서 "정현이 주씨본(周氏本)을 교열할 때『제논어』와『고논어』를 가지고 구두를 바로잡은 것이, 모두 51가지 사례이다."라고 했다. 송상봉의『사법표』에 "주씨본(周氏本)은 바로『장후논』에서 나온 주씨본(周氏本)이니,『장후논』이 나오매 3가(三家)가 마침내 미미해졌고, 정학(鄭學)이 흥기하자『제논어』와『고논어』의 차이가 드러나기 시작했으니, 이는 강성이 비록『노후(魯侯)』[62]에 의거했지만, 실은『제논어』와『노논어』를 겸하고 통일시킨 것으로『고논어』보다 믿을 만한 증거가 더욱 많다. 그러므로 주를 단 것 중에

---

62 『노후(魯侯)』:『장후논(張侯論)』이 곧『장후(張侯)』로『장논(張論)』이고『노논(魯論)』이므로『노후(魯侯)』는『장후(張侯)』를 가리키는 것으로 보인다.

『고논어』를 따라 『노논어』의 구두를 바로잡은 것이 하나로 족한 것이 아니었다. 그가 『제논어』에 의거해서 구두를 정한 것은 이미 상고할 수 없지만 양가(兩家)의 학설을 살펴보면, 한두 가지는 얻을 수 있을 것이다."라고 했다.

원문 案,「音義」謂"鄭以『齊』·『古』校正周本, 凡五十事.", 今以鄭氏佚注校之, 祇得二十四事, 皆明箸『魯』讀之文. 其"哀公問主"解爲"社主", 雖從周本作"主", 仍是從『古論』義爲"社主"也. 至如"有酒食, 先生饌." "饌", 鄭作"餕", "無適也", "適", 鄭作"敵", "異乎三子者之撰", "撰", 鄭作"僎", 云"僎讀曰詮". "子貢方人", "方" 鄭作"謗", "朱張", 鄭作"侏張", "廢中權", "廢", 鄭作"發", 皆與『集解』本異, 疑此卽據『齊論』校正者也. 又「衛靈公篇」, "子曰: '父在, 觀其志; 父沒, 觀其行.'" 鄭云: "古皆無此章." 謂『古論』及『齊論』無此章. 鄭仍從周本有此章也. 又「堯曰篇」"知命"章, 鄭云: "『魯論』無此章." 此又從『齊』·『古』校補周本者也. 宋氏謂"鄭從『齊』讀已不可考", 是大略言之, 未細檢耳.

역문 살펴보니, 「논어음의」에 "정현이 『제논어』와 『고논어』를 가지고 주씨본을 교정한 것이 모두 51가지 사례이다"라고 했는데, 지금 정씨(鄭氏)의 일주(佚注)를 가지고 참교해 보면, 다만 24가지 사례만 얻을 수 있고, 모두 『노논어』의 구두로 된 문장을 분명하게 드러낸 것이다. 그는 "애공이 주(主)에 대해서 물은 것[哀公問主]"을 "사직이 신주[社主]"로 해석한 것은 비록 주씨본을 따라 "신주[主]"라고 한 것이지만, 그래도 여전히 『고논어』의 뜻을 따라 "사직의 신주[社主]"라고 한 것이다. 심지어 "술이나 밥이 있으면 연장자가 장만하는 것[有酒食, 先生饌.]"이라고 한 것과 같은 경우, "찬(饌)"을 정현은 "준(餕)"이라고 했고, "무적야(無適也)"의 "적(適)"을 정현은 "적(敵)"으로 썼으며, "세 사람의 사리가 잘 갖추어진 대답[撰]

과는 다르다[異乎三子者之撰]"라고 할 때의, "찬(撰)"을, 정현은 "선(僎)"으로
쓰고, "선(僎)은 갖추다[詮]라는 뜻으로 읽어야 한다"라고 했다. "자공방
인(子貢方人)"의 "방(方)"을 정현은 "방(謗)"으로 쓰고, "주장(朱張)"을 정현
은 "주장(侏張)"으로 썼으며, "폐중권(廢中權)"의 "폐(廢)"를 정현은 "발(發)"
로 썼는데, 모두 『논어집해』본과는 다르니, 아마도 이것들은 바로 『제
논어』를 근거로 교정한 것인 듯싶다. 또 「위령공」에서 "공자가 말했다.
'아버지가 살아 있을 때는 그 아들의 뜻을 보고, 아버지가 죽은 뒤에야
그 아들의 행실을 볼 것이니, 3년 동안 아버지의 도를 고침이 없어야 효
라 이를 수 있다.'[子曰: '父在, 觀其志; 父沒, 觀其行.']"라고 한 것에 대해 정현
은 "옛날에는 모두 이 장이 없다."라고 했으니, 『고논어』 및 『제논어』에
는 이 장이 없다는 말이다. 그러나 정현은 그대로 주씨본을 따라 이 장
을 두었던 것이다. 또 「요왈」의 "지명(知命)"장에 대해서 정현은 "『노논
어』에는 이 장이 없다."라고 했는데, 이것은 또 『제논어』와 『고논어』를
따라 주씨본을 교정하고 보완한 것이다. 송씨(宋氏)가 "정현이 『제논어』
에 의거해서 구두를 정한 것은 이미 상고할 수 없다"라고 한 것은 대략
적으로만 말한 것으로, 자세하게 검증하지 않았을 뿐이다.

원문 宋氏『師法表』又云: "『隋』「經籍志」, '『論語注』十卷, 鄭玄注.'『經典敍
錄』同. 『隋志』又言, '梁有『古文論語』, 鄭玄注, 亡.' 蓋阮孝緒所箸錄, 鄭
無別注古文, 其所注『論』, 卽用古文, 故別題『古文論語』." 案, 『舊唐書』
「經籍志」, "『論語』十卷, 鄭玄注. 『論語釋義』十卷, 鄭玄注." 『新唐書』「藝
文志」, "『論語鄭玄注』十卷, 又注『論語釋義』一卷." 分『注』與『釋義』爲
二, 疑『釋義』卽鄭君『論語』敍. 故『新』「志」作"一卷", 其『舊』「志」云"十
卷"者, 字之誤也. 又二「志」有鄭君"『論語篇目弟子』一卷", 今略見『史記
集解』中.

역문 송씨(宋氏)의 『사법표』에는 또 "『수서』「경적지」에 '『논어주』 10권은 정현이 주를 단 것이다.'라고 했는데, 『경전서록』에도 같다. 『수서』「경적지」에서는 또, '양(梁)에 『고문논어』가 있는데, 정현이 주를 달았으나, 망실되었다.'라고 했다. 완효서(阮孝緒)[63]가 저술한 기록에, 정현은 별도로 고문을 주석한 것은 없고, 그가 『논어』에 주를 단 것이 바로 고문을 사용한 것이기 때문에 특별히 『고문논어』라고 제목을 단 것이다."라고 했는데, 살펴보니, 『구당서』「경적지」에 "『논어』 10권은 정현이 주를 단 것이다. 『논어석의』 10권은 정현이 주를 단 것이다."라고 했고, 『신당서』「예문지」에 "『논어정현주』 10권이 있고, 또 『논어석의』 1권을 주석했다."라고 해서 『논어정현주』와 『논어석의』를 두 가지로 나누었는데, 아마도 『논어석의』는 바로 정군(鄭君) 『논어』의 서문(敍文)인 듯싶다. 그러므로 『신당서』「예문지」에는 "1권"이라고 되어 있는 것이니, 『구당서』「경적지」에서 "10권"이라고 한 것은 오자(誤字)이다. 또 두 「지」에 정군(鄭君)의 "『논어편목제자』 1권"이라는 표현이 있으니, 지금은 『사기집해』 안에 대략 보인다.

원문 宋氏翔鳳『師法表』云: "『隋志』言'梁·陳之時, 惟鄭玄·何晏立於國學, 而鄭氏甚微. 周·齊, 鄭學獨立. 至隋, 何·鄭並行, 鄭氏盛於人間.' 考箸

---

63 완효서(阮孝緒, 479~536): 남조 양(梁)나라 진류(陳留) 울지(尉氏) 사람. 목록학자. 자는 사종(士宗)이고, 은거한 채 벼슬에 나가지 않고 학문에만 전념했다. 13살 때 벌써 오경(五經)에 정통했다. 임방(任昉)이 흠모하며 존중했다. 양무제(梁武帝) 보통(普通) 4년(523) 방대한 목록서적인 『칠록(七錄)』의 편찬을 시작하여 송나라와 제나라 이래의 도서 기록들을 널리 수집해 경사자집(經史子集)과 방기(方伎), 불(佛), 도(道) 7류(類)로 나누어 전대 목록학을 총결산했다. 그 밖의 저서에 『고은전(高隱傳)』과 『정사삭번(正史削繁)』이 있다. 원효서(阮孝緒)라고도 부른다. 제자들이 문정처사(文貞處士)라 사시(私諡)했다.

錄家說『論語』者, 康成以前, 俱已久佚, 至鄭氏, 大抵佚於五季之亂, 略存
於何『解』·陸「音」."

역문 송상봉의『사법표』에 "『수서』「경적지」에 '양(梁)나라와 진(陳)나라 시
대에는, 오직 정현과 하안만이 국학을 세웠는데, 정씨(鄭氏)가 매우 미약
했다. 주와·제(齊)에서는 정학(鄭學)이 독립했다. 수(隋)나라 때에 이르
러 하안과 정현의 학문이 병행되었는데, 정씨(鄭氏)의 학문이 사람들 사
이에서 성행했다.'라고 했는데, 상고해 보니 저록가(箸錄家)들이 말하는
『논어』는 강성 이전에 모두 이미 일실된 지 오래이고, 심지어 정씨도 대
부분이 오계(五季)의 난(亂)[64]에 일실되어 하안의『논어집해』와 육덕명의
「음의」에 약간 남아 있다."라고 했다.

近故, 司空陳群, 太常王肅, 博士周生烈, 皆爲『義說』.

근고(近故)에 사공(司空) 진군(陳群)과 태상(太常) 왕숙과 박사(博
士) 주생렬(周生烈)이 모두『의설』을 지었다.

원문 正義曰: 邢「疏」云: "年世未遠, 人已歿故, 是近故也."『晉書』「職官志」,
"太尉·司徒·司空, 竝古官也. 自漢歷魏, 置以爲三公."『漢書』「百官公

---

64 오계(五季)의 난(亂): 당(唐)나라가 멸망하고, 송(宋)나라가 건국하기까지 50여 년 사이에
후량(後梁)·후당(後唐)·후진(後晉)·후한(後漢)·후주(後周)의 5대(五代)의 혼란기. 서기
907~959까지 53년 동안 다섯 나라가 교대로 일어나서 정치가 어지러웠다. 계(季)는 말세라
는 뜻이다.

卿表」, "奉常, 秦官, 掌廟禮儀. 景帝中六年, 更名太常." 司馬彪「百官志」,
"太常卿一人, 中二千石." 本注曰, "掌禮儀祭祀."「百官公卿表」, "博士,
秦官, 掌通古今." 是司空 · 太尉 · 博士皆官名也.

역문 정의에서 말한다.

형병의 「소」에 "연대는 오래되지 않았으나 사람들은 이미 모두 죽어
고인(故人)이 된 것이 바로 '근고(近故)'이다."라고 했다. 『진서』「직관지」
에 "대위(太尉) · 사도(司徒) · 사공(司空)은 모두 옛날의 관직이다. 한으로
부터 위(魏)를 거치면서 설치해서 삼공(三公)이라 하였다."라고 했다. 『전
한서』「백관공경표」에 "봉상(奉常)은 진(秦)나라 때의 관명인데, 종묘(宗
廟)의 예의(禮儀)를 관장한다. 경제(景帝) 중원(中元) 6년(기원전 144)에 그
이름을 태상(太常)으로 바꾸었다."라고 하였다. 사마표(司馬彪)의 「백관
지」에 "태상(太常)은 경 한 사람이고 녹봉은 중이천석(中二千石)이다."라
고 했는데 본주(本注)에 "예의(禮儀)와 제사(祭祀)를 관장한다."라고 했다.
「백관공경표」에 "박사(博士)는 진(秦)나라 때의 관명인데, 고금(古今)을
널리 통달하는 일을 관장한다."라고 했으니, 사공(司空)과 태위(太尉)와
박사(博士)는 모두 관명이다.

원문 『魏志』「陳群傳」, "陳群, 字長文, 潁川許倡人也. 太祖辟群爲司空西曹
掾屬. 文帝卽位, 遷尙書僕射, 明帝卽位, 進封潁陰侯, 頃之爲司空. 靑龍
四年薨, 諡曰靖侯."

역문 『위지』「진군전」에 "진군은 자가 장문(長文)이고 영천(潁川) 허창(許昌)
사람이다. 태조(太祖)가 진군을 초빙하여 사공서조연속(司空西曹掾屬)으
로 삼았다. 문제(文帝)가 즉위하여서는 상서복사(尙書僕射)로 승진시켰
고, 명제(明帝)가 즉위하여서는 관직을 올려 영음후(潁陰侯)에 봉하고, 얼
마 뒤에 사공(司空)으로 삼았다. 청룡(靑龍)[65] 4년(236)에 죽었으니, 시호

가 정후(靖侯)이다.”라고 하였다.

원문 「王朗傳」, “王朗, 東海蘭陵人. 子肅, 字子邕, 年十八, 從宋忠讀『太玄』, 而更爲之解. 黃初中, 爲散騎黃門侍郎, 太和三年, 拜散騎常侍. 正始元年, 出爲廣平太守. 公事徵還, 拜議郎. 頃之, 爲侍中, 遷太常. 時大將軍曹爽 專權, 任用何晏·鄧颺等, 肅曰: ‘此輩卽弘恭·石顯之屬.’ 後爲光祿勳, 徙 爲河南尹, 後遷中領軍, 加散騎常侍. 甘露元年薨. 初, 肅好賈·馬之學, 而 不好鄭氏, 采會同異, 爲『尙書』·『詩』·『論語』·『三禮』·『左氏』解, 皆 列於學官.”『經典敍錄』有王肅『論語注』十卷.

역문 「왕랑전」에 “왕랑(王朗)은 동해(東海) 난릉(蘭陵) 사람이다. 아들은 숙 (肅)으로, 자가 자옹(子邕)인데 18세 때 송충(宋忠)[66]에게서 『태현경』을 배 우고 다시 해석을 하였다. 황초(黃初)[67] 연간에 산기황문시랑(散騎黃門侍 郎)이 되었고 태화(太和)[68] 3년(229)에 산기상시(散騎常侍)에 제수되었다.

---

65 청룡(靑龍): 중국 삼국시대 “조위(曹魏)”라고도 불리는 위(魏)의 제2대 황제인 명제(明帝) 조 예(曹叡, 재위 226~239) 때의 두 번째 연호이다. 233년 음력 2월부터 237년 음력 3월까지 5년 동안 사용되었다.

66 송충(宋忠, ?~?): 후한 말기 남양(南陽) 장릉(章陵) 사람. 자는 중자(仲子)다. 형주오업종사 (荊州五業從事)가 되었다. 일찍이 유표(劉表) 등과 함께 『오경장구(五經章句)』를 정했다. 건안(建安) 13년(209) 유표가 죽었다. 조조(曹操)가 대군을 이끌고 남정(南征)하자 유종(劉 琮)이 자리를 이은 뒤 조조에게 투항하는 글을 올리게 했다. 양양(襄陽)으로 돌아올 때 관우 (關羽)에게 잡혀 이 사실이 밝혀지자, 유비(劉備)가 질책한 뒤 돌려보냈다. 고문(古文)만을 연구하여 형주학파(荊州學派)에서 가장 영향력이 있었다. 『주역』에 대한 주(註)를 냈다. 이 『주역』의 주는 정현의 주와 함께 당시 쌍벽을 이루었다. 그 밖의 저서에 『세본주(世本注)』 와 『법언주(法言注)』가 있다.

67 황초(黃初): 중국 삼국시대에 ‘조위(曹魏)’라고도 불리는 위(魏)의 제1대 황제인 문제(文帝) 조비(曹丕, 재위 220~226) 때의 연호이다. 220년 음력 10월부터 226년 음력 12월까지 7년 동안 사용되었다.

정시(正始)[69] 원년(240)에 나아가 광평태수(廣平太守)가 되었다. 공사(公事)로 다시 불러들여 배랑(拜郞)에 제수되었다가 이윽고 시중(侍中)이 되었고 태상(太常)으로 승진했다. 당시에 대장군 조상(曹爽)이 정권을 전횡하여 하안(何晏)과 등양(鄧颺)[70] 등을 임용하자, 왕숙이 '이 무리들은 환시(宦侍)인 홍공(弘恭)과 석현(石顯)의 등속이다.'라고 했다. 뒤에 광록훈(光祿勳)이 되었다가, 하남윤(河南尹)으로 옮겼고, 뒤에 중령군(中領軍)으로 승천되었으며, 산기상시(散騎常侍)에 가자(加資)되었다. 감로(甘露) 원년(256)에 죽었다. 애초에 왕숙은 가규(賈逵)와 마융의 학문을 좋아하였고, 정씨(鄭氏)를 좋아하지 않아, 같고 다른 점들을 채집하고 모아서 『상서』·『시』·『논어』·삼례·『좌씨』의 해(解)를 만드니, 모두 학관에 배치되었다."라고 했다. 『경전서록』에 왕숙의 『논어주』 10권이 있다.

원문 『後漢』「馮衍傳」, "尙書周生豊", 李賢「注」, "『風俗通』曰:'周生, 姓也.'"「王朗傳」, "自魏初徵士燉煌周生烈, 明帝時董遇等, 亦歷注經傳, 頗

---

68 태화(太和): 중국 삼국시대 "조위(曹魏)"라고도 불리는 위(魏)의 제2대 황제인 명제(明帝) 조예(曹叡, 재위 226~239) 때의 첫 번째 연호이다. 227년 음력 1월부터 233년 음력 2월까지 7년 동안 사용되었다.

69 정시(正始): 중국 삼국시대 "조위(曹魏)"라고도 불리는 위(魏)의 제3대 황제인 소제(少帝) 조방(曹芳, 재위 239~254) 때의 첫 번째 연호이다. 240년 음력 1월부터 249년 음력 4월까지 10년 동안 사용되었다.

70 등양(鄧颺, ?~249): 삼국시대 위나라 남양(南陽) 사람. 자는 현무(玄茂)다. 젊어서부터 선비로서 명성이 있었다. 명제(明帝) 때 상서랑(尙書郞)이 되었다가 일에 연루되어 면직되었다. 중랑(中郞)에 임명되고, 중서랑(中書郞)을 겸했지만, 부화(浮華)하다는 이유로 쫓겨났다. 제왕(齊王) 조방(曹芳)이 즉위하고 조상(曹爽)이 권력을 보좌했을 때 심복이 되어 영천태수(潁川太守)와 대장군장사(大將軍長史)를 거쳐 시중상서(侍中尙書)로 옮겼다. 정시(正始) 10년(249) 사마의(司馬懿)가 정변을 일으켜 권력을 탈취한 뒤 조상, 하안 등과 함께 모반죄로 몰려 삼족(三族)이 멸족당했다.

傳於世." 裴松之「注」, "臣按, 此人姓周生, 名烈. 何晏『論語集解』有烈『義例』, 餘所箸述, 見晉武帝『中經簿』." 『經典敍錄』"周生烈"「注」引『七錄』, 字文逢." 邢「疏」引『七錄』云: "字文逸, 本姓唐, 魏博士侍中." 案, "逢"・"逸"二字形相近, 未知孰是. 『隋』「志」, "『周生子要論』一卷, 魏侍中周生烈撰."『新唐』「志」, "儒家有『周生烈子』五卷." 是周生後官侍中, 其說『論語』, 卽裴氏所云『義例』也. 今邢「疏」・『集解』但有周氏, 無周生氏, 至皇「疏」又但有周生烈, 而無周氏. 蓋二家之「注」, 久爲後入混倂, 莫可識別矣. 惟"冉有退朝"「注」云: "君之朝", 見於『釋文』所引, 此則確爲周生義也.

역문 『후한서』「풍연전」에 "상서주생풍(尚書周生豊)"이라는 표현이 있는데, 이현의 「주」에 "『풍속통』에 '주생(周生)은 성(姓)이다.'라고 했다."라고 하였다. 「왕랑전」에 "본래 위(魏) 초기에 불러들였던 박사 돈황(燉煌)의 주생렬이니, 명제(明帝) 때 동우(董遇)[71] 등도 역시 일일이 경전에 주를 달았는데, 자못 세상에 전해진다."라고 하였다. 배송지(裴松之)의 「주」에 "신이 살펴보니, 이 사람은 성이 주생(周生)이고 이름이 열(烈)입니다. 하안의 『논어집해』에 주생렬의 『의례』가 있고, 나머지 저술이 진 무제(晉武帝)의 『중경부』에 보입니다."라고 했다. 『경전서록』의 "주생렬"의 「주」에 "『칠록』에 자(字)는 문봉(文逢)이다."라는 말을 인용했는데, 형병의 「소」에 『칠록』을 인용해서 "자는 문일(文逸)이고, 본성(本姓)은 당(唐)인데, 위(魏)의 박사시중(博士侍中)이다."라고 했다. 살펴보니, "봉(逢)"과 "일(逸)"은 두 글자가 모양이 서로 비슷해서 누가 옳은지 알 수 없다. 『수서』「경적지」에 "『주생자요론』1권은 위(魏)의 시중(侍中) 주생렬이 지었

---

71 동우(董遇, ?~?): 삼국 때 위(魏)나라 학자. 제자가 공부할 날짜가 없음을 한탄하자 삼여(三餘)를 이용하라고 했음. '삼여'는 한 해의 나머지인 겨울, 낮의 나머지인 밤, 갠 날의 나머지인 비 오는 날 등을 말함.

다.”라고 했고, 『신당서』 「예문지」에, “유가류에는 『주생렬자』 5권이 있다.”라고 했으니, 이는 주생(周生)이 뒤의 관직이 시중(侍中)이었다는 것이고, 그가 설명한 『논어』가 바로 배씨(裴氏)가 말한 『의례』인 것이다. 지금 형병의 「소」와 『집해』에는 다만 주씨(周氏)만 있고, 주생씨(周生氏)는 없으며, 황간의 「소」에도 단지 주생렬(周生烈)만 있고 주씨(周氏)는 없다. 아마도 두 사람의 「주」는 오래 동안 후인들에 의해 뒤섞여져서 식별할 수가 없을 듯하다. 오직 “염유퇴조(冉有退朝)”의 「주」에 주생렬이 “임금의 조정이다[君之朝]”라고 한 문장이 『경전석문』이 인용한 부분에서 보이니, 이것은 확실히 주생(周生)의 뜻으로 삼은 것이다.

前世傳受師說, 雖有異同, 不爲訓解, 中間爲之訓解, 至于今多矣. 所見不同, 互有得失.

이전의 시대에는 전수한 사설(師說)에 비록 이동(異同)이 있어도 훈해(訓解)를 짓지 않았는데, 중간에 훈해를 지어서, 지금에 와서는 훈해가 많아졌다. 소견이 각각 같지 않으니 서로 득실이 있다.

원문 正義曰: 邢「疏」云: “據今而道往古, 謂之‘前世’. 上敎下曰‘傳’; 下承上曰‘受’. ‘中間爲之訓解’, 謂自古至今, 中間包氏·周氏等爲此『論語訓解』, 有二十餘家, 故曰‘至于今多矣’. 以其趣舍各異, 故得失互有也.” 案, “前世”當指前漢, 「藝文志」載有『魯』·『齊』之說, 卽僞孔此「注」, 亦見采錄, 則非不爲訓解矣. 「序」之此言, 擧其大略, 未爲篤論也.

역문 정의에서 말한다.

형병의 「소」에 "지금을 근거로 지나간 과거를 말한 것이기 때문에 '이전의 시대[前世]'라고 한 것이다. 윗사람이 아랫사람을 가르치는 것을 '전(傳)'이라 하고, 아랫사람이 윗사람을 계승하는 것을 '수(受)'라고 한다. '중간에 훈해를 지었다'라는 것은 예로부터 지금에 이르기까지 중간에 포씨(包氏)와 주씨(周氏) 등이 이러한 『논어훈해』를 지었다는 말로 25명 남짓 되기 때문에 '지금에 와서는 훈해가 많아졌다'라고 한 것이다. 나아가고 머문 것[趣舍]이 각각 다르기 때문에 득실이 서로 간에 있는 것이다."라고 했다. 살펴보니, "이전의 시대[前世]"란 당연히 전한을 가리키고, 「예문지」에 실려 있는 『노논어』와 『제논어』의 설은 바로 위공(僞孔)의 「주」이니, 역시 채록(采錄)한 것을 보면 훈해를 짓지 않은 것이 아니다. 「서」의 이 말은 그 대략을 든 것으로 독실한 의론은 아니다.

원문 『後漢』「儒林傳」言何休"註訓『論語』", 不爲『集解』所采, 是當時已佚不傳矣. 『北堂書鈔』六十六引『論語』, "女爲君子儒, 無爲小人儒." 何休「注」云: "君子爲儒, 將以明道; 小人爲儒, 則矜其名." 劉氏逢綠據『書鈔』所引, 爲何休佚「注」, 推演其義, 爲『論語述何篇』一卷. 然『集解』載此「注」爲孔安國「注」, 『史記』「弟子傳」「集解」引作"何曰", "何"者, 何晏, 非何休也. 足利本不載姓名, 則亦以爲"何曰"矣. 且"小人儒"不必是矜名, 其義淺狹, 決非邵公語可知.

역문 『후한서』「유림전」에 하휴(何休)를 말하면서 "『논어』에 주를 달고 훈해하였다"라고 했는데, 『논어집해』에서 채록하지 않은 것은 당시에는 이미 망실되어 전해지지 않았기 때문이다. 『북당서초』 권66에 『논어』를 인용해서 "너는 군자다운 유학자가 되어야지 소인스러운 유학자가 되지 말라[女爲君子儒, 無爲小人儒.]"[72]고 했는데, 하휴의 「주」에 "군자가 유학자가 되면 장차 도를 밝히지만, 소인이 유학자가 되면 명예만 자랑스럽게 여긴다."라고 했는데, 유봉록은 『서초』에서 인용한 것을 근거로 하휴의 일실된「주」라 해서, 그 뜻을 미루어 넓혀『논어술하편』1권을 지었다. 그러나『집해』에서는 이「주」를 기록하면서 공안국의「주」라 하였으니, 『사기』「제자전」의「집해」에서 인용한 것에 "하왈(何曰)"이라고 되어 있는 것도, "하(何)"는 하안이지 하휴가 아니다. 아시카가본[足利本]에는 성명을 기록하지 않았으니, 역시 "하왈(何曰)"이라고 한 것이다. 또 "소인스러운 유학자"라고 해서 반드시 명예를 자랑하는 것은 아니니, 그 뜻이 천협(淺狹)해서 결코 소공[邵公: 하휴(何休)의 자]의 말이 아니라는 것을 알 수 있다.

今集諸家之善, 記其姓名, 有不安者, 頗爲改易, 名曰『論語集解』.

지금 제가(諸家)의 설 중에 타당한 것만을 채집해서 그 성명을 기록하고, 타당하지 못한 부분이 있으면 제법 고쳐서 책명을『논어집해』라 하였다.

원문 正義曰: 『爾雅』「釋言」, "集, 會也." 通作"輯", 若劉歆有『輯略』醋潞也. 邢「疏」云: "「註」但記其姓, 而此連言'名'者, 以箸其姓, 所以名其人, 非謂

‘名字’之名也. ‘頗爲改易’者, 「註」首不言‘包曰’·‘馬曰’, 及諸家說下‘一曰’者, 皆是何氏.自下己意, 改易先儒者也.” 案, 此語亦見『晉書』「鄭沖傳」. 惟“記其姓名”下有“因從其義”四字. 『集解』姓名竝擧, 以皇「疏」本證之自見. 邢氏亦本皇「疏」, 而“此「疏」”云云, 或所見別本實不稱名也.

역문 정의에서 말한다.

『이아』「석언」에 “집(集)은 모은다[會]는 뜻이다.”라고 했는데, 통상적으로는 “집(輯)”이라고 쓰니, 예컨대 유흠(劉歆)의 『집략』과 같은 것이다. 형병의 「소」에 “「주」에서는 다만 성(姓)만 기록했는데, 여기에서 ‘명(名)’을 붙여서 말한 것은 그의 성을 드러냄으로써 그 사람이라는 것을 명명(命名)하기 위한 것이지, ‘이름자[名字]’라고 할 때의 ‘명(名)’을 말하는 것이 아니다. ‘제법 고쳤다[頗爲改易]’라는 것은 「주」의 첫머리에 ‘포왈(包曰)’·‘마왈(馬曰)’이라고 말하지 않은 것 및 제가(諸家)의 설 아래에 ‘일설에 말하기를[一曰]’이라고 한 것이 모두 하씨(何氏)가 스스로 자기의 의견을 기술하여 선유(先儒)의 설을 고치고 바꾸었다는 뜻이다.”라고 했다. 살펴보니, 이 말 역시 『진서』「정충전」에 보인다. 다만 “그 성명을 기록함[記其姓名]” 아래에 “인종기의(因從其義)” 네 글자가 있을 뿐이다. 『집해』에서는 성과 이름을 아울러 거론했으니, 황간의 「소」본으로 증명한 것임을 자연스럽게 알 수 있다. 형병 역시 황간의 「소」를 근거로 해서 “이 「소」에서”라고 운운했으니, 혹시라도 본 것이 별도의 판본이라면 실제로 이름을 일컫지 않는 것이다.

원문 “集解”者, 集諸家解『論語』之義. 杜預注『春秋左傳』, 合經·傳諸文, 比其義類, 亦名“集解”, 與此言同旨異. 『經典釋錄』·『隋』「志」·『唐』「志」俱云: “何晏『集解』十卷.”

역문 “집해”란, 제가(諸家)에서 『논어』를 해석한 것을 모았다는 뜻이다. 두

예는 『춘추좌전』에 주를 달 때, 경(經)과 전(傳)의 모두 모아 경(經)의 뜻과 전(傳)의 뜻을 종류별(種類別)로 비교해서 역시 "집해(集解)"라고 이름을 붙였는데, 이것과는 말은 같고 종지는 다르다. 『경전서록』과 · 『수서』「경적지」·『신당서』「예문지」에 모두 "하안의 『집해(集解)』10권."이라고 했다.

光祿大夫關內侯臣孫邕, 光祿大夫臣鄭沖 · 散騎常侍中領軍安鄕亭侯臣曹羲 · 侍中臣荀顗 · 尚書駙馬都尉關內侯臣何晏等上.

광록대부(光祿大夫) 관내후(關內侯) 신(臣) 손옹(孫邕), 광록대부 신 정충(鄭沖), 산기상시(散騎常侍) 중령군(中領軍) 안향정후(安鄕亭侯) 신 조희(曹羲), 시중(侍中) 신 순의(荀顗), 상서(尚書) 부마도위(駙馬都尉) 관내후(關內侯) 신 하안 등은 이 책을 올린다.

원문 正義曰:『漢』「百官公卿表」, "大夫掌論議. 有太中大夫 · 中大夫 · 諫大夫, 皆無員, 多至數十人. 太初元年, 更名中大夫爲光祿大夫, 秩比二千石, 無印綬."『晉書』「職觀志」, "光祿大夫加金章紫綬者, 品秩第二, 祿賜 · 班位 · 冠幘 · 車服 · 佩玉, 置吏卒羽林. 其以爲加官者, 惟假章綬 · 祿賜 · 班位而已, 不別給車服 · 吏卒也. 光祿大夫假銀章靑綬者, 品秩第三, 位在金紫將軍下, 諸卿上. 漢時所置無定員, 多以爲拜假賵贈之使, 及監護喪事. 魏氏已來, 轉復優重, 不復以爲使命之官. 其諸公告老者, 皆家拜此位, 及

在朝顯職, 復用加之."

역문 정의에서 말한다.

『전한서』「백관공경표」에 "대부는 논의(論議)를 관장한다. 태중대부 (太中大夫)・중대부(中大夫)・간대부(諫大夫)가 있는데, 모두 정원이 없어 많은 경우에는 수십 명에 이른다. 태초(太初) 원년(기원전 104)에 중대부 (中大夫)의 직명을 광록대부(光祿大夫)로 고치고 녹봉을 2천석[군수(郡守)] 과 동일하게 하였고 인수(印綬)[73]가 없다."라고 했다. 『진서』「직관지」에 "광록대부(光祿大夫)로서 금도장과 자색 인끈[金章紫綬]까지 더해진 자는 품계와 녹봉은 두 번째 서열 녹사(祿賜)・반위(班位)・관책(冠幘)・거복 (車服)・패옥(佩玉)을 받고, 이졸(吏卒)과 우림(羽林)을 둔다. 가관(加官)[74]될 경우에는 다만 장수(章綬)・녹사(祿賜)・반위(班位)까지만 내려질 뿐이고, 별도로 거복(車服)과 이졸(吏卒)은 지급하지 않는다. 광록대부(光祿大夫) 로서 은도장과 청색 인끈을 받은 자는 품계와 녹봉이 세 번째 서열인데, 관위가 금자장군(金紫將軍) 아래, 제경(諸卿)의 위이다. 한나라 때 설치된 바로는 정해진 인원이 없어서 많을 경우에는 부의[賻贈]를 전달하는 관 리 및 상사(喪事)를 감호(監護)하는 일까지 임명했다. 위씨(魏氏) 이래로 바뀌어 더욱 중용되었으나 다시 사명관(使命官)으로 삼지는 않았다. 제 공(諸公)이 늙었음을 아뢰는 것[사직을 아뢰는 것]은 모두 집에서 이 직위에 제수되어 조정에 오게 하여 화려한 관직으로 다시 등용해서 관위를 올 리려 할 경우이다."라고 했다.

---

73 인수(印綬): 벼슬자리에 임명될 때 임금에게서 받는 신분(身分)이나 벼슬의 등급(等級)을 나 타내는 관인(官印)을 몸에 차기 위한 끈. 관인의 꼭지에 단다.

74 가관(加官): 본래의 직(職) 외에 기타의 관직을 더해 주는 것. 열후(列侯) 이하 낭중(郎中)까 지 다 산기(散騎)・중상시(中常侍)를 가관한다고 하였다. 『전한서(前漢書)』 권19, 「백관공 경표(百官公卿表)」 참조.

此職, 而孫邕以關內侯得爲光祿大夫者, 大約如諸公告老家拜此位也. 司
馬彪「百官志」, "關內侯, 承秦賜爵十九等爲關內侯, 無土, 寄食在所縣, 民
租多少各有戶數爲限." 劉昭「注」, "關內侯者, 依古畿內子男之義也. 秦都
山西, 以關內爲王畿, 故曰'關內侯'也."

역문 또 "광록대부와 경은 같은 녹봉이니 중이천석(中二千石)이다."라고 했
는데, 『진서』에 의거해 보면 위(魏)나라 때는 귀중한 신하라야 비로소
이 직책에 제수되는데, 손옹(孫邕)은 관내후(關內侯)로서 광록대부가 된
자이므로 대략 제공(諸公)들처럼 집에서 제수 받은 이 직위를 사직한 것
이다. 사마표의 「백관지」에 "관내후는 진(秦)을 계승하여 작급이 19등에
사작(賜爵)되면 관내후로 삼는데, 토지는 없으므로 살고 있는 고을에서
기식을 하고 백성들로부터 거두는 세금의 많고 적음은 각각 소유한 호
수(戶數)에 따라 제한을 정한다."라고 했는데, 유소(劉昭)의 「주」에 "관내
후는 옛날의 경기 내 자작과 남작에 대한 정의를 따른다. 진(秦)은 산서
(山西)에 도읍하여 관내(關內)를 왕기(王畿)로 삼았기 때문에 '관내후(關內
侯)'라고 한 것이다."라고 했다.

원문 邢「疏」云: "孫邕, 字宗儒, 樂安靑州人也." 案, 『魏志』「齊王紀」「注」引
『魏書』「廢齊王表」有"光祿大夫關內侯邕", 卽孫邕也. 晉任城太守夫人孫
氏碑云: "夫人, 濟南孫氏之中女也. 父列卿光祿大夫建德亭侯." 又歷述其
父於魏文帝時鳥侍郞, 又爲勃海太守十餘年, 其後爲吏部尙書, 又爲侍中.
武氏億跋尾據「盧毓傳」, "孫邕代毓爲吏部尙書", 與『碑』言"吏部尙書"合.
而關內侯特名號侯之一, 至其後, 乃獲實封, 有建德亭侯爵矣. 桂氏馥『跋
尾據「管寧傳」, 侍中孫邕薦寧, 與『碑』言"侍中"合. 魏文帝『典論』, "光和
中北海王和平, 亦好道術, 自以當仙, 濟南孫邕少事之." 則邕爲濟南人. 邢

「疏」云: "樂安"者, 樂安與濟南同隸青州, 地最相近, 故兩地並稱. 案, 王和平事, 亦見『後漢』「方術傳」. 『典論』言王和平爲光和時人, 而邕少事之, 則邕亦爲靈帝或獻帝時人. 計終魏世必已歿矣.

역문 형병의 「소」에 "손옹(孫邕)은 자가 종유(宗儒)이고 낙안(樂安) 청주(青州) 사람이다."라고 했다. 살펴보니, 『위지』「제왕기」의 「주」에 『위서』의 「제왕(齊王)을 폐하는 표(表)」에 "광록대부관내후옹(光祿大夫關內侯邕)"이라고 되어 있는 것을 인용했는데, 바로 손옹(孫邕)이다. 『진임성태수부인손씨비(晉任城太守夫人孫氏碑)』에 "부인은 제남(濟南) 손씨(孫氏)의 중녀(中女)이다. 아버지의 반열은 경으로 광록대부(光祿大夫) 건덕정후(建德亭侯)이다."라고 했고, 또 그의 아버지가 위문제(魏文帝) 때의 조시랑(鳥侍郎)이었고, 또 10여 년 간 발해태수(勃海太守)를 지냈으며, 그 뒤에 이부상서(吏部尙書)가 되었고, 또 시중(侍中)이 되었다는 것을 낱낱이 기록해 놓았다. 무억(武億)은 『노육전』을 근거로 「발미(跋尾)」를 기록했는데, "손옹(孫邕)은 노육(盧毓)을 이어서 이부상서가 되었다"라고 했으니, 『비』에서 언급한 "이부상서"와 일치한다. 그리고 관내후(關內侯)는 후(侯)에 대한 특별한 명호(名號) 중의 하나이고, 그 뒤에 이르러 실제로 책봉되어 건덕정후(建德亭侯)라는 작위를 갖게 되었다. 계복(桂馥)은 「관영전」을 근거로 발미를 기록했는데, "시중(侍中) 손옹(孫邕)이 영(寧)에 천거되었다"라고 했으니, 『비』에서 언급한 "시중"과 일치한다. 위 문제(魏文帝)의 『전론』에 "광화(光和)[75] 연간 북해(北海) 왕화평(王和平) 역시 도술(道術)을 좋아해서 신선에 필적한다고 자처하니, 제남(濟南)의 손옹(孫邕)이 젊어서 그를 섬겼다."라고 했으니, 손옹(孫邕)은 제남 사람인 것이다. 형병의

---

75 광화(光和): 중국 후한의 제12대 황제인 영제(靈帝) 유굉(劉宏, 재위 168~189) 때의 세 번째 연호이다. 178년 음력 3월부터 184년 음력 12월까지 7년 동안 사용되었다.

「소」에서 "낙안(樂安)"이라고 한 것은 낙안(樂安)과 제남(濟南)이 똑같이 청주(靑州)에 속해 있어서 지리상 가장 서로 근접해 있기 때문에 두 지역을 나란히 일컬은 것이다. 살펴보니, 왕화평(王和平)의 일은 도『후한서』「방술전」에도 보인다. 『전론』에는 왕화평(王和平)이 광화(光和) 때의 사람이었고, 손옹이 젊었을 때 그를 섬겼다고 했으니, 그렇다면 손옹 역시 영제(靈帝) 때의 사람이거나 혹은 헌제(獻帝) 때의 인물이다. 임종을 따져보니, 위(魏)나라시대에는 분명 이미 죽고 없었을 것 같다.

원문 『晉書』「鄭沖傳」, "鄭沖, 字文和, 滎陽開封人. 起自寒微, 卓爾立操, 淸恬寡欲, 耽玩經史, 遂博究儒術及百家之言. 及魏文帝爲太子, 命沖爲文學, 累遷尙書郎, 出補陳留太守. 大將軍曹爽引爲從事中郎, 轉散騎常侍光祿勳. 嘉平三年, 拜司空. 及高貴鄕公講『尙書』, 沖執經親授, 與侍中鄭小同俱被賞賜, 俄轉司徒. 常道鄕公卽位, 拜太保, 封壽光侯. 時文帝輔政, 平蜀之後, 命賈充·羊祜等分定禮儀·律令, 皆先諮于沖, 然後施行." 按, 曹爽輔政, 在正始之際, 沖由從事中郎轉至光祿勳, 在曹爽輔政時. 惟「傳」言爲"光祿勳", 與此敍"光祿大夫"不同, 疑光祿勳是其實官, 光祿大先則加官也. 作此「序」時, 未爲光祿勳, 故但言光祿大夫; 及陳壽作「傳」, 詳其實官, 亦不及加官矣.

역문 『진서』「정충전」에 "정충(鄭沖)은 자가 문화(文和)이고 형양(滎陽) 개봉(開封) 사람이다. 한미한 출신으로 탁월한 지조를 세워 청념(淸恬)하고 과욕(寡欲)하였으며 경전을 탐구하고 역사서를 완미해서 마침내 유학 및 백가의 말을 널리 궁구했다. 이에 위 문제(魏文帝)가 태자로 있을 때 정충을 문학(文學)에 임명하였는데, 누차 승진하여 상서랑(尙書郎)이 되었고, 외직으로 나가 진유태수(陳留太守)에 보임되었다. 대장군 조상(曹爽)이 데려다 종사중랑(從事中郎)으로 삼았는데, 산기상시(散騎常侍) 광록훈

(光祿勳)으로 전직하였다. 가평(嘉平)[76] 3년(251) 사공(司空)에 제수되었다. 고귀향공(高貴鄕公)이 『상서』를 강연할 때에 정충이 경서를 들고 가서 친히 전수하여 시중(侍中) 정소동(鄭小同)과 함께 상을 받았고, 얼마 후 사도(司徒)로 전직하였다. 상도향공(常道鄕公)이 즉위하자 태보(太保)에 제수되었으며, 수광후(壽光侯)에 봉해졌다. 당시에 문제(文帝: 사마소의 시호)가 섭정[輔政]으로 있으면서 촉(蜀)을 평정한 뒤에 가충(賈充)·양호(羊祜) 등에게 명하여 예의(禮儀)와 율령(律令)을 나누어 정할 것을 명하니, 모두들 먼저 정충에게 자문한 뒤에 시행하였다."라고 했다. 살펴보니, 조상(曹爽)이 섭정[輔政]한 것은 정시(正始) 즈음에 있었고, 정충이 종사중랑(從事中郞)에서 광록훈(光祿勳)으로 전직한 것은 조상(曹爽)이 섭정할 때였다. 단지 「정충전」에서만 "광록훈(光祿勳)"이 되었다고 했는데, 여기에서 "광록대부(光祿大夫)"라고 서술한 것과는 같지 않으니, 아마도 광록훈이 그의 실재 관직이었고, 광록대부는 그의 가관(加官)이었던 듯싶다. 이 「서」를 지을 당시에는 아직 광록훈이 아니었기 때문에 단지 광록대부(光祿大夫)라고만 한 것이고, 진수(陳壽)[77]가 「전」을 지을 때에 미쳐서는

---

76 가평(嘉平): 중국 삼국시대 "조위(曹魏)"라고도 불리는 위(魏)의 제3대 황제인 소제(少帝) 조방(曹芳, 재위 239~254) 때의 두 번째 연호이다. 249년 음력 4월부터 254년 음력 10월까지 6년 동안 사용되었다.

77 진수(陳壽, 233~297): 서진(西晉) 파서(巴西) 안한(安漢) 사람. 자는 승조(承祚)다. 진씨는 파서의 호족으로, 아버지와 그는 촉한(蜀漢)에서 벼슬했다. 관각영사(觀閣令史)에 올랐지만 환관 황호(黃皓)에게 아부하지 않았다가 쫓겨났다. 촉나라가 망하고 진나라가 들어서자 사공(司空) 장화(張華)가 그 재주를 아껴 효렴(孝廉)으로 천거하여 저작좌랑(著作佐郞)에 올랐다. 외직으로 나가 양평령(陽平令)이 되었다. 저작랑(著作郞)을 거쳐 어사치서(御史治書)까지 올랐다. 역사에 재능이 많아『삼국지(三國志)』를 지었다. 하후담(夏侯湛)이 읽어 보고 자신이 지은『위서(魏書)』를 파기했다고 한다. 그 밖의 저서에『고국지(古國志)』와『익도기구전(益都耆舊傳)』등이 있다.『제갈량집(諸葛亮集)』을 편찬하기도 했다.

그의 실재 관직을 자세하게 살폈을 것이니, 역시 가관(加官)을 언급하지 않았을 것이다.

원문 『晉』「職官志」, "散騎常侍, 本秦官也. 秦置散騎, 又置中常侍, 散騎騎 從乘輿車後, 中常侍得人禁中, 皆無員, 亦以爲加官. 漢東京初, 省散騎, 而中常侍用宦者. 魏文帝黃初初, 置散騎, 合之于中, 同掌規諫, 不典事."

역문 『진서』「직관지」에 "산기상시(散騎常侍)는 본래 진(秦)의 관직이다. 진 (秦)나라 때 산기(散騎)를 설치하고, 중상시(中常侍)를 설치했는데, 산기 (散騎)는 말을 타고 황제가 탄 수레[乘輿車]의 뒤를 따르고, 중상시(中常侍) 는 궁중에 들어갈 수 있는데, 모두 정해진 인원이 없으니, 역시 가관(加 官)된 것으로 여겨진다. 전한[漢東京] 초기에는 산기(散騎)를 없애고 중상 시(中常侍)에서 환관을 등용했다. 위 문제(魏文帝) 황초(黃初) 초기에 산기 (散騎)를 설치해서 중상시에 합하고 함께 규간(規諫)을 관장하게 하고, 다 른 일은 맡지 않았다."라고 했다.

원문 "合之于中"者, 晉灼『漢』「表」「注」云: "魏文帝合散騎·中常侍爲散騎常 侍也."『晉』「志」又云: "中領軍將軍, 魏官也. 漢建安四年, 魏武丞相府自 置, 及拔漢中, 以曹休爲中領軍. 文帝踐阼, 始置領軍將軍, 以曹休爲之, 主五校·中壘·武衛等三營." 據「志」此文, 則"中領軍"卽中領軍將軍也. 不言"將軍"者, 辭之省.

역문 "중상시에 합했다[合之于中]"라는 것에 대해 진작(晉灼)은 『전한서』「백 관공경표」의 「주」에서 "위 문제(魏文帝)가 산기(散騎)와 중상시(中常侍)를 합쳐서 산기상시(散騎常侍)를 삼았다."라고 했다. 『진서』「직관지」는 또 "중령군장군(中領軍將軍)은 위(魏)나라 관직이다. 한 건안(建安) 4년(199) 위 무제(魏武帝)의 승상부(丞相府)에서 직접 설치했다가 한중(漢中)을 공략

할 때에 조휴(曹休)[78]를 중령군(中領軍)으로 삼았다. 문제(文帝)가 임금의 자리를 계승[踐阼]하고서 비로소 영군장군(領軍將軍)을 설치해서 조휴를 영군장군으로 삼아 오교(五校)·중용(中壘)·무위(武衛) 등 3 진영을 주관 하게 했다.”라고 하였으니,「직관표」의 이 글에 근거하면 “중령군(中領軍)”이 바로 중령군장군(中領軍將軍)이다. “장군(將軍)”을 언급하지 않은 것은 말을 생략한 것이다.

원문「曹爽傳」, “爽弟羲爲中領軍.” 與武衛將軍訓·散騎常侍彦竝列, 且稱其 “貴寵莫盛”. 其後司馬懿奏誅曹爽, 亦言其“破壞諸營, 盡據禁兵, 群宮要 職, 皆置所親. 殿中宿衛, 歷世舊人皆復斥出.” 卽指曹羲等言.「齊王紀」, “正始三年, 秋七月乙酉, 以領軍將軍蔣濟爲太尉.” 則曹羲之官中領軍必在 三年秋後矣.

역문「조상전」에 “조상(曹爽)의 아우 희(羲)가 중령군(中領軍)이 되었다.”라 고 해서 무위장군(武衛將軍) 훈(訓)과 산기상시(散騎常侍) 언(彦)을 나란히 열거했고, 또 그는 “임금의 총애가 더 없이 성대했다.”라고 일컫는다. 하 지만 그 뒤에 사마의(司馬懿)가 조상(曹爽)을 죽일 것을 상주했을 만큼 또 한 그가 “여러 진영을 파괴하고 금병(禁兵)과 여러 궁의 요직을 모조리

---

78 조휴(曹休, ?~228): 삼국시대 위나라 패국(沛國) 초현(譙縣) 사람. 조조(曹操)의 조카고, 자 는 문열(文烈)이다. 조조를 따라 정벌에 나서 기도위(騎都尉)가 되고, 중령군(中領軍)으로 옮겼다. 위문제(魏文帝)가 오나라를 정벌할 때 진남장군(鎭南將軍)과 정동대장군(征東大將 軍)이 되어 오나라 장군 여범(呂範)을 격파하고 양주목(揚州牧)에 올랐다. 명제(明帝)가 즉 위하자 사마의(司馬懿)와 함께 조서(詔書)를 받아 보좌했다. 장평후(長平侯)에 봉해지고, 대 사마(大司馬)에 올랐다. 태화(太和) 2년(228) 오나라를 정벌했는데, 파양태수(鄱陽太守) 주 방(周魴)이 거짓 항복했다. 사마의와 병사를 나누어 오나라를 공격하다가 주방에 의해 석정 (石亭)으로 유인되어 패했고 손실도 대단히 많았다. 수치심으로 병을 얻어 오래지 않아 죽 었다. 시호는 장(壯)이다.

차지해서 모두 친한 사람들로 배치했다. 전중(殿中)의 숙위(宿衛)와 대대로 이어 오면서 선왕이 중용했던 오랜 인재[舊臣]조차도 모두 쫓아내었다."라고 했으니, 바로 조희(曹羲) 등을 지적해서 한 말이다. 『삼국지』「위지·제왕기」에 "정시(正始) 3년(242) 가을 7월 을유일(乙酉日)에 영군장군(領軍將軍) 장제(蔣濟)[79]를 태위(太尉)로 삼았다."라고 했으니, 그렇다면 조희(曹羲)의 관직이 중령군(中領軍)이었던 것은 필시 정시 3년 가을 이후에 있었을 것이다.

원문 "安鄕亭侯"者, 安鄕不知所在. 『說文』, "亭, 民所安定也. 亭有樓, 從高省, 丁聲." 『漢書』「百官公卿表」云: "大率十里一亭, 十亭一鄕, 皆秦制也." 此"安鄕亭"卽是十亭之鄕, 故擧鄕名以表之. 司馬彪「百官志」, "列侯, 所食縣爲侯國." 本注曰: "承秦爵二十等, 爲徹侯, 金印紫綬, 以賞有功. 功大者食縣, 小者食鄕亭, 得臣其所食吏民." 然則安鄕亭侯, 列侯食於安鄕者也.

역문 "안향정후(安鄕亭侯)"는, 안향(安鄕)의 소재를 모르겠다. 『설문해자』에

---

79 장제(蔣濟, ?~249): 삼국시대 위나라 초국(楚國) 평아(平阿) 사람. 자는 자통(子通)이다. 처음에 군계리(郡計吏)가 되었다. 조조(曹操)가 단양태수(丹陽太守)에 임명했다. 문제(文帝)가 즉위하자 『만기론(萬機論)』을 올려 산기상시(散騎常侍)가 되었다. 조인(曹仁)이 패하자 동중랑장(東中郎將)이 되어 그의 병사를 통솔했다. 불려 상서(尚書)에 올랐다. 명제(明帝) 때 호군장군(護軍將軍)으로 옮기고, 산기상시가 더해졌다. 경초(景初) 중에 정역(征役)이 빈번해지고 기근이 심해지자 글을 올려 간절히 간언했다. 제왕(齊王) 조방(曹芳) 때 관직이 태위(太尉)에 이르렀다. 사마의(司馬懿)를 위해 조상(曹爽)이 모반한다는 표문(表文)을 올림으로써 사마의가 쿠데타를 성공하는 데 크게 기여했다. 도향후(都鄕侯)에 봉해졌다. 진(晉)나라의 침공을 받았을 때, 몇 번 항전에 실패하자 도망하라는 권유를 물리치고 "멀지 않아 망하리라는 것은 누구나 알고 있지만 국난을 당하여 어찌 편안히 있겠느냐."라고 하면서 나가 싸우다 죽었다. 시호는 경(景)이다.

"정(亭)은 민중이 편안히 머무는 곳이다. 정(亭)에는 평상[樓]이 있다. 고(高)의 생략된 자형으로 구성되었고, 정(丁)이 발음을 나타낸다."[80]고 했다. 『전한서』「백관공경표」에 "대체로 10리가 1정(亭)이고, 10정이 1향(鄕)인데, 모두 진(秦)의 제도이다."라고 했다. 여기의 "안향정(安鄕亭)"은 바로 10정인 향(鄕)이기 때문에, 고을[鄕] 이름을 근거로 표기한 것이다. 사마표의 「백관지」에 "열후(列侯)가 식읍으로 받은 현(縣)을 후국(侯國)이라 한다."라고 했는데, 본주(本注)에 "진(秦)을 계승해서 작급(爵級) 12등을 철후(徹侯)로 삼고 금인장과 자색 인끈으로 공이 있는 자에게 상을 준다. 공이 큰 자의 식읍은 현(縣)이고 공이 작은 자의 식읍은 향정(鄕亭)이니, 식읍으로 받은 곳의 아전과 백성을 신하로 삼을 수 있다."라고 했다. 그렇다면 안향정후(安鄕亭侯)는 열후(列侯) 중에서 안향(安鄕)을 식읍으로 하는 자이다.

원문 邢「疏」云: "曹羲, 沛國譙人, 魏宗室曹爽之弟." 『晉』「志」又云: "秦置侍中, 漢因之, 俱無定員. 魏·晉以來置四人, 掌儐贊威儀." 『漢』「表」「注」引應劭曰: "入侍天子, 故曰侍中."

역문 형병의 「소」에 "패국(沛國) 초현(譙縣) 사람으로 위(魏)나라의 종실 조상(曹爽)의 아우이다."라고 했고, 『진서』「지」에는 또 "진(秦)나라 때 시중(侍中)을 설치했고, 한나라가 그대로 따랐는데, 모두 일정한 인원은 없다. 위(魏)·진(晉) 이래로 네 사람을 두어 빈찬(儐贊)과 위의(威儀)를 담당하게 했다."라고 했으며, 『전한서』「백관공경표」의 「주」에 응소(應劭)를

---

80 『설문해자』 권5: 정(亭)은 민중이 편안히 머무는 곳이다. 정(亭)에는 평상[樓]이 있다. 고(高)의 생략된 자형으로 구성되었고, 정(丁)이 발음을 나타낸다. 특(特)과 정(丁)의 반절음이다.[亭, 民所安定也. 亭有樓, 從高省, 丁聲. 特丁切.]

인용해서 "들어가 천자를 모시기 때문에 '시중(侍中)'이라 한다."라고
했다.

원문 「荀顗傳」, "字, 景倩, 潁川人, 魏太尉彧之第六子也. 博學洽聞, 理思周
密. 魏時以父勳除中郎, 擢拜散騎侍郎, 累遷侍中. 爲魏少帝執經, 拜騎都
尉, 賜爵關內侯. 難鍾會『易』無互體, 又與扶風王駿論仁·孝孰先, 見稱於
世." 案, 顗"爲魏少帝執經", 指高貴鄕公, 見『三國志』「注」. 其爲侍中在其
前, 則當齊王時, 故廢齊王表亦有"侍中臣顗", 卽荀顗也. 『晉』「志」又曰,
"列曹尙書, 本漢承秦置. 至成帝, 又置尙書五人, 一人爲僕射, 而四人分爲
四曹, 通掌圖書·秘記·章奏之事, 各有其任. 其一曰常侍曹, 主丞相御史
公卿事; 其二曰二千石曹, 主刺史郡國事; 其三曰民曹, 主吏民上書事; 其
四曰主客曹, 主外國夷狄事. 後成帝又置三公曹, 主斷獄, 是爲五曹. 後漢
光武改常侍曹爲吏部曹, 主遷擧祠祀事."

역문 「순의전」에 "자가 경천(景倩)이고 영천(潁川) 사람으로, 위 태위(魏太尉)
순욱(荀彧)의 여섯째 아들이다. 널리 배우고 들은 것이 풍부하며 이치를
생각함이 주밀하였다. 위(魏)나라 때 아버지의 공훈에 힘입어 중랑(中郎)
에 임명되었고, 산기시랑(散騎侍郎)에 발탁되어 여러 번 시중(侍中)으로
천거되었다. 위 소제(魏少帝)를 위해 경을 강의하다가 기도위(騎都尉)에
제수되었으며, 관내후(關內侯)의 작위를 받았다. 종회(鍾會)[81]의 『역』에

---

81 종회(鍾會, 225~264): 삼국시대 위나라 영천(潁川) 장사(長社) 사람. 자는 사계(士季)고, 종
요(鍾繇)의 아들이다. 어릴 때부터 총명했고, 명리(名理)에 정통했다. 비서랑(秘書郎)으로
시작해서 황문시랑(黃門侍郎)과 사도(司徒)를 거쳐 동무정후(東武亭侯)에 봉해졌다. 사마
소(司馬昭)가 의지해 모주(謀主)로 삼았는데, 혜강(嵇康) 등을 살해한 일이 모두 그의 손에
서 나왔다. 위원제(魏元帝) 경원(景元) 중에 진서장군(鎭西將軍)과 가절(假節), 도독관중제
군사(都督關中諸軍事) 등을 지내고, 등애(鄧艾) 등과 함께 촉나라를 공격했다. 촉나라의 장

호체(互體)[82]가 없음을 비판했고, 또 부풍(扶風)의 왕준(王駿)과 인(仁)과 효(孝) 가운데 무엇이 먼저인가를 논하여 세상에 칭송이 자자하였다."라고 했다. 살펴보니, 순의가 "위 소제(魏少帝)를 위해 친히 경서를 들고 갔다"라는 것은 고귀향공(高貴鄕公)을 가리키는 것으로 『삼국지』「주」에 보인다. 그가 시중이 된 것은 그 이전에 있었으니, 제왕(齊王) 때에 해당하기 때문에 폐제왕표(廢齊王表)에도 역시 "시중신의[侍中臣顗]"라는 표현이 있으니, 바로 순의(荀顗)이다. 『진서』「지」에 또 "열조상서(列曹尙書)는 본래 한이 진(秦)을 이어서 설치했다. 성제(成帝)에 이르러 또 상서(尙書) 5인을 두니, 한 사람은 복야(僕射)가 되고 나머지 네 사람이 나누어 사조(四曹)가 되어 도서(圖書)와 비기(秘記)와 장주(章奏)의 일을 공통으로 관장하는데, 각각이 맡은 소임이 있다. 첫째는 상시조(常侍曹)이니, 승상(丞相)과 어사(御史)와 공경(公卿)의 일을 주관하고, 둘째는 이천석조(二千石曹)이니, 자사군국(刺史郡國)의 일을 주관하며, 셋째는 민조(民曹)이니, 관리와 백성들이 올린 글과 관련된 일을 주관하고, 넷째를 주객조(主客曹)라 하니, 외국이나 이적과 관련된 일을 주관한다. 뒤에 성제(成帝)는 또 삼공조(三公曹)를 설치해서 옥사(獄事)를 결단하는 일을 주관하게 했으니, 이것이 5조(五曹)가 된다. 후한의 광무제(光武帝)는 상시조(常侍曹)를 바꿔

군 강유(姜維)가 항복했다. 등애가 성도(成都)로 진군하자 유선(劉禪)이 항복했다. 등애에게 비밀스럽게 반란을 일으키자고 말했다. 등애가 잡히자 혼자 대군을 이끌고 모반했지만 전투 중에 죽었다. 『노자』와 『주역』에 뛰어나 『주역무호체론(周易無互體論)』과 『도론(道論)』, 『노자주(老子注)』 등을 지었지만 모두 없어졌다. 『노자주』의 일부분이 『도장(道藏)』에 전한다. 그 밖의 저서에 명나라 사람이 집록한 『종사도집(鍾司徒集)』이 있다. 사마소의 장자방(張子房)으로 불렸다.

82 호체(互體): 『역(易)』의 상하 2괘의 중괘(重卦) 안에서 2효에서 4효까지 하나의 괘를 취하고 3효에서 5효까지 하나의 괘를 취해 얻는 괘체(卦體)를 말한다. 호괘(互卦)라고도 한다.

서 이부조(吏部曹)로 삼아 사사(祠祀)를 천거하는 일을 주관하게 했다."라
고 하였다.

원문 又云: "六曹竝令僕二人, 謂之八座, 尙書雖有曹名, 不以爲號. 靈帝以侍
中梁鵠爲選部尙書, 於此始見曹名. 及魏改選部爲吏部, 主選部事. 凡五曹
尙書·二僕射·一令爲八座." 此何晏所官尙書, 卽是吏部. 『魏志』「傅嘏
傳」, "時曹爽秉政, 何晏爲吏部尙書." 『經典敍錄』亦言"吏部尙書何晏". 又
『文選』「景福殿賦」「注」引『典略』云: "平叔遷尙書, 主選." 裴松之「曹爽
傳」「注」, "晏爲尙書, 主選擧, 其宿與之有舊者, 多被拔擢." 言晏主選擧,
則爲吏部無疑. 此「序」但言"尙書"者, 當時不列曹名. 「齊王紀」正始八年,
有"尙書何晏奏", 亦是祗言"尙書"也. 『漢』「表」云: "奉車都尉·駙馬都尉,
皆武帝初置, 秩比二千石." 師古曰: "駙, 副馬也. 非正駕車, 皆爲駙馬." 司
馬彪『志』本注曰: "無員, 掌駙馬." 魏制無考.

역문 또 "육조(六曹)에서는 상서령(尙書令)과 복야(僕射) 두 사람을 아우르는
데, 팔좌(八座)라 하니, 상서(尙書)는 비록 조(曹)의 명칭이 있지만 호명으
로 삼지 않는다. 영제(靈帝)는 시중(侍中) 양곡(梁鵠)[83]을 선부상서(選部尙
書)로 삼았는데, 이때야 비로소 조(曹)의 명칭이 보인다. 위(魏)에 이르러
선부(選部)를 이부(吏部)로 고쳐 선부(選部)의 일을 주관하게 했다. 모두
해서 5조상서(五曹尙書)와 2복야(僕射)와 1령(令)이 팔좌(八座)가 된다."라

---

83 양곡(梁鵠, ?~?): 후한 말기 안정(安定) 오씨(烏氏) 사람. 자는 맹황(孟皇)이다. 팔분체(八分
體)를 잘 써 당시 명성을 얻었고, 사의관(師宜官)의 서풍을 터득했다. 영제(靈帝) 때 선부상
서(選部尙書)에 임명되었다. 건안(建安) 연간에 유표(劉表)에 의지하다가 조조(曹操)가 형
주(荊州)를 함락하자 조조에게 귀의했다. 조조가 그가 쓴 글씨를 좋아해 일찍이 장중(帳中)
에 걸어 두고 항상 감상하면서 사의관보다 낫다고 평가했다. 위나라 궁전의 제서(題署)들은
대개 그의 손으로 써졌다.

고 했다. 이것이 하안이 관할하던 상서(尙書)로 바로 이부(吏部)인 것이다. 『삼국지』「위지·부하전」에 "당시 조상(曹爽)이 정권을 잡자, 하안이 이부상서(吏部尙書)가 되었다."라고 했고, 『경곡서록』에서도 "이부상서하안(吏部尙書何晏)"이라고 했다. 또 『문선』「경복전부」의 「주」에 『전략』을 인용해서 "평숙(平叔)이 상서(尙書)로 천거되어, 선발을 주관했다."라고 하였고, 배송지(裴松之)의 「조상전」「주」에 "하안이 상서가 되어 선거(選擧)를 주관했는데, 오랫동안 그와 인연이 있는 자들이 많이 발탁되었다."라고 했는데, 하안이 선발과 천거를 주관했다는 말이니, 이부(吏部)가 되었다는 것은 의심할 것이 없다. 여기의 「서」에서 다만 "상서(尙書)"라고만 한 것은, 당시에는 조(曹)의 명칭을 열거하지 않았기 때문이다. 「제왕기」에 보면 정시(正始) 8년(247)에, "상서 하안이 아뢰다[尙書何晏奏]"라는 말이 있는데, 역시 단지 "상서(尙書)"라고만 말했다. 『전한서』「백관공경표」에 "거거도위(擧車都尉)와 부마도위(駙馬都尉)는 모두 무제(武帝) 초에 설치했는데, 녹봉이 이천석(二千石)과 같다."라고 했는데, 안사고가 말하길, "부(駙)는 보조하는 말[副馬]이다. 정식으로 수레에 멍에를 매지 않는 말을 모두 부마(駙馬)라 한다."라고 했다. 사마표의 『후한서』「백관지」 본주에 "정원은 없고, 부마(駙馬)를 관장한다."라고 했고, 위(魏)의 제도에는 상고할 것이 없다.

원문 「曹眞傳」, "晏, 何進孫也. 母尹氏, 爲太祖夫人. 晏長於宮省, 又尙公主. 少以才秀知名. 好老·莊言, 作『道德論』及諸文賦, 箸述凡數十篇." 裴松之「注」, "晏, 字平叔. 尙主, 又好色, 故黃初時無所事任. 及明帝立, 頗爲冗官, 至正始初, 曲合於曹爽, 亦以才能, 故爽用爲散騎侍郎, 遷侍中·尙書. 晏前以尙主, 得賜爵爲列侯."

역문 『삼국지』「위지·조진전」에 "하안은 하진(何進)[84]의 손자이다. 어머니

윤씨(尹氏)가 태조[太祖: 조조(曹操)]의 부인이 되었기에 하안은 황궁에서 성장하였고 또 공주(公主)에게 장가들었다. 어려서부터 재주가 뛰어나다고 세상에 이름이 알려졌다. 노장(老莊)의 학설을 좋아하여 『도덕론』과 여러 문부(文賦)를 지었는데, 저술이 모두 수십 편이다."라고 했는데, 배송지의 「주」에 "하안은 자가 평숙(平叔)이다. 공주에게 장가들었으나, 또한 여색을 밝혔기 때문에, 황초(黃初) 때에는 맡은 일이 없었다. 명제(明帝)가 즉위함에 이르러서도 자못 쓸데없는 관리였는데, 정시(正始) 초기에 이르러 아첨으로 조상(曹爽)과 의기투합하니 역시 재능 때문에 조상이 등용하여 산기시랑(散騎侍郎)으로 삼았고, 시중(侍中)과 상서(尚書)로 승진되었다. 하안은 이전에 부마였기 때문에 작위를 하사받아 열후(列侯)가 될 수 있었다."라고 했다.

원문 案, 此「序」晏爲關內侯, 而裴「注」言"爲列侯"者, 蓋晏初封列侯, 繼封關內侯耳. 宋氏翔鳳『師法表』云: "「鄭沖傳」, '初, 沖與孫邕・荀顗・何晏共集『論語』諸家訓註之善者, 記其姓名, 因從其義, 有不安者, 輒改易之, 名曰『論語集解』. 成, 奏之魏朝, 于今傳焉.' 「魏志」言何晏'作『道德論』及諸文賦, 箸述凡數十篇', 不言'注『論語』'. 而沖在高貴鄉公時, 講『尚書』, 執

---

84 하진(何進, ?~189): 후한 말기 남양(南陽) 완현(宛縣) 사람. 자는 수고(遂高)다. 영제(靈帝) 때 누이가 입궁하여 귀인(貴人)이 되고, 태후(太后)에 올랐다. 백정 출신이었지만 영제가 하태후를 총애하자 관직을 받았다. 낭중(郎中)과 영천태수(潁川太守), 시중(侍中) 등을 지냈다. 황건적(黃巾賊)의 난이 발생한 뒤 대장군(大將軍)까지 지냈다. 장각(張角) 등의 거사 계획을 와해시키고 신후(愼侯)에 봉해졌다. 중평(中平) 6년(189) 영제가 죽자 하황후의 아들 소제(少帝) 유변(劉辯)을 옹립한 뒤 태부(太傅) 원외(袁隗)와 함께 정치를 보좌했다. 상군교위(上軍校尉) 소황문(小黃門) 건석(蹇碩)을 주살(誅殺)했다. 원소(袁紹)와 함께 환관들을 주살하려 했지만 하태후의 만류로 중지했다. 외병(外兵)을 수도로 들이려 하다가 중상시(中常侍) 장양(張讓)과 단규(段珪) 등에게 속아 장락궁(長樂宮)에서 죽임을 당했다.

經親授, 與侍中鄭小同俱被賞賜, 是沖本經生, 『論語集解』之成, 當定自沖
手. 今使平叔專其姓氏者, 蓋上『論語集解』, 奏列邕・沖等名, 而晏最在
後, 箸錄家見奏末稱'臣何晏等上', 遂以『集解』爲晏一人所撰, 相沿至今
也."

역문 살펴보니, 여기의 「서」에는 하안이 관내후(關內侯)로 되어 있는데, 배
송지의 「주」에 "열후가 되었다"라고 했으니, 아마도 하안이 초기에는
열후에 봉해졌다가, 이어서 관내후에 봉해진 것뿐일 것이다. 송상봉의
『사법표』에 "「정충전」에 '초기에 정충(鄭沖)은 손옹(孫邕)・순의(荀顗)・
하안과 함께 『논어』에 대한 여러 학자들의 훈해와 주석 중에서 훌륭한
것을 모아 그 성명을 기록하고 그들의 뜻에 따랐으나, 온당하지 못한 것
이 있을 경우 그때마다 고치고 바꾸어 이름을 『논어집해』라고 했다. 책
이 이루어지자 위(魏)나라 조정에 상주하였고 지금까지 전해지고 있다.'
라고 하였다. 「위지・조진전」에서는 하안이 '『도덕론』과 여러 문부(文
賦)를 지었는데, 저술이 모두 수십 편이다.'라고 하고, '『논어』에 주를 달
았다'라고는 하지 않았다. 그리고 정충은 고귀향공(高貴鄕公) 시기에 있
으면서, 『상서』를 강연할 때 경서를 들고 가서 친히 전수하여 시중(侍
中) 정소동(鄭小同)과 함께 상을 받았고, 정충은 본래 경학가이니, 『논어
집해』의 완성은 정충의 손으로부터 정해졌다고 해야 마땅하다. 지금 평
숙(平叔)으로 하여금 그 성씨를 전담하게 하게 한 것은 아마도 『논어집
해』를 상주하면서, 손옹과 정충 등의 이름을 열거하여 상주하고 하안은
가장 뒤에 있어서, 기록을 저술하는 사람들이 아뢰는 끝에 '신하안등상
(臣何晏等上)'이라고 칭한 것을 보고는 마침내 『집해』는 하안 한 사람이
지은 것이라 생각하고 서로 따른 것이 지금에 이른 것일 듯싶다."라고
하였다.

원문 劉氏毓崧『通義堂筆記』曰: "唐·宋時, 臣下上表, 結銜皆尊者居後. 此
「序」未列銜, 亦是由下逆數, 蓋平叔官最顯要, 故最居後, 專『集解』之名
也. 考『通典』二十二, 言'尙書, 至後漢則爲優重, 出納王命, 敷奏萬幾. 蓋
政事之所由宣, 選擧之所由定, 罪賞之所由正, 斯乃文昌天府, 衆務淵藪,
內外所折衷, 遠近所稟仰. 故李固云: "陛下之有尙書, 猶天之有北斗. 斗爲
天之喉舌, 尙書亦爲陛下之喉舌. 斗斟酌元氣, 運平四時; 尙書出納王命,
賦政四海."" 據此, 則尙書之權甚重, 吏部專掌選擧. 又晏以國戚尙主, 貴
莫與比, 故晏居首. 『漢』「表」言'侍中得入禁中.'『通典』二十一云: '侍中,
漢代爲親近之職, 魏·晉選用, 稍增華重, 而大意不異.' 自注, '晉任愷爲侍
中, 萬機大小, 多管綜之.' 是侍中職亦甚重, 故荀顗居次. 中領軍則掌三營
兵, 故曹羲又居次; 其光祿大夫皆是加官, 同於閑散, 故鄭沖·孫邕又居次.
何晏·曹羲·孫邕沒於魏世, 惟荀顗·鄭沖皆仕晉, 故『晉書』有傳.「沖傳」
居前, 故詳言與孫邕等共爲『集解』之事.「荀顗」居後, 自不復述. 今宋氏
據「沖傳」所言, 以爲『集解』定自沖手, 恐非."

역문 유육숭(劉毓崧)[85]의 『통의당필기』에 "당송(唐宋)시대에는 신하가 표(表)
를 올릴 때 결함(結銜)[86]은 모두 높은 자가 뒤에 있었다. 여기의 「서」에는

---

85 유육숭(劉毓崧, 1818~1867): 청나라 강소(江蘇) 의징(儀徵) 사람. 자는 백산(伯山) 또는 송
    애(松崖)다. 유문기(劉文淇)의 아들이고, 유수증(劉壽曾)의 아버지다. 도광(道光) 20년
    (1840) 우공생(優貢生)으로 천거되어 팔기관학교습(八旗官學教習)에 임명되었다. 일찍이
    증국번(曾國藩)과 증국전(曾國荃)의 막부(幕府)에 들어갔고, 금릉서국(金陵書局)을 주관했
    다. 아버지의 사업을 이어 『춘추』를 공부해 평생 교정과 편저에 몰두했지만, 향년이 길지
    못해 『구주소증(舊注疏證)』을 완성하지는 못했다. 그 밖의 저서에 『춘추좌씨전대의(春秋左
    氏傳大義)』와 『주례구소고증(周禮舊疏考證)』, 『예기구소고증(禮記舊疏考證)』, 『상서구소
    고증(尙書舊疏考證)』, 『모시구소고증(毛詩舊疏考證)』, 『경전통의(經傳通義)』, 『제자통의
    (諸子通義)』, 『통의당문집(通義堂文集)』 등이 있다.
86 결함(結銜): 격식을 갖추기 위하여, 문서에 관함을 밝혀서 적는 일.

직함을 열거하지 않았는데도 역시 아래로부터 수를 거슬렀으니, 아마도 평숙의 관직이 가장 귀하고 중요했기 때문에 가장 뒤에 두고 마음대로 『집해』를 명명한 것인 듯싶다. 『통전』 권22를 살펴보면, '상서(尙書)는 후한에 이르면 더욱 중요해져서 왕명을 출납(出納)하고 임금이 보살피는 모든 정무[萬幾]를 아뢰었다. 정사가 이곳을 말미암아 마땅해지고, 선발과 천거가 이곳을 말미암아 결정되며, 죄를 묻고 상을 주는 것이 이곳을 말미암아 바르게 되니, 이곳이야말로 문창천부(文昌天府)[87]로서, 모든 일이 모이는 못과 숲이며, 내외를 절충(折衷)하는 곳이고 원근이 품의(稟議)하여 우러러보는 곳이다. 그러므로 이고(李固)[88]가 이르길, "폐하에게 상서가 있는 것은 하늘에 북두가 있는 것과 같습니다. 북두가 하늘의 목구멍과 혀[喉舌]가 되듯 상서 또한 폐하의 목구멍과 혀가 됩니다. 북두는 원기를 가늠하며 사계절을 운행하고 고르게 하며, 상서는 왕명을 출납하고 사해에 정사를 잘 펼치고 있습니다."라고 한 것이다.'라고 했다. 여기에 의거하면 상서의 권력은 매우 중하고, 이부(吏部)는 선발과 천거를

---

87 문창천부(文昌天府): 문창(文昌)은 문창성(文昌星)이라고도 하고 문곡성(文曲星)이라고도 하는 별이름인데, 인재를 관장한다고 하고, 천부(天府)는 주관(周官)의 명칭인데 춘관(春官) 소속으로 조묘(祖廟)의 수장(收藏)을 관장하였으며 모든 호적부(戶籍簿)와 방국(邦國)의 맹서(盟書)를 맡아 보관하였다. 또한 천부는 하늘의 별자리인 천시원(天市垣)의 이칭이기도 하다다. 동양의 천문학에서는 별자리를 삼원(三垣) 즉 자미원(紫微垣), 태미원(太微垣), 천시원(天市垣)으로 나누었다. 轉하여 문창천부(文昌天府)는 상서(尙書)의 별칭으로, 북두(北斗)에 비겨서 일컫는 말로 사용된다.

88 이고(李固, 94~147): 한중(漢中) 성고(城固) 사람으로 자는 자견(子堅)이다. 동한(東漢) 시기의 대신(大臣)으로 사도(司徒) 이합(李郃)의 아들이다. 대장군(大將軍) 양기(梁冀)에 의해 종사중랑(從事中郞)에 임명되었고, 그 뒤에 형주자사(荊州刺史), 태산태수(太山太守), 대장(大匠), 대사농(大司農), 태위(太尉) 등을 역임했다. 질제(質帝, 138-146, 후한시대의 황제)가 별세한 후 양기와 환제(桓帝, 132~167)의 옹립문제를 놓고 논쟁하다가 최후에는 양기의 무고로 말미암아 살해당했다.

전담으로 관장한다. 게다가 하안은 나라의 인척으로 부마이니 귀하기가 비길 데가 없으므로 하안의 거취는 제일 처음을 차지하는 것이다. 『전한서』「백관공경표」에 '시중(侍中)은 궁중에 들어갈 수 있다.' 하였고, 『통전』권21에 '시중은 한대(漢代) 친척이거나 가까운 자들이 맡는 직책이었다가 위(魏)·진(晉)에서는 선발해서 등용했으니, 조금씩 변화함과 중함이 불어났지만 대의는 다르지 않다.' 하고, 스스로 주를 달기를, '진(晉)의 임개(任愷)[89]가 시중(侍中)이 되니 임금이 보살피는 모든 크고 작은 정무가 대부분 그에게 모여들었다.'라고 했으니, 시중(侍中)의 직책 역시 대단히 중하기 때문에 순의(荀顗)가 그다음 순서를 차지한 것이다. 중령군(中領軍)은 세 진영의 병력을 관장하기 때문에 조희(曹羲)가 또 그다음 자리를 차지한 것이고, 광록대부(光祿大夫)는 모두 가관(加官)인데다, 한산(閑散)한 직책과 같으므로 정충(鄭沖)과 손옹(孫邕)이 또 그다음 자리를 차지한 것이다. 오직 순의(荀顗)와 정충(鄭沖)만 모두 진(晉)에서 벼슬했기 때문에 『진서』에 전해짐이 있는 것이다. 「정충전」이 앞에 있기 때문에 손옹 등과 함께 『집해』를 만드는 일을 했다고 상세하게 말한 것이

---

89 임개(任愷, 223~283): 서진(西晉)의 인물. 자는 원포(元襃). 임호의 아들. 서주 낙안군 박창현 사람으로 어려서부터 지식이 많고 위나라 때 조예의 딸 제장공주와 결혼했고 중서시랑, 원외산기상시 등을 역임했으며, 263년에 서진이 건국되자 시중이 되어 창국현후에 봉해졌고 사마염에게 위서를 추천했다. 국가를 경영하는 것에 재능을 가져 기회를 파악해 일을 가리지 않고 많은 이들을 챙겼으며, 성실하면서 바르고 국가를 경영하는 것을 임무로 해서 사마염으로부터 높은 평가를 받아 정사를 논의했다. 가충, 순욱, 풍담 등이 사치하고 천자가 이용하는 식기를 이용한다는 모함을 받자 탄핵되어 관직에서 물러났다. 일찍이 시중으로 있을 때, 위서를 산기상시로 천거한 적이 있었는데, 283년 4월 산도가 죽자 위서(魏舒, 209~290)가 우광록대부·개부의동삼사·영사도에 임명되어, 임개보다 높은 자리에 오르게 되었다. 그러나 이때 임개는 관직이 수산경에 그쳤으므로, 이를 분개해 한탄하다가 마침내 근심으로 졸했다. 향년 61세였으며, 시호는 원(元)이다.

다. 「순의전」은 뒤에 있으니, 자연스럽게 중복해서 서술하지 않은 것이다. 지금 송씨는 「정충전」에서 말한 것을 근거로 『집해』가 정충의 손에서 정해졌다고 했는데, 아무래도 아닌 듯하다."라고 했다.

원문 案, 劉說是也. 『經典釋文』載『論語』舊題止"集解"二字, 在"學而第一"之下. 自注, "一本作何晏集解." 可見陸氏所見正本, 未嘗以『集解』專屬何晏, 其兼載"一本", 自是後人改題之誤. 故『釋文』云"何晏集孔安國"云云, 其文兩見, 則皆爲後人改題所惑矣. 然裴松之注「曹爽傳」, 卽稱"何晏『論語集解』", 裴爲此「注」, 在宋文帝時, 是其誤久矣.

역문 살펴보니, 유육승의 말이 옳다. 『경전석문』에 실린 『논어』의 구제(舊題)도 다만 "집해(集解)" 두 글자로 그치고, "학이제일(學而第一)"의 아래에 두었다. 그리고는 스스로 주를 달기를, "어떤 판본에는 '하안집해(何晏集解)'라고 되어 있다."라고 했으니, 육씨(陸氏)가 본 정본(正本)은 『집해』를 전적으로 하안에게 귀속시키지 않았다는 것과 그가 "어떤 판본(一本)"이라고 아울러 기록했으니, 여기에서 후세의 사람들이 제목을 바꾼 오류라는 것을 알 수 있다. 그러므로 『경전석문』에서 이르길, "하안이 공안국의 설을 모아(何晏集孔安國)"라고 했는데, 그 문장이 양쪽에 다 보이는 것은, 모두 후세사람들이 제목을 고침에 의해 미혹된 것이다. 그러나 배송지는 「조상전」에 주를 달면서 곧바로 "하안『논어집해』(何晏『論語集解』)"라고 했는데, 배송지가 이 「주」를 단 것은 남북조시대의 송 문제(宋文帝) 때에 있었던 일이니, 이는 그 오류가 오래되었다는 것이다

원문 蔡邕『獨斷』, "凡群臣上書于天子者, 有四名: 一曰章, 二曰奏, 三曰表, 四曰駁議." 此文稱"上", 則奏類也. 『經典敍錄』, "正始中上之, 盛行于世." 正始卽齊王芳. 曹羲·何晏以齊王嘉平元年爲司馬宣王所殺, 上此『集解』

則在正始三年後也. 『晉書』「禮志」, "魏齊王正始二年, 帝講『論語』通, 使太子釋奠." 則意當時諸臣亦以帝通『論語』, 故撰集訓說以獻之爾. 群臣上書不書姓, 而此稱姓者, 箸述之體, 所以紀實也. 結銜當別爲一行, 『獨斷』所云"左方下附曰'某官臣某甲上'"也. 今連綴「序」末, 亦後人所合併.

역문 채옹의 『독단』에 "무릇 군신(群臣)이 천자에게 글을 올리는 경우 네 가지 명칭이 있는데, 첫째를 장(章)이라 하고, 둘째를 주(奏)라 하며, 셋째를 표(表)라 하고, 넷째를 박의(駁議)라 한다."라고 했다. 이 글에서 "상(上)"이라고 일컬었으니, 그렇다면 주(奏)의 종류이다. 『경전서록』에 "정시(正始) 연간에 조정에 올렸는데, 세상에 널리 유행하였다.[正始中上之, 盛行于世.]"라고 했으니, 정시(正始)는 바로 위(魏) 제왕(齊王) 방(芳)의 연호이다. 조희(曹羲)와 하안은 제왕(齊王) 가평(嘉平) 원년(249)에 사마선왕[司馬宣王: 사마의(司馬懿)]에게 살해되었으니, 이 『집해』를 올린 것은 정시(正始) 3년(242) 이후에 있었던 일이다. 『진서』「예지」에 "위(魏) 제왕(齊王) 정시(正始) 2년(241)에 왕이 『논어』를 강연해서 통(通)을 받고 태자를 시켜 석전(釋奠)을 지내게 했다."라고 하였으니, 아마도 당시에 여러 신하들 역시 임금이 『논어』로 통을 받았기 때문에 훈설(訓說)을 짓고 모아 받친 것일 뿐인 듯싶다. 신하들이 글을 올릴 때는 성(姓)을 쓰지 않는 것인데, 여기에서 성을 일컬은 것은, 책을 저술하는 문체로서 사실을 기록하기 위한 것이다. 결함(結銜)은 마땅히 별도로 한 줄을 띄우고 쓰는 것이니 『독단』에서 "왼쪽 아래 붙여서 '아무개 관직 신 아무개는 올린다[某官臣某甲上]'라고 한다."라고 했다. 지금은 「서」의 끝에다 이어 붙였으니, 후인들에 의해 병합된 것이다.

附錄 鄭玄論語序逸文(부록 정현논어서일문)

원문 正義曰: 略本宋氏翔鳳所輯.

역문 정의에서 말한다.

　　대략 송상봉(宋翔鳳)이 수집한 것을 근거로 하였다.

仲弓·子游·子夏等撰.

중궁·자유·자하 등이 찬정(撰定)한 것이다.

원문 正義曰: 此引見「輪語音義」, 至『敍錄』則云"仲弓·子夏等所撰定", 不及子游. 邢「疏」與「音義」同, 兩處引文不言鄭「序」. 陳氏鱣『古訓』·宋氏翔鳳輯鄭「注」竝采入敍, 雖由意測, 當得之也. 仲弓·子游·子夏皆孔子弟子. 『論語崇爵讖』曰: "子夏六十四人, 共撰仲尼微言, 以當素王." 明標子夏之名. 傅休奕『傅子』, "昔仲尼旣沒, 仲弓之徒追論夫子之言, 謂之『論語』." 此當本鄭「注」, 故數仲弓也. 但作『論語』者, 雖有三子之名, 實非止三子所作, 故鄭言"等"以明之.

역문 정의에서 말한다.

　　이것은 『경전석문』「논어음의」를 보고 인용한 것인데, 『서록』에서는 "중궁·자하 등이 찬정한 것이다"라고 하여, 자유를 언급하지 않았다.

형병의 「소」와 「음의」가 같은데, 두 곳 다 글을 인용하면서 정현의 「서」
임을 말하지 않았다. 진전의 『고훈』과 송상봉이 수집한 정현의 「주」에
는 모두 서(敍)를 채록해서 써넣었는데 비록 뜻으로 헤아린 것이지만 마
땅히 타당하다. 중궁·자유·자하는 모두 공자의 제자이다. 『논어숭작
참(論語崇爵讖)』에 "자하 등 64인이 함께 중니의 은미한 말을 찬정해서
소왕(素王)에 합당하게 했다."라고 하여 자하의 이름을 분명하게 표기하
였다. 부휴혁(傅休奕)[90]의 『부자』에 "옛날에 중니가 죽은 뒤에 중궁의 문
도들이 공자의 말을 추론해서 『논어』라 하였다."라고 했는데, 이는 당
연히 정현의 「주」를 근거로 한 것이기 때문에 중궁을 생각해 낸 것이
다. 그러나 『논어』를 지은 자로 비록 세 사람의 이름이 있지만, 실제로
는 세 사람의 저작에 그치지 않기 때문에 정현이 "등(等)"이라고 말하여
밝힌 것이다.

원문 『漢書』「藝文志」, "『論語』者, 孔子應答弟子·時人, 及弟子相與言而接
聞於夫子之語也. 當時弟子各有所記, 夫子旣卒, 門人相與輯而論纂, 故謂
之『論語』." 趙岐『孟子題辭』, "七十子之疇, 會集夫子所言, 以爲『論語』."

---

90 부휴혁(傅休奕, 217~278): 중국 위진(魏晉)시대의 문학가인 부현(傅玄)이다. 서진(西晉) 북
지(北地) 니양(泥陽) 사람. 자는 휴혁(休奕)이다. 어려서 고아가 되어 가난했지만 박학했고,
글을 잘 지었다. 위(魏)나라 말 때 수재(秀才)로 천거되어 낭중(郎中)에 임명되고, 저작랑(著
作郎)으로 들어가 『위서(魏書)』 편찬에 참가했다. 나중에 홍농태수(弘農太守)로 옮겼다. 진
무제(晉武帝)가 즉위하자 옛 의례(儀禮)를 바탕으로 악장(樂章)을 제정했는데, 그에게 사
(詞)를 짓도록 했다. 순고자(鶉觚子)에 봉해지고, 산기상시(散騎常侍)가 되어 간직(諫職)을
관장했다. 여러 차례 상서하여 간절하게 시사(時事)에 대해 지적했다. 성격이 강직하고 성
급하여 다른 사람의 단점을 용납하지 못했다. 사예도위(司隷都尉)에 올랐는데, 좌위(座位)
를 두고 다투다가 함녕(咸寧) 4년(278) 면직되고 물러나 죽었다. 시호는 강(剛)이다. 일생동
안 저술에 힘써 『부자(傅子)』를 편찬했다. 지금은 편집된 『부순고집(傅鶉觚集)』이 있다.

二文所言, 皆以『論語』爲聖門群弟子所作, 故鄭君旣箸其姓名, 復言"等"
以總括之也. 鄭樵『通志』「藝文略」有「論語撰人名」一卷, 不知誰作.

역문 『전한서』「예문지」에 "『논어』는 공자가 제자 및 당시 사람들과 응답
한 말과 제자들이 서로 이야기를 나누며 공자에게서 직접 들은 말을 수
록한 것이다. 당시에 제자들이 각각 기록해 두었던 것이 있었는데, 공자
가 죽고 난 뒤에 문인들이 함께 그 기록들을 수집해서 논찬하였기 때문
에 『논어』라고 한 것이다."라고 했다. 조기의 『맹자제사』에 "70명의 무
리가 공자가 말한 것을 모아서 『논어』를 만들었다."라고 했는데, 두 글
에서 말한 것은 모두 『논어』를 성인 문하의 여러 제자들이 지은 것이라
고 여긴 것이기 때문에 정군(鄭君)은 그들의 성명(姓名)을 써 놓고 나서
다시 "등(等)"이라고 하여 총괄한 것이다. 정초(鄭樵)의 『통지』「예문략」
에 『논어찬인명』 한 권이 있는데, 누가 지었는지는 모르겠다.

원문 翟氏灝『四書考異』曰: "『通志』所錄撰人名, 恐卽源本『崇爵讖』, 今其
書不傳, 莫可詳矣. 陸九淵『象山語錄』曰: '鄭康成・王肅謂"『論語』爲子
游・子夏所編", 亦有可考者. 如「學而篇」"子曰"次章便載"有若"一章, 又
"子曰"而下載"曾子"一章, 皆不名而以"子"稱之, 蓋子夏輩平昔所尊者,
此二人耳."" 案, 陸以王肅說與鄭同, 不知何本. 其以"有子"・"曾子"爲子夏
輩所尊, 故稱"子", 其說良是.

역문 적호의 『사서고이』에 "『통지』에 기록되어 있는 찬정한 사람의 이름
은 아마도 바로 『논어숭작참』을 원본으로 한 것인 듯싶은데, 지금은 그
책이 전하지 않으니, 자세하게 알아볼 수가 없다. 육구연(陸九淵)[91]의 『상

---

91 육구연(陸九淵, 1139~1192): 남송 무주(撫州) 금계(金溪) 사람이다. 자는 자정(子靜), 호는
상산(象山)이며, 또 다른 호는 존재(存齋) 또는 상산옹(象山翁)이고, 시호는 문안(文安). 육

산어록』에 '정강성·왕숙은 "『논어』는 자유·자하가 엮은 것이다."라
고 했으니, 역시 상고할 만한 것이 있다. 예컨대,「학이」의 "자왈(子曰)"
다음 장에 곧바로 "유약(有若)" 한 장을 기록했고, 또 "자왈"이라고 한 다
음에 그 아래 "증자(曾子)" 한 장을 기록했는데, 모두 이름을 쓰지 않고
"자(子)"라고 일컬은 것은 아마도 자하의 무리들이 평소에 존중한 자들
이 이 두 사람뿐이었기 때문일 것이다.'라고 하였다."라고 했다. 살펴보
니, 육상산은 왕숙의 말을 정현의 말과 같다고 했는데, 무엇을 근거로
한 것인지는 모르겠다. "유자"·"증자"라고 한 것을 가지고 자하의 무리
들에게 존중을 받았기 때문에 "자(子)"라고 칭했다고 했는데, 그 말이 참
으로 옳다.

원문 『柳宗元文集』「論語辨」以『論語』稱"曾子", "子"爲師稱, 因以『論語』爲
出自曾子弟子樂正子春·子思之徒. 程子·朱子則以爲出於曾子·有子之
門人. 其說與象山異, 雖亦得通, 但不當取後遺前, 而反沒群賢箸錄之功
也. 又考『論語』弟子之稱"子"者, 自有子·曾子外, 閔子騫皆書字, 而「先

구사(陸九思)의 동생이다. 어려서부터 재능이 뛰어났다. 효종(孝宗) 건도(乾道) 8년(1172)
진사가 되었다. 정안주부(靖安主簿)와 국자정(國子正)을 지냈다. 젊었을 때 정강(靖康) 때
의 일을 듣고 금나라 군대의 침입에 분개하여 용사(勇士)를 찾아다니면서 국세를 회복할 방
책을 상의했다. 일찍이 윤대(輪對)하여 다섯 가지 일을 개진했지만 급사중(給事中) 왕신(王
信)의 반박을 당하자 귀향하여 귀계(貴溪)의 상산에 강당을 짓고 후학 양성에 전념했다. 광
종(光宗) 때 형문군(荊門軍)을 맡아 군성(軍城)을 수리하면서 변방의 방어를 공고히 하는 등
치적을 쌓았다. 주희(朱熹)와 이름을 나란히 했지만 견해는 대립하여 학계를 양분하는 학문
적 세력을 형성했는데, 사상적 계보로는 모두 정호(程顥)와 정이(程頤)의 학문을 계승했다.
주희와 서신으로 논쟁하면서 아호(鵝湖)에서 만나 변론을 벌였다. 두 사람은 서로의 학문을
존중하여 도의적 교유는 변하지 않았다. 명나라의 왕수인(王守仁)이 그의 사상을 계승해 육
왕학파(陸王學派)를 형성했다. 저서에 어록과 서간, 문집을 수록한『상산선생전집(象山先
生全集)』36권이 있다.

進篇」一稱閔子. 冉伯牛・冉仲弓・冉有皆書字, 而「雍也篇」・「子路篇」
各一稱冉子, 則意書字者爲弟子所記, 書"子"者爲三子之弟子所記也. 胡寅
『論語詳解』・趙順孫『四書纂疏』謂「憲問篇」不書姓, 且直稱名, 疑通篇
皆憲所記." 其說亦頗得理. 要之, 『論語』之作, 不出一人, 故語多重見, 而
編輯成書, 則由仲弓・子游・子夏首爲商定, 故傳『論語』者能知三子之名.
鄭君習聞其說, 故於「序」標明之也.

역문 『유종원문집』「논어변」에서는 『논어』를 "증자"라 칭했는데, "자(子)"
는 스승을 지칭하는 것이니, 따라서 이는 『논어』를 증자의 제자인 악정
자춘(樂正子春)과 자사(子思)의 문도들로부터 나온 것이라고 여긴 것이
다. 정자(程子)와 주자(朱子)는 증자와 유자(有子)의 문인에게서 나왔다고
여겼다. 그들의 학설은 육산상과는 다르니, 비록 통할 수는 있지만, 단
지 뒤의 것을 취하면 앞의 것을 잃어버려[92] 도리어 군현들이 저술한 공
을 사라지게 하는 데 해당하지는 않을 뿐이다. 또 『논어』에서 제자를
"자(子)"라 칭한 것을 살펴보니, 유자・증자 이외에 민자건(閔子騫)은 모
두 자(字)를 쓰다가, 「선진」에서 한 번 민자(閔子)라 칭하였다. 염백우(冉
伯牛)・염중궁(冉仲弓)・염유(冉有)도 모두 자를 썼는데, 「옹야」・「자로」
에서 각각 한 번씩 염자(冉子)라 칭하였으니, 아마도 자(字)를 쓴 것은 제
자들에 의해 기록된 것이고, "자(子)"라고 쓴 것은 세 사람의 제자들에
의해 기록된 것임을 염두에 둔 것인 듯싶다. 호인(胡寅)의 『논어상해』와
조순손(趙順孫)[93]의 『사서찬소』에 "「헌문」에서는 성(姓)을 쓰지 않고 또

---

92 『능엄경(楞嚴經)』에 "주리반특가(周利盤特迦)는 바로 송추 비구인데 여래(如來)의 가타 한
구절을 가지고 앞 구절이 생각나면 뒷 구절이 잊혀지고 뒷 구절이 생각나면 앞 구절이 잊혀
진다."[『楞嚴』云: "周利盤特迦, 卽誦箒比丘也. 持如來一句伽陀, 得前遺後, 得後遺前."] 하
였다.

93 조순손(趙順孫, 1215~1276): 송나라 처주(處州) 진운(縉雲) 사람. 자는 화중(和仲)이고, 호

직접 이름을 칭하였으니, 의심컨대 전편이 모두 원헌(原憲)이 기록한 것인 듯싶다"라고 했는데, 그 말이 또한 자못 일리가 있다. 요컨대, 『논어』는 한 사람에게서 나온 것이 아니기 때문에 많은 말들이 중복되어 나타나는 것이고, 수집한 것을 엮어서 책을 만든 것은 중궁·자유·자하를 말미암아 가정 먼저 상정(商定)되기 때문에 『논어』를 전한 자가 세 사람의 이름을 알 수 있었던 것이다. 정군은 그들의 말을 익숙히 들었기 때문에 「서」에서 그들을 표명(標明)한 것이다.

원문 "撰定"者, 『禮記』「內則篇」, "撰, 治擇之名也." 『廣雅』「釋詁」, "撰, 具也, 定也." 凡有所作述, 必具衆義, 擇善從之. 故此三訓義皆通也. 『漢書』「揚雄傳」, "譔以爲十三卷." 顔師古「注」, "譔與撰同." 『說文』, "定, 安也." 『荀子』「王制」, "夫是之謂定論." 楊倞「注」, "定論謂不易之論." 仲弓等袁輯諸弟子所記, 勒爲此編, 故以爲所"撰定"也. 旣經撰定, 不得無名以稱之, 此"論語"二字必亦仲弓等所題.

역문 "찬정(撰定)"이란, 『예기』「내칙」에 "찬(撰)이란 다듬고 가리는 것을 지칭하는 말이다."라고 했고, 『광아』「석고」에 "찬(撰)은 갖춤[具]이며 정함

는 격재(格齋) 또는 격암(格庵). 이종(理宗) 순우(淳祐) 10년(1250) 진사(進士)가 되었다. 비서랑(祕書郎)에서 시작해 거듭 승진하여 시어사(侍御史)에 올랐는데, 모두 시독(侍讀)을 겸했다. 재이(災異)를 당할 때마다 경전(經傳)과 지난 왕조의 사건에 근거하여 수시로 경계하도록 했다. 동지추밀원사(同知樞密院事)로 참지정사(參知政事)를 겸했다. 일찍이 직언으로 정치의 폐단을 논하다가 가사도(賈似道)의 눈 밖에 났지만, 도종(度宗)의 큰 신임을 받았다. 이부상서(吏部尙書)와 복건안무사(福建安撫使), 복주지주(福州知州) 등을 역임했다. 상황이 회복할 수 없는 지경에까지 이른 것을 알고 사직한 뒤 귀향했고, 울분 속에서 지내다가 병으로 죽었다. 학자들은 격재선생이라 불렀다. 주희(朱熹) 및 그의 제자들이 사서(四書)에 대해 토론한 것들을 모아 『사서찬소(四書纂疏)』를 편찬했다. 그 밖의 저서에 『근사록정의(近思錄精義)』와 『중흥명신언행록(中興名臣言行錄)』, 『격재집(格齋集)』 등이 있다.

[定]이다."라고 했으니, 무릇 저술한 것이 있을 경우에 반드시 여러 의론을 갖추어 잘된 것을 가려서 따라야 한다. 그러므로 이 세 가지 훈의(訓義)가 모두 통하는 것이다. 『전한서』「양웅전」에 "편찬해서[譔] 13권을 만들었다."라고 했는데, 안사고의 「주」에 "선(譔)과 찬(撰)은 같은 글자이다."라고 했다. 『설문해자』에 "정(定)은 편하다[安]는 뜻이다."⁹⁴ 『순자』「왕제」에 "이것을 일러 정론(定論)이라 한다."라고 했는데, 양경의 「주」에 "정론(定論)이란 바뀌지 않는 의론(論)이라는 말이다."라고 했으니, 중궁 등이 제자들에 의해 기록된 것을 모으고 수집해서 글을 엮어 이 책을 만들었기 때문에 "찬정(撰定)"된 것이라고 한 것이다. 이미 찬정하는 과정이 지났으면 이름을 불러 칭하지 않을 수 없으니, 이 "논어(論語)"라는 두 글자도 필시 중궁 등이 제목을 정한 것일 것이다.

원문 『漢』「志」云: "門人相與輯而論纂, 故謂之『論語』." "謂之"者, 門人謂之也. 『經傳敍錄』亦云: "夫子旣終, 微言已絶, 弟子恐離居以後, 各生異見, 而聖言永滅. 故相與論撰, 因輯時賢及古明王之語, 合成一法, 謂之『論語』." 亦以『論語』爲弟子所題也. 『論衡』「正說篇」, "初孔子孫安國以敎魯人扶卿, 官至荊州刺史, 始曰『論語』." 似『論語』之名爲安國所題, 此誤說也. 翟氏灝『考異』曰: "按, 『論語』名見『禮』「坊記」及今『家語』「制字解」, 今『家語』不可信, 「坊記」可信也, 蓋自孔氏門人相論纂畢, 隨題之爲『論語』矣."

역문 『전한서』「예문지」에 "문인들이 서로 함께 수집을 하고 논찬을 했기 때문에 그것을 일러[謂之] 『논어』라고 한 것이다."라고 했는데, "그것을

---

94 『설문해자』 권7: 정(㝎)은 편하다[安]는 뜻이다. 면(宀)으로 구성되었고 정(正)으로 구성되었다. 도(徒)와 경(徑)의 반절음이다.[㝎, 安也. 從宀從正. 徒徑切.]

이른[謂之] 것은 문인들이 그렇게 말했다는 뜻이다. 『경전서록』에도 "부자(夫子)께서 별세하신 뒤에 미언(微言)이 이미 끊어졌으니, 제자들이 서로 헤어진 뒤에 각각 이견이 생겨 성인의 말씀이 영원히 멸절(滅絶)될 것을 우려하였다. 그러므로 함께 논찬하면서 당시의 현인 및 옛 명왕(明王)들의 말을 뽑아 모아 하나의 법으로 만들고서 이를 『논어』라 한 것이다."라고 했으니, 역시 『논어』를 제자들이 제목을 정한 것이라고 여긴 것이다. 『논형』「정설편」에 "처음에 공안국은 『전』이라 부르는 것을 노(魯)나라 사람 부경(扶卿)에게 전수했고, 부경이 형주자사(荊州刺史)로 승진하자 비로소 『논어』라고 불렀다."라고 해서 마치 『논어』라는 이름이 공안국에 의해 제목이 정해진 것처럼 했는데, 이것은 틀린 말이다. 적호의 『사서고이』에 "살펴보니, 『논어』라는 명칭은 『예기』「방기」 및 『공자가어』「제자해」에 보이는데, 지금 『공자가어』는 믿을 수 없지만, 「방기」는 믿을 만하니, 아마도 공씨(孔氏)의 문인들이 서로 논찬을 마치고 나서 표제를 따라서 『논어』라고 한 것인 듯싶다."라고 했다.

書以八寸策. 『鉤命決』云: "『春秋』二尺四寸書之, 『孝經』一尺二寸書之." 故知六經之策, 皆一尺二寸書之. 『易』·『書』·『詩』·『禮』·『樂』·『春秋』皆尺二寸, 『孝經』謙, 半之, 『論語』八寸策者, 三分居一, 又謙焉.

8촌(寸)의 책에다 썼다. 『구명결』에 이르길, "『춘추』는 2척(尺) 4촌(寸)에다가 썼고, 『효경』은 1척 2촌에다가 썼다."라고 했으니, 따라서 육경의 책은 모두 1척 2촌에다가 썼다는 것을 알 수 있다.

> 『주역』·『서경』·『시경』·『예경』·『악경』·『춘추』는 모두 1척
> 2촌이고 『효경』은 줄여서 반으로 만든 것이고, 『논어』는 8촌의
> 책으로, 1/3이니, 거기에다가 더 줄인 것이다.

원문 正義曰: "書以八寸策", 見『北史』「徐遵明傳」, "彼文作'八十宗', 乃傳寫之誤, 徐氏就而通之." 非也. 『說文』云: "書, 箸也." 又「序」云: "箸於竹帛謂之書也." "八寸"者, 策之度. "策"者, "冊"之叚借. 『說文』, "策, 馬箠也." 別一義. "冊, 符命也, 諸侯進受於王也. 象其札一長一短, 中有二編之形. 笧, 古文冊從竹." "符命", 卽天子賜諸侯之冊書, 故凡書簡編連之, 亦曰策. 「魯語」云: "遂書以爲三筴." "筴"卽俗"策"字. 鄭注『中庸』云: "策, 簡也." 「聘禮記」「注」同. 『爾雅』「釋器」, "簡謂之畢." 廓「注」, "今簡札也." 『說文』, "簡, 牒也." 『釋名』「釋書契」, "札, 櫛也, 編之如櫛齒相比也." 凡皆異名同物.

역문 정의에서 말한다.

"8촌의 책에다 썼다"라는 것은, 『북사』「서준명전」을 보니, "그 글자는 '팔십종(八十宗)'이라고 써야 하니, 결국 잘못 베껴 쓴 것이라고 하여[95] 서씨가 나아가 통하게 했다."라고 했는데, 틀렸다. 『설문해자』에 "서(書)는 기록한다[箸는 뜻이다."[96]라고 했고, 또 「서」에 "죽간이나 비단에

---

95 『북사(北史)』권81, 「열전(列傳)·서준명(徐遵明)」: 내[遵明]가 정현의 『논어서』를 보니 "8촌의 책에 썼다[書以八寸策]"라고 했는데, 팔십종(八十宗)을 잘못 쓴 것이다.[遵明見鄭玄『論語序』云: "書以八寸策", 誤作八十宗.]

96 『설문해자』권3: 서(書)는 기록한다[箸는 뜻이다. 율(聿)로 구성되었고 자(者)가 발음을 나타낸다. 상(商)과 어(魚)의 반절음이다.[書, 箸也. 從聿者聲. 商魚切.]

기록하는 것을 서(書)라 한다."라고 했다. "8촌(寸)"이란, 책(策)의 치수[度]
이다. "책(策)"은 "책(冊)"의 가차자(假借字)이다. 『설문해자』에 "책(策)은
말채찍[馬箠]이다."[97]라고 했으니, 일반적인 의미와는 다르다. 『설문해자
주』에 "책(冊)은 부명(符命)이니, 제후가 왕에게 나아가 명을 받는 것이
다. 그 패찰이 하나는 길고 하나는 짧으며 가운데에 두 번 묶은 모양이
있는 것을 형상했다. 책(笧)은 책(冊)의 고문인데 죽(竹)으로 구성되었
다."라고 했으니, "부명(符命)"이란 바로 천자가 제후에게 주는 책서(冊
書)이기 때문에 무릇 죽간에 글을 쓰고 묶어서 연결한 것도 역시 책(策)
이라 한다. 『국어』「노어」에 "마침내 이 말을 적어 삼책(三筴)으로 삼게
하였다."[98]고 했는데, "책(筴)"은 바로 세속의 "책(策)" 자이다. 정현은 『중
용』을 주석하면서 "책(策)은 죽간[簡]이다."라고 했다. 『의례』「빙례기」
의 「주」에도 같다. 『이아』「석기」에 "간(簡)을 간찰[畢]이라고 한다."라고
했는데, 곽박의 「주」, "지금의 편지[簡札]이다."라고 했다. 『설문해자』에
"간(簡)은 서판[牒]이다."[99]라고 했고, 『석명』「석서계」에 "찰(札)은 빗[櫛]
이니, 엮어 놓은 것이 마치 빗의 이빨과 서로 비슷한 것이다."라고 했으
니, 모두 이름만 다르고 같은 물건이다.

---

97 『설문해자』권5: 책(箓)은 말채찍[馬箠]이다. 죽(竹)으로 구성되었고 자(束)가 발음을 나타
   낸다. 초(楚)와 혁(革)의 반절음이다.[箓, 馬箠也. 從竹束聲. 楚革切.]

98 『국어(國語)』권4, 「노어상(魯語上)」에는 "이 말을 적어 삼책(三筴)으로 삼게 하였다.[使書
   以爲三筴.]"라고 되어 있고, 그 밑의 주에, "책(筴)은 죽간으로 된 책[簡書]이다. 삼책이란 삼
   경(三卿)의 경마다 한 통씩인 것이니, 삼경은 사마(司馬), 사도(司徒), 司空(사공)이다.[筴,
   簡書也. 三筴, 三卿卿一通, 謂司馬·司徒·司空也.]"라고 하였다.

99 『설문해자』권5: 간(蕑)은 서판[牒]이다. 죽(竹)으로 구성되었고 한(閒)이 발음을 나타낸다.
   고(古)와 한(限)의 반절음이다.[蕑, 牒也. 從竹閒聲. 古限切.]

원문 杜預『春秋左氏傳』云: "大事書之于策, 小事簡牘而已." 孔「疏」申之, 以
單執一札爲簡, 連編諸簡爲策, 分策·簡爲二, 非也.「聘禮記」云: "百名以
上書于策, 不及百名書于方." 鄭「注」, "名, 書文也, 今謂之字. 方, 版也."
用策用方, 以字之多少有異, 不以事之大小有異, 則杜預以策與簡牘分大
事小事, 亦非也.

역문 두예는『춘추좌씨전』에서 "큰 사건은 책(策)에 기록하고, 작은 사건은
죽간쪼가리[簡牘]에 기록했을 뿐이다."[100]라고 했는데, 공안국의「소」에
는 의미를 확대해서, 홀으로 잡고 있는 한 조각의 패찰이 죽간[簡]이고,
여러 죽간을 이어서 묶은 것을 책[策]이라고 해서, 책[策]과 죽간[簡]을 나
누어 다른 것이라고 했는데, 잘못이다.『의례』「빙례기」에 "1백 글자[百
名] 이상은 책(策)에다 쓰고, 1백 글자에 미치지 못하면 널빤지[方]에 쓴
다."라고 했는데, 정현의「주」에 "명(名)은 책의 글자[書文]이니, 지금은
그것을 자(字)라고 한다. 방(方)은 판(版)이다."라고 했으니, 책에다 쓰고
널빤지에다가 쓰는 것은 글자의 많고 적음에 차이가 있는 것이지, 사건
의 크고 작음에 차이가 있는 것이 아니니, 두예가 책(策)과 죽간쪼가리
[簡牘]를 큰 사건과 작은 사건으로 나눈 것 역시 잘못이다.

원문 "鉤命決"者, 緯篇名.『鉤命決』止言『春秋』·『孝經』之策, 鄭君據之得
以推測他經, 故總言"知六經之策"也. "『易』·『書』·『詩』·『禮』·『樂』·『春
秋』"者, 六經之名.『說文』, "經, 織也." 織有文理, 故群經取以爲名.『釋
名』「釋典藝」, "經, 徑也, 常典也, 如徑路無所不通, 可常用也." 此說"經"
爲叚借, 未必然也.『管子』「戒篇」, "澤其四經." 伊「注」, "'四經'謂『詩』·

---

100 『춘추좌씨전(春秋左氏傳)』「진두예원개서(晉杜預元凱序)」.

『書』·『禮』·『樂』"是孔子前已稱經, 故『禮記』「經解」亦擧六藝也.

역문 "구명결(鉤命決)"은, 위서(緯書)의 편명(篇名)이다. 『구명결』에서는 단지 『춘추』랑 『효경』 책만 말하고 말았는데, 정군은 이것을 근거로 다른 경(經)까지 추측한 것이기 때문에, 뭉뚱그려서 "6경의 책을 알 수 있다"라고 한 것이다. "『주역』·『서경』·『시경』·『예경』·『악경』·『춘추』"는 6경의 이름이다. 『설문해자』에 "경(經)은 직물을 짠다[織]는 뜻이다."[101] 직물을 짤 때 문양과 결[文理]이 있기 때문에 여러 경(經)에서 이 뜻을 취하여 이름으로 삼은 것이다. 『석명』「석전예」에 "경(經)은 길[徑]이라는 뜻이며 항상된 법[常典]이라는 뜻이니, 예를 들면 통하지 않는 경로(徑路)가 없어서 항상 사용할 수 있는 것과 같은 것이다."라고 했다. 여기서는 "경(經)"을 가차자(叚借字)라고 했는데, 꼭 그렇지는 않다. 『관자』「계」에 "사경(四經)을 저버린다."라고 했는데, 윤지장(尹知章)[102]의 「주」에 "'사경(四經)'은 『시경』·『서경』·『예경』·『악경』을 이른다."라고 했으니, 공자 이전에도 이미 경(經)이라고 칭하였기 때문에 『예기』「경해」에서도 육예(六藝)를 거론한 것이다.

---

101 『설문해자』권13: 경(經)은 직물을 짠다[織]는 뜻이다. 사(糸)로 구성되었고 경(巠)이 발음을 나타낸다. 구(九)와 정(丁)의 반절음이다.[經, 織也. 從糸巠聲. 九丁切.]

102 윤지장(尹知章, 669?~718?): 강주(絳州) 익성[翼城: 지금의 산서(山西) 익성(翼城)] 사람. 당(唐) 전기의 대신. 성품이 온화해서 기쁨과 노여움이 얼굴에 드러나지 않았다. 어릴 때부터 학문에 힘써 6경에 정통하였으며, 마침내 유학(儒學)으로 명성을 떨쳤다. "어릴 때는 학문을 하더라도, 그다지 깊이 통달하지 못하였는데, 홀연히 꿈에 한 사람이 커다란 끌을 가지고 와서 그 심장을 가르고 그 안에 약(藥) 같은 것을 집어넣었다. 깜짝 놀라 깨어났는데 이후로 지사(志思)가 밝게 뚫려서 마침내 육경(六經)에 두루 밝아졌다.[尹知章, 絳州翼城人. 少雖學, 未甚通解, 忽夢人持巨鑿破其心, 內若劑焉. 驚悟, 志思開徹, 遂徧明六經.]"(『新唐書』권199, 「尹知章列傳」)고 한다.

원문 『孝經』者, 孔子爲弟子曾參說孝道, 因亦稱經. 「孔子世家」云: "孔子晚好讀『易』, 韋編三絶." 『易』旣得編成策, 則他經可知. 『晉書』「束晳傳, "太康二年, 汲縣人盜發魏襄王冢, 得竹書數十車." 皆簡編科斗文字, 襍寫經史, 可見群經皆有策矣. 『六經』之策, 二尺四寸, 說見『左傳』「序」「疏」. 若『儀禮』「聘禮」「疏」引作"尺二寸", 字之誤也.

역문 『효경』은 공자의 제자인 증삼이 효도를 말한 것인데, 이로 인해 역시 경이라 일컫는다. 「공자세가」에 "공자는 만년에 『주역』을 읽기 좋아해서 가죽끈이 세 번이나 끊어졌다."라고 했으니, 『주역』이 이미 편찬되어 책으로 이루어질 수 있었다면 다른 경도 알 수가 있는 것이다. 『진서』「속석전」에 "태강(太康)[103] 2년(282)에 급현(汲縣) 사람이 위 양왕(魏襄王)의 무덤을 도굴하다가 죽서(竹書) 수십 수레를 얻었다."라고 했는데, 모두 죽간쪼가리[簡編]에 쓴 과두문자(科斗文字)였고, 경과 역사서를 베껴 쓴 것이 섞여 있었으니, 여러 경들이 모두 책이 있었음을 알 수 있다. 『육경』 책은, 2척 4촌이니, 설명이 『춘추좌씨전』「서」의 「소」에 보인다. 『의례』「빙례」의 「소」에 인용한 글에는 "1척 2촌[尺二寸]"이라고 되어 있는데, 글자를 잘못 쓴 것이다.

원문 『後漢書』「周磐傳」, "編二尺四寸簡, 寫「堯典」一篇." 又「曹褒傳」言箸新禮成, "寫以二尺四寸簡", 亦以新禮比於經也. 『獨斷』云: "策者, 簡也. 其制長二尺, 短者半之." "二尺"下疑脫"四寸"二字. 『南史』「王僧虔傳」, "文惠太子鎭雍州, 有盜發楚王冢, 獲竹簡書·靑絲編. 簡廣數分(푼), 長二

---

103 태강(太康): 중국 위진남북조시대 서진(西晉)의 제1대 황제인 무제(武帝) 사마염(司馬炎. 재위 266~290) 때의 세 번째 연호이다. 280년 음력 3월부터 289년 음력 12월까지 10년 동안 사용되었다.

尺. 有得十餘簡, 以示王僧虔, 僧虔曰: '是科斗書「考工記」, 『周官』所闕文
也.'" 所言策"長二尺"者, 則以齊尺大於古尺也.

역문 『후한서』「주반전」에 "2척 4촌의 죽간을 엮어서 「요전」 1편을 베꼈
다."라고 했고, 또 「조포전」에 새로운 예(禮)의 저술이 완성되었음을 말
하면서 "2척 4촌의 죽간에 썼다"라고 했으니, 역시 새로운 예[新禮]를 경
(經)에다 견준 것이다. 『독단』에 "책(策)이란 죽간[簡]이다. 그 제도는 길
이가 2척인데, 짧은 것은 그것의 반이다."라고 했는데, "이척(二尺)" 아래
에 아마도 "사촌(四寸)" 두 글자가 탈락한 것인 듯싶다. 『남사』「왕승건
전」에 "문혜태자(文惠太子)¹⁰⁴가 옹주(雍州)를 진압했을 때, 어떤 자가 초
왕(楚王)의 무덤을 도굴해서 죽간서(竹簡書)와 청사편(青絲編)을 얻었다.
죽간의 너비는 여러 푼[數分]이고, 길이는 2척이었다. 열 개 남짓한 죽간
을 얻어 가지고 왕승건(王僧虔)¹⁰⁵에게 보이자, 승건이 말했다. '이는 과두

---

104 문혜태자(文惠太子, ?~?): 남조 제(齊)나라 남난릉(南蘭陵) 사람으로 제무제(齊武帝)의 맏아
들인 소장무(蕭長懋)이다. 자는 운교(雲喬)고, 소자(小字)는 백택(白澤)이다. 처음에 송나라
에서 벼슬해 보국장군(輔國將軍)과 옹주자사(雍州刺史)를 지냈다. 남조 송순제(宋順帝) 승
명(昇明) 초에 형주자사(荊州刺史) 심유지(沈攸之)가 병사를 일으켜 소도성(蕭道成)에 대해
반란을 일으키자 양주자사(揚州刺史) 범백년(范柏年)이 관망하다가 서로 호응하려고 했다.
일이 평정된 뒤 그가 범백년을 끌어들여 양양(襄陽)으로 오게 하여 살해했다. 제고제(齊高
帝) 건원(建元) 초에 남군왕(南郡王)에 봉해졌고, 거듭 승진하여 남서주자사(南徐州刺史)에
올랐다. 제무제가 즉위하자 황태자가 되었다. 예로써 문사를 대우하고 무인(武人)들을 양성
했다. 불교를 좋아해서 육질관(六疾館)을 세워 어려운 사람을 구제했다. 성격이 호방하고
사치스러워 궁성의 복식과 장식들이 지나치게 호사하여 무제가 보고 크게 화를 냈다. 시호
는 문혜(文惠)다. 제나라 울림왕(鬱林王)이 즉위하자 문제(文帝)에 추존되었고, 묘호는 세종
(世宗)이다.

105 왕승건(王僧虔, 426~485): 남조 제나라 낭야(琅邪) 임기(臨沂) 사람. 왕승작(王僧綽)의 동생
이고, 진(晉)나라 왕희지(王羲之)의 4대 족손(族孫)이다. 송나라 때 태자사인(太子舍人)을
지내고, 무릉(武陵)과 오흥(吳興), 회계(會稽)의 태수(太守)를 거쳐 상주자사(湘州刺史)와
이부상서(吏部尙書)에 올랐다. 회계태수로 있을 때 권신 완전부(阮佃夫)에게 아부하지 않아

(科斗)로 쓴 「고공기」인데 『주관』에 빠진 문장이다.'"라고 했는데, 여기에서 책(策)을 말하면서 "길이가 2척"이라고 했으니, 그렇다면 제(齊)의 자[尺]가 옛날의 자보다 컸던 것이다.

원문 『鹽鐵論』「詔聖篇」云: "二尺四寸之律, 古今一也." 是漢時律尺與經策同. 若『漢書』「杜周傳」所言"不循三尺法", 則金氏鶚『求古錄』以爲擧成數是也. 鄭君據『鉤命決』之文, 以推知『六經』之策, 又據所見『論語』之策八寸, 以『六經』之策較之, 是爲三分居一矣. 『論衡』「正說篇」, "說『論』者皆知說文解語而已, 不知『論語』本幾何篇, 但周以八寸爲尺, 不知『論語』所以獨一尺之意. 夫『論語』者, 弟子共紀孔子之言行, 勅己之時甚多, 數十百篇, 以八寸爲尺, 紀之約省, 懷持之便也. 以其遺非經傳文, 紀識恐忘, 故以但八寸尺, 不二尺四寸也." 仲任所見『論語』之策, 與鄭君同.

역문 『염철론』「조성」에 "2척 4촌율(律)은 예나 지금이나 똑같다."라고 했는데, 이는 한시의 율척(律尺)이 경책(經策)과 같다는 것이다. 『전한서』「두주전」에서 "삼척법(三尺法)을 따르지 않았다"라고 한 것과 같은 것은 김악의 『구고록』에서 성수(成數)를 든 것이라고 한 것이 옳다. 정군은 『구명결』의 문장을 근거로 『육경』의 책을 추측해서 알았고, 또 그가 본 『논어』책이 8촌임을 근거로 『육경』책을 따져 보니, 이것이 1/3이 된다는 것이다. 『논형』「정설」에 "『논어』를 해설하는 자들은 모두 글자나 설명하고 어구나 해석할 줄 알지, 『논어』가 본래 몇 편인지 알지 못하

면직당했다. 제나라에 들어 시중(侍中)과 좌광록대부(左光祿大夫), 개부의동삼사(開府儀同三司)를 역임했다. 문사(文史)를 좋아하고 음률을 이해했으며, 특히 서예에 뛰어났다. 저서에 『논서(論書)』 등이 있다. 필적이 『왕염첩(王琰帖)』 등에 남아 있다. 시호는 간목(簡穆)이다.

고, 다만 주(周)나라 때의 제도가 8촌을 1척으로 삼은 것만 알 뿐,『논어』를 유독 1척의 죽간을 써서 책을 엮은 것인지에 대한 의미를 모른다.『논어』란 공자의 제자들이 함께 공자의 언행을 기록한 것으로, 자기들이 가르침을 받은 시기가 매우 길어서 수십 수백 편이나 되다 보니, 8촌을 1척으로 삼아 기록하기 간략하고 품고 지니기 편리하게 했던 것이다.『논어』를 남긴 것은 경(經)이 아니면 글을 전하더라도 기억을 기록한 것을 잊을까 걱정했기 때문이니, 그런 까닭에 다만 8촌을 1척으로 삼아서 기록하고, 2척 4촌 길이의 죽간에다가 기록하지 않은 것이다."라고 했다. 중임[仲任: 왕충(王充)의 자]이 본『논어』책은 정군과 같은 것이다.

원문 彼謂『論語』以周尺度之爲一尺, 於漢尺則爲八寸, 然則『六經』之策二尺四寸,『孝經』之策一尺二寸, 亦是據漢尺. 若在周尺,『六經』策爲三尺,『孝經』策爲一尺五寸矣. 宋氏翔鳳『師法表』以八寸之策爲壁中古文, 然若『論衡』所言"八寸"爲據漢尺, 則安知非『魯』・『齊論』尺度也? 鄭注『尙書』云: "三十字, 一簡之文."『漢書』「藝文志」, "劉向以中古文校歐陽・大・小夏侯三家經文, 率簡二十五字者, 脫亦二十五字, 簡二十二字者, 脫亦二十二字." 是一簡容字有多寡之殊. 服虔『左傳』「注」"古文篆書, 一簡八字". 此或服氏所見適然, 非謂群經之策皆是一簡八字也.

역문 이 말은『논어』는 주나라 자를 가지고 재었을 때 1척이 되는 것이 한나라의 자로는 8촌이 된다는 말이니, 그렇다면『육경』책의 2척 4촌과『효경』책 1척 2촌도 역시 한나라의 척도에 근거한 것이다. 만약 주나라 척도대로라면『육경』책은 3척이 되니,『효경』책은 1척 5촌이 되는 것이다. 송상봉의『사법표』에는 8촌의 책을 벽중의 고문이라고 했는데, 하지만 만약『논형』에서 말한 "8촌"이 한나라의 척도를 근거로 한 것이라면 어떻게『노논어』・『제논어』의 척도가 아님을 알겠는가? 정현은

『상서』에 주를 달면서 "30글자가 죽간 하나에 들어가는 글자 수이다."
라고 했고, 『전한서』「예문지」에 "유향(劉向)은 중고문(中古文)을 가지고
구양고(歐陽高)[106]·대하후[大夏侯: 하후승(夏侯勝)][107]·소하후(小夏侯: 하후건
(夏侯建)][108] 세 사람의 경문(經文)을 교열했는데, 죽간 한 쪽당 25글자가
들어가는 것은 빠진 것 역시 25글자이고, 한 죽간당 22글자가 들어가는
것은 빠진 것 역시 22글자였다."라고 했는데, 이는 1개의 죽간에 수용되
는 글자의 많고 적음이 차이가 있다는 것이다. 복건(服虔)의 『춘추좌씨
전』「주」에 "고문전서(古文篆書)는 죽간 하나당 여덟 글자가 들어간다"라
고 했는데, 이는 어쩌면 복씨(服氏)가 봤을 때 마침 그랬던 것이지, 군경
(群經)의 책이 다 죽간 하나당 여덟 글자가 들어간다는 말은 아니다.

원문 金氏鶚『求古錄』云: "『論語』策八寸, 容八字, 『六經』策二尺四寸者, 容
二十餘字至三十字, 大約一寸容一字. 古用科斗大篆, 其字體不宜小. 又一
簡止容一行, 則字體更不宜小, 故每一寸容一字也. 古人書策, 每行亦不拘
字體, 故或有二十五字, 或有二十二字, 推之或二十三字, 或二十四字, 皆
未可定. 此由字體有繁簡, 繁者宜疏, 簡者宜密, 總欲其點畫之明析而已."

역문 김악의 『구고록』에 "『논어』책이 8촌인데 여덟 글자가 수용된다면,
『육경』책 2척 4촌이란 것은 20여 글자에서 30 글자 정도가 들어가니,
대략 1촌에 한 글자가 들어간다. 옛날에는 과두(科斗)인 대전체(大篆體)

---

106 구양고(歐陽高, ?~?): 자는 자양(子陽). 서한 천승군[千乘郡: 지금의 광요현(廣饒縣)] 사람.
   구양생(歐陽生, ?~?)의 증손(曾孫)이다. 『구양상서(歐陽尙書)』를 전수하였다. 기원전 136년
   에 한 무제(漢武帝)가 오경박사(五經博士)를 설치하고 구양고를 박사에 세우니, 한나라시대
   최고의 상서박사(尙書博士)가 되었다.
107 본서 권24 각주 7 하후승 참조.
108 본서 권24 각주 14 하후건 참조.

를 썼으니, 그 글자체가 작게 쓰기에는 적당하지가 않다. 또 하나의 죽
간에는 다만 한 줄만 허용되니, 그렇다면 글자체는 더더욱 작게 쓴다는
것이 적당하지 않았을 것이기 때문에 1촌마다 한 글자만 허용되었던 것
이다. 옛날 사람들은 책을 쓸 때 모든 줄마다 또 글자체에 구애를 받지
는 않았기 때문에 혹은 25자가 있기도 하고 혹은 22자가 있기도 한데,
추측해 보면 혹 23자이거나 혹 24자이거나 모두 확정할 수 있는 것은 아
니다. 이는 글자체에 번체자(繁體字)와 간체자(簡體字)가 있음에 말미암
은 것으로, 번체자는 성글게 쓰기에 적당하고, 간체자는 빽빽하게 쓰기
에 적당하니 빽빽하게 쓰는 것이 마땅하니, 총체적으로는 그 점과 획을
분명하고 확실하게 하고자 한 것일 따름이다."라고 했다.

원문 "謙"者, 『史記』「樂書」王肅「注」, "謙, 自謙損也." 陳氏鱣『古訓』曰: "謙
讀爲減. 「樂記」'禮主其減', 『樂書』減作謙." 陳氏此說亦是也. 『孝經』策
一尺二寸, 比之『六經』之策, 爲損去其半; 『論語』策八寸, 比之『六經』之
策, 爲三分居一. 『孝經』已爲謙半, 『論語』則又謙矣. 段氏玉裁『說文』"冊"
字「注」考正此文, 謂"『論語』策八寸, 尺二寸者三分居二. 又謙焉." 語殊
不憭.

역문 "겸(謙)"은 『사기』「악서」 왕숙(王肅)의 「주」에 "겸(謙)은 스스로를 감
하고 던다[自謙損]는 뜻이다."라고 했고, 진전의 『논어고훈』에 "겸(謙)은
감(減)의 뜻으로 읽어야 한다. 『예기』「악기」에 '예는 줄임을 주로 한다.'
라고 했는데, 『악서』에는 감(減)이 겸(謙)으로 되어 있다."라고 했으니,
진씨의 이 말이 또한 옳다. 『효경』 책은 1척 2촌이니 『육경』 책에 견주
어 보면, 그 반을 덜어 낸 것이 되고, 『논어』 책 8촌은 『육경』 책에 견주
어 보면 1/3이 되는 것이다. 『효경』은 이미 반을 줄인 것이 되고, 『논어』
는 또 더 줄인 것이 된다. 단옥재는 『설문해자』 "책(冊)" 자의 「주」에서

이 글자를 고증하고 바로잡아 "『논어』책이 8촌인 것은 1척 2촌인 것을 1/3로 만든 것이니, 또 책의 크기를 줄인 것이다."라고 했으니, 말이 전혀 명료하지가 않다.

魯扶先.

노 부경(魯扶) 선생[先].

원문 正義曰: 此引見『經典敍錄』「注」. 宋氏翔鳳『師法表』以爲鄭「序」文也. 案, 『漢書』「張禹傳」言"魯扶卿說『論語』", 『漢』「志」敍『論語』家有魯扶卿, 『經典敍錄』同. 此稱"扶先"者, "先"是"先生"之省. 『史記』「鼂錯傳」, "學申‧商刑名於軹張恢先所." 徐廣曰: "'先', 卽先生." 『漢書』「梅福傳」, "叔孫先非不忠也." 顔師古「注」, "'先', 猶言先生也." 是也. 『論衡』「正說篇」, "安國以敎魯人扶卿, 官至荊州刺史, 始曰『論語』." 案, 『論衡』以"扶卿"爲人姓名, 而"魯"則所居之地. 又以扶卿爲安國弟子, 是傳『古論』之學, 與『漢』「志」諸文不合. 至以『論語』爲安國等所題, 尤不可信.

역문 정의에서 말한다.

이것은 『경전서록』의 「주」에서 본 것을 인용한 것이다. 송상봉의 『사법표』에는 정현 「서」의 글이라고 했다. 살펴보니, 『전한서』「장우전」에 "노부경(魯扶卿)이 『논어』를 해설했다"라고 하였고, 『전한서』「예문지」에 『논어』 해설가들 순서를 매겨 놓은 것에 노부경(魯扶卿)이 있는데, 『경전서록』에도 같다. 여기에서 "부선(扶先)"이라 칭한 것은, "선(先)"은 "선생(先生)"이 생략된 것이다. 『사기』「조조전」에 "지현(軹縣)의 장회(張

恢)[109] 선생[先]에게 신불해(申不害)[110]와 상앙(商鞅)[111]의 형명학설(刑名學說)을 배웠다."라고 했는데, 서광(徐廣)이 말하길, "'선(先)'은 바로 선생(先生)이다."라고 했고, 『전한서』「매복전」에 "숙손(叔孫) 선생[先]은 불충(不忠)이 아니다."라고 했는데, 안사고의 「주」에 "'선(先)'은 선생(先生)이란 말과 같다."라고 한 것이 바로 그것이다. 『논형』「정설」에 "공안국은 『전』이라 부르는 것을 노나라 사람 부경(扶卿)에게 전수했고, 부경이 형주자사(荊州刺史)로 승진하자 비로소 『논어』라고 불렀다."라고 했는데, 살펴보니, 『논형』에서는 "부경(扶卿)"을 사람의 성명(姓名)으로 여긴 것이고 "노(魯)"는 거주하던 지역으로 여긴 것이다. 또 부경을 공안국의 제자로

---

109 장회(張恢, ?~?): 未詳.

110 신불해(申不害, ?~기원전 337?): 전국시대 정(鄭)나라 경(京, 하남성 滎陽縣) 사람. 법가(法家)를 대표하는 인물로, 정나라에서 하급관리로 일하다가 한(韓)나라의 소후(昭侯)를 섬겨 재상으로 15년간 재직하면서 내치(內治)와 외교(外交)를 가다듬어 나라를 태평하게 다스렸다. 황로(黃老) 사상을 기본으로 삼아 신하들을 통제하는 방식을 강조했다. 즉 신하에게 관직을 맡기되 명분에 맞게 실효를 책임지게 하고, 군주는 신하를 감독하면서 생사여탈권(生死與奪權)을 쥐어 군주 전제 정치를 강화한다는 것이었다. 저서에 『사기(史記)』에 『신자(申子)』 2편, 『전한서(前漢書)』에서는 『신자』 6편이라 전하고 있지만, 송나라 때 모두 없어졌고, 현재는 『군서치요(群書治要)』와 『태평어람(太平御覽)』 등에 실린 글을 모은 책 『대체(大體)』 1편이 남아 있다.

111 상앙(商鞅, ?~기원전 338): 전국시대 진(秦)나라 사람. 위앙(衛鞅) 또는 공손앙(公孫鞅)이라고도 한다. 위(衛)나라 공족(公族) 출신으로 일찍부터 형명학(刑名學)을 좋아하여 조예가 깊었다. 위(魏)나라에 벼슬하려 했지만 받아 주지 않자 진(秦)나라로 가서 효공(孝公)에게 채용되었다. 부국강병의 계책을 세워 여러 방면에 걸친 대개혁을 단행함으로써 후일 진제국(秦帝國) 성립의 기반을 세웠다. 그 공적으로 열후에 봉해지고 상(商, 섬서성 商縣)을 봉토로 받으면서 상앙이라 불렸다. 재상으로 있으면서 엄격한 법치주의 정치를 펴 많은 사람들의 원한을 샀는데, 효공이 죽자 반대파에 의해 거열형(車裂刑)에 처해졌다. 그가 썼다고 하는 『상군서(商君書)』는 각 편마다 성립연대가 달라 전국시대 말기 법가(法家)들의 손으로 이루어졌다는 설도 있지만, 귀중한 역사적 자료임에는 틀림없다.

보았는데, 이는 『고논어』의 학문을 전한 것이니, 『전한서』 「예문지」의 여러 글과는 일치하지가 않는다. 심지어 『논어』를 공안국 등이 제목을 달았다고 했으니, 더욱 믿을 수가 없다.

後敍(후서)

원문 班生有言, "仲尼沒而微旨絶, 七十子喪而大義乖." 聖人之言, 中正和易, 而天下萬世莫易其理, 故曰"微言"非祇謂性與天道也. "大義"者, 微言之義, 七十子之所述者也. 今其箸者, 咸見『論語』. 竊以先聖存時, 諸賢親承指授, 當已屬稿, 或經先聖筆削, 故言特精善. 迨後追錄言行, 勒爲此編, 作之者非一人, 成之者非一時. 先儒謂孔子沒後, 弟子始共撰述, 未盡然也. 曾子·子思·孟子·荀子皆有著書, 於先聖之道多所發明, 而注家未之能及. 至「八佾」·「鄕黨」二篇, 多言禮樂·制度.

역문 반고[班生]가 말하기를, "중니(仲尼)가 죽자 은미한 가르침이 끊어지고, 칠십 제자가 죽자 대의가 어그러졌다."라고 했다. 성인의 말은 중정(中正)하고 화이(和易)해서 천하에 만세토록 그 이치를 바꿀 수 없다. 그러므로 "은미한 말[微言]"이란 단지 성(性)과 천도(天道)만을 이르는 것이 아니다. "대의(大義)"란 미언(微言)의 뜻으로, 칠십 제자가 전술한 것이다. 이제 그들이 드러낸 것이 모두 『논어』에 보인다. 삼가 생각해 보니 선성이 살아 있을 때에는 제현(諸賢)이 친히 받들어 가르침을 받았으니 마땅히 이미 원고에 속해 있을 것이고, 더러는 선성의 필삭(筆削)을 거쳤을 것이기 때문에 말이 특별히 정밀하고 세련되었다. 그러나 뒤에 언행을 미루어 기록함에 미쳐서는 억지로 편집하게 되고 작성한 자도 한 사람이 아니며, 책으로 완성된 것도 한때가 아니다. 선유들은 이르길, 공자가 죽은 뒤에 제자들이 비로소 함께 찬술(撰述)했다고 하는데, 다 그런 것은 아니다. 증자·자사·맹자·순자는 모두 저서가 있어서 선성의 도에 대해 다소간에 발명을 하였으나 주석가들이 제대로 미치질 못하였다. 「팔일」·「향당」 두 편에 이르면 예악(禮樂)과 제도(制度)를 말한 것이 많다.

원문 漢人注者, 惟康成最善言禮, 又其就『論語』, 兼考『齊』·『古』而爲之注, 知其所擇善矣. 魏人『集解』於鄭「注」多所刪佚, 而僞孔·王肅之說, 反藉以存, 此其失也. 梁皇侃依『集解』爲疏, 所載魏·晉諸儒講義, 多涉淸玄, 於宮室·衣服諸禮厥而不言. 宋邢昺又本皇氏, 別爲之疏, 依文衍義, 益無足取.

역문 한대(漢代)의 주석가들 중에는 오직 강성만이 예(禮)를 가장 잘 말하였고, 또 그는 『논어』에 대하여 『제논어』·『고논어』를 아울러 상고해서 주를 달았으니 선(善)을 택하여 굳게 지킬 줄 알았던 것이다. 위인(魏人)의 『집해』는 정현의 「주」에 대해 산일(刪佚)한 것이 많아, 위공(僞孔)·왕숙의 설이 도리어 그것을 바탕으로 보존되고 있으니, 이것은 잘못이다. 양(梁)의 황간(皇侃)은 『논어집해』에 의지해서 소(疏)를 달았는데, 거기에 실려 있는 위(魏)와 진(晉)의 제유(諸儒)들의 강의(講義)는 청담(淸談)과 현묘(玄妙)를 섭렵함이 많아 궁실과 의복 등 여러 예에 대하여 빼놓고 말하지 않았다. 송(宋)의 형병(邢昺)은 또 황씨(皇氏)를 근거로 별도의 소(疏)를 달았는데, 글자에 의지해 뜻을 부풀려 놓았으니 더더욱 족히 취할 만한 것이 없다.

원문 我朝崇尙實學, 經術昌明, 諸家說論語者彬彬可觀, 而於疏義之作, 尙未遑也.

역문 우리 조정에서는 실학을 숭상하고 경학[經術]이 융성해서 『논어』를 해석한 여러 학자들이 문체와 바탕이 잘 갖추어져 대단히 볼만하지만, 소의(疏義)를 지음에 있어서는, 오히려 서두르지 않았다.

원문 先君子少受學於從叔端臨公, 研精群籍, 繼而授館郡城, 多識方聞綴學之士, 時於毛氏『詩』·鄭氏『禮』「注」皆思有所述錄. 初著『毛詩詳注』·『鄭氏釋經例』, 後皆輟業. 及道光戊子, 先君子應省試, 與儀徵劉先生文淇·江都梅先生植之·涇包先生愼言·丹徒柳先生興恩·句容陳丈立始爲約, 各治一經, 加以疏證. 先君子發策得『論語』, 自是屛棄他務, 專精致思, 依焦氏作『孟子正義』之法, 先爲長編, 得數十巨冊, 次乃薈萃而折衷之, 不得專己之學, 亦不欲分漢·宋門戶之見, 凡以發揮聖道, 證明典禮, 期於實事求是而已. 旣而作宰畿輔, 簿書繁瑣, 精力亦少就衰, 後所闕卷, 擧畀恭冕, 使續成之. 恭冕承命惶悚, 謹事編纂, 及咸豊乙卯秋, 將卒業, 而先君子病足瘇, 遂以不起, 蓋知此書之將成而不及見矣. 傷哉!

역문 선군자께서는 어려서 종숙이신 단임공(端臨公)[112]에게 수학하여, 여러 서적들을 정밀하게 연구하시고, 이어서 객사가 달린 군(郡)의 성(城)을 주자, 박학다식하다고 사방에 소문 난 학문을 계승하는 선비로서 당시에 모씨(毛氏)의 『시경』과 정씨(鄭氏)의 『예기』「주」에 대하여 모두 저술하고 기록할 것이 있다고 생각하였다. 애초에 『모시상주(毛詩詳注)』와 『정씨석경례(鄭氏釋經例)』를 저술하였으나, 후에 모두 일을 거두었다. 도광(道光)[113] 무자(戊子: 1822년)에 선군자께서는 성시(省試)에 응하여, 의징(儀徵)

---

112 단임공(端臨公, 1751~1805): 단도군(丹徒君) 유태공(劉台拱)이다. 청나라 강소(江蘇) 보응(寶應) 사람. 자는 단임(端臨)이다. 건륭(乾隆) 35년(1770) 거인(擧人)이 되고, 단도현(丹徒縣) 훈도(訓導)를 지냈다. 천문과 율려(律呂), 성음(聲音), 문자에 이르기까지 두루 정통했다. 주균(朱筠), 왕염손(王念孫), 대진(戴震) 등과 교유했다. 입신처세(立身處世)에 있어서는 송유(宋儒)의 의리(義理)를 중시했고, 경적(經籍) 연구에 있어서는 한유(漢儒)의 훈고(訓詁)만을 종주로 했다. 특히 고정(考訂)에 뛰어났다. 저서에 『논어보주(論語補注)』와 『논어변지(論語騈枝)』, 『방언보교(方言補校)』, 『한학습유(漢學拾遺)』, 『순자보주(荀子補注)』, 『국어보교(國語補校)』 등이 있다.

113 도광(道光): 1821년부터 1850년까지 사용된 중국의 연호이다. 청나라 선종(宣宗, 재위

의 유문기(劉文淇)[114] 선생·강도(江都)의 매식지(梅植之)[115] 선생·경현(涇縣)의 포신언(包愼言)[116] 선생·단도(丹徒)의 유홍은(柳興恩)[117] 선생·구용(句容)의 진립(陳立)[118] 어른과 처음으로 각각 경 하나씩을 전공해서 소중

1820~1850)의 재위 기간에 사용되었으며, 청나라는 치세에 하나의 연호만 사용하는 '일세일원제(一世一元制)'를 채용했으므로 선종을 도광제(道光帝)라고 부르는 이유가 되었다.

114 유문기(劉文淇, 1789~1854): 청나라 강소(江蘇) 의징(儀徵) 사람. 자는 맹첨(孟瞻)이다. 가경(嘉慶) 24년(1819) 공생(貢生)이 되었다. 고적(古籍)을 깊이 연구해서 여러 경전에 정통했다.『춘추좌씨전』에 공을 들였는데, 진(晉)나라 두예(杜預)의 전(傳)에 오류가 많다고 판단했다. 나중에 훈도(訓導)에 선발되었다. 가규(賈逵)와 복건, 정현(鄭玄)의 주소(注疏)와 근세 유학자들의 보주(補注)를 망라해 일가의 설을 이루었다. 집안이 가난해 평생 곳곳을 떠돌면서 다른 사람의 책을 교정하며 살았다. 저서에『좌전구주소증(左傳舊注疏證)』과『좌전구소고증(左傳舊疏考證)』,『양주수도기(揚州水道記)』,『청계구옥문집(淸溪舊屋文集)』 등이 있다.

115 매식지(梅植之, 1794~1843): 청나라 강도[江都, 강소성 양주(揚州)] 사람. 자는 온생(蘊生)이다. 도광(道光) 19년(1839) 거인(擧人)이 되었다. 경사(經史)를 박람하며 유문기(劉文淇)와 함께 학문을 연마했다.『춘추곡량전(春秋穀梁傳)』은『모시(毛詩)』,『순자(荀子)』와 그 뜻이 부합된다고 여겨 소증(疏證)하려 했지만, 완성하지 못하고 생을 마쳤다.

116 포신언(包愼言, ?~?): 중국 청나라의 학자. 자는 맹개(孟開)이다. 저서에『공양전역보(公羊傳曆譜)』,『논어온고록(論語溫故錄)』 등이 있다.

117 유홍은(柳興恩, 1795~1880): 청나라 강소(江蘇) 단도(丹徒) 사람. 본명은 홍종(興宗)이고, 자는 빈숙(賓叔)이다. 도광(道光) 12년(1832) 거인(擧人)이 되었다. 완원(阮元)에게 수학했고,『모시(毛詩)』와『춘추곡량전』에 조예가 깊었다. 가난했지만 학문을 좋아했다. 완원이『황청경해(皇淸經解)』를 엮으면서『춘추곡량전』을 누락시킨 것에 발분(發憤)하여『곡량춘추대의술(穀梁春秋大義述)』을 저술했는데, 완원이 보고 칭송하며 서문을 지어 주었다. 그밖의 저서에『주역괘기보(周易卦氣補)』와『우씨일상고(虞氏逸象考)』,『상서편목고(尙書篇目考)』,『의례석관고변(儀禮釋官考辨)』,『군경이의(群經異義)』,『유향연보(劉向年譜)』,『모시주소규보(毛詩注疏糾補)』,『속시지고(續詩地考)』,『설문해자교감기(說文解字校勘記)』 등이 있다.

118 진립(陳立, 1809~1869): 청나라 강소(江蘇) 구용(句容) 사람. 자는 탁인(卓人) 또는 묵재(默齋). 한림원(翰林院) 서길사(庶吉士)를 거쳐 운남(雲南) 곡정지부(曲靖知府)를 역임했다. 젊어서 매식지(梅植之), 능서(凌曙), 유문기(劉文淇)에게 수학했다.『춘추공양전』을 정밀히

(疏證)을 가하기로 약조하셨다. 선군자께서는 발책(發策)[119]하여 『논어』를 얻으셨는데, 이로부터는 다른 일을 막아 버리고 오로지 정밀하고 치밀하게 생각해서 초씨(焦氏)[120]가 『맹자정의』를 지은 방법에 의거해서 먼저 장편(長編)을 만들어 수십 권의 책을 얻고, 그런 다음 바로 모으고 절충하셨는데, 오롯한 자신의 학문을 얻지 못하더라도 한대(漢代)와 송대(宋代) 문호(門戶)의 견해를 나누고자 하지 않으신 것은 대체로 성현의 도를 발휘해서 전례(典禮)를 밝혀 실사구시를 기약하신 것일 뿐이다. 그러나 얼마 되지 않아 경기지역[畿輔][121]을 주재하시게 되어 관아의 장부와 문서가 번거롭고 자질구레한데다가 정력 역시 조금씩 쇠하시자 뒤에 빠

연구했는데, 당나라 이전의 구설(舊說)을 채집하고 청나라 공광삼(孔廣森), 유봉록(劉逢祿) 등의 고증학을 수용해 『공양소의(公羊義疏)』를 저술했다. 그 밖의 저서에 『백호통소증(白虎通疏證)』과 『설문해성자생술(說文諧聲孳生述)』, 『이아구주(爾雅舊注)』, 『구계잡저(句溪雜著)』 등이 있다.

119 발책(發策): 문제(問題)를 내어 고시를 보임.

120 초순(焦循, 1763~1820): 중국 청나라시대의 학자. 강소(江蘇)성 감천(甘泉) 사람이다. 자(字)는 이당(里堂)이다. 학술 방면에서 대진(戴震, 1723~1777)을 계승하였으며, 완원에게 수학했다. 집에다 조고루(雕菰樓)라는 서실을 지어 놓고 평생 독서와 저술에 힘써서 다양한 저서를 많이 남겼다. 경사(經史)는 물론 성력(曆算), 성운(聲韻), 훈고(訓詁) 등에 정통했고, 경전 가운데 특히 『주역』과 『맹자』, 『시경』 등을 깊이 연구했다. 저술로는 첫째, 역학(易學) 저작으로 역학삼서(易學三書)라는 항목 아래에 『역학장구(易學章句)』 12권, 『도략(圖略)』 8권, 『통석(通釋)』 20권, 『역화(易話)』 2권, 『역광기(易廣記)』 3권 등이 있다. 둘째, 『역』 이외의 경학저작으로 육경보소(六經補疏)라는 항목 아래에 『논어보소(論語補疏)』 3권, 『주역보소(周易補疏)』 2권, 『상서보소(尙書補疏)』 2권, 『시경보소(詩經補疏)』 5권, 『春秋補疏』 5권, 『예기보소(禮記補疏)』 5권, 『군경궁실도(群經宮室圖)』 2권, 『우공정주석(禹貢鄭注釋)』 2권, 『맹자정의(孟子正義)』 30권이 있으며, 셋째, 수학(數學)과 기타 저작으로 이당산학기(里堂算學記)라는 항목 아래에 『가감승제법(加減乘除法)』 8권, 『천원일서(天元一書)』 2권, 『석호(釋弧)』 3권, 『석륜(釋輪)』 2권, 『석타(釋橢)』 1권이 있다.

121 기보(畿輔): 기전(畿甸) 또는 왕기(王畿). 『純祖實錄』「行狀」에 "전교하기를, 경기[畿輔]는 나라의 근본이 되는 지역이다.[傳曰: 畿輔, 國家根本之地.]"라고 했다.

진 부분은 나[공면(恭冕)]에게 주시고서 이어서 완성하게 하셨다. 내가 황송하게도 명을 받들어 삼가 책을 편찬하는 일을 맡아 함풍(咸豊)[122] 을묘(乙卯: 1855년) 가을 장차 일을 마치려 할 때 다리가 퉁퉁 붓는 수중다리 병을 앓으시더니 마침내는 일어나지 못하게 되시매 이 책의 완성을 미처 보지 못하시게 될 것을 알게 되었다. 슬프다!

원문 丙辰後, 邑中時有兵警, 暴冕兢兢愼持, 懼有遺失, 暇日亟將此稿重復審校, 手自繕錄, 蓋又十年, 及乙丑之秋, 而後寫定, 述其義例, 列於卷首. 繼自今但求精校, 或更得未見書讀之, 冀小有裨益. 是則先君子之所以爲學, 而恭冕之所受於先君子者, 不敢違也. 世有鴻博碩儒, 幸不吝言, 補其罅漏, 正其迷誤, 跂予望之.

역문 병진(1856년) 후에 읍 안에는 당시 전쟁의 경보가 있었으므로 나는 전전긍긍하며 삼가 간직하여 잃어버릴까 걱정해서 틈이 날 때마다 이 원고를 중복해서 살피고 교정하여 손으로 직접 고치고 기록한 것이 거의 또 10년이 걸렸으며, 을축(乙丑: 1865년) 가을 이후에야 옮겨 쓴 것을 정리해서 그 의의와 범례[義例]를 책 첫머리에 열거하게 되었다. 이어서 지금부터는 다만 정밀한 교정만 추구할 뿐이나, 혹시라도 다시 아직 보지 못한 책을 읽을 수 있게 된다면 조금이라도 도움과 보탬이 있기를 바란다. 이것이야말로 선군자께서 학문을 하신 까닭이고, 내가 선군자로부터 받은 것이니, 감히 어길 수 없는 것이다. 세상의 넓고 큰 학식을 가진 훌륭한 선비가 있어 다행스럽게도 말을 아끼지 않고 빠지거나 누락된

---

122 함풍(咸豊): 1851년부터 1861년까지 사용된 중국의 연호이다. 청나라 문종(文宗, 재위 1850~1861)의 재위 기간에 사용되었으며, 청나라는 치세에 하나의 연호만 사용하는 '일세일원제(一世一元制)'를 채용했으므로 문종을 함풍제(咸豊帝)라고 부르는 이유가 되었다.

곳을 보충하고 미혹되거나 잘못된 부분을 바로잡아 주기를 발돋음해서
바라는 바이다.

원문 同治五年歲次丙寅春三月, 恭冕謹識.

역문 동치(同治)[123] 5년(1866) 세차(歲次) 병인(丙寅) 봄 3월에 공면은 삼가 기
록하다.

---

123 동치(同治): 중국 청나라의 제10대 황제인 목종(穆宗) 동치제(同治帝) 자이슌[載淳, 재위
1861~1875] 때의 연호이다. 1862년부터 1874년까지 13년 동안 사용되었다.

색인

사항 색인

저자 유보남(劉寶楠)

1791년 강소성 보응현에서 아버지 이순(履恂)과 어머니 교씨(喬氏) 사이에서 태어났으며, 다섯 살에 아버지를 여의고, 어머니의 가르침 속에 성장하였다. 종부 태공(台拱)의 학문이 깊고 정밀하였으므로 그에게 전수받기를 청하여 학행으로 향리에서 명성이 자자하였다. 제생(諸生)이 되었을 때 의징(儀徵)의 유문기(劉文淇)와 명성을 나란히 하여 사람들이 "양주이유(揚州二劉)"라고 칭송하였다. 도광 20년(1840) 진사가 되어 직례성 문안현의 지현(知縣)을 제수받았다. 문안현은 지형이 웅덩이에 비해 낮았는데도 둑이나 제방이 닦이지 않아 장마가 내리거나 가을 홍수가 나면 번번이 백성들의 해가 되곤 하였다. 이에 유보남은 제방을 두루 걸어 다니면서 병폐와 고통을 묻고 옛 서적들을 검토하여 일군의 주둔병과 백성이 함께 정비하도록 독촉하였다. 함풍 원년(1851) 삼하(三河)를 수비하고 있었는데, 동성(東省)의 군대가 국경을 지나는 것을 맞닥뜨리고는 병거를 모두 마을 아래로 출동시켰다. 병사가 많아 들쭉날쭉하니 백성들이 감당할 바가 아니라 생각해 수레 품삯을 백성들의 값으로 지급하자 백성들이 동요하지 않을 수 있었다. 16년 동안 관직에 있었는데, 항상 의관이 소박하여 마치 제생 때와 같았다. 송사를 처리함에 삼갔고, 문안에서 관직 생활을 하는 동안 쌓인 현안 1,400여 건을 자세하게 살펴 결론을 내렸으며, 새벽닭이 처음 울 때면 당청에 앉아, 원고와 피고가 모두 법정에 나오고 증거가 구비되면 때에 맞춰 상세히 국문하였다. 큰 사건이건 작은 사건이건 할 것 없이 균등하게 자기의 뜻대로 안건을 판결했고, 패도한 자는 법의 판례에 비추어 죄를 다스렸다. 무릇 소송에 연루된 친척이나 오랜 친족은 내외척 간의 친목[睦嫻]으로 깨우쳐, 대체로 화해하고 풀도록 하였다. 송사와 옥사가 한가해지고 나면 아전들은 자리를 떠나 돌아가 농사를 짓게 하였으니, 멀고 가까이에 있는 자들이 화합하여 순량(循良)이라는 칭호를 붙여 주었다. 『논어정의』는 그가 38세에 뜻을 두고 착수하여 평생을 바친 저작으로, 청대『논어』연구의 결정판으로 널리 알려져 있다. 24권까지 지었으나 완성하지 못하고 아들 공면에게 이를 이을 것을 맡긴 후 함풍 5년(1855)에 죽으니, 향년 65세이다.

저자 유공면(劉恭冕)

광서 5년(1879)에 거인(舉人)이 되었다. 가학을 지켜 경훈(經訓)에 통달했고, 경학을 공부해 거처하는 당의 이름을 광경당(廣經堂)이라 했다. 안휘성의 학정(學政) 주란(朱蘭)의 막에 들어가 이이덕(李貽德)의 『춘추가복주집술(春秋賈服注輯述)』을 교정하여 백수십 가지의 일을 옮겨서 보충하였다. 후에 호북성의 경심서원(經心書院)에서 주강(主講)이 되었는데, 돈독한 품행과 신중한 행실로 질박한 학문을 숭상하였다. 어려서 『모시(毛詩)』를 익혔고, 만년에는 『공양춘추(公羊春秋)』를 연구해서, "신주(新周)"의 뜻을 발명하여, 하휴(何休)의 오류를 물리치니, 같은 시대의 모든 선비가 그것을 아름답게 여겼다. 역대 제가의 이설(異說)을 참고하고 비교하여 아버지가 완성하지 못한 『논어정의』를 완성했다. 『면양주지(沔陽州志)』와 『황주부지(黃州府志)』, 『한양부지(漢陽府志)』, 『황강현지(黃岡縣志)』를 편찬했다. 향년 60세이다.

역주자 함현찬(咸賢贊)

1963년 강원도 영월에서 태어나 고등학교까지 마쳤다. 1987년 성균관대학교 동양철학과를 졸업하고, 같은 대학교 대학원 유학과에서 석사와 박사과정을 마쳤으며, 2000년 중국 송대 철학 전공으로 박사학위를 받았다. 성균관 한림원에서 한문을 공부하였으며, 현재 성균관대학교 유학·동양학과 및 대학원 초빙교수로 재직하고 있고, 아울러 성균관 한림원 교수로 재직하고 있다. 저서로는 『장재: 송대 기철학의 완성자』(2003), 『주돈이: 성리학의 비조』(2007), 『(교수용 지도서) 사자소학』(1999), 『(교수용 지도서) 추구·계몽편』(1999), 『(교수용 지도서) 격몽요결』(2010) 등이 있고, 함께 번역한 책으로는 『논어징』 전 3권(2010), 『성리논변』(2006), 『증보 동유학안』 전 6권(2008), 『주자대전』 전 13권(2010), 『주자대전차의집보』 전 4권(2010), 『역주 예기집설대전 2』(2021), 『왕부지 중용을 논하다』(2014) 등이 있다. 이 외에 연구논문으로는 「《논어징》에 나타난 오규 소라이의 성인관」(2015), 「《논어징》에 나타난 오규 소라이의 도 인식」(2011), 「성리학의 태동과 정체성에 대한 일고찰」(2011) 등이 있다.